Lorbeer Literaturverlag

Titelfoto unten rechts: Zygmunt Reingold (l) & Alfred Chimowicz (r)

ISBN 978-3-938969-60-1

KZ Dresden Striesen

Das Familienlager Bernsdorf & Co. in der Schandauer Straße 68

Pascal Cziborra

Lorbeer - Verlag
Bielefeld 2018

Inhaltsverzeichnis

Teil 2 – Personen im Lagerumfeld

Wachpersonal, Belegschaft und Bevölkerung

Teil 3: Stationen der Deportation

Häftlingsüberstellungen und Transporte

Teil 4: Statistik, Daten, Diagramme

Forschungsstand und Datenbasis

Geleitwort

Vor Ihnen liegt der überarbeitete achte Band der Aufarbeitungsreihe *Die Außenlager des KZ Flossenbürg*, in dem für den Lagerstandort der Firma Bernsdorf & Co. in der Schandauerstr. 68 in Dresden Striesen der aktuelle Kenntnisstand dargelegt werden kann. Das Buch ist Resultat umfangreicher Recherchen, deren Hauptziele die Klärung der einzelnen Häftlingsschicksale, die zukünftige Unterstützung der Erinnerungsarbeit vor Ort, sowie die Anregung der weltweiten Holocaustforschung sind. Vor allem die Auswertung der Archivbestände des Internationalen Suchdienstes (ITS) in Bad Arolsen führte gegenüber der ersten Auflage zur Aufklärung von über 80 zusätzlichen Schicksalen.
Während der Flossenbürger Gedenkstättenmitarbeiter Ulrich Fritz in „Der Ort des Terrors“ 2006 einen ersten Überblick über die Lagergeschichte lieferte, musste die vertiefende Forschungsarbeit auf eine breitere Quellenbasis gestellt, ungeklärte Fragen beantwortet und einige Aussagen berichtigt oder präzisiert werden. Zu den intensiv genutzten historischen Quellen gehören die Flossenbürger Nummernbücher mit der Häftlingsregistratur[1], Transportlisten des KZ Stutthof, Adresslisten des Ghetto Lodz, die Flossenbürger Forderungsnachweise über die Bezahlung der jüdischen Zwangsarbeiter bzw. KZ-Häftlinge[2], die Ermittlungsakten der Zentralen Stelle der Landesjustizverwaltungen zur Aufklärung nationalsozialistischer Verbrechen in Ludwigsburg zum Lagerstandort in der Schandauerstr. 68[3] aus den 1960er und 1970er Jahren, sowie etliche weitere Zeitzeugenberichte und Autobiografien, vor allem überlebender Häftlinge.
Neben der 1945 und 1961 entstandenen, aber erst 2009 veröffentlichten Autobiografie „Deportiert von den Nazis“ von Ruth Alton, und Sophie Machtingers Memoiren ihrer Lebenserfahrungen: „Memoirs from My Life’s Experiences“, liegen Bronia Sonnenscheins „Victory over Nazism“[4], Chana Greivers „Dziewczynka z łódzkiego getta” sowie Roman Halters Auto-

---

[1] Archiv der Gedenkstätte Flossenbürg
[2] Bundesarchiv , BArch NS4FL / 393 Bd.2
[3] Ludwigsburger Stelle, BArch B 162 / 8328, B 162 / 8329, B 162 / 8330
[4] [Deutsch: Sieg über den Nazismus (Nationalsozialismus)]

biografie „Romans Reise durch die Nacht“ von 2007 und Chanan Werebejczyks Erinnerungen „A jednak żyję! Wspomnienia ocalałego” vor. Dabei sind vor allem die Texte Altons und Machtingers recht früh entstanden. Altons Textbasis stammt aus dem Jahr 1945 und wurde 1961 etwas ergänzt und aufbereitet und Machtingers unveröffentlichter Text entstand größtenteils im Jahr 1955 in polnischer Sprache und wurde 1987 ins Englische übertragen und mit einem Ende ergänzt und 1989 als maschinengeschriebenes Skript verbreitet. Damit sind insgesamt sechs autobiografische Großtexte bekannt, von denen mittlerweile vier in Buchform veröffentlicht wurden.

Außerdem liegen aus den Jahren 1945-1948 etliche Berichts-Protokolle von Lagerüberlebenden beim Jüdischen Institut in Warschau vor.

Zudem gaben etwa 40 weitere Überlebende[5] des Lagers Video-Interviews für die 1994 von Steven Spielberg gegründete Shoah Visual History Foundation [SVHF], die für die hier vorliegende Studie allerdings größtenteils noch nicht inhaltlich ausgewertet wurden. Die Quote der Interviews für die Shoah Visual History Foundation, bezogen auf die gesamte ursprüngliche Lagerbelegschaft, liegt also bei 8% ; 10% der Frauen und 5,5% der Männer. Insgesamt gab etwa jeder 12. Häftling aus der Schandauerstr. 68 ein derartiges Interview. Auch für andere Einrichtungen und Projekte entstanden weitere Oral-History-Aufnahmen, die den Quellenfundus und das Aussagenspektrum ergänzen.

Ausgewertet wurden neben Tracing-Dokumenten des Internationalen Suchdienstes auch Gräberlisten und die Gedenkblätter für Angehörige bei der zentralen Holocaust Gedenkstätte Yad Vashem in Jerusalem, sowie die Theresienstädter Datenbank.

Mit dieser breit gefächerten Quellenbasis können die Ereignisse im Außenlager Dresden Bernsdorf 73 Jahre nach Kriegsende insgesamt recht schlüssig und detailliert nachgezeichnet werden.

---

[5] SVHF 504, 1587, 2445, 3311, 3785, 4783, 5369, 5635, 6088, 8198, 8578, 8679, 10004, 10435, 10921, 13915, 15175, 17771, 21597, 22085, 22094, 24529, 25427, 25429, 25722, 26789, 28644, 28994, 30211, 32467, 33694, 37160, 40298, 40370, 40967, 44987, 45705, 45982, 47320, 47683, 48341 [und nicht 40266 =>Zschopau, 42738, 37382, 8313]

Teil 1 – Das Lager Dresden Bernsdorf & Co. Von der Entstehung bis zur Auflösung

a) Vorgeschichte und Anbahnung

Die Geschichte des Dresdner Außenlagers des KZ Flossenbürg beginnt im Ghetto Litzmannstadt, das die deutschen Besatzer Polens und der Stadt Lodz, nach dem blitzartigen Überfall 1939 umbenannt bzw. eingedeutscht hatten. Mit der Ghettoisierung der jüdischen Bevölkerung, beginnt die Judenverfolgung nun auch in Polen. Während es im völlig überfüllten Ghetto an allem Lebensnotwendigen fehlt, erlangt eine Metallfabrik, deren Belegschaft später nach Dresden deportiert werden soll, für die Ghettowirtschaft eine immer wichtigere Bedeutung. Im Bericht einer Ortsbegehung aus der Tageschronik Nr. 59 der jüdischen Selbstverwaltung vom März 1941 heißt es ausführlichst:

> „In der ul. Zgierska Nr. 56 [6] befindet sich eine Fabrik für Metallartikel, die über einen sehr weitreichenden Produktionsbereich verfügt. Man kann ohne jegliche Übertreibung feststellen, dass Lodz in Vorkriegszeiten keinen Betrieb besaß, der auf eine derart vielfältige Produktion ausgerichtet war. Die Fabrik des Judenältesten verfügt über alle Grundabteilungen, die zur Metallindustrie gehören. Jede einzelne Abteilung steht unter der Leitung von hervorragenden Fachleuten. Die allgemeine Leitung hingegen wurde letztens /am 18. Februar/ Herrn Józef Chimowicz[7] anvertraut, über den man kurz und bündig sagen kann, dass er der richtige Mann am richtigen Platz ist: ein vielseitiger, routinierter Metallarbeiter mit langjähriger Erfahrung, ehemaliger Besitzer eines ähnlich spartenreichen Betriebes. Der Leiter dieser Einrichtung hat sich zum Ziel gesetzt, ihre Arbeit zur größtmöglichen Präzision zu führen sowie den Betrieb weiter auszubauen. Um diese Absichten zu verwirklichen, werden immer

---

[6] Deutsch: Hohensteiner Str. Nr. 56

[7] Späterer Judenältester im Lager Dresden Bernsdorf & Co. – FloNo.: 38388

neue Verbesserungen und neue Produktionszweige eingeführt. Bisher umfasst die Produktion der Metallfabrik folgende Abteilungen: Gießerei, Schlosserei, Drechslerei, Klempnerei, Schweißerei, Brunnenbau, Elektrotechnik, Schmiede, Armaturenwerkstatt und Werkstatt für Feinmechanik. Die Fabrik befindet sich auf zwei geräumigen Etagen und in eingeschossigen Schuppen. Das Erdgeschoss ist für das Büro bestimmt, in dem 9 Angestellte, darunter vier Ingenieure, arbeiten. In der Fabrik sind 200 Arbeiter beschäftigt. Der Fabrikleitung sind außerdem 100 „in der Stadt" angestellte Elektromonteure unterstellt. Die Elektromonteure werden bei allen elektronischen Arbeiten im Getto eingesetzt. Zu den wichtigsten Maschinen der Fabrik gehören: 6 Drehbänke, eine Fräsmaschine, 2 große Bohrmaschinen und ein Schweißapparat neuester Bauart für Sauerstoff- und Elektroschweißarbeiten. Im ersten Stock befinden sich Schlosserwerkstätten, die 70 Schlosser beschäftigen. Die Schlosser arbeiten für alle Betriebe im Getto. Allein diese Tatsache zeugt von der großen Bedeutung der Metallfabrik. Dabei muss man auch bedenken, dass die Betriebe im Getto verschiedenste Handwerks- und Industriezweige bedienen; es ist eine äußerst schwierige Aufgabe, die Mängel der Installationen und Anlagen in allen diesen Betrieben zu beseitigen. Außerdem besteht die Aufgabe der Metallfabrik nicht nur darin, die Aufträge präzise auszuführen, sondern auch darin, die nötigen Teile oder ganze Anlagen termingerecht zu liefern. Denn alle Verspätungen könnten Verzögerungen in der Arbeit der anderen Ressorts verursachen, außerordentlich spürbare Verzögerungen, wenn man bedenkt, wie beschränkt das Maschineninventar im Getto ist und dass es an Ersatzteilen mangelt. Neben verschiedenen Teilen, die für andere Gemeinderessorts angefertigt werden, hat die Metallfabrik eine Reihe von komplett ausgestatteten Maschinen hergestellt, wie z.B. zwei Präzisionsmaschinen für die Schneiderfabrik, die den Stoff automatisch schneiden. Unlängst wurde auf Anregung der neuen Fabrikleitung eine moderne Maschine für die Nagelproduktion gebaut. Die ersten Versuche haben bewiesen, dass diese Maschine Nägel in der Größe bis 1,8 mm ganz einwandfrei produziert. Momentan baut die Fabrik eine Lederschleifmaschine für die Gerberei. Ein sehr großer Bedarf an Ersatzteilen wird von vielen Schustereien gemeldet /u.a. allerlei Messer/; die Tischlerei meldet ständig einen großen Bedarf an Schrauben; man fertigt verschiedene Werkzeuge für die Gesundheitsabteilung, und zwar für Zwecke des Veterinäramtes an /man sollte hervorheben, dass solche Werkzeuge vor dem Krieg meistens aus dem Ausland importiert wurden/; für die Schneiderwerkstätten stellt die Fabrik Bügelmaschinen und Verschlusshäkchen her sowie Kessel für die Bedürfnisse der verschiedenen Gemeinderessorts. Die Armaturenwerkstatt steht gerade vor dem Beginn einer auf große Mengen berechneten Produktion von Gas- und Wasserhähnen. Die ersten Modelle haben die optimistischsten Erwartungen noch übertroffen, wenn es um Präzision und Feinheit geht. Zweifellos finden die Hähne außerhalb des Gettos reißenden Absatz. Die Abteilung für Feinmechanik zerlegt und montiert die Maschinen. Die Elektrotechnikabteilung führt Reparaturen von Motoren durch. Und letztendlich befindet sich im ersten Stock eine Tischlerei; diese stellt Gegenstände her, die für das Unternehmen selbst unentbehrlich sind.

Im zweiten Stock befindet sich ein Betrieb für die Herstellung von Bettgestellen aus Metall. Es ist charakteristisch, dass diese Betten aus ... altem Eisen und Schrott gefertigt werden. Es ist kaum zu glauben, wenn man sich die fertigen Gegenstände ansieht – so schön und solide sind sie gebaut. Im selben Stock befindet sich die Abteilung für Reparaturen von Schreibmaschinen und Füllfedern.

Im Hof wurden eine moderne, gänzlich elektrifizierte Schmiede sowie eine Gießerei gebaut, die zur Zeit für die Armaturenabteilung arbeitet. Im selben Schuppen befindet sich der Betrieb für Galvanotechnik.

Anfang März hat der Leiter Chimowicz eine Kesselwerkstatt, ul. Krótka 17, eröffnet. Diese Werkstatt beschäftigt 15 Kessel-Fachleute, die für das Gesundheitswesen Boiler, Desinfektionsapparate, Wasserbehälter, Kessel, vor allem Küchenkessel, und letztendlich Fäkalienwagen herstellen.
Zur Fabrik gehören auch 50 Arbeiter, die beim Brunnenbau und bei Brunnenreparaturen tätig sind. Die Brunnenbaumeister der Metallfabrik haben im Februar 230 Reparaturen durchgeführt.
Die Fabrik stellt zur Zeit Muster von verschiedenen Blechartikeln her, die, sobald diese Abteilung erweitert worden ist, zum Verkauf außerhalb des Gettos vorgesehen sind. Es handelt sich u.a. um Kannen, Badewannen, Gießkannen und Schmierbüchsen. Es ist auch geplant, die Armaturenabteilung in Kürze beträchtlich zu vergrößern und die Bettenproduktion wegen des hohen Bedarfs im Getto zu steigern. Man beginnt außerdem mit der Produktion von Kleinwaren aus Metall, wie z.B. Schraubverschlüssen, eisernen Vorhängeschlössern usw. Das Rohmaterial für die Waren der Metallfabrik ist überwiegend altes Eisen, dessen Vorräte noch recht beträchtlich sind, sie reichen nämlich für die nächsten paar Monate. Eine große Schwierigkeit, die die Arbeit und Entwicklung des Betriebes behindert, ergibt sich aus dem Mangel an grundlegenden Materialien, vor allem an Schmiermitteln und Blech usw. Die Leitung der Fabrik versucht, alle Mängel durch möglichst vollständige Wiederverwertung der im Gettogebiet zugänglichen Materialien zu beseitigen. Hervorragende Ergebnisse hat das von dem gegenwärtigen Leiter eingeführte System erbracht, bei dem Arbeiter mit eigenen Werkzeugen eingestellt werden, deren Mangel besonders in der Schlosserei fühlbar gewesen ist. Auf diese Art und Weise hat die Fabrik letztens ca. 20 Schraubstöcke hinzugewonnen. Die Leitung hat, um die Arbeitsproduktivität zu erhöhen, eine Reorganisation der Arbeit durchgeführt, die auf strenger Kontrolle der Arbeiter beruht: Außer einem Meister, der die Arbeit

in allen Etagen überwacht, wird jeder der aus 8 Arbeitern bestehenden Gruppen von einem zuständigen Fachmann kontrolliert. Und letztendlich muss man hervorheben, dass die Fabrikleitung alle nötigen Materialien ohne fremde Hilfe einkauft. Deswegen gehört der Einkauf von ungeeignetem Material der Vergangenheit an."[8]

Anfang Mai 1941 ergänzt man:

> „Die Metallfabrik ist in den 6 Wochen seit dem letzten Bericht in Rekordtempo gewachsen. Heute beschäftigt sie schon 370 Arbeiter und 100 Elektromonteure, und das bei außergewöhnlich kleiner Verwaltung, die nur aus 14 Personen, darunter 5 Ingenieure, besteht. Kürzlich wurde der Betrieb durch den Präses[9] inspiziert, der feststellte, dass der Betrieb in jeder Hinsicht vorbildlich geführt wird. Der Präses kam zu dem Schluss, dass man den weiteren Ausbau der Fabrik anstreben solle; hierfür werden der Fabrik die Nebenräume zur Verfügung gestellt. Aufgrund dieser Anweisung werden die Einwohner des Hauses in der ul. Zgierska 56 [10] bis zum 5. Mai in andere Wohnungen umgesiedelt, in den hinterlassenen Räumen werden Werkstätten eingerichtet. Einer dieser Räume ist für die Arbeiterküche bestimmt. Zugleich veranlasste der Präses die Fabrikleitung, Schüler aus der Berufsschule in der ul. Brzezinska 40 zum Praktikum aufzunehmen, die bisher in den Werkstätten in der ul. Dworska 14 in der Lehre waren. Der Präses betonte besonders die Notwendigkeit einer vollständigen Ausnutzung aller sich im Getto befindlichen Materialien. Gemäß dieser Absicht hat die Fabrikleitung kürzlich wertlose Konservenblechdosen besorgt, die sich in großen Mengen in der Approvisationsabteilung befinden. Diese Blechdosen werden bei der Produktion von Gießkannen verwendet. Die Fabrik hat aufgrund der einmal gebauten

[8] Zitiert nach: Die Chronik des Gettos Lodz/Litzmannstadt S.94ff.
[9] Vorsitzender des Judenrates: Chaim Rumkowski *27.02.1877-28.08.1944
[10] Hohensteiner Str. 56

Wasserhahnmodelle beträchtliche Bestellungen von den Behörden bekommen, wobei sie mit den nötigen Mengen an verzinktem Blech beliefert wird. Die erhaltenen Bestellungen umfassen darüber hinaus andere Artikel aus Blech, dadurch wird die Blechabteilung im Laufe eines Monats von den ursprünglich 40 auf 80 Fachleute vergrößert werden. Die Fabrik stellt auch Schlosser ein.
Die Kesselwerkstatt, die sich in einem separaten Raum in der ul. Krótka 15 befindet, beschäftigt schon 35 Fachleute, die Küchenkessel, Boiler und Duschen für die Badeanstalt herstellen. Die Fabrik erzeugt ausschließlich aus altem Gusseisen, beziehungsweise aus Blech, verschiedenste Artikel von hervorragender Qualität, wie Kartoffelhacken, Schaufeln, Gabeln, komplette Feuerwehrausrüstungen usw. An größeren Arbeiten hat die Fabrik letztens eine Presse zur Herstellung von Hüten und Gummiartikeln gebaut; solche Maschinen wurden früher aus dem Ausland importiert. Die Fabrik arbeitet in zwei Schichten, die erste Schicht dauert von 6.15 bis 13.30 Uhr, die zweite von 13.30 bis 20.45 Uhr. Je nach weiterer Entwicklung wird die Fabrik 24 Stunden in Betrieb sein.“[11]

Schon Mitte 1941 befindet sich das Metallressort des Ghettos Lodz unter der Leitung Josef Chimowiczs[12] auf erfolgreichem Expansionskurs. Wie die lobenden Berichte der Ghetto-Selbstverwaltung zeigen, scheint die Metallfabrik fast das Herz der Ghettowirtschaft darzustellen und den übrigen Ressorts den Puls vorzugeben. Im effizient strukturierten Metallressort sammeln sich daher zahlreich gut ausgebildete und talentierte Fachleute und Handwerker. Längst haben die Ghettobewohner begriffen, dass Arbeit Leben bedeutet und nur wer für die deutschen Besatzer und den Judenrat nützlich erscheint, sich eine Lebensberechtigung und ein Bleiberecht verdient und das Geld für die Lebensmittelrationen aufbringen kann.[13]

---

[11] Zitiert nach: Die Chronik des Gettos Lodz/Litzmannstadt S.96f.
[12] FloNo.: 38388
[13] Vgl. Ruth Alton. S.21ff.

Mit dem Einsatz als Lehrlinge sollen auch Kinder und Jugendliche nach Plänen des Ghettopräsidenten Chaim Rumkowski vor der Deportation bewahrt werden.[14]
So wächst die Belegschaft des Metallressorts innerhalb weniger Monate auf 500 Arbeiter und 300 Lehrlinge an.[15] Einige vor allem im Staatsarchiv Lodz überlieferte Fotografien zeigen arbeitende Kinder im Metallressort, die beispielsweise in der Blecherei Teile ausstanzen.[16]
Insbesondere die Aufträge für deutsche Behörden und Abnehmer außerhalb des Ghettos machen das Metallressort von Litzmannstadt, nicht nur aus Sicht der jüdischen Selbstverwaltung, sondern auch in den Augen der Besatzer, lukrativ und bedeutsam. So heißt es in den Ressortnachrichten vom 18. September 1943:

> „Das Metall-Ressort II[17] hat einen großen Auftrag zur Lieferung von Aluminiumrädern für Flugzeuge erhalten. Es sollen 300 Stück monatlich produziert werden.“[18]

Spätestens 1943 werden also auch größere Rüstungsaufträge übernommen. Auch die Berliner Rüstungsfirma Bernsdorf &

---

[14] Vgl. Jerzy Flajszman. In: Schwarze Jahre. Reclam Leipzig. 1997 S.234
[15] Vgl. Alan Adelson / Marek Web. Lodz Ghetto. S.75
“However, the workshop’s importance grew in proportion to the growth of the ghetto’s industry. By January 1941 it already employed 150 workers. In May there were 301 workers and 53 machines in the workshop. Also, in connection with the Chairman’s re-classification program, 180 students were sent to the workshop for vocational training. At this time the workshop receiving orders from the city. Aside from repair and assembly jobs, the workshop has already produced 1700 watering cans, 2240 pails, 1140 gas fixtures. …The number of workers rose to 500 and of trainees to 300. Mr. Chimowicz, the manager, is now energetically exploring export possibilities and has received many new orders from the military and civilian authorities.
In general, the workshop repairs, re-conditions, and makes new products in the following categories of metal work: tinsmithery, casting, blacksmithery, general and precision mechanics.”
[16] Vgl. USHMM: Photograph #95200A; Berliner Zeitung: „Das Gesicht des Gettos“ vgl. Ausstellung Topographie des Terrors; vgl. Karl Stuhlpfarrer
[17] Metallressort II = Hohensteiner Str. 56 ; I = Hanseatenstraße 63
[18] Vgl. www.getto-chronik.de

Co. ist im Ghetto tätig. Das Anlaufen geplanter Munitionsproduktionen gestaltet sich im Frühjahr 1944 jedoch, mangels erforderlicher Maschinen, zunehmend schwierig.[19]
Als immer mehr Menschen aus den Ghettos in die Vernichtungslager deportiert werden, fahren Alte, Kinder und Kranke zuerst. Später folgen zur Erfüllung vorgegebener Quoten auch immer mehr Arbeiter weniger wichtiger Industrien und Betriebe. Im Sommer 1944 ist die Liquidierung des Ghettos aufgrund der bedrohlich näher rückenden Ostfront und den genozidalen Vernichtungsplänen Hitlers nicht mehr zu vermeiden. Nützliche Rüstungsbetriebe und eingearbeitete Belegschaften sollen dabei ins Reichsinnere verlagert werden. So auch das Metallressort, dem ein Großteil (mehr als 80%) der späteren Dresdner Häftlinge angehörte. Die Verlagerung erfolgte unter dem deutschen Kommando des Ghetto-Verwaltungsleiters Hans Biebow[20] und seines Assistenten, Leiter der Metallfabrikation und der Beschaffungsabteilung für Wehrmachtsaufträge: Erich Czarnulla[21]. Vorgesehen für die Betriebsverlagerung war zunächst ein Fabrikgelände in Obersitz (Oberzysko) in der Nähe Posens (Poznan). Josef B. erinnert:

> „Als infolge der Kriegsentwicklung das gesamte Ghetto zu Lodz aufgelöst wurde, entschlossen die deutschen Behörden die Metallgruppe, zu der ich gehörte, aufrecht zu halten, damit die Produktion der Kerngeschosse, mit der wir uns befassten, weiterläuft. Wir mussten die Maschineneinrichtung demontieren und nach Samtern bei Posen zu [sic!] verschicken.“[22]

Häftlingstransporte, vor allem die Liquidierungstransporte aus dem rüstungswirtschaftlich wichtigen Ghetto Lodz, wurden aber in der Regel über Auschwitz geleitet. So erhielten die Metallarbeiter am Mittwoch den 30. August 1944 laut Sophie Machtingers Memoiren von 1955 um 11 Uhr plötzlich den Abfahrtsbe-

---

[19] Vgl. Michael Alberti. S.470
[20] *18.12.1902 Bremen – 23.06.1947 Lodz – Verwaltungsleiter des Ghettos
[21] *10.04.1902 Bentschen – 27.03.1948 Lodz – Abteilungsleiter
[22] Aussage Josef B.. BArch B 162 / 8328 S.149 – 04.12.1967

fehl und bestiegen unter der Führung des jüdischen Ressortleiters Josef Alfred Chimowicz[23] etwa um 13 Uhr die Straßenbahnen, die sie aus dem Ghetto zum Bahnhof Radegast brachten. Ihr Transport soll aus etwa 2000 Personen bestanden haben, von denen 500 Personen Metallarbeiter und deren Angehörige waren.[24] Es handelte sich um den letzten Transport, der das Ghetto Litzmannstadt verließ. Zurück blieben lediglich einige Hundert Häftlinge eines Aufräumkommandos und Personen, denen es gelungen war, sich vor der Deportation zu verstecken. Am 31. August 1944 5:00 Uhr in der Frühe soll der Transportzug in Auschwitz Birkenau eingetroffen sein, und um 6:00 Uhr seien die Waggontüren zur Entladung geöffnet worden.

> „Chimowicz ging zu einem Deutschen und sagte dann, dass er eine Liste mit fünfhundert Namen hätte, und dass irgendwann in den nächsten Stunden ein Deutscher namens Czarnula [sic!] uns abholen käme. Die Liste wurde gelesen und die, deren Namen darauf waren reihten sich in Fünfer-Gruppen auf. Die übrigen, einschließlich meiner Mutter, wurden begutachtet durch die Deutschen, die dort postiert waren und ihnen wurde befohlen zur linken Seite zu gehen. [...] Ich folgte meiner Mutter mit den Augen – sie überquerte die Schienen und lief einen Asphaltstreifen entlang, der als Fußweg diente. Viele Leute aus unserer Gruppe ausgeschlossen von unserer Liste gingen diesen Pfad entlang. Ich realisierte nicht, wohin diese Straße führte.“[25]

---

[23] FloNo.: 38388

[24] Vgl. Sophie Machtinger. Memoirs from my Life's Experience.1989 S. 24f.

[25] Sophie Machtinger. Memoirs from my Life's Experience.1989 S. 25f. Original: „Chimowicz went up to a German, and then said he had a list of five hundred names, and that sometime in the next few hours a German named Mr. Czarnula would come for us. The list was read, and those whose names were on it lined up in groups of five. The rest, including my mother, were reviewed by the Germans who were posted there and were ordered to pass to the left-hand side. […] I followed my mother with my eyes – she crossed over the railroad tracks and walked along an asphalt strip that serfed as a foot-path. Many people from our group excluded from the list were walking along this path. I did not realize where that road led."

Während die 500 Metallarbeiter, die auf einer Liste stehen, abgesondert werden, müssen die übrigen Juden des Transports die reguläre Selektion über sich ergehen lassen. Ein Teil von ihnen wird als Arbeitskräfte, als sogenannte Depot-Häftlinge oder „Durchgangsjuden“, ins Durchgangslager eingewiesen und später teilweise ins KZ Auschwitz-Birkenau übernommen oder in andere Lager überstellt, die übrigen Menschen in den Gaskammern getötet. Im Kalendarium der Ereignisse in Auschwitz Birkenau gelingt Danuta Czech keine eindeutige Abgrenzung der eintreffenden Transporte aus Lodz. Die Gruppe des Metallressorts wird in ihrem Standardwerk nicht gesondert erwähnt.
Die Gruppe der Metallarbeiter wird nach Ankunft in Birkenau ins Zigeunerlager (B II e) der Männer einquartiert, das nach der Liquidation der letzten Zigeuner am 2. und 3. August 1944 freie Kapazitäten aufwies.[26] (Quartier laut Mania Orner in Block 13.)
Der bei Einlieferung nicht nach Geschlecht getrennte Transport mit Kindern und Alten erregt beim Marsch durchs Lager erhebliches Aufsehen.[27] Icchak W. lässt 1967 protokollieren:

> „Die Gruppe, die auch Artistengruppe genannt wurde, zählte mit Familienangehörigen 500 Seelen. Die deutschen Behörden beschlossen die Gruppe als geschlossene zu bewahren, da die Produktion, mit der die Fachleute betraut waren, für die Kriegsführung wichtig war. So ist zu verstehen, dass wir in Auschwitz nicht selektiert wurden.“[28]

Der Aufenthalt dieser Gruppe in Auschwitz betrug aber lediglich zwei Übernachtungen, d.h. knappe drei Tage. Als Häftlingen des Durchgangslagers werden ihnen keine Auschwitzer Häftlingsnummern tätowiert.

---

[26] Vgl. Sophie Machtinger S.29 “We were put in the so-called Gypsy camp, which was exclusively for men.”
[27] Vgl. Sophie Machtinger S.29 “The men watching us were surprised at the sight of a transport containing men, women and children, which was a rare sight in Auschwitz.”
[28] Aussage Icchak W. BArch B 162 / 8328 S.168 – 19.12.1967

In der zweiten Nacht vom ersten auf den zweiten September soll es laut Machtinger zu einigen sexuellen Belästigungen der Frauen gekommen sein, die mit im Männerlager untergebracht waren.[29]

Nach einer Untersuchung durch einen Lagerarzt, bestieg die Gruppe des Metallressorts jedoch bereits am Nachmittag des 2. September 1944 erneut einen Transportzug.

> „Für unsere Reise erhielten wir ein halbes Brot, längs geschnitten, ein bisschen Margarine, und ein paar Wurstscheiben. Das sollte unsere 3-Tages-Ration[30] sein bis wir unseren Bestimmungsort erreichten. Wir wurden in Bahnwaggons gepackt, die jeweils 60 Personen beherbergten.“[31]

Diesmal ist das Ziel das KZ Stutthof bei Danzig, das der Zug allerdings wohl schon am nächsten Tag, den 3. September, und nicht erst am dritten Tag erreicht. Bezüglich der dreitägigen Transportdauer ist Machtingers Zeugnis nicht konsistent. So beschreibt sie die Abfahrt am 2. September und nennt später einen Morgenappell nach der ersten Nacht in Stutthof vom 4. September.[32]

Außerdem erhalten die aus Auschwitz neueingetroffenen Häftlinge am 3. September die Stutthofer Häftlingsnummern 81968-84372. Neben den 500 Häftlingen des Metallressorts, wurden also weitere 1905 Juden mit diesem Transport aus Auschwitz

---

[29] Vgl. Sophia Machtinger S.30 "Some of the mothers in our group had their infants with them, crying from hunger, and tried to use them to keep the men away. Some the men were drunk; I began to hear the voices of women being molested by the men, and gradually there arose a general shouting and wailing. Happily, the block leader managed to drive them off bit by bit."

[30] Vgl. Sophia Machtinger S. 31 „On the third day we reached the town of Miasteczko near Gdansk."

[31] Sophie Machtinger. S.30
Original: „For our journey we received half a loaf of bread split lengthwise, a bit of margarine, and a couple of slices of sausage. This was to be our three-day ration until we reached our destination. We were put into rail cars that held sixty people apiece."

[32] Vgl. Sophie Machtinger. S.32 „It was 4 September 1944."

nach Stutthof überstellt. Die Frauen werden dort im Judenlager, das lediglich aus zehn Baracken besteht (Baracken 21-30), in die Baracke 23 eingewiesen.[33] Die Männer sollen in Sichtweite in einer Baracke in der Nähe einquartiert worden sein.
Nach etwa zwei Wochen Aufenthalt im Lager wird eine kleine Gruppe Männer selektiert, die als Vorkommando, die neuen Fabrikräume und Arbeitsstellen des Metallressorts einrichten soll.

I. Das Vorkommando in Obersitz

Zur Vorbereitung des Arbeitslagers in Obrzycko/Oberzysko in der Nähe Posens (Poznan) wird schließlich eine kleine Gruppe Männer abgeholt, die den Maschinenpark und die Häftlingsunterkünfte für den geplanten Arbeitseinsatz vorbereiten soll. Dabei ist in den Häftlingserinnerungen meistens von 50 Männern die Rede. Eine Transport- oder Überstellungsliste ist nicht überliefert. Zugehörige dieses Vorkommandos wurden in der Häftlingsliste im Anhang mit dem Kürzel V50 gekennzeichnet.
Aufgrund der Frontentwicklung kommt es aber nicht mehr zum umfassenden Arbeitseinsatz in Obersitz und die Häftlinge müssen die Maschinen aus Lodz zum Weitertransport nach Dresden wieder verpacken. Roman Halter, der neben Josef Alfred und Leon Chimowicz zum Vorkommando gehörte, schreibt:

> „Wir waren insgesamt 15 Tage in Stutthof und schleppten gerade Steine zur sadistischen Unterhaltung unserer Aufseher, als ein SS-Mann erschien und uns befahl, zurück ins Lager zu gehen. Czarnulla war da. Er trug einen langen schwarzen Ledermantel und war von einigen Deutschen in Zivilkleidung, Wehrmachtssoldaten und ein paar SS-Leuten umringt, die die Selektion durchführten. Alfred Chimowicz stand hinter Czarnulla. Sie suchten etwa dreißig Männer für die Demontage von Maschinen, die sich irgendwo in der Nähe von Poznan be-

[33] Vgl. Sophie Machtinger. Memoirs from my Life's Experience.1989 S. 32

fanden. Wir mußten im Gänsemarsch an ihnen vorbeilaufen. Alfred Chimowicz hatte zwar das letzte Wort, wer ausgewählt wurde, aber ich spürte, daß ich etwas sagen mußte, denn ich wußte, wenn ich nicht genommen werden würde, hätte ich keine Chance zu überleben. Also nahm ich meinen ganzen Mut zusammen und sagte in meinem besten Deutsch: ‚Ich bin fingerfertig', und zeigte ihm meine Hände. Ein SS-Mann wollte schon sein Gewehr heben, als Czarnulla sagte: ‚Nein, nicht schlagen.' Er lächelte mich gequält an und schaute hinüber zu Alfred Chimowicz. Meine Augen müssen gefleht haben: ‚Um Gottes willen, sag ja.' Chimowicz nickte. Nun gehörte ich zu den zweiunddreißig Männern, die ausgewählt wurden, um die Maschinen für den Transport nach Dresden zu säubern, zu ölen und in Kisten zu verpacken.
Wir kamen mit dem Zug zu einer kleinen Fabrikanlage nahe Poznan und wurden in einer langen Holzbaracke zwischen den SS-Wachen untergebracht. Sie begleiteten uns und den deutschen Bauingenieur, der polnisch und deutsch sprach. Wir zerlegten die Maschinen in einem Werkzeugschuppen neben der Bahnstation. [...]
Wir brauchten sechs Wochen, um die Arbeit an den Maschinen zu beenden. Die SS-Aufseher schien es nicht zu stören, daß wir zwar sorgfältig, aber nicht allzu schnell arbeiteten. Es war leichter und sicherer Juden zu bewachen als gegen russische Truppen zu kämpfen. Die Bedingungen hier waren besser als im Ghetto Lodz, in Auschwitz oder Stutthof.
Keine andere Mühsal als das Säubern und Aufladen von Maschinen, nicht draußen in der Kälte sein müssen, und die größeren Rationen, all das tat uns gut. Als wir Mitte November 1944 nach Stutthof zurückkamen, waren wir in deutlich besserer Verfassung. Während unserer Abwesenheit waren allerdings viele der ursprünglichen Lodzer Gruppe an Schlägen, dem Hunger, an Infektionen und den kalten Nordwinden gestorben."[34]

[34] Roman Halter. S.141ff.

Während Halter in seiner Autobiografie scheinbar nur von einem 32-köpfigen Kommando ausgeht, äußert Icchak W.:

> „Von Stutthof wurde ich mit 50 Mann nach Obersitz bei Posen genommen, um dort die Maschinen zu installieren und Unterkünfte zu bauen. Inzwischen wurde der Plan geändert. Wir mussten die Maschinen wieder aufladen und dann kehrten wir nach Stutthof zurück."[35]

Abraham S. bestätigt:

> „Unsere Produktion sollte ihren Fortbestand im Orte Obrzisko bei Posen haben, doch die Frontentwicklungen beeinflussten den ursprünglichen Plan. Ich war einer der 50 Mann, die von Stutthof nach Obersitz (Obrzisko) genommen wurden, um die Maschineneinrichtung dort zu installieren. Wir hatten dort etwa 6 Wochen Unterkünfte für uns gebaut, dann auf Verfügung des deutschen Funktionärs Czarnula [sic!] die Maschinen erneut aufgeladen und sind nach Stutthof zurückgekehrt. Die Maschineneinrichtung wurde inzwischen in Zwickau abgeladen, wir sollten folglich dort arbeiten. Doch die Entscheidung war abermals elastisch und wir kamen nach Dresden."[36]

Sophie Machtinger geht 1955 ebenfalls von 50 Männern aus, die für diese Aufgabe ausgesucht worden waren. Auch Pinkus (Pinio) und Moniek Machtinger gehörten zum Vorkommando. Machtinger schreibt über die Vorankündigung der Rückkehr dieser Männer:

> „Dann wurde Frau Chimowicz von ihrem Mann eine Namensliste gegeben, von der gesagt wurde sie sei von einem Offizier geliefert. Es war keine lange, aber unsere Männer waren im Begriff von Oberzynsko [sic!] zu

---

[35] Aussage Icchak W. BArch B 162 / 8328 S.168 – 19.12.1967
[36] Aussage Abraham S. BArch B 162 / 8328 S.165 – 19.12.1967

> kommen. Sie waren zwei Monate dort geblieben die Maschinen die vom Metall-Ressort kamen zu entladen.“[37]

Später schließt sie an:

> „Die neuangekommenen Männer erzählten uns, dass wir in ein paar Tagen nach Dresden aufbrechen würden, um dort in einer Munitionsfabrik zu arbeiten. Czarnula [sic!] war mit ihnen, was Dinge einfacher machte, und wir Frauen würden auch mit ihnen mitkommen, mit unseren Männern, die talentierte Metallarbeiter waren.“[38]

Nach einigen Tagen der Unsicherheit und Zweifel, ob auch die geschwächten Häftlinge des Metallressorts mit nach Dresden zu nehmen wären, lenkt Erich Czarnulla, als ehemaliger Leiter der Metallfabrikation im Ghetto Lodz und der Beschaffungsabteilung für Wehrmachtsaufträge, schließlich ein.

> „Es war bereits der 23. November und unerträglich kalt draußen auf dem Appellplatz und wir wussten, dass es jeden Tag zu schneien beginnen könnte [...] Und dann geschah ein Wunder – Czarnula [sic!] stimmte zu, alle 500 von uns nach Dresden mitzunehmen. Leider waren sehr viele der Männer nicht mehr länger mit uns, und viele der Frauen ebenso, vor allem ältere, die das Lagerleben nicht aushalten konnten. Eines Abends wurden die Frauen des Metall-Ressort-Transports unerwartet einbestellt und untersucht. Jede von uns erhielt einen Stempel auf unseren Handteller nahe des Handgelenks in Form

---

[37] Sophie Machtinger. S. 38
Original: „Then a list of names was given to Mrs. Chimowicz by her husband, which was said to have been delivered by an officer. It was not a long one, but our men were coming from Oberzynsko. They stayed there two months unloading machinery which came from the metalworks shops.”

[38] Sophie Machtinger. S. 39
Original: „The newly-arrived men told us that in a few days we would be going off to Dresden to work in a munitions factory. Czarnula was with them, which made thigns easier, and we women were also going with them, along with our men who were skilled metal workers.”

> eines blauen Kreises und wurde raus auf einen leeren, mit Stacheldrahtzaun umgebenen Platz gebracht, zusammen mit unseren Männern und vielen zusätzlichen jungen Männern, die Juden waren, aber mit dem Lagerleben erfüllt und durch die vielen Jahre kontaminiert waren, die sie in den Lagern verbracht hatten."[39]

Die zwischenzeitlich in Stutthof verstorbenen oder ausselektierten Häftlinge des Metallressorts, wurden also durch arbeitsfähige Stutthofer Häftlinge ersetzt. Bei der geschilderten Gelegenheit wird also der Dresdner Transport mit 220 männlichen und 280 weiblichen Häftlingen zusammengestellt.[40]

Die letzte Teilaussage Machtingers ist somit sicher etwas übertrieben, da nur 22 Männer (also genau 10%) nicht zur Metallressortgruppe gehörten und alle mit demselben Transport am 28. Oktober 1944 von Auschwitz nach Stutthof überstellt worden waren. Es waren also mit mindestens 56 weiblichen Personen (anteilig mindestens 20%) wesentlich mehr weibliche Häftlinge aus Stutthof, die den Transport auf 500 Personen auffüllten. Ob dabei Frauen auch männliche Häftlinge ersetzten, konnte bislang nicht rekonstruiert werden. Richtig ist aber, dass die Mehrheit der männlichen Häftlinge aus Auschwitz wirklich schon mehrere Jahre Lagerhaft hinter sich hatte. Über die Hälfte der Auschwitzer Häftlingsnummern der 22 erwähnten Personen sind mittlerweile bekannt. Niedrigste Nummer ist die 27299 von Adam (Abram) Schweizer, die am 27. März 1942 vergeben wurde. Die anderen Männer kamen mit Transporten am 30. April aus Radom, am 4. und 6. Juni aus Compiegne bzw. Radom, am 7. November aus dem Ghetto Zichenau, sowie am 17. Dezember aus dem Ghetto Plonsk in Auschwitz an.[41] Pinkus Frymorgen

---

[39] Sophie Machtinger. S. 39
Original: "It was already the 23rd of November and unbearable cold out in the roll call yard, and we knew that it could start to snow any day. […] And then a miracle ocurred – Czarnula agreed to take all five hundred of us to Dresden."

[40] Ulrich Fritz spricht in seinem Bericht explizit von 216 männlichen und 284 weiblichen Häftlingen und zwei Jungen, die sich unter den Frauen befanden. Es waren aber vier Jungen, also 220 männliche und 280 weibliche Häftlinge.

[41] Vgl. Häftlingsliste

alias Moniek bzw. Max Wilder[42] ist die Auschwitzer Häftlingsnummer 134190 zuzuordnen, die auf eine Einlieferung am 3. August 1943 aus dem Ghetto Sosnowitz verweist. Lediglich der ungarische Jude Bela Königsberg wurde noch später am 7. Juli 1944 mit der Häftlingsnummer A-17350 tättowiert.
Aufgrund der quantitativen Ungenauigkeiten beim Häftlingsersatz, wird auch die Sterblichkeit der in Stutthof verbliebenen Metallarbeiter in der Regel von den Zeitzeugen überhöht angesetzt, vor allem da auch einige Frauen und Kinder der Gruppe in Stutthof nachträglich selektiert und nach Auschwitz zurückgeschickt worden waren. Abraham S. erinnert:

> „Noch bevor ich nach Obrzisko genommen wurde, hatte ein SS-Offizier, dessen Name mir nicht bekannt ist, Kinder und Mütter zur Vernichtung in Auschwitz ausgesondert, darunter meine Frau und Kind."[43]

Chaim B. bestätigt:

> „Stutthof wurde auch für junge Kinder und Mütter zum Schicksal, sie wurden von ihren Familienvätern abgesondert und vernichtet."[44]

Icchak W. berichtet:

> „Kinder und Mütter wurden ausgesondert und – angeblich nach Auschwitz verschickt. Die hatten den Krieg nicht überlebt."[45]

Josef B. erklärt übereinstimmend:

> „In der Tat – nach Aussonderung eines Teiles unserer Gruppe und ihrer Verschickung nach Auschwitz und

---

[42] FloNo.: 38414
[43] Aussage Abraham S. BArch B 162 / 8328 S.165 – 19.12.1967
[44] Aussage Chaim B. BArch B 162 / 8328 S.161 – 17.12.1967
[45] Aussage Icchak W. BArch B 162 / 8328 S.168 – 19.12.1967

> nach Ersetzung ihrer Zahl durch andere, arbeitsfähige, Häftlinge – wurden wir nach Dresden überstellt.“[46]

Der erwähnte Transport, der überwiegend aus jüdischen Frauen und Kindern, aber auch aus acht arischen Müttern mit Kind und neun Schwangeren bestand, hatte am 10. September Stutthof verlassen und Auschwitz Birkenau am 11. September erreicht. Lediglich zwei Männer werden laut Kalendarium Czechs und Danuta Drywas Forschungsarbeiten ins Lager aufgenommen und mit Häftlingsnummern registriert, die übrigen 596 Menschen wahrscheinlich alle sofort vergast. Die Transportdaten passen damit exakt zu den zeitlichen Dimensionen und der Chronologie, die Roman Halter und Abraham S. für den Abtransport nach Obersitz und den Verlust der Angehörigen geben.
In diesem Zusammenhang ist folgende Feststellung des Israel K. allerdings nicht ganz richtig:

> „In Stutthof wo wir [...] drei Monate verbrachten, verstarben einige von uns, Kinder mit Müttern wurden den Männern entnommen – mit Ausnahme eines Bürschchens namens Bande; die ausgefallene Zahl wurde durch andere Häftlinge ersetzt.“[47]

Neben David Bande[48] gab es aber noch zahlreiche andere Jugendliche und Kinder der Metallressortgruppe, die später mit nach Dresden genommen wurden. Vor allem Kleinkinder mit ihren Müttern fielen wohl der Selektion zum Opfer. Neben Frau Sztajer und Kind waren es auch die Schwägerin des Ressortleiters: Pesa Chimowicz und deren drei Söhne Abraham Josef, Majer sowie Isaac und möglicherweise weitere weibliche Familienmitglieder. Selbst die engste Familie des Judenältesten blieb also von dieser todbringenden Selektion nicht verschont.
Außerdem wurden Familienangehörige von der Ressortliste gestrichen, wenn der entsprechende Metallarbeiter verstorben war. So wurde beispielsweise der neunjährige Michael Tauber im KZ

[46] Aussage Josef B. BArch B 162 / 8328 S.149 – 04.12.1967
[47] Aussage Israel K. BArch B 162 / 8328 S.163 – 17.12.1967
[48] FloNo.: 38362

Stutthof zurückgelassen, weil sein Vater, der deutsche Ingenieur Julius Tauber, dort verstorben war. Ehefrau und Mutter hingegen konnte durch einige Zufälle ihren Listenplatz behaupten.[49] Wenn neben 22 Männern mindestens[50] 56 Frauen ersatzweise in Stutthof der Metallgruppe angegliedert wurden, dürften diese daher größtenteils in Stutthof selektierte oder verstorbene Frauen und Kinder ersetzt haben.
Neben dem Personenverlust des Mutter-Kind-Transportes vom 10. September 1944, fordern auch die schweren körperlichen Arbeiten bei Hungerrationen und eine Typhusepidemie, die Ende Oktober bzw. Anfang November in Stutthof ausbricht, zusätzliche Opfer unter der Gruppe des Metallressorts.
Abraham Korn lässt protokollieren:

> „In Stutthof wurde der Großteil der Kinder und alle Schwachen vernichtet. Ungefähr die Zahl der – von unser[er] Gruppe ausgesonderten – wurde dann durch Häftlinge von Auschwitz – zu unsrer Gruppe angeschlossen.“[51]

Baruch R. bestätigt:

> „Die Metallgruppe in Lodz zählte etwa 500 Personen, inbegriffen Frauen und Kinder. Von dieser Gruppe starben einige in Stutthof, andere wurden krankheitshalber aus der Gruppe hinausgenommen und durch andere Häftlinge ersetzt, so dass die Gesamtzahl beiläufig dieselbe blieb.“[52]

---

[49] Vgl. Ruth Alton. Deportiert von den Nazis. S. 70 & 72f. (s.u.)
[50] Das Minimum ist die Summe der Frauen, deren Einlieferung in Stutthof mit anderen Transporten anhand der vergebenen Häftlingsnummern belegt werden kann. 224 Frauen und Mädchen wurden mit dem Transport eingeliefert, dem auch das Metallressort angehörte. Hier kann aber aus den anderen Häftlingen des Transports noch weiterer Häftlingsersatz selektiert worden sein; möglicherweise sogar Familienangehörige und Freunde aus Lodz.
[51] Aussage Abraham K. BArch B 162 / 8328 S.147 – 15.10.1967
[52] Aussage Baruch R. BArch B 162 / 8328 S.159 – 14.12.1967

Abraham S. gibt 1967 über die Rückkehr des Vorkommandos zu Protokoll:

> „Als ich mit der Gruppe der 50 Mann nach Stutthof zurückkehrte fand ich in der Metallgruppe schwere Veränderungen vor. Fast die Hälfte der Männer war nicht mehr am Leben. Die wesentlich schwereren Bedingungen in Stutthof hatten sie ums Leben gebracht.“[53]

Auch Chanan Werebejczyk bezieht sich auf die Angaben Sztajers, wenn er schreibt:

> „Abraham hat mir erzählt, daß er schockiert war über den Zustand in unserer Gruppe, und hauptsächlich, daß seine Frau und seine Tochter ermordet wurden. Er erinnert sich, daß in der Gruppe, die ungefähr 250 Männer und 250 Frauen zählte, 140 Personen gefehlt hätten. Nach der Abfahrt seiner Gruppe aus 50 Personen waren ungefähr 200 Männer in Stutthof geblieben. Abraham schätzte, daß von jenen ungefähr mehr als 90 umgekommen sind. Wenn man zu dieser Zahl noch die Menschen hinzu zählt, welche nachher in Dresden infolge Erschöpfung und Erkrankungen, die ihre Ursache in den schweren Bedingungen in Stutthof hatten, starben, so kann man feststellen, daß in Stutthof in der Zeit von 2,5 Monaten ca. 50% der Männer und 25% der Frauen von unserer Gruppe umgekommen sind.“[54]

Angesichts der gesammelten Daten ist eine solche Sterblichkeit wahrscheinlich deutlich überzeichnet. Maximal 20% des Dresdner Transportes dürfte sich aus neuen Häftlingen zusammengesetzt haben. Nachweisbar sind 22 Männer und 56 Frauen. Es ist daher sehr unwahrscheinlich, dass 90 Männer ersetzt wurden. Zwar sind auch unter den Männern, die in Stutthof zu schweren Forstarbeiten eingesetzt wurden, etliche Verluste namentlich zu

[53] Aussage Abraham S. BArch B 162 / 8328 S.165 – 19.12.1967

[54] Chanan Werebejczyk in: Ihrer Stimme Gehör geben. S. 75

belegen, doch dürfte der größere Teil der Metallarbeiter Ende November mit nach Dresden überstellt worden sein. Eine Sterblichkeit von annähernd 50% ist in diesem Fall sicher übertrieben.

II. Das Metallwerk Striesen

Auch in Dresden hatte es vor Ankunft der Häftlinge diverse Entwicklungen und Vorbereitungsstufen gegeben. So war die Zigarettenfabrik Jasmatzi in der Schandauerstraße 68, die zum Tabakkonzern Reemtsma gehörte, im Februar 1944 in das „Metallwerk Striesen" umfunktioniert worden.

> „Ähnlich kurzfristig wie bei Yenidze[55] erging im Januar 1944 die Anordnung des Ministeriums Speer, Jasmatzi zum 5. Februar stillzulegen. [...] Die Reemtsmas mussten sich fügen und auch ihren letzten Dresdner Fabrikationsbetrieb für die Ziele der Rüstungsindustrie zur Verfügung stellen. Als neue Firmenbezeichnung erhielt die Fabrik den Namen „Metallwerk Striesen". Allerdings wurde angeordnet, die Maschinen für die Zigarettenherstellung vor Ort einzulagern. Sofern eine andere Zigarettenfabrik in Deutschland ausfiele, ließe sich Jasmatzi wieder aktivieren."[56]

Zunächst sind die frei werdenden Räumlichkeiten und Arbeitskräfte aber für den Rüstungsbetrieb Universelle Maschinenfabrik J. C. Müller & Co. bestimmt. Erik Lindner konstatiert:

> „Der wichtige Rüstungsbetrieb Universelle hatte den Anspruch auf Dienstverpflichtete und Räume von Jasmatzi erhalten, aber wegen der langjährigen guten Beziehungen zu Reemtsma wurde die Sache moderat verhandelt. Ende Februar vereinbarten Hans Schwerin und Hermann F. Reemtsma, dass das Metallwerk Striesen als eine der 200

---

[55] Eine andere Dresdner Zigarettenfabrik des Konzerns.
[56] Erik Lindner. Die Reetmsmas. S.282f.

Zulieferer für Universelle agierte und, soweit möglich, die Jasmatzi-Arbeitskräfte einsetzen konnte.“[57]

Im November 1944 ändert sich aber die Situation und es mietet sich schließlich das Berliner Rüstungsunternehmen Bernsdorf & Co. in die Schandauerstraße 68 ein, um dort eine Produktionsstätte zur Herstellung von 40 Millionen Geschosskernen pro Monat aufzubauen. Lindner erläutert:

> „Ende des Jahres 1944 änderte sich die Lage im ehemaligen Jasmatzi-Werk gravierend, denn nun kam ein großer Zwangsarbeiterbetrieb hinzu. Die Berliner Munitionsfabrik Bernsdorf & Co. mietete im November mehrere Stockwerke des weitläufigen Firmengebäudes an der Schandauer Straße 68 von Reemtsma und richtete im Keller eine Produktionsstrecke für Kerngeschosse ein. Die Herstellung sollten Zwangsarbeiter übernehmen, für die in den oberen Stockwerken Schlafräume bereitgestellt wurden.“[58]

Schon im Ghetto Lodz hatte die Berliner Firma große Rüstungsaufträge produzieren lassen. Sie hatte bereits 1943 bestehende Fertigungsverträge über 20 Millionen Stahlkerne für Infanteriemunition pro Monat übernommen und zusätzliche Aufträge über die Herstellung von 500.000 Presslingen für 2cm-Sprenggranaten mit Leuchtspur abschließen können.[59] 1944 sollte das Fertigungsvolumen weiter ausgebaut werden, und es waren weitere Produktionslinien in Planung. Mit der Liquidierung des Ghettos mussten also für eine Verlagerung der Betriebsstätten und die laufenden Rüstungsprojekte neue Räumlichkeiten requiriert werden. In einem Schreiben der Firma Bernsdorf & Co. (Kaiser Wilhelm Str. 51 Berlin) vom 15.11.1944 an das Oberkommando

[57] Erik Lindner. Die Reetmsmas. S.283
[58] Erik Lindner. Die Reetmsmas. S.283
[59] Vgl. Michael Alberti. S. 469f. – siehe Rü.Kdo. Litzmannstadt, Aktenvermerk vom 25.10.1943; BA-MA, RW 21-39/5, fol.69

des Heeres Wa Chef Ing 7/VIIe z.Hd. von Herrn Ing. Schemm in der Potsdamer Straße 188 (ebenfalls Berlin) heißt es betreffs „Verlagerung / Kernfertigung Vorhaben Litzmannstadt“:

> „Wie der dortigen Dienstelle bekannt, wurden wir durch Auftrag OKH Wa In Rü Mun 5/V veranlasst, in Zusammenarbeit mit der Gettoverwaltung Litzmannstadt im dortigen Getto eine Fertigungsstelle zur Herstellung von 40 Millionen SmE[60] Kerne wahlweise Kerne PP[61] 43 in 500 Arbeitsstunden/Monat zu errichten. Diese Verlagerung wurde von uns auf Grund eines Schreibens des Rüstungs- und Bezirksobmannes XXI vom 6.8.44 in Verbindung mit dem Arbeitsstab Gewehrmunition (Ing. Mayer) nunmehr nach Dresden A 19, Schandauerstr. 68, in den Betrieb der Firma H.F. & Ph. Reemtsma, Dresden, Glashütterstr. 98 Werk Jasmatzi, Schandauerstr. 68 durchgeführt. Da uns bei der Verlagerung erhebliche Kosten entstanden sind, bitten wir Sie, seitens Ihrer Dienststellen einen entsprechenden Verlagerungsbescheid auszustellen, damit wir in die Lage versetzt werden, die uns entstehenden Kosten auf Grund der Verlagerungsgrundsätze des Reichsministers für Rüstung u. K. zu errechnen.“[62]

Beim Rüstungs- und Bezirksobmann XXI handelte es sich laut Randnotiz und Anlage des Schreibens um den Verantwortlichen einer Verwaltungsstelle in Posen, wohin Bernsdorf & Co. zum Aufbau eines Verlagerungsbetriebes nach der Liquidation des Ghettos Lodz zwischenzeitlich ausgewichen war. Wann und aus welchem konkreten Grund die Verlagerung ins Reichsinnere nach Dresden beschlossen worden war, geht aus den Zeilen nicht hervor. Keine zwei Wochen nach diesem Schreiben, trafen bereits die angeforderten KZ-Arbeitskräfte aus dem KZ Stutthof in Dresden ein, um dort zur Einrichtung einer Fertigung von Geschosskernen, ihre Zwangsarbeit anzutreten.

---

[60] Spitz mit Eisenkern

[61] Pistolenpatrone

[62] Archiwum Panstwowe w Lodzi - GVL 113, fol.49

b) November 1944: Ankunft der Häftlinge

Ende November 1944 erreichte der Transport aus Stutthof sein Ziel in Dresden. Dazu sind im Archiv der Gedenkstätte Stutthof und beim ITS in Bad Arolsen mehrere sich leicht widersprechende Überstellungsmeldungen, aber auch eine Transportliste erhalten geblieben. In einem geheimen Fernschreiben des Amtsgruppenchefs SS-Standartenführer Gerhard Maurer des SS-Wirtschaftsverwaltungs-Hauptamtes Oranienburg FS 14119 an die Kommandanten der KL.Stutthof und KL.Flossenbürg vom 23. November 1944 um 23:20 Uhr heißt es unter dem Betreff „Häftlingsüberstellung Bernsdorf u. Co, Dresden“:

> „KL.Stutthof überstellt papiermäßig zum KL.Flossenbürg 300 männlich[e] Häftlinge, die bereits bei der Firma Bernsdorf u Co., Obersitz, eingesetzt waren, sowie zweihundert männliche Häftlinge, die vom Eignungsprüfer Czarnulla ausgemustert wurden und setzt diese zum Arbeitslager Bernsdorf u. Co., Dresden A 21, Schandauerstraße 68, Bahnstation: Ausladebahnhof Dresden-Reick, sofort in Marsch.
> Transportbegleitung stellt KL.Stutthof = Gez. Maurer“ [63]

Die Kommandantur des Konzentrationslagers Stutthof nimmt unter dem Betreff „Häftlingsüberstellung zum K.L. Flossenbürg“ berichtigenden Bezug auf das Fernschreiben „FS. Nr. 14 119 v. 23.11.44 des Amtsgruppenchefs D im SS-W.V.H.A.:

> „Am 24.11.44 werden 216 männliche und 284 weibliche Judenhäftlinge zum Arbeitslager Bernsdorf & Co., Dresden A 21, Schandauerstr. 68, zur Verfügung des K.L. Flossenbürg überstellt“ [64]

Am 28. November 1944 wird schließlich um 10:30 Uhr bzw. 12:10 Uhr der Vollzug der Überstellung vom KL Flossenbürg

---

[63] Vgl. Archiv der Gedenkstätte Stutthof

[64] Vgl. zitiert nach „Hertha Fuchs“ Jüdischer FrauenVerein Dresden e.V.

Nr. 2485 durch Lagerkommandant Koegel an das KL Stutthof mit folgendem Wortlaut gemeldet:

> „Am 26.11.44 sin[d] 284 Jüdinnen und 216 Juden beim Kommando Bernsdorf in Dresden eingetroffen. Übernahme in die Lagerstärke am 28.11.44. == Gez. KOEGEL.===“ [65]

Die gemeldeten Zahlen entsprechen den im KZ Flossenbürg vergebenen Häftlingsnummern der Männer- und Frauenserie.
Von den 500 am 24. November 1944 überstellten KZ-Häftlingen wurden 499 in den Flossenbürger Nummernbüchern registriert. Ihr Transport ist also am Sonntag, den 26. November 1944 in Dresden eingetroffen, bestand aber aus 220 männlichen und 280 weiblichen Häftlingen.
216 Männer und Jungs im Alter zwischen 9[66] und 68[67] Jahren erhielten die Flossenbürger Häftlingsnummern 38354 bis 38569 und die Frauen und übrigen Kinder, darunter vier Jungs[68] wurden mit den Häftlingsnummern 59654 bis 59936 bzw. 59937 registriert. Einzelne Gelistete blieben wahrscheinlich in Stutthof zurück und wurden durch nicht erfasste Häftlinge ersetzt.[69]
Das jüngste Mädchen in Dresden war die sechsjährige Liliana Bryman, das jüngste Kind der vierjährige Adam Wiktor Szyper. Die älteste Frau war vermutlich die 60jährige Ita Radzyner[70].

---

[65] Vgl. Archiv der Gedenkstätte Stutthof

[66] Jakob Drachman und Sliama Grzybowski sind beide 1935 geboren und mit Jahrgang 1934 im Flossenbürger Nummernbuch registriert. „Offiziell“ waren sie also bereits 10 Jahre alt.

[67] Ältester Häftling war Pinkus Gerschowski mit Jahrgang 1876 mit dem er auch im Flossenbürger Nummernbuch „offiziell“ registriert war.

[68] Michael und Josef Salomonovic, Adam Wiktor Szyper und Elchanan Reingold (Jachweta Tabakszmeker wurde versehentlich als Knabe markiert. Bei Elchanan Reingold fehlt diese Markierung.)

[69] Vgl. Henryk Plonski (FloNo.: 38490) und Schina Ringermacher (FloNo.: 59844) sowie Esther Malka Herzberg SVHF 504 (Schwester von FloNo.: 59928), die möglicherweise ersatzweise und unregistriert nach Dresden kam.

[70] Laut Theresienstädter Datenbank und Ghetto-Register 1884 geboren, aber mit Jahrgang 1892 in Stutthof und Flossenbürg registriert. Niedrigster registrierter Jahrgang war 1886 von Regina Putterman und Betty Idelovici. Möglicherweise war Nacha Lasker aber noch älter als Ita Radzyner. Sie ist

Der Abgleich mit der Stutthofer Transportliste und der Flossenbürger Häftlingskartei ergab zudem, dass die leer gebliebene Nummernbuchzeile 59937 wegen Auslassung der Jüdin Bala Zwerenbaum[71] unter Häftlingsnummer 59934 eigentlich Golda Zysholc zuzuordnen ist. Vermutlich wurde Bajla Cwerenbaum bei der Übertragung der Häftlinge ins Nummernbuch übersprungen. Lediglich eine Mindla Zwerenbaum[72], wahrscheinlich deren Schwägerin, ist im Flossenbürger Nummernbuch verzeichnet.

Die unterschiedliche Höhe der Häftlingsnummern von Männern und Frauen, trotz gleichzeitiger Aufnahme ins KZ-Flossenbürg, erklärt sich lediglich aus der Tatsache, dass das KZ Flossenbürg ursprünglich ein reines Männerlager war und mit dem Eintreffen bzw. der Übernahme weiblicher Häftlinge vom KZ Ravensbrück am 1. September 1944 für weibliche Häftlinge der Nummernbereich 50.000 bis 69.999 reserviert und nach und nach vergeben wurde. Bis Kriegsende konnte dieser Nummernbereich der weiblichen Häftlinge nicht vollständig ausgeschöpft werden und die höchste an einen weiblichen Häftling vergebene Nummer lautet 66059.

Lediglich die Häftlingsnummern des KZ Auschwitz wurden tätowiert, in allen anderen Konzentrationslagern wurden die Häftlingsnummern auf der Kleidung getragen. In der Regel dauerte es aber einige Wochen, bis die entsprechenden Nummern von der Kommandantur an die jeweiligen Außenlager versandt wurden. Für die Nummernvergabe wurden Häftlingslisten aus den jeweiligen Außenlagern an die Kommandantur in Flossenbürg geschickt, die diese Listen durch Lagerschreiber dann in die Flossenbürger Nummernbücher handschriftlich übertragen ließ. Die entsprechenden Datensätze beinhalten Nationalität und Haftgrund, Name und Geburtsdatum, bei den Männern in diesem konkreten Fall auch Geburtsort bzw. Wohnort, sowie für alle Häftlinge Überstellungsherkunft[73] und Verbleib[74].

---

zwar mit Jahrgang 1889 registriert, könnte aber unter Umständen bereits 1878 geboren worden sein. (Laut Gedenkblatt 1882)

[71] *01.01.1923 - Transportnummer 94

[72] FloNo.: 59934

[73] Hier KZ Stutthof

In den Nummernbüchern wird den männlichen Häftlingen das Überstellungsdatum 28.11.1944 und den Häftlingen der Frauenserie der 29.11.1944 als Einlieferungszeitpunkt zugeschrieben. Da alle Häftlinge laut der Forderungsnachweise Flo.773a, Flo.775 und Flo. 794 erstmalig am Montag, den 27. November 1944 zur Zwangsarbeit im Betrieb eingesetzt wurden, gilt die Ankunft am 26.11.1944 in Dresden auch durch die überlieferten Fernschreiben aus der Lagerkorrespondenz als sicher belegt. Eine Rückdatierung der Transportankunft fand wie erwähnt in den Nummernbüchern in diesem Fall also nicht statt.
Die Männer wurden dabei durchgängig als polnische Juden verzeichnet, obwohl sich auch zwei Tschechen[75], ein Reichsdeutscher[76], ein Ungar[77] und ein Franzose[78] unter ihnen befanden. In der Frauenserie sind acht Personen als tschechische Jüdinnen bzw. Juden[79], sieben als ungarische[80], sieben als reichsdeutsche[81], und fünf als litauische[82] Jüdinnen registriert. Es kämen aber auch hier wohl noch weitere reichsdeutsche[83] und eine tschechische[84] Jüdin dazu, die als polnische Jüdinnen geführt werden.
Mit dieser Zusammensetzung von ganzen Familien, und einer Altersspanne von über 60 Jahren, also drei Generationen, ist der Transport einzigartig für das Konzentrationslager Flossenbürg und auch sonst im nationalsozialistischen Lagersystem eine absolute Rarität. Prominentester und bisher einzig bekannter Parallelfall ist Oskar Schindlers Emaillefabrik in Krakau-Zablocie, die als Außenlager des KZ-Plaszow nach Brünnlitz (Tschechien) als ein Außenlager des KZ Groß Rosen verlagert

---

[74] Zunächst *Dresden Bernsdorf*, später werden hier auch Todesfälle eingetragen oder Überstellungen in andere Lager vermerkt.
[75] FloNo.: 38448, 38509
[76] FloNo.: 38373
[77] FloNo.: 38445
[78] FloNo.: 38547 – geboren in Warschau, deportiert über Compiegne
[79] FloNo.: 59738, 59766, 59767, 59821, 59860, 59861, 59862, 59906
[80] FloNo.: 59731, 59748, 59859. 59890, 59891, 59892, 59913
[81] FloNo.: 59725, 59726, 59728, 59729, 59822, 59893, 59782
[82] FloNo.: 59662, 59684, 59721, 59734, 59844
[83] FloNo.: 59759, 59782, 59843, 59888, 59904
[84] FloNo.: 59851

wurde. Auch Schindler hatte ganze Familien in seiner Belegschaft und setzte Kinder bei der Reinigung von Geschosshülsen ein. Während also bei Schindler privilegierte Juden aus dem Ghetto Krakau bzw. KZ-Plaszow Unterschlupf fanden, sind es in Dresden für den Berliner Rüstungsbetrieb Bernsdorf & Co. überwiegend privilegierte Juden und ihre Familien aus dem Ghetto Lodz, die zunächst aufgrund ihrer Stellung und Verbindungen ihre „Aussiedlung“ und Selektion für Deportationen in Vernichtungslager lange Zeit herauszögern konnten und nun bei der Liquidierung des letzten polnischen Ghettos von ihrer Tauglichkeit als erfahrene und eingearbeitete Metallarbeiter profitierten. Ähnlich wie im Fall Schindler soll es aber auch Bestechungen gegeben haben, um mit auf die entsprechenden Transportlisten zu gelangen.[85] Die Ankunft in Dresden erinnert Sophie Machtinger folgendermaßen:

> „Wir marschierten durch die Stadt in Formation, mit den Männern vorneweg und den Frauen hinterher. Es war eine lange Wanderung für unsere Beine, die es nicht mehr gewöhnt waren zu laufen, und insbesondere für die Kranken, von denen eine Menge unter uns waren, überwiegend Männer, die kaum noch ihre Beine die Straße entlang schleppen konnten. Schließlich kamen wir zu einem Gebäude im Zentrum der Stadt: Schandauer Straße 68. Es war eine Tabakfabrik vor dem Krieg gewesen, aber war nun zu einer Rüstungsfabrik umgewandelt worden, und wir waren diejenigen, die sie betreiben sollten. Es war ein dreietagiges Gebäude mit einem großen Gar-

---

[85] Vgl. Sophia Machtinger. S. 40
„These young men were primarily 19 to 20-year-olds who had with them many diamonds and precious stones that had been worth a great deal before the war. This is because they helped to unload the Jewish transports that came to Auschwitz. When the order came to get out of the train, as it did for us, these boys would unload the cars and take the best things for themselves; they also received diamonds from people who thought that they could save their lives by doing so. This is how these young men came to be in possession of precious stones. They were no doubt able to use these diamonds to bribe the block leader, who selected them and added them to our transport. There were also several healthy young women added to the group.”

> ten im Hof. Wir wurden in den dritten Stock geleitet, wo Chimowicz die Führerschaft über uns erhielt. [...] Chimowicz gab bekannt, dass wir erst am Morgen Suppe erhalten würden. Er erklärte, dass wir glücklicherweise nach Dresden gekommen waren, etwas vor dem Zeitplan und dass wir auf unsere Lebensmittel-Rationierungskarten zu warten hätten.“[86]

Chana G. äußert über die Verteilung der Lagerfunktionen:

> „Lagerältester war Chimowicz [...]. Blockälteste war seine Frau[87]. [...] Es war noch eine Häftlingsfrau mit Vornamen Ida. Sie teilte das Essen – die „Suppe“.“[88]

Rachel S. bestätigt:

> „Judenältester war Chimowicz, welcher die ganze Zeit an der Spitze unserer Gruppe stand. [...] Blockälteste war die Frau des Chimowicz [...]. Am Anfang unseres Aufenthaltes war eine Häftlingsfrau mit dem Namen Putermann[89] mit einer Funktion bekleidet.“[90]

---

[86] Sophie Machtinger. S.42
Original: „We marched through the city in formation, with the men in front and the women behind them. It was a long hike for our legs, which had become unaccustomed to walking, and especially for the sick, of whom there were many among us, mostly men who could barely drag their legs along the road. Finally we came to a building in the center of town: 68 Szandauer Street. It had been a tobacco factory before the war but now had been transformed into a munitions plant, and we were to be the ones who would run it. It was a three-story building with a large garden in the courtyard. We were led up to the third floor, where Chimowicz assumed leadership over us. [...] Chimowicz announced that we would get soup in the morning. He explained that fortunately we had come to Dresden quite ahead of schedule and that we would have to wait for our food ration cards.”

[87] Zlata (Sofie) Chimowicz FloNo.: 59678

[88] Aussage Chana G. BArch B 162 / 8328 S.97 – 08.11.1967

[89] Der angegebene Name Putermann reichte zur Identifikation nicht aus.

[90] Aussage Rachel S. BArch B 162 / 8328 S.99 – 07.11.1967

F1: Cigarettenfabrik Dresden in der Schandauer Straße 68

F2: Historisches Foto vom Firmengelände
Unten rechts befinden sich die Schandauerstraße und die Hausnummer 68. Das längliche Fabrikgebäude mit Innenhof ist per Brücke (vgl. Titelbild) mit einem zweiten Komplex verbunden.

c) Allgemeine Lagerbedingungen in der Schandauerstr. 68

Die Unterbringung der Häftlinge erfolgte direkt im Fabrikgebäude, allerdings streng nach Geschlecht getrennt und zunächst nahezu ohne Gelegenheiten für die Familienangehörigen und Paare sich untereinander auszutauschen. Chaim B. erinnert:

> „Obwohl unter uns mehrere Ehepaare gewesen sind, wurden wir Männer und Frauen gesondert untergebracht und kamen nur selten – und auch dann nur unter Aufsicht zusammen. Es geschah öfters, dass die Oberaufseherin, deren Name mir nicht erinnerlich ist, und die den weiblichen Teil der Lagerinsassen beaufsichtigte, eine der Frauenhäftlinge mit ihrem Ehemann zu sprechen erwischte, dann wurde solche Häftlingsfrau zur Strafe kahlgeschoren, oder anders bestraft.“[91]

Bei Kindern drückte man anscheinend eher ein Auge zu. Ruth Alton schreibt über die ersten Tage in Dresden:

> „Nachdem wir in Dresden angekommen waren, führte man uns in die ehemalige Zigarettenfabrik Jasmazi [sic!]. In diesem Haus werden wir arbeiten und zugleich wohnen. In einem Teil die Männer, im anderen die Frauen. In einem großen leeren Raum, den man als unseren Schlafsaal bezeichnet, setzen wir uns auf die Erde. Gleich darauf öffnet sich die Tür, und herein huscht ein kleiner Junge nach dem anderen, um seine Mutter zu besuchen. Den Männern erlaubt man ein Wiedersehen mit den Frauen noch nicht, aber bei den Kindern drückt man ein Auge zu. Erst bin ich noch nicht beunruhigt. Auch die Vorfreude ist schön.Gleich wird auch mein kleiner, mein über alles in der Welt geliebter Michael, nach monatelanger Trennung wieder in meinen Armen liegen. Jedesmal, wenn die Tür sich öffnet, bin ich aufs Neue enttäuscht, dass er noch nicht kommt. Endlich kann ich mei-

[91] Aussage Chaim B. BArch B 162 / 8328 S.161 – 17.12.1967

> ne Sehnsucht nicht mehr bezwingen. Ich bitte ein Kind, Michael zu mir zu schicken. Man verspricht es mir, aber er kommt nicht. Mein Verlangen nach ihm ist so riesengroß, so unermesslich, dass ich beschließe, ihn selbst aufzusuchen. Aber man lässt mich nicht ins Männerlager hinein. – Ich beauftrage einen anderen Jungen, der eben wieder zu seinem Vater zurückgeht, Michael sofort zu mir zu bringen. Er sagt zu, aber Michael kommt nicht. Ein anderer, den ich bitte, sagt mir „Michael schläft". Ein paar Minuten bescheide ich mich damit, aber dann kann ich es nicht mehr aushalten, und verlange, dass man ihn weckt, und sofort zu mir schickt. Doch Michael kommt nicht. Und dann höre ich die furchtbare Nachricht. Michael kommt nicht, weil er nicht da ist! Man hat ihn nicht mitgenommen! Man hat ihn in Stutthof zurückgelassen! Zurückgelassen, weil sein Vater dort gestorben ist! Ulli lebt nicht mehr. „So, Sie wussten nicht, dass Ihr Mann nicht mehr am Leben ist, dann hören Sie es jetzt", und, fügte der Betreffende hinzu, „da der Vater nicht mehr für sein Kind arbeiten kann, hat auch das Kind kein Recht hier zu sein."
> Wie Keulenschläge sausen diese Worte auf mich nieder. Von der Wucht derselben sank ich in die Knie, und war nicht fähig, ein Wort zu erwidern. Der Mann, der mir diese Worte roh ins Gesicht schrie, der Mann, der mein Kind, und wie ich später hörte, auch mich von der Liste des Metallressorts strich, hat Michael, nachdem ihm der Vater gestorben war, nun auch die Mutter genommen. Als ich ihn kurz danach anflehte, mir das Kind aus Stutthof zu holen, wie er mir anfänglich versprach, schüttelte er mich ab, wie einen lästigen Bettler."[92]

Beaufsichtigt wurden die Häftlinge ab Januar von einer Oberaufseherin namens Ida Guhl[93] und etwa weiteren sieben SS-Aufseherinnen, sowie etwa 11 SS-Wachmännern, die zunächst

---

[92] Ruth Alton. S.71ff.
[93] *07.03.1903 Dresden

dem Kommando eines SS-Oberscharführers Erich von Berg[94] unterstanden. Dokumentarisch ließ sich das Wachpersonal im Einzelnen aber bislang nicht vollständig namentlich belegen.
Im Verlauf des Lagerbestehens soll es aber auch Gelegenheiten der Familienzusammenführung gegeben haben. So gibt Abraham K. zu Protokoll:

> „Unter[ge]bracht wurden wir gesondert – nur manchmal am Sonntag durften wir zusammen essen und unter Aufsicht zusammen spazieren.“[95]

I. Kleidung

Die Häftlingskleidung in den einzelnen Außenlagern des KZ Flossenbürg konnte erheblich variieren. Sogar innerhalb der einzelnen Häftlingsgruppen konnte die Einkleidung sehr unterschiedlich ausgefallen sein. Aussagen zur Häftlingskleidung der Metallarbeiter in Dresden waren im Rahmen der Recherchen kaum zu finden. Vor Verschickung aus dem KZ Stutthof nach Dresden Ende November 1944, scheinen die Häftlinge jedoch neu eingekleidet worden zu sein. Ruth Alton erinnert:

> „Wir gingen in die Entlausung und wurden eingekleidet. Außer sauberer Wäsche und einem Kleid, bekam jeder ein Paar neue Holzschuhe, ein weißes Kopftuch und einen Mantel. Wie ich aus dem Etikett ersah, stammte der meine, der mir viel zu groß war, aus Budapest.“[96]

Ob es sich dabei um ein spezifisches Sträflingskleid handelte, oder zivile Wäsche, die anderen Verfolgten bei Einweisung ins KZ abgenommen worden war, geht aus den Formulierungen nicht genau hervor. Bei dem Budapester Mantel dürfte es sich aber um ein Kleidungsstück handeln, das ungarischen Juden abgenommen worden war. Oftmals wurde derartige zivile Ober-

---

[94] *06.07.1908 Hütten/Steinach Kreis Sonneberg
[95] Aussage Abraham K. BArch B 162 / 8328 S.147 – 15.10.1967
[96] Ruth Alton. S.70

bekleidung auf dem Rücken mit farbigen oder fluoreszierenden Buchstabenkürzeln K.L. oder FKL für (Frauen-)Konzentrationslager oder anderen farbigen Markierungen versehen, um die Untertauchmöglichkeiten bei einer Flucht zu erschweren.

II. Verpflegung

Die Aufwendungen für die Häftlingsverpflegung im Außenlager Dresden Bernsdorf & Co. wurde wie allgemein üblich von den Forderungen des KZ Flossenbürg für die Arbeitsleistung der KZ-Häftlinge abgezogen.
Für die Häftlingsverpflegung wurde in Dresden der Satz für Normalarbeiter von 65 Pfennig pro Tag und Person abgerechnet[97]. Dies waren für den November wohl 2.000 (4x500) Häftlingsverpflegungen für 1.300 Reichsmark und für den Dezember 15.311 Häftlingsverpflegungen für 9.952,15 Reichsmark. Diese Summen entsprechen also den verbuchten Aufwendungen für Lebensmittel für die KZ-Häftlinge. Dass auch tatsächlich alle Nahrungsmittel bei der Lagerbelegschaft ankamen, kann angezweifelt werden.
Zubereitet und ausgeteilt wurden die Mahlzeiten von lagereigenem Küchenpersonal. Roman Halter erinnert:

> „Im obersten Stockwerk befand sich die Küche, wo unsere Suppe gekocht wurde (das einzige außer Ersatzkaffee und Brot). Frau Chimowicz leitete die Küche.“[98]

Wegen dieser mageren Rationen, herrscht im Lager großer Hunger. Dieser wird besonders aus dem illegal aus dem Lager geschmuggelten Brief der zweifachen Mutter Dora Salomonovic ersichtlich. Sie schreibt am 11. Dezember 1944 an ihre untergetauchte Schwester:

---

[97] Forderungsnachweise Nr. Flo. 774, 793 – BArch NS4FL 393 Bd.2
[98] Roman Halter. S. 146

„Meine Liebsten! Heute nur ganz kurz. Wenn wir Antwort auf diesen Brief erhalten, senden wir ein ausführliches Schreiben. Wieder möchten wir Euch bitten uns zu helfen. Sendet uns bitte sofort ein Ess-Paket! (Nichts zum kochen, nur Sachen, die man sofort essen kann) Wir brauchen es sehr dringend. Die Adresse auf dem Antwort-Brief und dem Paket muss lauten: A. Bosch, Dresden A 21 Schandauerstraße 68 10[99] Nicht per Adresse und nicht meinen Namen anführen. Liebste, schreibe und sende das Paket sofort. In den Brief lege auch ein adressiertes, frankiertes Rückkuvert bei. Nicht böse sein über unsere Forderungen. Wir sind jetzt nur noch drei. Erich[100] ist nicht mehr und ich lebe noch. Nochmals bitte ich um rasche Hilfe. Euch umarmt und küsst alle Eure Dora, Misa [und] Pepek“[101]

Durch die Hilfe eines holländischen Zwangsarbeiters gelang es der tschechischen Jüdin Dora Salomonovič[102] Lebensmittelpakete in Dresden zu empfangen und so ihren elfjährigen Sohn Michael (Misa)[103] und dessen sechsjährigen Bruder Josef (Pepek)[104] das Leben zu retten.

III. Einbindung in den Arbeitsprozess

Um dem kriegs- und fronteinsatzbedingten Arbeitskräftemangel in der Rüstungswirtschaft entgegenzuwirken, gehörte es etwa ab 1943 und verstärkt in der zweiten Jahreshälfte 1944 zur wirtschaftlichen Praxis vieler produzierender Unternehmen und Konzerne kriegswichtige Produktionstätigkeiten von Fremd- und Zwangsarbeitern verrichten zu lassen. Um den Bedarf der Wirtschaft zu decken, konnten damit auch Anträge beim Wirt-

---

99 Diese Zahl befindet sich in einem kleinen Kreis.

100 Doras Ehemann, der im KZ Stutthof getötet wurde.

101 Vgl. KZ Flossenbürg - Katalog zur ständigen Ausstellung S.279

102 FloNo.: 59860

103 FloNo.: 59862

104 FloNo.: 59861

schaftsverwaltungshauptamt (WVHA) gestellt werden, um KZ-Häftlinge zugewiesen zu bekommen. Ab dem 9. Oktober 1944 übernahm die Antragsbewilligung das Rüstungsministerium unter der Leitung Speers.[105] Wurden KZ-Arbeitskräfte zugeteilt, die für Facharbeitertagessätze von sechs RM, oder Hilfsarbeitertagessätze von vier Reichsmark pro Kopf quasi von der SS „geliehen“ werden konnten, mussten zuvor entsprechende Sicherheitsvorkehrungen getroffen werden und bei weiblichen KZ-Häftlingen, sofern möglich, auch Arbeiterinnen zur Ausbildung als Aufseherin gestellt, und entsprechende Quartiere vorbereitet werden.

Da ein Großteil aller im Deutschen Reich verfügbaren Arbeitskräfte zur Wehrmacht und anderen Zwecken der Kriegsführung einberufen worden waren, sah sich das Nazi-Regime infolge negativer Frontentwicklungen gezwungen, neben ausländischen Zivil- und Zwangsarbeitern, verstärkt auch KZ-Häftlinge für ihre wirtschaftlichen Zwecke einzusetzen. Aufgrund des akuten Arbeitskräftemangels, kamen also auch wieder jüdische KZ-Arbeitskräfte nach Deutschland, obwohl das Deutsche Reich seit 1943 als *judenfrei* galt und selbst jüdische KZ-Häftlinge aufgrund einer Weisung des SS-Reichsführer Himmler vom 2. Oktober 1942 aus den Konzentrationslagern auf deutschem Reichsgebiet nach Auschwitz oder Lublin überstellt werden sollten, bzw. worden waren.[106] Mit dem Rückfluss jüdischer KZ-Häftlinge, als dringend benötigte Zwangsarbeiter, entstand unter dem Druck der Kriegsereignisse auch unter der Verwaltung des KZ Flossenbürg in der Oberpfalz, vor allem 1944, in Bayern, Sachsen und Böhmen ein feinmaschiges Außenlagersystem für die deutsche Rüstungswirtschaft zur Unterstützung der totalen Kriegsführung. Das Außenlager in der Schandauerstr. 68 stellt dabei nur einen Lagerstandort, von mehr als 90 Außenlagern des KZ Flossenbürg dar, in denen ein nicht unerheblicher Anteil an Juden inhaftiert war. Während bei den weiblichen Häftlingen des KZ Flossenbürg der Anteil an Jüdinnen leicht über 50% lag, machten jüdische KZ-Häftlinge in

[105] Vgl. Pascal Cziborra. Frauen im KZ. S.30

[106] Vgl.Barbara Schwindt: *Das Konzentrations- und Vernichtungslager Majdanek.* Würzburg. 2005

diesem Lager insgesamt etwa 20% der Inhaftierten aus.[107] In absoluten Zahlen war die Gruppe jüdischer Männer also sogar größer als die Gesamtzahl jüdischer Frauen. 280 der mehr als 8.000 Jüdinnen kamen in der Schandauerstr. 68 zum Einsatz. Insgesamt waren dem KZ Flossenbürg etwa 25 Frauenlager angegliedert bzw. unterstellt.
Die Arbeitslager waren überwiegend reine Frauen- oder reine Männerlager. Lediglich in Neu Rohlau, Holleischen, Gundelsdorf und Leitmeritz, und bedingt durch die Evakuierungen auch in Mockethal-Zatzschke waren Häftlinge beiderlei Geschlechts untergebracht und wurden in der Rüstungswirtschaft eingesetzt.
Die Produktionsleitung bei Bernsdorf & Co. hatte ein Ingenieur namens Hermann Braun inne, der sich den Häftlingen gegenüber menschlich benahm. Chaim B. erinnert:

> „Lagerältester war Chimowitz, Leiter der Produktion war Ing. Braun, der sich unter uns guten Rufes erfreute. Von den deutschen Funktionären sind mir Biebow[108] und Czarnula [sic!] erinnerlich die beiden besorgten die Metallgruppe schon in Lodz und kümmerten sich um ihr Bestehen auch in Dresden."[109]

Roman Halter schreibt über seine produktiven Einsatzbereiche in der Fabrik:

> „Wir wurden tatsächlich nach Dresden transportiert, um in einer Munitionsfabrik zu arbeiten. Die Fabrik befand sich in der Schandauer Straße 68, und dort fertigten wir Kugelspitzen aus Draht. Die Maschinen liefen rund um die Uhr. Unsere Gruppe arbeitete in drei Acht-Stunden-Schichten, stets von SS-Männern bewacht. Die Maschinen befanden sich im Keller. Ich stand an den Gießformen, in die der Stahldraht unter großem Druck hineingepresst und zu einer Kugelspitze geformt wurde. [...] Nach

---

[107] Vgl. Pascal Cziborra. Frauen im KZ. S.134ff. & Vgl. Jörg Skriebeleit. Flossenbürg – Stammlager. In: Der Ort des Terrors. Band 4. S.53
[108] Hans Biebow *18.12.1902 Bremen – Hingerichtet in Lodz am 20.04.1947
[109] Aussage Chaim B. BArch B 162 / 8328 S.162 – 17.12.1967

> einigen Wochen wurde ich zum ‚Läufer' ernannt, und erledigte fortan Botengänge zwischen dem Büro, das Albert Speers Ministerium unterstand, und dem Maschinensaal. [...] Als Bote durfte ich auf dem Fabrikgelände überall hingehen; ich lieferte Zeichnungen und Blätter mit Informationen über die Arbeiter an den Maschinen ab – wir waren nur mit unseren Nummern, nicht mit unseren Namen verzeichnet. Auf den Arbeitsblättern stand die Menge der Kugeln, die jede Maschine produzierte, und wie viele Drahtrollen verbraucht wurden."[110]

Icchak W. gibt zu Protokoll: *„Wir erzeugten Kerngeschosse gegen Panzer."*[111] Während die Männer laut Halter also in einem Dreischichtsystem arbeiteten, sollen die Frauen in anderen Arbeitsabteilungen im Zweischichtsystem Zwangsarbeit verrichtet haben. Ruth Alton erinnert:

> „Die Arbeit der Frauen bestand aus dem Sortieren und Prüfen von Geschosskernen. Es wurde Tag und Nacht gearbeitet. Außerdem wurde eine Blecherei eingerichtet, in der Kuchenformen hergestellt wurden. [...] Morgens um 5 Uhr mussten wir aufstehen, und um ½ 7 Uhr begann die Arbeit, die 12 Stunden, also bis ½ 7 Uhr Abends dauerte; oder umgekehrt, von ½ 7 Uhr Abends bis ½ 7 Uhr früh."[112]

Scheinbar wurden also auch in Dresden einige Arbeitskräfte für die zivile Produktion abgezweigt. Letzten Aufschluss über die in der Schandauer Straße gefertigte Produktpalette, können aber sicher nur Firmenunterlagen von Bernsdorf & Co. liefern, deren Archivbestände noch zu lokalisieren und zu sichten wären.

---

[110] Roman Halter. S.145f.
[111] Aussage Icchak W. BArch B 162 / 8328 S.168 – 19.12.1967
[112] Ruth Alton. S. 74

IV. Hygiene

Das Thema Hygiene war in den KZ-Lagern eng mit der Häftlingsgesundheit und der Arbeitsfähigkeit der Belegschaft verbunden, denn die hygienischen Gegebenheiten konnten mit über den Ausbruch von Seuchen und epidemischen Krankheiten entscheiden. Insgesamt wurde die Einquartierung im dritten Stock im Fabrikgebäude und der Waschraum mit WC anstelle von Latrinen als deutlicher Fortschritt gegenüber dem Barackenleben in Stutthof empfunden. Ruth Alton schreibt:

> "Im Keller, und im ersten und zweiten Stock waren die Arbeitsräume. Im dritten die Schlaf- und Essräume. Natürlich alles für Männer und Frauen getrennt. Neben unserem Schlafsaal war ein Waschraum, der sogar ein W.C. hatte. Nach dem fürchterlichen Aufenthalt in Stutthof kam uns alles sehr komfortabel vor. [...] Kurz nach unserer Ankunft in Dresden mussten wir in die Entlausungsanstalt gehen. Es war ein weiter Weg, und eine große Anstrengung für uns alle. Wir gingen in Fünferreihen durch die Straßen der mir von früher her bekannten schönen Stadt Dresden. In den Schaufensterscheiben spiegelt sich mein Bild. Ein Skelett, in einen langen, viel zu weiten schwarzen Mantel gehüllt. Ein unbedeckter, kahlrasierter Schädel; statt der Beine zwei Stöcke. Die Vorübergehenden bleiben stehen, und starren uns an, werden aber von unserer SS-Bewachung fortgetrieben. Teilnahmslos trotte ich vorwärts."[113]

Einen solchen Besuch der Dresdner Entlausungsanstalt bestätigt auch Sophie Machtinger:

> "Nachdem wir dort [in Dresden] ein paar Tage gewesen waren, brachten sie uns in ein Bad. Es war ein langer Weg in die Badeanstalt, denn wir mussten den Straßen entlang durch Dresden gehen. [...] Endlich, es müssen

[113] Ruth Alton. S.74

> zwei Stunden gewesen sein, kamen wir beim Bad an. Glücklich wuschen wir unsere Köpfe und erhielten eine Art spezieller Entlausungs-Lotion.“[114]

Die Entlausungsanstalt dürfte also in einiger Entfernung von der Schandauer Straße gelegen haben. Den geschwächten Häftlingen kam der Fußmarsch aber sicher länger und anstrengender vor, als er für physisch normal konstituierte Personen gewesen wäre. Laut Sophie Machtinger sollen besonders die männlichen Häftlinge mit Läusen befallen gewesen sein, da die Frauen und ihre Kleidung bereits in Stutthof einmal entlaust bzw. desinfiziert worden waren. Trotz der Entlausungsaktion nach Ankunft in Dresden, bricht die Läuseplage im Lager erneut aus und kann scheinbar während des gesamten Lagerbestehens nicht in den Griff bekommen werden. So wird Sophie Machtinger in der Wäscherei eingesetzt und ist Augenzeugin dortiger Vorgänge:

> „Die Wäscherei lag gleich neben der Küche und der Lebensmittelvorratskammer. [...] Es gab eine Menge Kessel in der Küche und auch Metallfässer in denen ich das spezielle Entlausungspulver zusammenrührte. Ich würde die Kleidung die ganze Nacht einweichen lassen und sie dann zweimal kochen, aber es war unmöglich die Läuse zu töten und am Ende kamen sie ja ohnehin wieder lebend heraus. Sie wurden durch den Waschvorgang herausgespült, aber man bekam sie nicht los. Leinen waren aufgespannt auf dem Boden unten und ich hängte die Kleidung eigenhändig zum Trocknen auf. Ich war verantwortlich für diese Kleidungsstücke, aber ich konnte nicht die ganze Zeit darauf aufpassen. Die läusegeplagten Männer konnten nicht auf ihre Hemden warten bis sie trocken waren und nahmen sie von der Leine.“[115]

---

[114] Sophie Machtinger S. 43
Original: „After we had been there a few days they took us for a bath. It was a long way to the baths, so we had to walk along the streets of Dresden. […] We finally got to the baths after what must have been two hours. Happily we washed our heads, and received some kind of special delousing lotion.”
[115] Sophie Machtinger. S.43

Die Dresdner Häftlinge gaben sich also Mühe, der Läuseplage Herr zu werden und Hygiene einzuhalten, die Lagergegebenheiten ließen sie aber bei diesem Versuch scheitern. Zusammenfassend bestätigt Bronia Sonnenschein den Eindruck Altons und Machtingers:

> „Aber die Dinge begannen sich für uns zu bessern, so dachten wir. Wir konnten schließlich eine heiße Dusche nehmen (die erste nach vielen Monaten), unsere ‚Lumpen' wurden desinfiziert und wir fühlten uns vernünftig sauber. Wir litten noch unter dem Hunger, aber wir schliefen in Pritschen mit einer Decke für fünf und die Appelle wurden drinnen abgehalten. Seit man uns Arbeit gegeben hatte, Kugeln zu sortieren, war uns sogar erlaubt drinnen Toiletten zu benutzen, ein Luxus, der uns lange verwehrt geblieben war. Die Tage waren lang – sie begannen um fünf am Morgen – aber wir fühlten, dass da ein Strahl der Hoffnung auf unser Überleben war."[116]

Original: "The laundry was located next to the kitchen and the food storage area. [...] There were many kettles in the kitchen, and also metal barrels in which I mixed the special delousing powder. I would soak the clothing all night long and then boil it twice, but it was impossible to kill the lice and in the end they came out alive anyway. They were rinsed out during the laundering, but they could not be gotten rid of. Ropes were strung out on the floor below ans I hung the clothing to dry with my own hands. I was responsible for these garments, but I could not watch over them all the time. The lice-ridden men could not wait for their shirts to dry out and would come and take them off the line."

[116] Bronia Sonnenschein. Victory over Nazism. S. 14
„But things started to look up for us, or so we thought. We could actually take a hot shower (the first one in many months), our 'rags' were disinfacted and we felt reasonable clean. We still suffered from hunger, but we slept in bunks with one blanket for five and the roll-calls were being taken inside. Since we were given work, sorting bullets, we were even permitted to use inside toilets, a luxury denied us for so long. The days were long – they started at five in the morning – but we felt there was a ray of hope for our survival."

V. Medizinische Versorgung

Jedem Arbeitstransport im nationalsozialistischen Lagersystem wurde in der Regel auch ein Lagerarzt oder Pflegepersonal aus den Reihen der Häftlinge angeschlossen. Unter den 500 Häftlingen im Außenlager Dresden Bernsdorf & Co. befanden sich sogar mindestens fünf Ärzte und einige Pflegerinnen bzw. Krankenschwestern, die zum Teil schon in Lodz für die medizinische Versorgung der Belegschaft des Metallressorts verantwortlich waren. Dies waren die Ärzte Dr. Arno Kleszczelski[117] (Urologe), Dr. Salamon Stillermann[118], die tschechische Ärztin Dr. Hildegard Voglová[119], sowie Dr. Eugenia Wajnberg[120] und Dr. Sonja Kagan[121]. Zudem gab es noch das Pflegepersonal, zu welchem unter anderem die Krankenschwester Rosa Wisniewska[122] gehörte. Sophie Machtinger schreibt:

> „Eine Krankenstube wurde aufgebaut und die Männer starben vor Erschöpfung und Hunger dort; auch Frauen kamen ins Krankenrevier. Krankenschwestern wurden ebenfalls ausgewählt und diese Leute hatten so viel Brot sie wollten, da die Patienten nicht einmal in der Lage waren ihre kleinen Brotportionen zu essen. Es formte sich eine Clique um die Stubenälteste (room boss) Wolmanowa[123] und andere, einschließlich der Essenverteilerin namens Jedda[124]. Diese Hilfsdienstarbeiter erhielten eine Extraration, während die handwerklichen Arbeiter, die sie unterstützten buchstäblich vor Hunger starben.“[125]

---

[117] FloNo.: 38442
[118] FloNo.: 38529
[119] FloNo.: 59906
[120] FloNo.: 59909
[121] FloNo.: 59737
[122] FloNo.: 59905
[123] Estera Wolman FloNo.: 59926
[124] Wahrscheinlich Jetta Chimowicz. FloNo.: 59677
[125] Sophie Machtinger. S. 42f.
Original: „A sick room (Krankenstube) was set up, and the men died of exhaustion and hunger there; women also went to the sick room. Hospital nurses were also assigned, and these people had all the bread they wanted, for

Die Vorwürfe gegenüber den Funktionshäftlingen sind hart, gerade wo Machtinger selbst mit einer Stelle in der Wäscherei wohl auch eher zu den privilegierteren Häftlingen gehörte. Das medizinische Personal hätte auch sicher mehr für die Kranken tun wollen, war aber weder mit Medikamenten, Verbandsmaterial oder diagnostischem Werkzeug ausreichend ausgestattet. So erklärt Israel K.:

> „Befragt erkläre ich, dass keiner der Lagerinsassen in Dresden gewaltsam umgebracht wurde. Trotz dieser Tatsache verstarben Leidensgenossen, denn die Lebensbedingungen waren schwer und ärztliche Betreuung fast keine. Ich selbst litt an Durchfall, wog kaum 30 kg., hatte furchtbar angeschwollene Beine, doch keiner kümmerte sich um mir abzuhelfen.“[126]

Die Durchfallerkrankung Ruhr (Dysenterie) schwächt die unterernährten Häftlinge zusätzlich und greift im Lager um sich. Rachel S. lässt protokollieren:

> „Die Sterblichkeit war groß infolge der schweren Bedingungen. Ich habe dort meinen Bruder und meine Schwägerin verloren. Disenterie war dort die Lagerkrankheit. Sie starben daran.“[127]

Ihr Bruder Beniamin Werebejczyk starb am 12. Februar und seine Frau Cwija (Zviya) Werebejczyk am 20. März 1945, beide in Dresden. Sie wurden auf dem Johannisfriedhof Tolkewitz beigesetzt. Chanan Werebejczyk, der Sohn beider, schreibt:

---

the patients were in no condition to eat even their samll portion of bread. A clique formed around room boss Wolmanowa and others, including the food distributor named Jedda. These auxiliary service workers received an extra ration, while the manual laborers who supported them literally died of starvation."

[126] Aussage Israel K. BArch B 162 / 8328 S.163 – 17.12.1967

[127] Aussage Rachel S. BArch B 162 / 8328 S.99 – 07.11.1967

> „Mein Vater, Benjamin Werebejczyk, ist aus Stutthof krank, mit Durchfall, gekommen. Der Arzt konnte ihm nicht helfen. Mein Vater lag in der Krankenstube mehr als zwei Monate, am 12. Februar 1945 ist er verstorben“[128]

Chana G. erinnert außerdem:

> „Im Lager Dresden Bernsdorf waren keine Häftlingserschießungen und keine anderen Häftlingsermordungen. Jedenfalls ich habe es nicht gesehen. Es waren aber schwere Bedingungen, die Menschen starben infolge des schrecklichen Hungers, der schweren Arbeit und epidemischer Krankheiten. Ärztliche Hilfe hatten wir nicht, Arzneien gab es nicht. Fast jeden Tag starb jemand, manchmal einige Menschen während eines Tages. Ich kann mich an eine alte Frau erinnern mit dem Namen – wie mir scheint – Beider. Sie hat in Dresden Bernsdorf ihre drei Söhne verloren.“[129]

Die Angaben der Chana G. sind allerdings nicht ganz richtig. So sind in den ersten 12 Wochen des Lagerbestehens im Schnitt zwei Häftlinge pro Woche verstorben. Diese Sterblichkeit liegt unter der suggerierten Mortalitätsrate. Bei der erinnerten Frau Beider dürfte es sich zudem um Frau Genia Bajser[130] handeln, die in Dresden die zwei Söhne Mordka und Heneck verlor.
Bei Felicja H. heißt es:

> „Ich muss bemerken, dass im Lager Dresden keine Häftlingserschießungen und andere Häftlingstötungen stattfanden. Es war aber eine große Sterblichkeit in Folge der schweren Bedingungen, des Hungers und der epidemischen Krankheiten. Es herrschte Disentherie und viele starben daran. Ich erinnere mich an eine Frau, welche

[128] Chanan Werebejczyk in: Ihrer Stimme Gehör geben. S.76
[129] Aussage Chana G. BArch B 162 / 8328 S.96 – 08.11.1967
[130] FloNo.: 59663

> dort 5 Söhne verloren hat. Alle starben in diesem Lager."[131]

Auch diese Aussage dürfte sich wohl auf Frau Bajser beziehen. In Dresden sind aber nur zwei Söhne verstorben. Ob sie insgesamt durch den Holocaust möglicherweise sogar drei oder fünf Söhne verloren hat, müsste anderweitig noch geklärt werden. Neben der Ruhr war auch die hochinfektiöse Hautkrankheit Krätze (Scabies) im Lager ausgebrochen. Machtinger schreibt:

> „Hier in Dresden, steckten sich alle Frauen mit Krätze an, was eine hochansteckende Hautkrankheit ist. Die Frauen hatten den Befall an ihren Händen und an anderen Stellen ihres Körpers und wir wurden von einem Juckreiz verzehrt, der wie Feuer brannte. Sobald die SS-Frauen vom Zustand der Frauen erfahren hatten, fürchteten sie sich anzustecken und versorgten uns mit einer Lösung namens ‚Mitigal'. Alle von uns rieben diese Flüssigkeit über unsere gesamten Körper einmal am Tag drei tagelang, durften uns während dieser Zeit nicht waschen, und hatten es dann am nächsten Tag abzuwaschen. Am folgenden Tag verließen wir Dresden, darum konnten wir es nicht abwaschen und es verblieb auf unserer Haut. Die Krankheit breitete sich nicht aus, aber unsere Haut wurde sehr schuppig."[132]

---

[131] Aussage Felicja H. BArch B 162 / 8329 S.210a – 19.11.1967

[132] Sophie Machtinger. S. 50

„Here in Dresden, all of the women contracted Cretze which is a very contagious skin desease. The women had this desease on their hands and other parts of their body and were consumed with an itch that burned like fire. As soon as the SS women learned about this condition among the women, fearing they may catch it supplied us with a liquid called 'Mitigal'. All of us rubbed this liquid over our entier body once a day for three days, not washing during that time, then we were to wash it off the following day. The following day we had to leave Dresden so we couldn't wash it off and it remained on our skin. The desease did not spread but our skin became very scaly."

Der Scabies-Ausbruch dürfte also entweder Mitte Februar oder Mitte April 1945 erfolgt sein. Zudem berichtet Machtinger von einer Entbindung in Dresden:

> „Es gab eine Frau in unserer Gruppe, die im Ghetto schwanger wurde, vor Verlassen nach Auschwitz. Sie strengte sich an ihre Schwangerschaft zu verstecken. Sie gebar in Dresden, aber das Baby lebte nur zwei Tage.“[133]

Konkrete Hinweise auf die Identität der Mutter liegen bislang nicht vor. Bei der Evakuierung sei sie zu schwach zum Gehen gewesen, sodass sie von Männern in einer Decke getragen werden musste. Ob sie das Kriegsende überlebte, ist unbekannt. Möglicherweise handelt es sich bei der Schilderung um den Fall der Renia Epstein Korn. Diese gab aber nach dem Krieg an, noch während der Evakuierung des Lagers im 9. Monat schwanger gewesen zu sein. Sie wurde nach anfänglichem Fußmarsch mit anderen Kranken per Zug nach Theresienstadt überführt und überlebte. Was aus ihrem Kind wurde, oder ob sie tatsächlich noch in Dresden entbunden hatte, ist ungeklärt.[134]

d) Todesfälle im Dezember 1944

Von den ersten Tagen seines Bestehens an, hat man im Lager in der Schandauer Straße mit einer hohen Häftlingssterblichkeit zu kämpfen. Bereits am vierten Dezember 1944 werden Familienvater Szyja Fajerman[135] und der junge Hersch Nugelblatt[136] als erste Todesopfer des Lagers Dresden Bernsdorf im Flossenbürger Nummernbuch aus der Lagerstärke abgemeldet. Sie werden

[133] Sophie Machtinger S.51
„There was a woman in our group who became pregnant in the ghetto before leaving for Auschwitz. She tried very hard to hide her pregnancy. She gave birth in Dresden, but the baby lived only two days. The mother was too weak to walk so the men carried her in a blanket.”

[134] BArch B 162 / 8329 S.209

[135] FloNo.: 38407[Wird in den Akten als Szwja Fajermann geführt. Seine Todesmeldung ist im Nummernbuch versehentlich in der Zeile verrutscht]

[136] FloNo.: 38481

laut Einäscherungsunterlagen[137] am 2. bzw. 3. Dezember auf dem Johannisfriedhof in Dresden Tolkewitz beigesetzt. Die tatsächlichen Todesfälle dürften ein paar Tage eher erfolgt sein, so dass einer oder beide Todesfälle unter Umständen auch noch in den November gefallen sein könnten. Kurz darauf stirbt Jacheta Korentajer[138]. Sie wird am sechsten Dezember abgemeldet. An diesem Tag stirbt Pinkus Gerschowski[139], der am 11.12.1944 abgemeldet wird. Wenig später stirbt am 13. Dezember der Familienvater Schmul Tabakszmeker[140] [Abmeldung 18.12.44] und am 17. Dezember Renja Zerykier[141], die am 27.12.1944 nach den Weihnachtsfeiertagen aus der Lagerstärke abgemeldet wird. Auch Hersch Rosenzweig[142] soll am 19. Dezember 1944 in Dresden verstorben und am 22. Dezember eingeäschert worden sein. Die Asche wurde laut Einäscherungsunterlagen am 24. Januar auf dem Johannisfriedhof Dresden Tolkewitz beigesetzt. Eine Abmeldung aus der Lagerstärke erfolgte im Flossenbürger Nummernbuch allerdings nicht. Möglicherweise ging die Meldung auf dem Weg zur Kommandantur verloren oder wurde über die Weihnachtsfeiertage hinweg schlicht vergessen. Sein Sohn Menachem[143] reichte 1956 aber für ihn ein Gedenkblatt bei der Gedenkstätte Yad Vashem ein und seine Tochter Rina-Regina Jelinek[144] bestätigte den Todesfall gegenüber dem ITS in einer eidesstattlichen Erklärung:

> „Ich bin als Tochter meines Vaters Hersch Rosenzweig und meiner Mutter Lea geb. Wunsch geboren. Außer mir hatten meine Eltern noch zwei Töchter und einen Sohn. Vielmehr sind dies die überlebenden Kinder meiner Eltern. Ich hatte außerdem noch eine Schwester, die

---

[137] ITS Doc. No. 5177822#1 (1.1.47.1/0001-0181/0171/0005)
ITS Doc. No. 5177826#1 (1.1.47.1/0001-0181/0171/0009)

[138] FloNo.: 59755

[139] FloNo.: 38416

[140] FloNo.: 38545

[141] FloNo.: 59933 Das Datum in der Friedhofsliste könnte auch 13.12. lauten.

[142] FloNo.: 38510
Vgl. ITS Doc. No. 5177827#1 (1.1.47.1/0001 0181/0171/0010)

[143] FloNo.: 38511

[144] FloNo.: 59854

schon vor dem Kriege gestorben ist, und einen weiteren Bruder, der im Krieg umgekommen ist. Unsere ganze Familie (bis auf die von vor dem Kriege gestorbene Schwester) war zunächst im Ghetto Lodz zusammen. Mein Bruder kam hier bereits im Jahr 1940 um. Meine Mutter wurde im Mai 1943 aus dem Ghetto Lodz wegtransportiert und ist seitdem verschollen.
Mit meinem Vater, meinen beiden Schwestern und meinem übrig gebliebenen Bruder kam ich dann über das KZ Auschwitz und das KZ Stutthof im November 1944 in das KZ Dresden. Mein Vater war damals durch die schwere Arbeit und die schlechte Ernährung schon sehr geschwächt und wurde im KZ Dresden dann so schwach, dass wir jeden Tag mit seinem Ableben rechnen mussten. Im Februar [sic!] 1945 wurden meine beiden Schwestern und ich in die Männerabteilung der Fabrik, in der wir arbeiteten gerufen und wurden von SS-Frauen dorthin gebracht. Als wir dort hinkamen, konnten wir nur noch die Leiche meines Vaters sehen. Er war an völliger Entkräftung gestorben." [145]

Beim Todeszeitpunkt täuschen definitiv die Erinnerungen der damals 14-Jährigen und das Sterben des Vaters wird zu spät angesetzt. Sonst sind die Angaben aber stimmig und plausibel.
Mit ihr war auch noch ihre Schwägerin Karola[146] in Dresden. Bis auf den Vater überlebten alle fünf das Lager.
Kurz vor dem Jahreswechsel kommt es dann zu zwei weiteren Todesfällen, die erst am dritten Januar im Flossenbürger Nummernbuch abgemeldet werden. Am 25.12.1944 stirbt Estera Engel[147] und am 29.12.1944 Anna Lefkowicz[148].

---

[145] ITS Archiv 6.3.3.2 / 105530675
[146] FloNo.: 59852
[147] FloNo.: 59693
[148] FloNo.: 59780

e) Der Betteneinsturz

Einige ehemalige Häftlinge erinnern sich an einen folgenschweren Unfall zu Beginn der Dresdner Lagerzeit. Ruth Alton schreibt:

> „Als wir in Dresden ankamen, war die Fabrik, in der wir arbeiten sollten, und die auch gleichzeitig unser Heim war, noch nicht eingerichtet.
> Erst nach und nach wurde alles fertig. Maschinen wurden montiert, und in jedem Stockwerk geklopft und gehämmert. – In unserem Schlafraum stellte man Pritschen auf. Immer drei übereinander, und ohne an den Seiten einen Zwischenraum zu lassen, sodass man nur vom Kopf- oder Fußende in seine Lagerstatt hineinklettern konnte. Jede dieser Pritschen wurde überbelastet, und eines Nachts stürzte das ganze Eisengestell krachend und splitternd zusammen. Viele Frauen wurden zwischen den Brettern eingeklemmt, und schwer verletzt. Ich ließ mich im Halbschlaf instinktiv hinterrücks aus meinem im zweiten Stock gelegenen Bett auf die Erde fallen, und blieb so von jeglicher Verletzung verschont."[149]

Sophie Machtinger bestätigt 1955 diesen unvergesslichen Vorfall. Sie schildert:

> „In der Zwischenzeit arbeiteten die Männer daran unsere Schlafquartiere aufzubauen. Es gab einen Ingenieur dort, der für dieses Bestreben verantwortlich war. Eines Tages erschienen ein paar Arbeiter und begannen ein langes hölzernes Doppelstockbett entlang der gesamten Länge des Raumes zu installieren, und es war ein großer Raum. Wir Frauen waren alle verzückt – wir müssten endlich nicht länger auf dem kalten Boden liegen. Nach und nach nahmen einige der Frauen ihre Schlafplätze ein. Sula und ich teilten uns eine Pritsche die ziemlich in der Mitte lag

[149] Ruth Alton. S. 73

– ich hatte die untere Koje. Dann begannen sie Holzbetten entlang der gegenüberliegenden Wand aufzubauen. Das war der erste Abend an dem wir fühlten, dass sich unsere Lebensbedingungen zu verbessern begannen, da wir in einem Paradies verglichen mit Stutthof waren, abgesehen vom Hunger, der unerbittlich an uns nagte, was die Schuld von Chimowicz war. Seine Familien-Clique wurde jeden Tag fetter. Es war ein Gefühl der Seligkeit mit dem wir an diesem Abend zu Bett gingen. [...] Doch wie das Schicksal so wollte, nach etwa einer Stunde, die wir in unseren Kojen gelegen hatten, ohne eingeschlafen zu sein, hörten wir das Geräusch splitternden Holzes – die Pritschen hatten sich unter unserem Gewicht verbogen und begannen flott zu brechen. Die meisten von uns schafften es sich zu retten. Sula und ich hatten schnell verstanden was passierte und schlüpften aus dem Bett auf den Boden und ließen alles liegen. Aber einige Frauen, überwiegend von den zentralen Pritschen, wurden von der fallenden Struktur niedergedrückt und erlitten Verletzungen infolge dieses Schocks, einschließlich meiner Schwägerin Sara die sich eine Beinverletzung zuzog und für einige Zeit nicht laufen konnte. Radzynerowa, die Tochter des ehemaligen polnischen Sejm Senators [sic!] L. Mincberg, eine sehr intelligente Frau, war ein Opfer dieses Unfalls. Sie war eine Zeit lang krank und infolgedessen starb sie nicht lang danach.[150] Die Pritschen wurden entfernt und nach und nach wurden Doppelstockbetten aufgestellt. Diese Betten brachte man aus Dresden."[151]

---

[150] Der Todesfall Radzyners steht vermutlich nicht im direkten Zusammenhang mit erlittenen Verletzungen bei dem Bettenunfall. Sie wurde am 6. März im Nummernbuch abgemeldet. Laut PoT ihres Sohnes Harry Radzyner ist sie an Knochentuberkulose gestorben. Laut ihrer Schwiegermutter am 21.02.45.

[151] Sophie Machtinger S.44f.

Original: „In the meantime the men were working on setting up our sleeping quarters. There was an engineer there who was in charge of this effort. One day some workers showed up and began to install one long wooden two-tier bunk bed along the entire length of the room, and it was a large room. We women were all enraptured – we would finally no longer have to lie on the

f) Weihnachten 1944

Etwa einen Monat lang hatten männliche und weibliche Häftlinge des Lagers kaum Kontakt und hielten sich überwiegend nur im Fabrikkomplex auf. Erst kurz vor Weihnachten oder gar erst zu den Feiertagen wurden sie in den Fabrikhof geführt. Roman Halter erinnert:

> "Wir gingen nie raus, nur einmal, kurz vor Weihnachten 1944, durften wir in einen nahegelegenen Hof dreißig Minuten lang im Kreis marschieren. Kühle frische Luft einzuatmen, war herrlich."[152]

Bei Ruth Alton heißt es ähnlich:

> „Am 24. Dezember, anlässlich des Weihnachtsfestes, gestattet man zum ersten Mal, dass sich die Männer, Frauen und Kinder unseres Transportes wiedersehen dürfen. Bis dahin war es nur unter großen Schwierigkeiten möglich,

---

floor. Gradually some of the women began to take their bunks. Sula and I shared a bunk that was just about in the middle – I had the bottom berth. Then they began to set up wooden beds along the opposite wall. This was the first evening that we felt that our living conditions were starting to improve, for we were in Paradise compared with Stutthof despite the hunger that gnawed at us unmercifully, which was the fualt of Chimowicz. His family clique grew fatter every day. It was a feeling of bliss that we went to bed that evening. [...] However, as fate would have it, after about an hour of lying in our bunks, with no one having yet fallen asleep, we heard the sound of wood splintering – the bunks had buckled under our weight and were rapidly beginning to crack. Most of us managed to escape. Sula and I quickly understood what was happening and slipped out of bed and onto the floor, leaving everything behind. But some women, mostly from the central bunks, were crushed by the falling structure and suffered injury as a result of the shock, including my sister-in-law Sara who sustained a leg injury and for a time could not walk. Radzynerowa, daughter of former Polish Sejm Senator [eigentlich nur Sejm Mitglied; der Senat war eine zweite Kammer der poln. NV] L. Mincberg and a very intelligent woman, was a victim of this accident. She was ill for a time, as a result of which she died not long afterward on the road. The bunks were removed and gradually some beds that could sleep two apiece were set up. These beds were brought from Dresden."

[152] Roman Halter. S.145

> einige Worte zu wechseln. Dieses Treffen fand auf einer Wiese hinter der Fabrik statt.
> Die Glücklichen stürzen aufeinander zu. Sie sehen sich an, und umarmen und küssen sich wieder und immer wieder. Sie können nach so langer Zeit wieder einmal ungestört miteinander sprechen. Die ganze Wiese ist voll von aufgeregten und laut rufenden Menschen. Auf allen Gesichtern spiegelt sich Freude und Glück. Jeder hatte jemanden. Wenn es kein Ehepartner war, so doch ein naher Verwandter, denn es waren fast alles Familien aus Lodz. Jeder ging mit jemand Arm in Arm auf und ab. Nur ich hatte niemand. Ich ganz allein von allen Menschen stand abseits und allein. Ich floh in den äußersten Winkel der Wiese, und warf mich weinend in den Schnee. -"[153]

In der Tat ist der 25. Dezember der einzige arbeitsfreie Tag der jüdischen Häftlinge im Dezember. Lediglich ein Teil der Männer hatte wohl auch schon an den Adventssonntagen 17. und 3. Dezember frei.[154]
Neben dieser Wiedervereinigung der Familien soll es auch eine Art Kulturabend oder Weihnachtsfeier gegeben haben, bei der die jüdischen Häftlinge insgeheim ihr Lichterfest Chanukka feierten. Halter schreibt:

> "Es war Weihnachten 1944, und ein neuer leitender SS-Offizier erlaubte uns, eine Art Weihnachtsspiel aufzuführen. Man gab uns Extrasuppe und Brot. Das Programm wurde von Herrn Nussbaum geschrieben, einem sehr gebildeten Mann in unserer Gruppe, der Mozart auf einem Kamm spielen konnte und Gedichte in perfektem Deutsch rezitierte.[155] Die harten Kerle aus Auschwitz machten sich gerne über ihn und seine Frau lustig; sie bekam den Spitznamen ‚Peezia', weil sie immer zerstreut und leicht verwirrt war. Herr Braun fragte den dienst-

---

[153] Ruth Alton S.75f.
[154] Vgl. Forderungsnachweise Nr. Flo 773 & Nr. Flo 774 & Nr. Flo 793
[155] Josef Nusbaum FloNo.: 38483 & Maria Nusbaum FloNo.: 59807

> habenden SS-Offizier, ob die deutschen Büroarbeiter und er sich unsere Aufführung auch anschauen durften. Herr Nussbaum führte eine Reihe von Sketchen vor und hatte sich zu bekannten deutschen Liedern lustige Texte über unsere Arbeit in der Fabrik ausgedacht. Er war als Frau verkleidet, und ein anderer Darsteller mit einer hohen Stimme spielte den Mann. Wir wussten, daß an diesem Weihnachtsabend zufällig Chanukka war, und das war das Fest, das wir in unseren Herzen feierten.“[156]

Was bei Halter recht versöhnlich klingt und unter deutschem Publikum der Belegschaft stattfand, hat bei Sonnenschein eher einen negativen Beigeschmack. So seien die jüdischen Häftlinge dazu gezwungen worden zum Amüsement des Kommandanten Weihnachtslieder zu singen.[157] Der von Halter erwähnte Funktionärswechsel, dürfte jedoch erst im Januar erfolgt sein. Erich von Berg ist bis mindestens zum 28.12.1944 als Kommandoführer dokumentarisch belegbar.

g) Januar 1945: Weitere Todesfälle

Im Januar werden in den Flossenbürger Nummernbüchern acht Todesfälle für das Lager Dresden Bernsdorf & Co. verzeichnet. Die Abgangsmeldungen vom 3. Januar für Estera Engel[158] und Anna Lefkowicz[159] beziehen sich aber auf deren Todesfälle vor dem Jahreswechsel. Der am 7. Januar verstorbene Heneck Bajser[160], wird allerdings in den Flossenbürger Nummernbüchern gar nicht abgemeldet, aber laut Einäscherungsunterlagen[161] mit der Asche etlicher anderer Häftlinge am 24. Januar

---

[156] Roman Halter. S.146f.
[157] „It must have been around Christmas, as we were forced to sing Christmas carols to amuse the commandant of the ammunition factory in the Schandauerstrasse 68, our new location.” Sonnenschein. Victory over Nazism. S. 14
[158] FloNo.: 59693
[159] FloNo.: 59780
[160] FloNo.: 38374 [Wird in den Akten teilweise als Benard Bajser geführt.]
[161] ITS Doc. No. 5177820#1 (1.1.47.1/0001-0181/0171/0003)

1945 auf dem Johannisfriedhof in Dresden Tolkewitz beigesetzt. Die übrigen sechs Verstorbenen werden am 17. bzw. 26. Januar abgemeldet. Bei einigen sind beide Datumsangaben im Nummernbuch eingetragen. Im Januar verstarben demnach auch Henecks Bruder Mordka Bajser[162] [10.01.1945], Jakob Engel[163], Familienvater Benjamin Kasz[164], Gerszon Borowietzki[165] [17.01.1945], Markus Bender[166] und Mascha Ehrlich[167]. Borowietzkis Tod wird auch von seiner Schwester Rywka bestätigt. Sie gibt zu Protokoll:

> „In Dresden verlor ich meinen anderen Bruder, Gerszon. Er war 24 Jahre alt."[168]

Außerdem fielen weitere Sterbefälle in den Januar, die erst Anfang Februar nach Flossenbürg gemeldet und in den Nummernbüchern vermerkt wurden. So verstarb die am zweiten Februar aus der Lagerstärke abgemeldete Alice Koretz[169] laut Einäscherungsunterlagen[170] bereits am 21. Januar 1945.
Der am 23. Januar verstorbene Samuel Kon[171] und Familienvater Jakob Szyper[172], der am 30. Januar verstarb, werden erst am 4. Februar durch die Verwaltung des KZ Flosenbürg aus dem Häftlingsbestand gestrichen. Szypers Tochter Ewa B. erinnert:

> „Die Leute in unserer Gruppe waren sehr krank, es herrschten Epidemien, insbesondere Ruhr (Dysenterie). Auch mein Vater verstarb an der Ruhr."[173]

---

[162] FloNo.: 38361[Wird in den Akten teilweise als Marta Bajser geführt.]
[163] FloNo.: 38405
[164] FloNo.: 38438
[165] FloNo.: 38383
[166] FloNo.: 38375
[167] FloNo.: 59689
[168] Aussage Rywka Regina L. BArch B 162 / 8329 S.202 – 19.12.1967
[169] FloNo.: 59756
[170] ITS Doc. No. 5177825#1 (1.1.47.1/0001-0181/0171/0008)
[171] FloNo.: 38447
[172] FloNo.: 38515
[173] Aussage Ewa B. BArch B 162 / 8328 S.103 – 05.11.1967
Übersetzung aus dem Polnischen von Pascal Cziborra

h) Februar 1945: Todesfälle vor der Bombardierung

Das Häftlingssterben setzt sich auch im Februar fort. Die am achten Februar verstorbene Rachela Radzyner[174] wird am 14. Februar im Flossenbürger Nummernbuch als Häftlingsabgang vermerkt. Am 15.02.1945 folgt Anna Szurek[175] und am 16.02.1945 Towia Rosenberg[176]. Es ist zu vermuten, dass entsprechende schriftliche Meldungen schon unterwegs zur Kommandantur Flossenbürg waren, bevor die Bombardierung Dresdens die Verwaltung des Außenlagers ins Chaos stürzte. So scheinen selbst noch einige Todesfälle, die erst Anfang März ins Nummernbuch übertragen werden, vor der Bombardierung eingetreten zu sein. So gibt Sara P. am 21.01.1968 zu Protokoll:

> „Also mein Vater starb am Tag vor der Bombardierung Dresdens. Es gab eine Krankenstube für männliche und weibliche Häftlinge. Dort arbeitete der Arzt Kleszczelski [...] und Dr. Zofia Kagan [...].“[177]

Pilarskas Vater Beniamin Werebejczyk[178] wurde aber erst am 04.03.1945 aus der Flossenbürger Lagerstärke abgemeldet. Ähnliches gilt für Salomon Puterman[179], der ebenfalls schon am 12.02.1945 verstorben sein soll, aber erst am 02.03.1945 im Nummernbuch abgemeldet wurde.

Bis zum 13.02.1945 hat es damit im Lager Dresden Bernsdorf & Co. mindestens 24 Todesfälle unter den Häftlingen gegeben. Acht Frauen und 16 Männer, deren Tod in zwei Fällen nicht im Nummernbuch registriert wurde, starben innerhalb von 12 Wochen an Hunger, Krankheit und Erschöpfung. Das Lager verzeichnete also bis dahin durchschnittlich zwei Todesfälle pro Woche.

---

174 FloNo.: 59834

175 FloNo.: 59877

176 FloNo.: 38506 [Wird in den Gräberlisten als Tarvin Rosenberg geführt.]

177 Aussage Sara P. BArch B 162 / 8329 S.270 – 21.01.1968

178 FloNo.: 38557

179 FloNo.: 38493

i) Februar 1945: Die Bombardierung Dresdens

Einen tiefen Einschnitt in der Lagergeschichte stellte dann das Flächenbombardement Dresdens durch die Alliierten am 13. Februar 1945 dar. Dabei hatten sich die Häftlinge längst auf regelmäßige Bombardierungen und Fliegeralarme eingestellt. Ruth Alton schreibt in ihrer Autobiografie:

> „Seit einigen Tagen hatten wir Abend für Abend Fliegeralarm. Aber es geschah nichts besonderes. Ein paar Bomben, meist in der Nähe des Bahnhofs abgeworfen, das war alles. Wir mussten immer in den Keller gehen. Ich war aber von der Arbeit so müde, dass ich mich jedes Mal in meinem Bett so unter der Decke versteckte, dass man mich, wenn die Kontrolle kam, nicht bemerkte. Und, wenn die anderen noch auf dem Weg nach unten waren, schlief ich schon wieder.“[180]

Laut Roman Halter blieb am 13. Februar die Fabrik auch von der ersten Bombardierungswelle verschont und wurde wohl erst bei der zweiten Angriffswelle der Royal Airforce nach Mitternacht von einer Brandbombe getroffen. Er schildert in seinen Memoiren leicht missverständlich und inkonsistent:

> „Gegen Mittag [sic!][181] um halb eins begannen die Bomben unaufhörlich zu fallen, mit einer solchen Wucht, daß die ganze Erde zu beben schien. Die Kranken blieben in der Erste-Hilfe-Baracke auf dem Dach zurück. Die SS-Wachen, sonst immer draufgängerisch und großmäulig, sahen nun blaß und verschreckt aus; sie liefen hin und her und drängten sich dann unter den Stützpfeilern der Fabrik zusammen. [...] Unsere Fabrik wurde nicht getroffen. Wir stiegen gerade nach der ‚Entwar-

---

[180] Ruth Alton. S.76

[181] Diese Zeitangabe passt nicht. Möglicherweise heißt es im Original Midnight, also Mitternacht. Zu diesem Zeitpunkt ertönt die Sirene, eine halbe Stunde später fallen die ersten Bomben. Leuchtraketen machen auch nur nachts Sinn.

> nung' die Treppen zu unseren Schlafräumen hoch, als es schon wieder aus den Lautsprechern dröhnte: ‚Achtung, Achtung, Luftwaffenmeldung ...' Eine weitere Staffel der Royal Air Force war im Anflug auf Dresden. Wir wurden zurück in den Keller beordert, und mehr Bomben fielen. Als wir durch den Gitterrost des Kellerschachts schauten, konnten wir Leuchtraketen sehen, die wie Fallschirme am Himmel schwebten. Diesmal bebte die Erde nicht. Jemand sagte: „Das sind Brandbomben." [...] Als in unsere Fabrik eine Bombe einschlug, schickte die SS zwei Männer hinauf aufs Dach, die nachsehen sollten, ob das Gebäude Feuer gefangen hatte. Die Sanitätsbaracke stand in Flammen, und die Kranken, die nicht flüchten konnten, verbrannten bei lebendigem Leibe."[182]

Ruth Alton bestätigt:

> „Schon lange sind die Fenster unseres Kellers vom ungeheuren Luftdruck zersplittert, und der eisige Februarwind hat ungehindert Zutritt. Die Menschen um mich herum jammern und schreien. Sie stehen zu einem dichten Knäuel geballt an der Ausgangstür des Luftschutzraumes. Diese Tür wird von der SS, die mit ihren Gewehren davorsteht, streng bewacht. Ich stehe mit Betty[183], so heißt meine Dresdner Freundin, ein wenig abseits an einen großen Pfeiler gelehnt. Ich bin so ruhig und kaltblütig, als ginge mich das Ganze nichts an. Allerdings war ich wohl die einzige, die von Berlin her bereits Fliegeralarm, und Nächte im Luftschutzkeller gewöhnt war. [...] Dicht vor dem Fenster, in dessen Nähe Betty und ich stehen, kommt ein abgeschossener Fallschirm nieder.[184] An ihm hängt ein verwundeter oder toter, noch ganz junger Pilot. Ich kann sein kühnes, schönes Gesicht deutlich im Feuerschein erkennen. Sein Mund ist hart

---

[182] Roman Halter. S.147f.

[183] Wohl Betty Idelowicz – FloNo.: 59728, die kurze Zeit später verstarb.

[184] Ob diese Episode tatsächlich erlebt wurde, oder eher literarischer Natur ist, ließ sich bislang nicht abschließend klären.

zusammengepresst, und seine Kleidung mit Blut beschmiert.“[185]

Alton ergänzt:

„Die Luftschlacht tobt weiter, und Bombe auf Bombe fällt. Aber die, die da oben kämpfen, sind unsere Freunde, sie sind gekommen, um auch uns zu helfen. Unser Haus brennt jetzt ebenfalls lichterloh. Glücklicherweise wurde es aber von einer Brand- und nicht von einer Sprengbombe getroffen.
Das Schreien der Schwachen und Kranken, die oben im vierten Stock bleiben mussten, weil sie nicht fähig waren, in den Keller zu laufen, ist herzzerreißend. Man versucht, mit nassen Tüchern vor Mund und Nase, nach oben vorzudringen, aber die Krankenstube ist schwer zu erreichen, und kaum jemand konnte gerettet werden. Die Bedauernswerten kommen fast alle in den Flammen um.
Im vierten Stock ist auch das Lebensmittelmagazin. Viele, die sich an der Rettung der Menschen beteiligen wollten, haben den Weg dorthin genommen. Sie wollen sich, ehe auch sie sterben müssen, noch einmal sattessen. Mit schwelenden Kleidern, die Augen vom beißenden Rauch geschwollen kommen sie mit ihrer Beute in den Keller zurück. Für einige Minuten vergessen die meisten die Gefahr, und stürzen sich wie die wilden Tiere auf die Nahrungsmittel. –
Weiter und immer weiter greift das Feuer um sich. Der vierte Stock ist schon nicht mehr da. Nicht nur die Menschen, die dort oben waren, auch das ganze Lebensmittelmagazin wurde ein Raub der Flammen. Das Feuer wütet jetzt im dritten Stock, und noch immer hält man uns im Keller gefangen. Erst als es sich auch in der zweiten Etage auszubreiten beginnt, und Einsturzgefahr droht, lässt man uns aus dem brennenden Haus. Man wirft uns große, nasse Tücher zu, in die wir uns hüllen.

[185] Ruth Alton. S.76f.

> So eilen wir durch die nach uns züngelnden Flammen.“[186]

Die Ereignisse der Bombennacht haben sich tief in die Erinnerungen der Häftlinge gebrannt. Dabei stimmen die Aussagen insoweit überein, dass die Fabrik von einer Brandbombe getroffen wurde und sich das Feuer über das oberste Stockwerk auf das darunterliegenden ausbreitete. Dabei soll es auch im Krankenrevier, das nicht in den Luftschutzkeller evakuiert worden war, zu etlichen Todesopfern gekommen sein.
So gibt Abraham K. 1967 zu Protokoll:

> „Bei dem großen Fliegerangriff auf Dresden –etwa Januar – Februar 1945 – durften wir unser Lagergebäude nicht verlassen. Durch vergitterte Fenster sahen wir unsere SS-Wachmannschaften im Hof, sie verschwanden, wenn es dichter schlug und kehrten zurück. Auch unser Gebäude wurde betroffen, ich weiß nicht genau, ob nur die oberste Etage, oder auch die vorletzte beschädigt wurde. Es gab Lebensopfer von Leidensgefährten – genauer kann ich mich auf ihre Zahl nicht einlassen.“[187]

Bei Felicja H. heißt es:

> „Mitte Februar 1945 war die große Bombardierung der Stadt Dresden. Auch das Lager – die Fabrik – wurde bombardiert und schwer beschädigt. Die Kranken in der Krankenstube kamen um.“[188]

Samuel L. gibt zu Protokoll:

> „Dieses Lager wurde bei der Bombardierung von Dresden am 13. Februar 1945 in der Nacht beschädigt. Die

---

[186] Ruth Alton Tauber. Deportiert von den Nazis. S. 77f. Manuskript S. 105f.
[187] Aussage Abraham K. BArch B 162 / 8328 S.147 – 15.10.1967
[188] Aussage Felicja H. BArch B 162 / 8329 S.210a – 19.11.1967

oberen Stockwerke brannten. Ich glaube, dabei sind zwei Häftlinge umgekommen.“[189]

Samuel L. nennt damit die niedrigste konkrete Opferzahl der Bombardierung und Israel K. die höchste. In seinem Vernehmungsprotokoll heißt es:

> „Etwa Mitte Februar 1945 erlitt Dresden einen schweren Fliegerangriff, bei dem auch das Objekt, in dem wir lebten beschädigt wurde, wir erlitten auch Opfer an Seelen. Im obersten Stockwerke verbrannten in den Trümmern etwa 10 Leidensgefährten. Ich bin nicht in der Lage Namen dieser Opfer anzugeben.“[190]

Tatsächlich dürfte die Opferzahl zwischen beiden Schätzungen liegen. Die Aussage Harry Radzyners, dass von 14 bewegungsunfähigen Frauen einzig seine Mutter durch seinen Vater aus dem Krankenrevier gerettet werden konnte, lässt sich nicht bestätigen. Variabel sind in den Aussagen aber nicht nur die Opferzahlen, sondern beispielsweise auch die Uhrzeiten[191], die Schaden verursachende Angriffswelle und die Anzahl der Etagen des Fabrikgebäudes. Abraham S. lässt 1967 protokollieren:

> „Am 13. Februar 1945 um 22:00 Uhr wurde Dresden durch Alliierte Flieger angegriffen. Unser Gebäude wurde durch Phosphorbomben getroffen und begann zugleich von oben nach unten zu brennen. Im obersten Stockwerk – es war die 6-te Etage[192] – lagen im Krankenzimmer Kranke. Im selben Stockwerk befand sich die Küche und waren die Vorräte aufbewahrt. Ich bat dem Lagerführer – damals war es schon der Oberscharführer Schmerser oder Schmerse – uns zu erlauben die Kranken herunterzuholen und zu löschen. Wir hatten Angst auch um das Proviant. Schmerser – oder Schmerse- zog die

[189] Aussage Samuel L. BArch B 162 / 8329 S.300 – 24.03.1970
[190] Aussage Israel K. BArch B 162 / 8328 S.163f. – 17.12.1967
[191] Vgl. Halter und Machtingers 9:30 p.m. des Fliegeralarms [S.48]
[192] In anderen Zeugnissen ist von der 3. oder 4. Etage die Rede.

Pistole und befahl drohend das Gebäude zu verlassen. Ringsum stand alles in Flammen und Trümmern. Wir verbrachten die Nacht bei der Elbe, inzwischen flog eine weitere Welle der Bomber an. Erst am Morgen kehrten wir ins Lagerobjekt zurück. Wir fanden oben 5-8 verbrannte Leichen, darunter erinnere ich mich eines Mädchens namens Schurek und [eines Mädchens bzw. der Tochter] eines Ingenieurs aus Böhmen."[193]

Auch Icchak W. war wohl am nächsten Morgen bei der Leichenbergung dabei. Er erinnert:

> „Im Februar 1945 wurde Dresden durch alliierte Flieger bombardiert. In dieser Nacht traf eine Bombe auch das Objekt unsrer Unterkunft. Im obersten Stockwerk, wo Kranke lagen, verbrannten 7 Personen. Ich hatte am nächsten Tag die verbrannten Leichen heruntergeholt. Sie wurden im örtlichen Krematorium eingeäschert. Befragt, weiß ich die Namen der Opfer nicht anzuführen."[194]

Bei den Todesopfern dürfte es sich um die Ärztin Dr. Hildegard Voglová[195], die von Abraham S. genannte Rachel (Ella) Szurek[196], Adela Kon[197], Emma (Mini) Koretz[198], die Tochter des böhmischen Ingenieurs Emil Koretz, und Regina (Gina) Pietermann[199], die alle fünf erst am 6. März im Flossenbürger Nummernbuch abgemeldet werden, handeln. An diesem Tag wird auch die aus den Flammen gerettete Hinda Estera Radzyner aus der Lagerstärke abgemeldet, die laut Angaben ihrer Angehörigen am 21. Februar 1945 an Knochentuberkulose gestorben sei.

---

[193] Aussage Abraham S. BArch B 162 / 8328 S.166 – 19.12.1967
[194] Aussage Icchak W. BArch B 162 / 8328 S.168 – 19.12.1967
[195] FloNo.: 59906
[196] FloNo.: 59878
[197] FloNo.: 59752
[198] FloNo.: 59757
[199] FloNo.: 59818

F3: Jüdischer Friedhof in Dresden – Privatarchiv Radzyner

F4: Familie Moe Radzyner

F5: Gedenkstele für KZ-Opfer auf dem Johannisfriedhof in Dresden

Hinias Sohn Harry Radzyner bestätigt:

> „Wie ich schon erwähnte, starb meine Mutter eine Woche nach der Bombardierung, und mein Vater zimmerte eine Kiste für die Tote und schrieb mit Teer ihren Namen und Todestag darauf. Dann haben wir die Kiste wieder auf eine Handkarre gelegt und brachten sie zum Johannis-Friedhof. Der Friedhof war voll verbrannter Leichen, ungefähr 1 Meter hoch und Offiziere suchten nach eventuellen Identifikations-Dokumenten. Kurze Zeit später verhungerte eine 17- jährige Kusine meines Vaters, und wieder hat mein Vater einen Sarg gezimmert, mit Teer beschrieben und wir haben die Kiste wieder zum Johannisfriedhof gebracht."

Der zweite genannte Todesfall von Adela Radzyner ereignete sich erst im April 1945 und wurde nicht mehr in den Nummernbüchern registriert. Aus den Friedhofsunterlagen geht der 7. April 1945 als Bestattungstag hervor. 1950 konnte Moe Radzyner die sterblichen Überreste seiner Frau und seiner Kusine auf den Jüdischen Friedhof in Dresden überführen.[200] Sein Sohn Harry berichtet:

> „Nach dem Krieg im Jahre 1950 fuhren wir mit meinem Vater nach Dresden und gingen dort zum Johannisfriedhof. Die Verwaltung hatte noch genaue Angaben, in welchem Massengrab sowohl meine Mutter wie die Kusine beigesetzt wurden. Da alle übrigen Leichen im Massengrab ohne Sarg beigesetzt wurden, konnte man mit 2 Meter langen Stäben die Gräber durchsuchen bis sie auf Holzwiderstand trafen. So konnten wir beide Särge ausgraben die unbeschädigt waren und deren Teerinschriften lesbar waren. Dann haben wir die beiden Särge zum jüdischen Friedhof überführt, wo sie bis jetzt ruhen und wo ich hin und wieder hinfahren kann." [201]

---

[200] Vgl. Harry Radzyner. Familienchronik (wie oben)

[201] Vgl. Holger Weber „Überleben war reines Glückspiel"

Diese Geschichte deckt sich mit den Friedhofsunterlagen, die nur die Einäscherung und Beisetzung der fünf erstgenannten weiblichen Bombardierungs-Opfer und gesondert die Bestattung am 26.02.1945 von Hinia Radzyner dokumentieren.
Zudem dürften Hersch Joskowicz[202] und Icek Nugelblatt[203] der Bombardierung zum Opfer gefallen sein. Sie werden erst am 7. März im Nummernbuch aus der Lagerstärke abgemeldet. Eine Gräberliste nennt unter der Lage 5 L/G 1.1 lediglich einen Herß Nugelblat aus Lodz aus dem Lager Schandauer Str. 68, der am 13.02.1945 verstorben und am 26. Februar beigesetzt worden sei.[204] Möglicherweise wurden hier beide Todesopfer namentlich zu einer „Person“ verschmolzen, oder es liegt eine Verwechslung mit Hersch Nugelblat, einem der ersten Opfer des Lagers, vor, der bereits 1944 verstarb. Sehr wahrscheinlich war Hersch Nugelblat der Sohn Icek Nugelblats. Es dürften beide auf dem Johannisfriedhof in Tolkewitz beigesetzt worden sein.
Samuel L. hatte bei seiner Opferbilanz möglicherweise nur Joskowicz und Nugelblatt, die beiden verstorbenen Personen des Männerlagers, im Sinn, als er von lediglich zwei Todesopfern sprach.
Insgesamt entspricht die Zahl der dokumentarisch belegbaren Todesopfer aber den Angaben in den Zeugenberichten. Mehr als sieben Todesopfer dürfte es unter der jüdischen Lagerbelegschaft in dieser Nacht also nicht gegeben haben. Sollten sich auch die Leichen Beniamin Werebejczyks und Salomon Putermans noch im Revier oder der Fabrik befunden haben, so wäre auch die Aussage von 10 Personen Verlust recht plausibel.
Nachdem die in Brand gesetzte Fabrik nicht mehr zu halten war, wurden die Häftlinge zu den Elbwiesen geführt.[205]

---

[202] FloNo.: 38436
[203] FloNo.: 38482
[204] Stadtarchiv Dresden:
Liste der auf dem Johannisfriedhof beerdigten Widerstandskämpfer S.29
[205] Bronia Sonnenschein. Victory over Nazism. S. 14
„The factory where we worked had been partially destroyed so they ‘saved’ us from the fire, the incredible hail and storm produced by the bombs, and led us towards the river Elbe where we stood all night waiting for the attack to end.”

Roman Halter berichtet:

> “Alfred Chimowicz behielt die Übersicht und die Nerven und machte den klugen Vorschlag, daß die SS uns zur Elbe führen sollte, bevor es zu spät war. Er wies uns an, nasse Decken zu nehmen, zwei kleine Löcher für die Augen hineinzuschneiden und auf den Abmarschbefehl zu warten. Die jungen SS-Offiziere taten alles, was Alfred Chimowicz ihnen sagte; die anderen SS-Größen waren inzwischen wieder in ihrem Bunker verschwunden. [...] Den ganzen folgenden Tag blieben wir am Fluß. [206] Am späten Vormittag warfen amerikanische Flieger Bomben auf das Umland von Dresden und drehten wieder ab.“[207]

Bei Ruth Alton heißt es teils bestätigend teils abweichend:

> „Wir werden durch die Nacht getrieben. Wohin wissen unsere Führer wohl selbst nicht. Ich gehe mit Betty[208] eng aneinandergeschmiegt unter meinem Mantel, da sie den ihren, der nun verbrannt ist, nicht mit zur Nachtschicht genommen hatte, und vor Kälte zittert. Mit ihr teile ich im Morgengrauen, als wir auf einer nassen Wiese am Elbufer stehen, mein letztes Stück Brot.
> Endlich führt man uns wieder in den Keller unserer Fabrik zurück. In der Stadt wütet noch immer das Feuer. Müde und erschöpft liegen wir auf der Erde herum, bis es am Nachmittag plötzlich heißt: „Alle auf der Straße antreten.“ Nur einige wenige dürfen zurückbleiben, um in der Fabrik aufzuräumen. Wir bekommen jeder ein Stück Brot und dann marschieren wir los.“[209]

---

[206] Diese Aussage steht im Widerspruch zu den anderen Häftlingsaussagen. Sie wollen am Morgen zurück zum Keller der Fabrik geführt worden sein und nach einem Appell nachmittags nach Pirna aufgebrochen sein.
[207] Roman Halter. S.148f.
[208] Wahrscheinlich Betty Idelowicz FloNo.: 59728, sonst Betty Schwimmer
[209] Ruth Alton. Deportiert von den Nazis. S.78f.

Als der Beschluss gefasst ist, die Häftlinge mangels Unterkunft nach Pirna zu evakuieren, verbleibt demnach nur ein kleines Kommando in Dresden. Abraham S. gibt 1967 zu Protokoll:

> „Das Lager wurde nach Pirna evakuiert. Ich proponierte den Leiter Biebow eine kleine Gruppe von uns im Objekte zu belassen, damit wir für den Fall eines eventuellen neuen Fliegerangriffes – löschen können und die Maschinenausrüstung betreuen. Es wurde entschieden 24 Mann in Dresden [zu] belassen. Da zur Stunde des Appelles wieder Flugzeuge am Firmament erschienen, nützten die Gelegenheit insgesamt 70 Häftlinge um nicht nach Pirna zu evakuieren.“[210]

Über die Flucht von 70 oder 46 Häftlingen am 14. Februar ist sonst nichts bekannt und es werden auch keine geflohenen Häftlinge in den Nummernbüchern vermerkt. Die hohe Aufklärungsrate bei den Häftlingsschicksalen insbesondere der Befreiungsorte lässt auch nur noch wenige Fluchtvorfälle bei oder kurz nach der Bombardierung Dresdens zu. Möglicherweise ist in der Zahl von 70 Personen bereits auch eine zweite 24-köpfige Häftlingsgruppe inbegriffen, die laut Roman Halter zwar mit nach Pirna in das Lager Mockethal-Zatzschke evakuiert wurde, aber von dort als Aufräum- oder Leichenträgerkommando umgehend zurück nach Dresden beordert wurde.

Bislang lassen sich nur einzelne Fluchtvorfälle rekonstruieren. Eva Unterman[211] spricht in Voices of Oklahoma allerdings von der Flucht zweier Frauen, von der eine wieder gefasst und vor den Häftlingen gefoltert und umgebracht worden sein soll. Danach sei niemand mehr geflohen.[212] Ob tatsächlich ein solches Exempel mit tödlichem Ausgang statuiert wurde, muss vorerst offen bleiben. Konkrete Hinweise auf das vermeintliche Opfer gibt es nicht. Möglicherweise ist die Schilderung mit der

---

[210] Aussage Abraham S. BArch B 162 / 8328 S.166 – 19.12.1967

[211] FloNo.: 59927

[212] Original: „Two young women managed to escape in this chaos. One was caught and brought back. And we had to watch, as she was tortured and killed. Nobody escaped after that.”

Flucht der böhmischen Sekretärin Biebows in Verbindung zu bringen, von der auch Abraham K. [s.u.] spricht. Bei dieser Frau dürfte es sich um die Korrespondentin Gerta Kahanová[213] gehandelt haben, die im Februar 1945 in Dresden floh, sich nach Prag durchschlug und dort bis Kriegsende im Untergrund abtauchte und für den Widerstand tätig war. Ob mit ihr eine zweite Frau floh, die gefasst wurde, ist unbekannt. Der Fluchtvorfall wurde scheinbar nicht an das Stammlager Flossenbürg gemeldet und ist weder im Nummernbuch noch auf der Häftlingskarteikarte vermerkt.
Inklusive des Lösch- und Betreuungskommandos und der bereits eingetretenen Todesfälle, dürften nicht viel mehr als 400 Häftlinge aus der Schandauer Straße die Evakuierung nach Pirna angetreten haben. Bei Josef B. heißt es:

> „In der ersten Hälfte Februar 1945 erlitt Dresden den großen Fliegerangriff während dessen auch Objekte unserer Fabrik beschädigt wurden. Aus diesem Grunde wurden Lagerinsassen nach Pirna überstellt, nur eine Gruppe von etwa 20 Häftlinge mit Bewachung wurde im Lager behalten um die Rohstoffvorräte und Objekte zu hüten. Ich blieb in dieser Gruppe zurück."[214]

Auch Icchak W. gehörte zu dem Kommando, das in Dresden bei den Maschinen verblieb. Er geht jedoch von einer 50-köpfigen Gruppe aus:

> „Nach dem Fliegerangriff wurden die Lagerinsassen nach Pirna überstellt, nur eine Gruppe von etwa 50 Mann wurde in Dresden belassen, um das Objekt instand zu setzen und die Maschinenausrüstung zu hüten. Ich war einer dieser Gruppe gewesen. Nach Ablauf von etwa zwei –drei Wochen kam der erste Teil der Evakuierten zurück, dann später kamen noch weitere, doch nicht alle wurden von Pirna zurückgebracht."[215]

---

[213] FloNo.: 59738
[214] Aussage Josef B. BArch B 162 / 8328 S.150 – 04.12.1967
[215] Aussage Icchak W. BArch B 162 / 8328 S.168f. – 19.12.1967

Abraham S. ergänzt:

> „Etwa in zwei Wochen kehrten die ersten Evakuierten zurück. In der Zwischenzeit kam einmal Schmerser oder Schmerse mit einigen Wachmannschaften nach Dresden und wollte – auf Grund einer Denunziation – mich und vier meiner Leidensgenossen – erschießen. Nur durch energischen Eingriff des militärischen Beauftragten – eines kriegsbeschädigten Offiziers – den ich nicht näher [zu] bezeichnen vermag, zog Schmerser oder Schmerse unverrichteter Dinge ab.“[216]

Die Denunziation stand möglicherweise im Zusammenhang mit der Flucht der Jüdin Gerta Kahan, die Biebows Sekräterin war. Auch Abraham K. spricht von der Drohung des Oberscharführers Schmerse, vier Kameraden aufzuhängen.[217] Die Anschuldigungen der Mitglieder des Aufräumkommandos wurden aber fallengelassen.

Auch Roman Halter soll zum Aufräumtrupp gehört haben, dürfte aber zunächst für ein paar Tage nach Pirna evakuiert worden sein. In seiner Autobiografie heißt es:

> „Die Kräftigsten unter uns bekamen den Befehl, die Toten von Dresden zusammenzutragen. Im Chaos der zerstörten Stadt gelang es einigen zu entkommen. Zwei von ihnen kannte ich gut, Avraham Sztajer[218] und Adam Szwajcer[219]. Ihnen war die Aufsicht über die beiden Arbeitstrupps übertragen worden, und wir vermuteten, daß sie sich nach ihrer Flucht in den Ruinen der Stadt geflüchtet hatten und sich dort versteckt hielten.
> Vierundzwanzig von uns gingen zusammen mit fünf SS-Männern nach Dresden zurück[220], um die Fabrik aufzuräumen, die Maschinen zu säubern und einen Raum für

---

[216] Aussage Abraham S. BArch B 162 / 8328 S.166 – 19.12.1967

[217] Vgl. Aussage Abraham K. BArch B 162 / 8328 S.148 – 15.10.1967 s.u.

[218] FloNo.: 38541

[219] FloNo.: 38544

[220] Laut Halter vom Evakuierungslager Pirna aus.

die Leichenträger herzurichten, die abends zum Schlafen dorthin kamen.[...]
Unsere Fabrik hatte nur auf dem Dach gebrannt. Aber der Keller, wo die Maschinen waren, stand voller Wasser.
Zuerst mußten wir für die fünf SS-Männer einen Platz zum Wohnen herrichten. Dann begannen wir, das Wasser abzupumpen und den Kellerboden aufzuwischen. Auf dem Dach bei den Wassertanks gab es einen langen Raum. Das war unser Krankensaal gewesen – der in der Bombennacht Feuer gefangen hatte. Drei Menschen waren verbrannt. Wir mussten die Leichen wegschaffen.“[221]

Auch hier ist die Anzahl der Leichen fraglich; ob sie tatsächlich bis zur Ankunft Halters in der ausgebrannten Etage unentdeckt blieben, zweifelhaft. Die Bergung von Verletzten und Toten, dürfte nach der Bombardierung, abgesehen vom Löschen und Retten der Rüstungsmaschinen, höchste Priorität gehabt haben. Es ist aber nicht gänzlich auszuschließen, dass ein Teil der Bombardierungs- und Brandopfer erst spät unter Trümmern gefunden wurde.

---

[221] Roman Halter. Romans Reise durch die Nacht. S.149f.

j) Februar 1945: Evakuierung nach Pirna

Nachdem die Häftlinge nach weitestgehend übereinstimmenden Aussagen nach dem Brandbombentreffer die Nacht des Luftangriffes am Elbufer verbracht hatten, wurden sie am nächsten Morgen zurück in einen Keller der beschädigten Fabrik geführt. Von dort marschieren sie nach Pirna, wo sie in das Flossenbürger Außenlager Mockethal-Zatzschke verlegt werden sollen. Auf dem Weg nächtigen sie laut Alton vom 14. auf den 15. Februar in einem Sägewerk und vom 15. auf den 16. Februar in Holztrockenkammern.[222] Ob tatsächlich für die kurze Evakuierungsentfernung von etwa 20km nach Pirna, ein mehrtägiger Marsch mit zweifacher Übernachtung absolviert werden musste, ließ sich bislang nicht dokumentarisch absichern. Bei Samuel L. heißt es jedenfalls deutlich abweichend:

> „Wir sind noch in der Nacht losmarschiert.[223] Wir wurden nach Pirnau [sic!] gebracht. Wenn mir der Name Pirna-Mockethal vorgehalten wird, so meine ich, der Ort hieß in Wirklichkeit Pirnau. Er lag etwa 60km[224] außerhalb von Dresden. Wir sind den ganzen Tag marschiert. Ich bin in Pirnau geblieben. Eine andere Gruppe von Häftlingen, eine kleine Gruppe, wurde nach Dresden zurückgeführt, um das Lager aufzuräumen.[225] Das Lager Pirnau war ganz neu. Wir fanden leere Baracken vor. Es gab kein Bett, keinen Tisch und keinen Stuhl. [...] Wir waren in dem Lager etwa 40 Männer[226] und 70-80 Frauen. Das Lager war mit Stacheldraht umgeben, der aber nicht elektrisiert war. Es gab Wachtürme, meiner Erinnerung nach vier. Wir Männer haben in einem Stein-

---

[222] Vgl. Ruth Alton. Deportiert von den Nazis. S.79

[223] Hier ist wahrscheinlich der Marsch zu den Elbwiesen inbegriffen.

[224] Tatsächlich sind es nur etwa 20km. Distanzen werden aufgrund der Schwäche der Häftlinge häufig überschätzt.

[225] Dieser Gruppe gehörte wahrscheinlich auch Roman Halter an.

[226] Vermutlich ist hier die Zahl der männlichen Häftlinge aus Dresden gemeint, die später auch offiziell ins Außenlager Mockethal-Zatzschke überstellt wurden.

> bruch gearbeitet, zu dem wir drei bis vier Kilometer marschieren mussten. Wir haben einen Tunnel in den Berg gegraben. Dort haben auch Italiener gearbeitet. Die Frauen haben nicht gearbeitet."[227]

Bei Morris G. heißt es, was den Evakuierungsablauf und die Personenzahl der Evakuierten angeht, wieder anders:

> „Am 13. Februar 1945 wurde Dresden bombardiert. Wir wurden am nächsten Morgen evakuiert. Wir sind nach Pirnau marschiert. Wir sind etwa 12 Stunden marschiert. Um 4 oder 5 Uhr nachmittags kamen wir an. Der Name Pirna-Mockethal, den ich in der Ladung gelesen habe, sagt mir nichts. [...] Die mir vorgehaltene Tarnbezeichnung Arbeitslager Zat[z]schke-Mockethal-Dachs VII-OT ist mir nicht bekannt. Pirnau war kein großes Lager. Es gab dort 8 oder 10 Baracken. Das Lager war mit Stacheldraht umgeben. Man hat gesagt, der Draht war elektrisch gesichert, ich kann das aber nicht mit Bestimmtheit sagen. An jeder Ecke war ein Wachturm. Es gab im Lager eine Küche. [...] An ein Krankenrevier kann ich mich nicht erinnern. Ich kann schlecht sagen, wieviele Häftlinge in Pirnau waren. Aus Dresden kamen wir mit 850 Häftlingen. Wenn mir vorgehalten wird, daß das ganze Lager nur 100 Häftlinge[228] gehabt haben soll, so stimmt das nicht. Wir waren allein über 400 Männer, ich glaube, es waren 430 Männer. Dazu kamen Frauen. Vor den Häftlingen aus Dresden waren schon andere Häftlinge in dem Lager. Die Frauen waren in einer besonderen Baracke untergebracht. Eine Frau hat aufgepasst, daß die Frauen sich nicht mit den Männern vermischten [...] In Pirnau haben wir in einer Steingrube gearbeitet. Es wurde ein Tunnel in einen Berg hineingetrieben. Ich weiss nicht, wofür dieser Tunnel bestimmt war. Die Arbeitsstelle war 2,3 Kilometer vom Lager entfernt. Wir wurden

---

[227] Aussage Samuel L. BArch B 162 / 8329 S.300 – 24.03.1970
[228] Hier ist die Zahl der Stammbelegschaft gemeint.

mit den Lastwagen dorthin gefahren. Die Häftlinge, die dort zusammen arbeiteten, waren nicht in ihrer Kleidung als Häftlinge gekennzeichnet. Nur wer außerhalb beim Straßenbau und-so-weiter arbeitete, hatte ein Kreuz auf dem Rücken der Kleidung gemalt. Wir wurden von SA bewacht. [...] Es war SA. Meist handelte es sich um Männer, die verwundet von der Front zurückgekommen waren.. Sie trugen grüne Uniformen. Sie haben nicht wie die SS das doppelte SS-Zeichen, das wie ein Blitz aussah, auf dem Arm getragen. Sie haben auch gelbe Hemden getragen. Ich glaube, auf dem Kragenspiegel stand SA. Die mir vorgehaltene Bezeichnung OT – Organisation Todt – sagt mir nichts."[229]

Das Lager in Mockethal-Zatzschke soll unter dem Kommando des ehemaligen Dresdner Lagerkommandanten SS-Oberscharführer Erich von Berg gestanden haben, was dieser in einer Nachkriegsvernehmung am 4. Februar 1977 jedoch abstreitet, bzw. nicht in Erinnerung rufen kann oder will und erst bei späteren Vernehmungen im Januar 1978 zugibt. Die Bombardierung Dresdens will er im Außenlager Königstein erlebt haben.[230] Von Berg wird aber in einer Arbeitseinteilungsliste des KZ Flossenbürg vom 13. April 1945 explizit als Lagerführer des Kommandos „Mockethal-Zatschke" [sic!] genannt und dort anscheinend auch von Dresdner Häftlingen wiedererkannt. Das Außenlager war erst am 10. Januar 1945 mit der Überstellung von 100 männlichen Häftlingen aus dem KZ Flossenbürg, überwiegend italienischer und russischer Herkunft, eröffnet worden. Morris G. bestätigt überzeugend:

> „Bei unserer Ankunft ins Lager Pirna waren schon dort etwa 100 Häftlinge. Lagerkommandant war dort Oberscharführer von Berg. Das Lager war im Stadium des Aufbauens, wir Häftlinge wurden beschäftigt im Steinbruch unter Aufsicht von TODT-Männer. Nach kurzer

[229] Aussage Morris G. BArch B 162 / 8329 S.295f. – 31.03.1970
[230] VP Erich von Berg BArch B 162 / 8330 S.494f. – 04.02.1977

> Zeit wurde ich mit einer Gruppe zurück ins Lager zum Barackenbau genommen.“[231]

Das Außenlager war ein Projekt der Organisation Todt, die unter dem Geilenberg-Stab, die schwer geschädigte deutsche Treibstoffproduktion fördern sollte. Unter dem Tarnnamen „Dachs VII“ war geplant eine unterirdische Schmierölproduktion einzurichten. Aufgrund zeitlicher Verzögerungen entschied man sich aber die sogenannten „Ofen“-Anlagen überirdisch bei „Dachs VII“ aufzustellen. Zur vollständigen Fertigstellung der Anlage kam es bis Kriegsende allerdings nicht mehr.[232]
Die ersten Häftlinge hatten bei Ankunft in einer umwaldeten Sandgrube zwischen den Ortsteilen Mockethal und Zatzschke, bereits einige Baracken vorgefunden und bis zur Evakuierung der Dresdner Häftlinge weitere Baracken errichtet, die eigentlich für Arbeitskräfte der in Entstehung befindlichen Untertage- bzw. Freiverlagerung vorgesehen waren. Unter den verheerenden Folgen des alliierten Luftangriffes vom 13. Februar 1945, dienten die neuen Baracken als provisorische Unterbringung der evakuierten Dresdner KZ-Häftlinge. Neben dem Lager Bernsdorf & Co. in der Schandauer Straße 68 wurde möglicherweise auch ein Teil der Häftlinge aus dem Frauenlager bei der Universelle Maschinenfabrik J. C. Müller & Co. (Florastraße 14) nach Pirna evakuiert und für einige Wochen untergebracht.[233]
Sollten tatsächlich 850 Häftlinge aus Dresden nach Pirna vorübergehend umquartiert worden sein, so waren definitiv Häftlinge mindestens eines anderen Lagers angeschlossen worden. Bei über 400 Männern, müssten auch mehr als 100 Häftlinge aus einem Männerlager vorübergehend nach Mockethal-Zatzschke umquartiert worden sein. Vermutlich liegen aber auch bei Morris G. leichte Erinnerungstäuschungen und Schätzungsungenauigkeiten vor.
Bereits auf dem Weg nach Pirna soll es zudem zu Todesfällen gekommen sein. Morris G. berichtet:

---

[231] Aussage Szmul K. BArch B 162 / 8329 S.307 – 23.02.1970
[232] Vgl. Pascal Cziborra. KZ Mockethal-Zatzschke
Vgl. Ulrich Fritz. Mockethal-Zatzschke. In. Der Ort des Terrors 4 S.200f.
[233] Ulrich Fritz. Dresden (Universelle). In. Der Ort des Terrors 4 S.101

„Auf dem Weg von Dresden nach Pirnau sind drei oder vier Häftlinge erschossen worden. Einer von ihnen hieß Sandberg. Ein anderer hieß Bendek oder Bendex. Ich glaube, sie stammten beide aus Lodz. Sie wurden erschossen, weil sie das Laufen nicht mehr mitmachen konnten. Ich habe das nicht selbst gesehen. Ich habe aber die Schüsse gehört. Sie wurden nicht alle zusammen erschossen, sondern einzeln bei verschiedenen Gelegenheiten. Der Marsch ging meistens durch Wälder. Sie wurden bei Marschpausen von den Wachen in den Wald genommen. Von dort haben wir Schüsse gehört. Eine halbe Stunde später kamen dann die Wachen allein zurück. Es mussten auch ein paar gesunde Häftlinge mit Schaufeln mitgehen. Ich kann nicht mehr sagen, wer von den Häftlingen mitgehen musste."[234]

Die namentlichen Nennungen verweisen hierbei wahrscheinlich auf Chaim Zandberg[235], der die Evakuierung nach Leitmeritz nachweislich überlebte und Markus Bender[236], der bereits in Dresden verstorben war. Die Stichhaltigkeit der vermeintlichen Beobachtungen wäre also noch zu prüfen. Auch muss in Betracht gezogen werden, dass Erschießungen nur vorgetäuscht werden konnten und geschwächte Häftlinge laufen oder im Wald zurückgelassen worden sein könnten.[237]
Bei Abraham K. heißt es u.a. diesbezüglich:

„Lagerkommandant hieß BIBOW [sic!][238] – immer zivilgekleidet, angeblich tätig schon im Ghetto Lodz, stand im Rufe eines Verwandten von Himmler. Bibow war blond, rotbäckig. Sein nächster Mitarbeiter hieß Czarnule oder Czanucha[239], schlank, mittelgroß, mageres Gesicht,

---

[234] Aussage Morris G. BArch B 162 / 8329 S.296 – 31.03.1970
[235] FloNo.: 38565
[236] FloNo.: 38375
[237] Vgl. Aussage Israel K. BArch B 162 / 8329 S.164 – 17.12.1967 (s. u.)
[238] Hier ist Hans Biebow, der Leiter der deutschen Ghettoverwaltung in Lodz gemeint.
[239] Erich Czarnulla – Deutscher Leiter der Metallverarbeitung Ghetto Lodz

schwarzhaarig, etwa 45 Jahre alt. Bei den beiden arbeitete als Schreiberin eine Frau aus Böhmen[240] deren Haare belassen wurden, Name nicht bekannt, schöne Erscheinung. Anläßlich des Fliegerangriffes, als wir nachher vom Lager herausgeführt wurden, entlief die Schreiberin und wurde nicht zurückgebracht. Der Oberscharführer wütete nachher, misshandelte einige von uns und drohte viere von uns aufzuhängen. [...] Befragt über Tötungen am Marsche, erkläre ich, dass laut meiner Erinnerung keine Eschießungen erfolgten, ich weiß nur von Misshandlungen der aufgegriffenen Flüchtlinge."[241]

Israel K. lässt 1967 über die Ankunft in Pirna protokollieren:

> „Ich blieb mit dem Reste in Pirna. Gleich nach Ankunft nach Pirna wurden wir einer Selektion untergeworfen. Meines Erachtens hatte die Aussonderung ein Kapo getroffen, es war ein Deutscher[242] mit rotem Dreieck auf der Brust, es war ein hochgewachsener – hagerer Mann mit grausamen Gesichtsausdruck. In der selben Nacht wurden Schüsse gehört. Am nächsten Morgen wurde ich mit weiteren dreien von uns betraut 6-7 erschossene Leidensgenossen begraben zu gehen. Auf einem kleinen LKW wurden die Leichen auf einen nahen Dorffriedhof gebracht und ich habe sie mit den Kameraden bestattet. Unter den Erschossenen war auch mein Bekannter namens Birnbaum, damals etwa 21 Jahre alt."[243]

Auch dieser bezeugte Todesfall wirft etliche Fragen auf. Zum einen soll ein Chaim Birenbaum vom Kommando Bernsdorf erst am 11. Mai nach der Befreiung in Theresienstadt gestorben sein, zum anderen wird keine Häftlingsgruppe dieser Größe als ‚verstorben' im Nummernbuch abgemeldet. Sollte es die erwähnte

---

[240] Es dürfte sich um Gerta Kahan gehandelt haben. Vgl. FloNo.: 59738

[241] Aussage Abraham K. BArch B 162 / 8328 S.148 – 15.10.1967

[242] Der deutsche Kapo in Mockethal soll Karl Popowski FloNo.: 32037 gewesen sein.

[243] Aussage Israel K. BArch B 162 / 8328 S.164 – 17.12.1967

Selektion und Erschießung tatsächlich gegeben haben, so dürfte es sich um Todesopfer handeln, die nicht bei der Kommandantur Flossenbürg als Abgang gemeldet wurden. Die geschilderte Begebenheit wirkt sonst recht glaubwürdig und verweist auf die Beerdigung verstorbener Häftlinge in Lohmen.
Nicht jeder Häftling verfügt allerdings über präzise Erinnerungen und gibt Erlebtes wahrheitsgetreu und authentisch wieder.[244] Ein bewusster Missbrauch ist ebenso möglich wie unbewusste Täuschungen und Überblendungen. Daher ist der Wahrheitsgehalt jeder einzelnen Aussage gründlich zu prüfen.
Der Fall des Israel K. ist auch insofern recht spannend, da ein zweites Vernehmungsprotokoll aus dem Jahr 1970 vorliegt. Darin heißt es dann bezüglich der geschilderten Begebenheit:

> „Häftlinge aus meiner Kolonne welche abgeschwächt waren bei Ankunft im Lager Pirna – wurden in der selben Nacht erschossen. Ich habe die Schüsse gehört – bei Nacht – und am Morgen habe ich die Leichen von 4-5 Häftlingen – begraben. Es wurde gesprochen, dass die Erschießung durch den Lagerführer aus Pirna und seine Lagerbesatzung durchgeführt wurde."[245]

Dabei fällt auf, dass scheinbar nicht nur die Anzahl der Toten recht variabel, sondern auch die Tatbeteiligten unsicher sind. Wieviel Wahrheit in der Aussage steckt, muss sich erst noch zeigen. Mit jedem bekannten Überlebenden und verlässlich dokumentierten Todesfall kann die Zahl und der Kreis potentieller Opfer immer weiter eingegrenzt werden und es sind Konkretisierungen und Annäherungen an die Wahrheit möglich.
Auch während der Lagerzeit soll es in Mockethal-Zatzschke zu weiteren Todesfällen und Häftlingstötungen gekommen sein. Samuel L. berichtet:

---

[244] Vgl. Pascal Cziborra. KZ-Autobiografien.
[245] Aussage Israel K. BArch B 162 / 8329 – 19.02.1970

> „'Lagerführer' war ein österreichischer Häftling[246]. Er war schlimm. Ich habe zweimal gesehen, wie er Häftlinge zu Tode geschlagen hat. Einen Häftling hat er einfach unters Herz geschlagen, so daß dieser tot umfiel. Dieser erschlagene Häftling hieß Rosenblum.“[247]

Anhand der Schilderungen bleibt unklar, ob es sich um einen Häftling der Schandauer Straße oder um ein Stammbelegschaftsmitglied des Lagers Mockethal-Zatzschke handelt. Der jüdische Name ist aber unter den Mockethaler Stammhäftlingen nicht zu belegen. Sollte der Erschlagene also Motel Rosenblum[248] gewesen sein, so ist dessen Tod nicht in den Flossenbürger Nummernbüchern verzeichnet. Die Formulierung des Vernehmungsprotokolls schließt aber auch nicht explizit einen weiblichen Häftling aus und könnte theoretisch auch auf den Todesfall der Marian Rosenblum verweisen. Außerdem behauptet Samuel L.:

> „Wir mussten sehr schwer arbeiten und waren hungrig. Wenn jemand sich beklagte oder krank wurde, kam er in ein Revier. Das war ein leerer Raum in einer Baracke. Dort gab es einen Arzt, der auch zivil trug. Er war kein Jude, er stammte nach meiner Erinnerung aus Lettland. Seinen Namen weiß ich nicht.[249] Wenn Häftlinge in das Revier eingeliefert wurden, haben wir sie am nächsten Morgen tot hinausgetragen. Ich schätze, daß 25 bis 30 Männer und Frauen auf diese Weise umgekommen sind. Ich weiß nicht, was mit ihnen geschehen ist. Vielleicht sind sie durch Injektionen getötet worden. Jedenfalls waren die Toten nicht zerschlagen und zeigten auch keine Schussverletzungen. Ich habe selbst beim Beerdigen geholfen. Wenn vier bis fünf Tote zusammen waren, wurden sie mit einem Wagen, ich glaube es war ein Lastkraftwagen, zu einem kleinen Friedhof in der Nähe einer

[246] Auch diese Aussage bezieht sich wohl auf den „reischsdeutschen“ Kapo Karl Popowski.

[247] Aussage Samuel L. BArch B 162 / 8329 S.301 – 24.03.1970

[248] FloNo.: 38508

[249] Ein lettischer Arzt konnte im Nummernbuch bislang nicht belegt werden.

> Schnapsbrauerei gebracht. Dort haben wir sie zusammen in einem Grab beerdigt. Dabei wurden wir von einem SS-Mann bewacht. Ich erinnere mich noch an die Namen der Häftlinge Glicksmann und Korn, die auf diese Weise gestorben sind. Sie stammten beide aus Lodz."[250]

Auf dem bezeichneten Friedhof in Lohmen sollen 47 im Lager verstorbene KZ-Häftlinge beigesetzt worden sein. Ein Todesfall eines Häftlings namens Korn ließ sich bislang nicht nachweisen, alle drei Juden, die diesen Namen trugen, wurden später befreit. Möglicherweise liegt eine klangliche Verwechslung mit Samuel Kon vor, der bereits in Dresden verstorben war. Am 11. März 1945 wird aber ein Leiser Glücksmann[251] im Flossenbürger Nummernbuch aus der Lagerstärke abgemeldet. Er dürfte daher einer der ersten Häftlinge gewesen sein, die in Mockethal verstorben sind. Es folgen, was die Abmeldungsdaten angeht, am 14. März Mira Taflewicz[252], am 15. März Betty Idelowicz[253] und am 16. März Jakob Reder[254] sowie David Stillermann[255], dessen Tod im Nummernbuch explizit dem Lagerstandort Mockethal zugeschrieben wird. Es ist sehr wahrscheinlich, dass sie alle in Lohmen beigesetzt wurden.
Auch Marian Rosenblum[256], Ita Hajmann[257], Hanach Perlmutter [258], Israel Kivok[259], Baruch Kranz[260] und Artur Wolf[261] könnten noch in Mockethal verstorben sein, da in Dresden keine Einäscherung oder Beisetzung dokumentiert ist. Die Frauen wurden am 20. und 26. März abgemeldet. Die drei Männer am 28. März.

---

[250] Aussage Samuel L. BArch B 162 / 8329 S.301 – 24.03.1970
[251] FloNo.: 38418
[252] FloNo.: 59902
[253] FloNo.: 59728
[254] FloNo.: 38501
[255] FloNo.: 38527
[256] FloNo.: 59849
[257] FloNo.: 59723
[258] FloNo.: 59814 (Schwester Nacha/Nadzia FloNo.: 59815 hat überlebt. Die Abmeldung nach Todesfall ist im Nummernbuch um eine Zeile verrutscht)
[259] FloNo.: 38441
[260] FloNo.: 38453
[261] FloNo.: 38559

Erst der Todesfall der Zviya Werebejczyk[262] vom 20. März[263] mit Beisetzung am 30. März in Dresden, wird im Nummernbuch am 02.04.1945 abgemeldet und ist damit wieder eindeutig dem Standort in der Schandauer Straße zuzuordnen. Insgesamt dürfte es daher in der zweiten Februarhälfte und im März mindestens 12 Todesopfer der Metallressortgruppe gegeben haben, die sich größtenteils im Lager Mockethal-Zatzschke ereigneten. Etwa Mitte März sollen dann auch die weiblichen Häftlinge zurück in die Schandauer Straße kommandiert worden sein. Zurück blieben lediglich knapp 40 männliche Häftlinge, die am 24. März offiziell vom Arbeitslager Bernsdorf & Co. ins Arbeitslager Mockethal-Zatzschke überstellt werden.
In einem Schreiben vom 12. April 1945 aus Flossenbürg an das Arbeitslager Mockethal im Kreis Pirna heißt es:

> „In der Anlage werden 39 Häftlingskennzeichen (dreifach) für die am 24.3.45 vom Arbeitslager Bernsdorf & Co. (Dresden) zum dortigen Arbeitslager überstellten Häftlinge, sowie eine Durchschrift der Überstellungsliste übersandt.“[264]

Die Überstellung der sich ohnehin noch in Pirna befindlichen Häftlinge wird im Nummernbuch auf den 10. April datiert.

k) April 1945: Die Evakuierung Mockethal-Zatzschkes

Auch in den Apriltagen kommt es im Kreis Pirna, KZ-Außenlager Mockethal-Zatzschke noch zu einigen Todesfällen. So berichtet Baruch R.:

> „Die erste Gruppe der Lagerinsassen wurde nach etwa zwei Wochen zurückgebracht, der Rest wurde nach weiteren 10-14 Tagen nach Bernsdorf gebracht, doch es

---

[262] FloNo.: 59914 [Wird in den Akten als Syja Werebeczyk geführt.]
[263] Laut YV PoT übermittelt 25.07.1982 durch. Sohn Chanan Werebejczyk. Vgl. Ihrer Stimme Gehör geben. S.76 Hier starb sie am 30. März 1945.
[264] Schreiben vom 12.4.1945 BArch B 162 / 8329 S.365

> verblieben auch einige Erschwachten in Pirna zurück, darunter auch mein Bruder Feiwisch, der in äußerst heruntergekommenem Zustand in Pirna erschossen wurde. Ich bin nicht mehr in der Lage anzuführen, wer von den Zurückgelassenen, von denen noch eine geringe Zahl später nach Bernsdorf gelangte, mir die Nachricht über Tötung meines Bruders überbrachte. Ich erinnere mich aber, dass der Täter einer der Wachmannschaften von Bernsdorf gewesen sein sollte."[265]

Der Tod Faiwel (Feiwisch) Reingolds[266] ist der letzte Sterbefall, der am 15. April vor dem Zusammenbruch der Verwaltung des KZ Flossenbürg noch registriert und in den Nummernbüchern verzeichnet wird. Anhand der Abmeldungspraxis ohne Rückdatierung der Sterbefälle ist davon auszugehen, dass sich der Tod bereits in den ersten Apriltagen ereignete. Alle späteren Todesfälle, vor allem die der Evakuierung, wurden nicht mehr im Nummernbuch vermerkt. So sollen kurz vor der Evakuierung noch einige marschunfähige Frauen erschossen und drei männliche Häftlinge erschlagen worden sein.
Szmul K. geht von einer Evakuierung an einem Sonntag [demzufolge wahrscheinlich der 15. April] aus. Am Donnerstag zuvor [12. April] sei ein Frauentransport ins Lager gekommen von dem man 9 Frauen erschossen habe. Am Freitag zog die Kolonne weiter. Zwei Tage vor diesem Vorfall sollen drei Häftlinge von einem Kapo erschlagen worden sein.[267]

> „Es war zwei Tage vor diesem, von mir beschriebenen Vorfall. Der Lagerälteste vom Lager Pirna, ein deutscher Häftling[268] – an seinen Namen kann ich mich nicht erinnern - hat drei Häftlinge zum Tod geschlagen. Ich habe den Vorfall alleine beobachtet. Die drei Häftlinge wurden vom Lagerältesten beschuldigt sich eine Rübe von der Küche geholt zu haben. Der Lagerälteste ordnete

---

265 Aussage Baruch R. BArch B 162 / 8328 S.159f. – 14.12.1967
266 FloNo.: 38503
267 Vgl. Aussage Szmul K. BArch B 162 / 8329 S.307f. – 23.02.1970
268 Wahrscheinlich Lagerkapo Karl Popowski

einen Appell an und in unserer Anwesenheit schlug er die Häftlinge derartig, dass sie tot [um]fielen. Er schlug sie mit der Faust. Einer von den dreien war aus meiner Stadt und hieß Abraham Goldberg[269]. Ich habe gesehen wie Häftlinge die Leichen der drei erschlagenen Häftlinge in die Sammelbaracke von Leichen getragen haben. Wie ich schon sagte, als ich mit den Leichen der 9 erschossenen Frauen in die Sammelbaracke gekommen bin, sah ich noch die drei Leichen der Häftlinge dort liegen. Ich will noch bemerken, dass bei dem Appell als die drei Häftlinge erschlagen wurden, war keiner von den SS-Männern anwesend, nur der Lagerälteste und die Capos."[270]

Bei dem Lagerältesten soll es sich um einen großen, schmächtigen dunkelhaarigen Mann im Alter von 30-35 Jahren gehandelt haben. Er sei politischer Häftling mit schwarzem Winkel gewesen. Die Leichen dürften anhand der Schilderungen also vor dem Abzug aus dem Lager noch in Lohmen beerdigt worden sein. Die übrigen Opferidentitäten und die Transportherkunft der erschossenen Frauen wären noch zu klären. Laut einigen Häftlingsaussagen soll es sich um polnische Frauen gehandelt haben, die aus dem Kommando Bernsdorf & Co. stammen könnten.[271] Auch andere Häftlinge können die Erschießung der marschunfähigen Frauen in Mockethal bestätigen. So waren Anneliese Mietke[272], Mathilde Grascha[273] und Hedwig Köhler[274], aus dem Außenlager Dresden Universelle Maschinenfabrik, kurz vor dem Erreichen Mockethal-Zatzschkes von ihrer Kolonne geflohen, aber später ergriffen und nach Zatzschke zurückgebracht worden, nachdem das Lager mit Ausnahme einiger marschunfähiger Männer evakuiert worden war. Sie waren über die Vorgänge gut informiert und erwähnen in ihrem Bericht vom 18. September

[269] FloNo.: 38420
[270] Aussage Szmul K. BArch B 162 / 8329 S.308 – 23.02.1970
[271] Vgl. Pascal Cziborra. KZ Mockethal-Zatzschke
[272] FloNo.: 62507
[273] FloNo.: 62634
[274] FloNo.: 57293

1945 auch die Erschießung von acht marschunfähigen Frauen. Vergleicht man alle vorliegenden Häftlingsberichte, so wird deutlich, dass die Zahl der erschossenen Frauen zwischen 4 und 9 Opfern schwankt.[275]

Laut letzter Stärkemeldung vom 13. April 1945 hatten sich im Außenlager Mockethal-Zatzschke noch 131 männliche Häftlinge befunden. Abzüglich nicht-registrierter Todesfälle, Geflohener und etwa 15[276] zurückbleibender Marschunfähiger dürften um die 100 Personen den Evakuierungsmarsch angetreten haben. Morris G. berichtet mit etwas spät angesetzter Datierung[277]:

> „Das Lager Pirnau wurde am 1. oder 2. Mai in der Nacht evakuiert. Der Obersturmführer hat eine Rede gehalten. Er hat gesagt, Kinder, wer mit mir geht, dem passiert nichts, ich sorge für die Leute; ich weiss nicht was dem passieren wird, der nicht mitgeht; Ich zwinge Euch nicht, mit mir zu gehen. Ich habe dem Obersturmführer nicht getraut, weil er uns schon von Dresden begleitet hatte und weil auf diesem Weg ein paar Häftlinge erschossen worden waren.[278] Wenn ich schon sterben sollte, wollte ich allein sterben und nicht mit der Gruppe. Wir traten im Dunkeln an. Die Lichter waren wegen der Bombardierungsgefahr ausgeschaltet. Ich bin vor dem Lager einfach in die andere Richtung gegangen. Niemand hat mich aufgehalten. Ich bin durch die Wälder gelaufen. Dann bin ich an einem Berg auf einen fahrenden Lastwagen gesprungen, der mich nach Keitz[279] (phonetisch) bei Dresden brachte. Dort habe ich mich am nächsten Tag beim Arbeitsamt, ich glaube es hieß Arbeitseinsatz gemeldet. Ich habe mich als Marian Jurewitsch ausgegeben und gesagt, ich sei aus dem bombardierten Krankenhaus

---

[275] Vgl. Pascal Cziborra. KZ Mockethal-Zatzschke

[276] Vgl. Ulrich Fritz. Mockethal-Zatzschke: In der Ort des Terrors. 4 S.201

[277] Die Evakuierung Anfang Mai passt nicht zu den Zeitangaben der restlichen Geschichte, da noch zwei bis drei Wochen bis zum Eintreffen der Russen vergangen seien.

[278] Diese Erschießungen konnten bislang nicht abgesichert werden.

[279] Gemeint ist vermutlich Kaitz, heutiger Stadtteil von Dresden.

von Görlitz geflüchtet. Papiere hätte ich nicht. Diese Geschichte habe ich von zwei anderen Männern erhalten, die vor mir beim Arbeitsamt waren. Wir wurden dann zu einem Schlosser und Pferdeschmied geschickt. Dort habe ich zwei oder drei Wochen gearbeitet, bis die Russen kamen."[280]

Samuel L. erinnnert:

> „In den ersten Maitagen wurde das Lager evakuiert. Ich selbst konnte zu dieser Zeit kaum noch laufen, ich war ganz verschwollen. Ich gehörte aber auch zu den „Gesunden". Wir wurden auf Elbkähne gebracht. Wir „Gesunden" mussten dort für die Kranken sorgen. Es herrschten unbeschreibliche Zustände. Ich erinnere mich, daß Herr Reingold[281] aus Lodz dort [Pirna] gestorben ist. Er wurde buchstäblich von den Läusen aufgefressen.
>
> Ich habe gehört, daß die Elbkähne einem besonderen SS-Kommando unterstanden, das die Aufgabe hatte, die Kranken zu ertränken.[282] Dazu kam es aber nicht. Mit mir im Lager war ein Herr Friedmann[283]. Er kannte einen deutschen Polizisten außerhalb des Lagers. Dieser hatte ihm gesagt, er solle weglaufen, sich verstecken, damit er am Leben bliebe. Als die Wachen bei der Evakuierung schon die Türme verlassen hatten, haben Herr Friedmann und ich die Drähte zerschnitten und sind weggelaufen. Herr Friedmann ist entkommen. Ich wurde von deutscher Polizei eingefangen und zu den Kähnen gebracht.
>
> Der Transport bestand aus drei oder vier Kähnen. Auf den Kähnen waren Kranke aus vielen Lagern versam-

---

[280] Aussage Morris G. BArch B 162 / 8329 S.297 – 31.03.1970

[281] Gemeint ist wahrscheinlich der Todesfall des Faiwel Reingold (FloNo.: 38503), der am 15. April im Nummernbuch abgemeldet wurde und in Pirna verstarb.

[282] Dieses Gerücht konnte bislang nicht abgesichert werden. Auch ist in den anderen Evakuierungsberichten in der Regel von einem Todesmarsch die Rede. Möglicherweise ist Samuel L. aufgrund seiner Flucht und späteren Wiederergreifung einer anderen Häftlingsgruppe angeschlossen worden.

[283] Sehr wahrscheinlich Eljasch Friedmann (FloNo.: 38411), der 1945 starb.

melt. Vorne war ein Schiff mit SS, ebenso hinten. Auch auf jedem Kahn mit Häftlingen waren SS-Wachen. Die Fahrt ging ins Sudetenland, an die tschechische Grenze. Dort sah der SS-Offizier in dem Kahn an der Spitze, daß der Krieg zu Ende war. Jedenfalls kehrte er um und verschwand. Auch die anderen SS-Leute verließen uns. Ich bin von dem Kahn heruntergegangen und bin in die Tschechoslowakei geflohen. Dort waren schon die Russen. [...] Auf der Evakuierung auf den Kähnen brauchte die SS keine Häftlinge zu töten, sie starben schon von selber. Auf den Kähnen gab es kein Essen."[284]

Während also einige Häftlinge im Lager Mockethal-Zatzschke zurückblieben und andere den chaotischen Aufbruch nutzten, um aus dem Lager zu fliehen, treten die übrigen einen Evakuierungsmarsch ins Sudetenland an. Scheinbar wird ein Teil der Häftlinge zwischenzeitlich auf Elbkähne verladen, die Marschfähigen scheinen jedoch zu Fuß aufzubrechen. Auf dem Weg verringert sich die ursprüngliche Gruppe von etwa 100 Häftlingen weiter. Neben einigen Todesfällen gelingt auch etlichen Häftlingen die Flucht. Israel K. gibt 1967 zu Protokoll:

„Etwa im April 1945 evakuierte das Lager Pirna, ich blieb mit zweier meiner Gefährten zurück auch auf die Gefahr hinaus getötet zu werden, denn wir konnten einfach nicht mehr die Kraft aufbringen weiter zu gehen. Einer der Wachmannschaften, der betraut war die Schwachen zu erschießen, schoss in die Luft und ließ uns sein. Bevor ich die Freiheit erlangte musste ich noch Vieles erleiden."[285]

Bei einer zweiten Vernehmung 1970 heißt es:

„Dort blieb ich bis zur Evakuierung des Lagers Pirna. Ich ging in den Evakuierungsmarsch, unterwegs gelang es

---

[284] Aussage Samuel L. BArch B 162 / 8329 S.302 – 24.03.1970
[285] Aussage Israel K. BArch B 162 / 8328 S.164 – 17.12.1967

> mir mit noch zwei Kameraden zu flüchten. Wir wurden von russischen Truppen befreit."[286]

Wer die beiden Gefährten waren, geht aus den vorliegenden Unterlagen nicht hervor. Es scheinen jedoch alle drei überlebt zu haben.
Ein weiteres Vernehmungsprotokoll liegt von Szmul K. vor, der bis zum Schluss der Evakuierung bei der Marschkolonne verblieb und schließlich über Leitmeritz Theresienstadt erreichte:

> „So wie ich schon früher sagte wurde das Lager Pirna im April 1945 evakuiert. Wir wurden zu Fuß unter Bewachung von SS-Männern vom Lager Pirna nach Leitmeritz getrieben. Bis Leitmeritz sah ich noch den Lagerführer von Berg. Ich will noch bemerken, dass bevor wir das Lager Pirna verlassen haben, wir standen schon in Reihen zum Marsch bereit, sagte uns der Lagerkommandant von Berg, dass wer nicht gehen kann soll bleiben, denn jeder welcher während des Marsches zurückbleiben wird, wird erschossen werden. Einige Häftlinge sind zurückgeblieben und was mit ihnen geschah weiß ich nicht. Während des Marsches wurden viele Häftlinge, die das Marschtempo nicht einhalten konnten erschossen.[287] Den Lagerkommandanten von Berg habe ich immer an der Spitze unserer Marschkolonne gesehen. Ich habe nicht gesehen, ob von Berg jemanden erschossen hat. Ich habe jedoch gesehen, wie die SS-Männer der Lagerbewachung Häftlinge unterwegs erschossen haben. Die Namen der SS-Männer sind mir unbekannt. Wie ich schon sagte wurden wir bis Leitmeritz von dieser Wachmannschaft vom Lager Pirna begleitet und dort verschwanden sie. Von Leitmeritz wurde ich ins Lager Theresienstadt gebracht, wo ich befreit wurde."[288]

---

[286] Aussage Israel K. BArch B 162 / 8329 – 19.02.1970
[287] Möglicherweise handelte es sich teilweise auch um Scheinerschießungen wie sie Israel K. bezeugt. Konkrete Hinweise auf Opfer und Begräbnisstätten liegen nicht vor.
[288] Aussage Szmul K. BArch B 162 / 8329 S.308 – 23.02.1970

In Theresienstadt wurden die ankommenden Häftlinge registriert und am 8. Mai 1945 befreit. Laut Lagerunterlagen des Außenlagers Leitmeritz, ist der Transport aus Mockethal bereits am 19. April 1945 in Leitmeritz eingetroffen. Darunter auch etwa 20[289] ehemalige Häftlinge aus der Schandauer Straße, die in Leitmeritz bzw. Theresienstadt befreit werden. Einer von ihnen, Simcha Szurek[290], erliegt den Entbehrungen und den Evakuierungsstrapazen, sowie einer Typhus und Tuberkuloserkrankung noch am 8. Juli 1945 in Theresienstadt. Mit den bekannten Überlebenden, die fliehen konnten oder im Lager zurückblieben, haben mindestens 60% der von Bernsdorf & Co. nach Mockethal überstellten Dresdner Häftlinge überlebt. Mindestens 12 Männer (also etwa 30%) kamen 1945 ums Leben.[291] Einige Schicksale sind noch ungeklärt.[292]

Im Bericht der vom Evakuierungsmarsch vom Außenlager Dresden Universelle geflohenen Frauen Anneliese Mietke, Mathilde Grascha und Hedwig Köhler heißt es über die Verhältnisse in Mockethal nach Abmarsch der Evakuierungskolonne:

> „Ahnungslos kamen wir an unseren alten Lager Zatzschke vorbei, wo wir von der Gendarmerie ergriffen und wieder in Lager gebracht wurden. Hier befanden sich bereits einige Kameradinnen und noch 21 kranke Männerhäftlinge. Das Kommando hatte ein Wachtmeister der Gendarmerie übernommen, der gut zu uns war und sich sehr für uns einsetzte. Endlich durften wir wieder auf einen Strohsack schlafen und auch wurde für besseres Essen gesorgt. Wir kamen uns vor wie im Himmel. Ein Strohsack für die kranken Glieder und Wasser zum waschen. Nach zwei Tagen erschien der SS-Mann und wollte uns abholen. Wir gingen nicht mit und

---

[289] FloNo.: 38354, 38372, 38376, 38400, 38404, 38406, 38421, 38424, 38439, 38445 (befreit in „Lowositz“), 38451, 38459, 38460, 38464, 38471, 38486, 38518, 38519, 38528, 38538, 38565

[290] FloNo.: 38519

[291] FloNo.: 38360, 38402, 38411, 38420, 38432, 38435,38478, 38497, 38503, 38508, 38519, 38549

[292] FloNo.: 38433, 38529 vgl. auch Cziborra KZ Mockethal-Zatzschke

der Wachtmeister der Gendarmerie stand uns zur Seite. Der SS-Mann bedrohte mich mit erschießen, aber auch das konnte nicht erschüttern. 3 Kameradinnen ließen sich von ihm überreden und gingen auch mit, ihrem Tode entgegen. Denn diese hat er erschossen, die Leichen sollen nachher die Landser, die in der Entlausung Copitz tätig waren, gesehen haben. Jetzt wurde das Lager von der OT. mit 600 Auslandarbeitern belegt und wir wurden von der OT. verpflegt und beschäftigt. Wir waren nur noch 12 weibliche Häftlinge. 8 Häftlinge sind noch unter dem Kommando des von Berg in Lohmen erschossen und begraben worden, da diese nicht auf Transport kommen konnten, angeblich wegen schwerer Erkrankung. Eine Frau Schmidt, Pirna-Copitz, am Kießberg, kann noch die Namen der verstorbenen Häftlinge angeben, da dieselbe die kranken Männer Häftlinge treu verpflegt hat. Ein jüdischer Häftling soll sich noch im hiesigen Krankenhaus befinden.“[293]

Die Schilderungen der Frauen sind größtenteils glaubwürdig und recht präzise. Bei dem zuletzt genannten jüdischen Häftling handelte es sich um den geschwächten Hersch Weiskohl[294], der noch am 25. Dezember 1945 in Pirna den Auszehrungen der KZ-Haft erlag und am 31. Dezember auf dem Ortsfriedhof beerdigt wurde. Dokumente über die Identitäten der übrigen im Lager befreiten Häftlinge liegen nicht vor. Dieser Gruppe[295] gehörten aber Symcha Eilenberg, Simon Fridmann und möglicherweise weitere jüdische Männer des Lagers Dresden Bernsdorf & Co. an. Die 12 Frauen dürften alle aus dem Kommando Dresden Universelle Maschinenfabrik gestammt haben.
Zu den Begräbnisstellen des Lagers heißt es in einem Ergänzungs-Abschlussbericht am 2. Oktober 1945:

„Anfang Januar d.J. wurde auf Flur Zatzschke in einer Sandgrube ein KZ-Behelfslager errichtet. Dort sind eben-

[293] Bericht Mietke/Grascha/Köhler Mockethal, den 18.9.1945
[294] FloNo.: 38549
[295] Vgl. BArch B 162 / 16166 S.132ff. & S.154ff.

falls eine größere Anzahl Häftlinge verstorben, wovon 47 auf dem Friedhof in Lohmen beerdigt wurden. Da anzunehmen war, daß selbst in der Sandgrube verstorbene KZ-Häftlinge vergraben waren, wurde in dieser und der nächsten Umgebung eine Suchaktion durchgeführt. Dabei ergab sich, daß an einer Stelle annehmbar mehrere Tote lagen. An dieser Stelle befanden sich 3 kleine Holzkreuze. Auf dem einen war die Aufschrift in russischen Buchstaben [...] ersichtlich. Unweit davon wurde beim Nachgraben 1 Toter gefunden. Die Suchaktion wurde nunmehr abgeschlossen, ohne festgestellt zu haben, wieviel Tote an dieser Stelle lagen. Am 16.9.1945 wurde unter persönlicher Leitung des Herrn Oberbürgermeisters Wetzig, im Beisein des Leiters der Dienststelle „Opfer des Faschismus“, Herrn Hippe eine Besichtigung der Gräber auf dem Friedhof in Pirna [...] vorgenommen. [...] Weiter wurde vereinbart, im Friedenspark ein Mahnmal zu errichten und die noch in der Sandgrube Zatzschke liegenden Opfer an diese Stelle umzubetten. Am 27.9. 1945 wurde die Suchaktion fortgesetzt und es wurden an dieser Stelle 6 Tote gefunden, von denen 3 je ein Einzelgrab hatten, während die anderen Drei nebeneinander lagen. Sie lagen in 80 bis 100 cm Tiefe und waren ordnungsgemäß in ihrer Kleidung eingelegt, offenbar von Kameradenhänden. Nach den Nummern ihrer Kleidung zu urteilen, stammen sie aus dem Lager Floßenbirg [sic!] bei Weiden Oberpfalz. Der Verwesungszustand der Toten war sehr weit fortgeschritten. Sie wurden in Einzelsärge gebettet und nach dem Friedenspark in Pirna in ein inzwischen vorbereitetes Grab gemeinsam in würdiger Form beigesetzt. [...] Die in der Sandgrube Zatzschke geborgenen und im Friedenspark beigesetzten 6 Opfer werden vom Standesamt Lohmen beurkundet.“[296]

Ob anhand der Häftlingsnummern eine Identifizierung der Opfer möglich war, geht aus den Unterlagen nicht hervor. Die Num-

[296] Schreiben der Kriminalabteilung an den Oberbürgermeister der Stadt Pirna vom 2. Oktober 1945

mernbücher des KZ Flossenbürg sind nahezu vollständig überliefert. Selbst unvollständige Häftlingsnummern hätten zu einer Identifizierung führen können. Auch ist unklar, ob es sich um Todesfälle handelt, die sich nach Auflösung des Lagers unter den zurückgebliebenen Kranken ereigneten, wofür die Holzkreuze sprechen könnten, oder ob es sich um die letzten Opfer kurz vor der Evakuierung handelt. Möglicherweise lagen in dem Dreifach-Grab jüdische Männer von Bernsdorf & Co..

l) Rückkehr nach Dresden

Noch im Februar 1945 sollen die ersten männlichen Häftlinge zur Schandauer Straße 68 zurückgekehrt sein, um das zurückgebliebene Aufräumkommando zu verstärken. Chaim B. erinnert:

> „Ich kehrte mit der ersten zurückkehrenden Gruppe nach Dresden zurück, dies erfolgte ungefähr eine Woche nach unsrer Verlegung, wir waren nur Männerhäftlinge, kaum 50 Personen. Die übrigen wurden zurückgelassen, ein Teil kam später auch nach Dresden, doch eine gewisse, nicht genau anführbare Zahl verblieb gänzlich in Pirna.“[297]

Der Gruppe um Chaim B. gehörte wahrscheinlich auch Roman Halter an. Bald darauf soll eine größere Gruppe Häftlinge gefolgt sein, die in der Fabrik wieder die Munitionsproduktion aufnahm. Sophie Machtinger geht 1987 davon aus, dass bereits nach zwei Wochen Aufenthalt in Pirna 180 Arbeiter/innen durch Czarnulla zurück in die Fabrik beordert wurden:

> „Die unproduktiven Leute verblieben in Pirna. Die 180 von uns arbeiteten wie zuvor, zwei Schichten unter den wachenden Augen der SS, der Ingenieur Braun und seine Frau lebten in dem selben Gebäude mit uns und arbeitete als Abteilungsleiter, wie auch einige Deutsche Mechaniker.“[298]

---

[297] Aussage Chaim B. BArch B 162 / 8328 S.162 – 17.12.1967

[298] Sophie Machtinger S.50 „After two weeks, the German Charnula [sic!]

Etwa Mitte März dürfte dann auch der Rest der Frauen nach Dresden zurückgekehrt sein. Da die Fabrikunterkünfte im Obergeschoss nicht mehr bewohnbar waren, wurden die Häftlinge in einem Keller untergebracht. Felicja H. erinnert:

> „Wir wurden dann nach Dresden zurückgeführt. Nicht alle Frauen wurden wieder zur Arbeit in der Fabrik genommen. Ich bin in diese Gruppe geraten, welche man im Keller des Fabrikgebäude[s] einquartierte. Ich bin nicht sicher, dass es im Fabrikgebäude war. Möglich, dass er in einem anderen Raume, gegenüber der Fabrik war. Ich weiß nur, dass ich in einem Keller war, dass 9 Frauen auf zwei Bänken schliefen. Wir bekamen fast nichts zu Essen, wurden ganz schwach und krank.“[299]

Sara P. bestätigt:

> „Nicht alle kehrten in die Fabrik zurück zum Arbeiten. [...] Fast alle wurden in ein anderes Gebäude in den Keller gebracht, wo man sie unter schlechten Bedingungen festhielt. Im Keller starb vor Erschöpfung meine Mutter.“[300]

Das war laut Gedenkblatt des Sohnes am 20. März 1945. die Dresdener Friedhofsunterlagen bestätigen die Beisetzung Zviya Werebejczyks am 30. März 1945. In den Lagerbüchern wird Werebejczyk erst am 2. April abgemeldet. Bis Ende März dürften, abgesehen von der kleinen Gruppe männlicher Häftlinge, die dann auch offiziell nach Mockethal-Zatzschke überstellt wurden, alle noch lebenden, provisorisch evakuierten Häftlinge nach Dresden Striesen zurückgekehrt sein.

---

who had followed us, ordered 180 of us back to the patched up factory, the Yasmazi [sic!] Building to continue the produktion of bullets, the priority item for the German war machine. We were five hundred people at the beginning, many died of hunger, mostly men. The unproductive people remained in Pirna. The 180 of us worked as before, two shifts under the watchful eyes of the SS, the engineer Braun and his wife living in the same building with us and worked as supervisor and a few german mechanics."

[299] Aussage Felicja H. BArch B 162 / 8329 S.210a – 19.11.1967

[300] Aussage Sara P. BArch B 162 / 8329 S.270f. – 21.01.1968 (Polnisch)

m) März 1945: Evakuierungstransport nach Zwodau

Ende März 1945 dürfte dann mangels geeigneter Unterkünfte in Dresden ein größerer Häftlingstransport nach Zwodau abgegangen sein. Dieser ergibt sich vor allem aus den Versetzungsbewegungen der Aufseherinnen, die diesen Transport begleitet haben dürften, und Zeugenaussagen betroffener Häftlinge. So heißt es in einem Schreiben vom 3. April 1945 aus dem Außenlager Zwodau an die Kommandantur Flossenbürg:

> „Gemäß telefonischer Rücksprache mit SS-Uscha. Oberbeck am 31.3.1945 wurden die nach hier versetzten Aufseherinnen
>
> Brinkmann Emmi
> Schreiter Gertrud
> Lenk Erika
> Weinhold Ruth
> Goedke Gerda
>
> am 3.4.1945 nach dem K.L. Flo. in Marsch gesetzt. Aufseherin Dora Hass und Hildegard Steininger wurden bereits am 30.3.1945 nach dem K.L. Flo. in Marsch gesetzt. Gleichzeitig wird das Eintreffen und Dienstantritt vom A.L. Dresden nach hier versetzten Aufseherinnen Marianne Schreiber und Johanna Kanis gemeldet.“[301]

Die Aufseherinnen Marianne Schreiber[302] und Johanna Kanis[303] sind dabei dem Außenlager Zeiss-Ikon – Goehle Werk zuzuordnen. Ob sie nach der Bombardierung Dresdens auch in der Schandauerstraße aushalfen, ist unsicher. Dora Haas[304] und Hildegard Steininger[305] wurden jedoch vom Außenlager Holleischen nach Zwodau versetzt.

---

[301] BArch B 162 / 8330 S.304 [Eingangsstempel 13. April 1945]
[302] *06.03.1921 Vgl. Tzani S.127
[303] *13.07.1920 Vgl. Tzani S.120
[304] *23.04.1913 Vgl. Tzani S.113
[305] *24.11.1923 Vgl. Tzani S.129

Brinkmann[306], Schreiter, Lenk[307], Weinhold[308] und Goedke[309], kamen wohl ursprünglich aus dem KZ Ravensbrück und könnten möglicherweise einen größeren Evakuierungstransport nach Zwodau begleitet haben, dessen Häftlinge dann auf die Außenlager Neu Rohlau und Graslitz aufgeteilt wurden. Es ist nicht einmal auszuschließen, dass diese Evakuierung aus Ravensbrück über Dresden erfolgte und ein Teil der Jüdinnen aus der Schandauer Straße angeschlossen wurden.

Möglicherweise haben Aufseherinnen aber auch gesondert den Transport aus Dresden nach Zwodau eskortiert. Jedenfalls scheinen sie dort spätestens am 31. März 1945 eingetroffen zu sein. Am 6. April werden vier der fünf nach Flossenbürg versetzten Aufseherinnen zur endgültigen Liquidierung des Lagers zur Schandauer Straße nach Dresden abgeordnet.[310]

Dass sie noch vor der endgültigen Auflösung des Lagers dort eintrafen, dafür spricht die Aussage Emmi Brinkmanns vom 15.03.1977, mit Erinnerungen an den letzten Lagerappell vor Abmarsch.

Der kurze Zeit zuvor erfolgte Transport nach Zwodau hat allerdings kaum dokumentarische Spuren hinterlassen. Wahrscheinlich handelte es sich aber um eine Gruppengröße von etwa 143 Personen, darunter auch einige Kinder, die möglicherweise bereits Ende März 1945, spätestens aber am 13. April im dortigen Lager angekommen sein müssten. Denn an diesem Tag wird die Jüdin Szaindla Rotenberg[311] als in Zwodau verstorben im Flossenbürger Nummernbuch abgemeldet.

Norbert Aas führt in seinen Rekonstruktionsversuchen zur Lagerstärke in Zwodau für den 14. April 1945 einen Transport von 143 Personen aus dem Außenlager Dresden Bernsdorf & Co. mit Weitertransport nach Neu Rohlau.[312]

---

[306] 22.03.1921

[307] 01.06.1903

[308] Weinholdt 25.12.1922

[309] 06.10.1923

[310] Vgl. BArch B 162 / 8330 S.357

[311] FloNo.: 59856

[312] Norbert Aas. S.106

Eine Transportliste mit den Frauen, die aus Dresden offensichtlich nach Zwodau überstellt wurden, existiert aber scheinbar nicht. Die Rekonstruktion der Transportzugehörigkeit muss also lediglich auf Basis der Häftlingsaussagen und der Befreiungsorte geschehen. So berichtet Rachel S. beispielsweise:

> "In Pirna war ich ungefähr 2 Wochen und wurde zurück nach Dresden-Bernsdorf gebracht. Nicht länger nachher – einige Wochen später – wurde ich nach Zwodau – abtransportiert. In Zwodau – war ich einige Wochen – ich glaube, dass 2-3 Wochen. Ich wurde dann – wie ich glaube – über noch ein Lager[313] – dessen Name ich vergessen habe – evakuiert. Ich ging im Fußmarsch bis zur Befreiung am 9. Mai 1945 – unweit von Theresienstadt beim Dorf Laum[314] in der Tschechoslowakei, durch russische Truppen."[315]

Die Zeitangaben des Protokolls sind sehr wahrscheinlich leicht unstimmig. Ein zwei- bis dreiwöchiger Lageraufenthalt oder Zwischenstopp in Zwodau ließ sich bislang nicht sicher belegen. Aber auch die Schilderungen Ruth Altons von 1945 bzw. 1961 suggerieren einen längeren Aufenthalt in Zwodau. Sie schreibt:

> „Da man uns in dem Keller nicht länger halten konnte, versuchte man, uns in einem Konzentrationslager unterzubringen. Aber alle Lager waren überfüllt, und wurden z.T. sogar aufgelöst, da der „Feind" sich von allen Seiten näherte.
> Dann fand man aber doch eine Unterkunft für uns; und zwar das Frauenlager Swodau [sic!] in der Tschechoslowakei. In Swodau [sic!] wurde niemand erschossen und niemand zu Tode geprügelt. Man gab kein Essen. Es war ein bequemes und sicheres Mittel, um täglich Abgang zu haben. Wenn wir auch bereits gewöhnt waren, mit ganz

---

313 Wahrscheinlich Neu Rohlau

314 Möglicherweise ist hier die Kleinstadt Laun (Louny) gemeint. Diese liegt etwa 40km südwestlich von Theresienstadt.

315 Aussage Rachel S. BArch B 162 / 8328 S.98 – 07.11.1967

wenig Nahrung auszukommen, war das, was man uns hier gab, sogar für unsere Körper zu wenig. Zu Mittag bekamen wir ½ Liter klares warmes Wasser. [...] Nur die beiden Mütter unseres Transportes, und ihre Kinder, die in einem extra Zimmer wohnten, wurden besser verpflegt. In Swodau [sic!] gab es weder Appell noch irgendwelche Arbeit, es wäre aber auch keiner imstande dazu gewesen. Nach einigen Tagen konnte ich mich kaum noch von meinem Strohlager, das sehr bequem war, erheben. Wenn ich hinausgehen wollte musste ich mich an der Wand entlangtasten. Wir alle hatten den sicheren Tod vor Augen. Jeden Morgen wachten einige nicht mehr auf.[316]
Da plötzlich kam die Freudenbotschaft: „Das Lager Swodau [sic!] wird evakuiert."
Am nächsten Morgen setzte man die beiden Mütter und ihre Kinder auf freien Fuß. Wir anderen bekamen jeder noch ein Stückchen Brot, und dann ging's los. [...]
Swodau [sic!] war ein Lager nicht nur für Juden, sondern für Frauen aller Rassen und Religionen. Voran gingen die arischen deutschen Frauen, die alle gesund und kräftig waren. Sie sangen den ganzen Weg Wander- und Volkslieder, und verfielen immer wieder in einen für uns die am Ende des langen Zuges schlichen, viel zu schnellen Tritt. –
Man führte uns nun in das Konzentrationslager Neu-Rohlau bei Karlsbad."[317]

Die einzigen Mütter mit jungen Kindern, sofern es sich nicht um Neugeborene handelte, die mit nach Zwodau überstellt wurden, waren Dora Salomonovič[318] mit ihren beiden Söhnen Josef und Michal und Sara Reingold[319] mit ihrem Sohn Elchanan.

---

316 Dokumentarisch lässt sich unter den Dresdner Frauen in Zwodau nur der eine genannte Todesfall vom 13. April nachweisen.
317 Ruth Alton. Deportiert von den Nazis
318 FloNo.: 59860 + 59861 + 59862
319 FloNo.: 59839 + 59836

Sonst war höchstens noch Rywka Tabakszmeker[320] mit ihrer zwölfjährigen Tochter Jadzia im Teenageralter mit auf dem Marsch, die beiden blieben aber im Grunde den ganzen Weg bei der Evakuierungsgruppe. Die Reingolds wurden in „Kienia“ bei Karlsbad befreit; die Salomonovičs angeblich bei Taus (Domažlice) nach einem Tieffliegerangriff. Sie wurden bis Kriegsende von tschechischen Bauern beherbergt und versteckt. Michal Salomonovič erinnert:

> "Wir liefen durch Westböhmen, immer wieder drangsalierte die SS uns. Offensichtlich sollten wir ins KZ Flossenbürg nach Bayern laufen. Doch dazu kam es nicht. Ein Jagdflieger griff an. Die SS-Leute befahlen, dass wir uns in den Graben neben der Straße legen. Nachdem das Flugzeug gefeuert hatte, befahlen unsere Bewacher, weiterzumarschieren.
> 'Dalli, dalli', riefen die SS-Leute und: 'Weiter, Saujuden'. Sie schossen in die Luft. Unsere Mutter sagte uns, dass wir still im Graben bleiben sollten. Die SS-Bewacher hatten es sehr eilig, weil sie die Rote Armee fürchteten. Sie jagten die anderen Häftlinge weiter. Bei uns haben sie nicht mehr nachgesehen, das war unser Glück. Die SS glaubte offenbar, der Flieger hätte uns getötet. So haben wir uns liegend befreit." [321]

Es ist also unklar, ob die Mütter mit ihren Kindern tatsächlich in Zwodau auf freien Fuß gesetzt wurden, oder ob Ruth Alton sie nur aus den Augen verlor oder sie lediglich zunächst im Außenlager Zwodau verblieben und später anderen Evakuierungsmärschen angeschlossen wurden. Vielleicht wurden die Mütter auch kurzzeitig entlassen, aber später doch wieder als vermeintlich flüchtige Juden einer Häftlingsgruppe angeschlossen. Auffallend ist jedenfalls, dass der Befreiungsort der Salo-

---

[320] FloNo.: 59900 + 59899

[321] Zitiert nach Süddeutsche Zeitung 12.02.2015 – 21:00 Uhr: Der einzige freundliche Deutsche brachte sich um. Bombennacht vom 13. Februar 1945. Vgl. Radio Prag 18.06.2005: 60 Jahre Kriegsende: Der Jude Michal Salomonovic erinnert sich

monovičs gänzlich in anderer Richtung liegt, als die Befreiungsorte der Frauen, die von Zwodau nach Neu Rohlau überstellt und über Karlsbad zunächst in südliche Richtung nach Tachau (Tachov), ab Plan (Planá) dann in nordöstliche Richtung evakuiert wurden.
Es muss also in Betracht gezogen werden, dass einzelne Häftlinge aus Dresden in Zwodau zurückblieben, während die anderen mehrheitlich nach Neu Rohlau überstellt wurden, das sich als zweites Lager gut mit der Aussage der Rachel S. in Übereinstimmung bringen lässt. Alton schreibt:

> „Im Konzentrationslager Neu-Rohlau hatten wir es besser, denn es gab etwas mehr zu essen, und das war ja das Wichtigste für uns. Allerdings hatten wir hier auch wieder Appell, der aber nicht so lange dauerte wie in Stutthof. In Neu-Rohlau erholten wir uns alle wieder ein wenig. [...]
> Wir waren etwa vier Tage in Neu-Rohlau, als wir eines Nachts Hunderte von Flugzeugen ankommen hörten. [...] Da kam mitten in der Nacht der Befehl „Zum Appell antreten". Viele gingen, da man uns keine Zeit zum Anziehen ließ, nur notdürftig bekleidet hinaus. Hinein durfte niemand mehr. Wir wurden gezählt, und mussten abmarschieren. [...] Die Nacht war sternenklar. Über dem nahen Karlsbad tobte eine Luftschlacht."[322]

Die Evakuierung Neu-Rohlaus dürfte daher um den 17. oder 19. April 1945 stattgefunden haben. An diesen Tagen bzw. Nächten flogen alliierte Fliegerverbände schwere Bombenangriffe gegen Karlsbad, bei denen der Obere (horní nádraží) und Untere Bahnhof (dolní nádraží) schwer beschädigt wurde. Daher können die Häftlinge auch nicht mehr per Zug abtransportiert werden. Der Neu Rohlauer Häftling Werner Gebhard geht jedoch in seinem Bericht von 1945 vom 18. April aus. An diesem Abend sollen nach der Arbeit etwa 1400 weibliche und 80 männliche Häftlinge aus dem Lager geführt worden sein.

---

[322] Ruth Alton . Deportiert von den Nazis. S.83f.

„Jene Abmarschierenden wanderten ungefähr 3-4 Stunden weit zu einem kleinen Bahnhof hinter Karlsbad. Dort wurden sie zu je 120 Personen in Güterwagen verladen, von wo sie nach Dachau[323] in die Gaskammern geschafft werden sollten. Glücklicherweise hatten Flieger die Bahngleise bereits so gründlich zerstört, dass alle nach 4tägigem Warten auf dem Bahnhofsgelände wieder ausgeladen und zu Fuß in Marsch gesetzt wurden."[324]

Als sich später am 27. April 1945 auf dem Weg zwischen Mariafels (tsch.: Slavice) und Tschernoschin (tsch.: Černošín) die Gelegenheit bietet, flieht Ruth Tauber (Alton) mit ihrer Freundin Ella Korpelowska[325] im Wald von diesem Evakuierungsmarsch. Bei dieser Gelegenheit sollen auch noch andere Frauen ihr Fluchtglück gewagt haben, einige ergriffen und andere möglicherweise er- oder angeschossen worden sein. Tauber und Korpelowska werden letztlich bei Plan (tsch.: Planá) in der Nähe Marienbads befreit. Wohin der Evakuierungsmarsch noch führte, darüber kann Alton also keine Auskunft geben. Das Etappenziel am Fluchttag soll jedoch Mies (tsch.: Stříbro), etwa 20 km westlich von Pilsen (Plzeň) gelegen, gewesen sein.[326] Daher könnte möglicherweise Chana Bresler[327] mit ihren Freundinnen Tarnowska[328] und Anszelewicz[329] auch bei dieser, oder einer ähnlichen Gelegenheit geflohen sein. Sie wurde bei Mies befreit und schließlich in Pilsen durch amerikanische Soldaten versorgt.[330] Ebenfalls in oder bei Pilsen befreit worden seien Perla Weiss[331] und Fajga Waicmann[332].

---

[323] Auch Ruth Alton und der französische Häftling Brigitte Friang sprechen von einer Evakuierung nach Dachau. Möglicherweise handelt es sich hierbei jedoch um eine Verwechslung mit dem böhmischen Tachau (Tachov).

[324] Werner Gebhard. In: Cziborra. Frauen im KZ. S.102

[325] FloNo.: 59759

[326] Vgl. Ruth Alton. Deportiert von den Nazis. S.89ff.

[327] FloNo.: 59673

[328] FloNo.: 59903

[329] FloNo.: 59661

[330] Vgl. SVHF 45982 - Hinweise auf die Identität der Freundin?

[331] FloNo.: 59913

[332] FloNo.: 59907

Die Evakuierung von Neu Rohlau aus war also zunächst bis Plan in den Süden gerichtet, muss aber dann in der Region um Mies wegen der Frontsituation nach Theresienstadt in nordöstliche Richtung umgeleitet worden sein.
Rachel S. scheint jedenfalls nicht geflohen zu sein (s.o.) und wurde wohl in Laun, d.h. in Louny etwa 40km südwestlich von Theresienstadt befreit. Der Evakuierungsmarsch soll über Saaz (tsch.: Zatec) dahin geführt haben.[333]
Zahlreichen weiteren Frauen soll in der Region um Karlsbad ebenfalls eine Flucht gelungen sein, so beispielsweise Sara und Mania Orner mit Rosa Visniewska aus einem stehenden Zug.[334] Vermutlich ereignete sich die Flucht daher kurz nach Evakuierungsbeginn aus Neu Rohlau. Felicja Anszelewicz äußert:

> „Nach einer Zeit, die ich nicht angeben kann wurde ich aus dem Keller herausgeführt. Ich kam nach Zwodau, dann in andere Lager, ich flüchtete aus einem Zug während der Evakuierung und wurde bei Karlsbad durch russische Truppen befreit."[335]

Auch bei Tepla gelingt einer ganzen Gruppe Frauen die Flucht. Diese dürfte sich ebenfalls noch vor dem Fluchtgeschehen um Tauber und Korpelowska ereignet haben. Beteiligt waren Nancy Fordonski, geborene Lipschitz und ihre Schwester „Sasha" Sylvia (Ciwia) Feld, und weitere Frauen, die Fordonski 1982 allerdings nicht namentlich nennt. Nach und nach scherten sie im Wald aus der Marschkolonne aus, ohne dass die Wachmannschaft davon Notiz nahm oder nehmen wollte.[336]

---

[333] Vgl. Pascal Cziborra. Frauen im KZ. S.108
[334] Vgl. Sara Ostrzega: SVHF 33694
[335] Aussage Felicja H. BArch B 162 / 8329 S.210a – 19.11.1967
[336] Vgl. Nancy Fordonski:
"So uh, while we were going through fields and then from fields through a forest. It--the forest was near the field. So we decided--my sister Sasha and then were another few friends of ours, that we will try, one by one, to get into that forest. Not together, just one by one and to see where they will look for us or we can stay on there or to wait even for the next transport what will come on, because we were exhausted. It was without any strength, without food. The, the people were dropping and--on the spot and nobody even

Anschließend wurden sie einige Tage durch einen polnischen Zwangsarbeiter namens Stacheck mit Lebensmitteln versorgt und später wegen des bellenden Hofhundes auf seine Vermittlung hin bei anderen Bauern aufgenommen und auf unterschiedlichen Höfen in der Gegend um Tepla versteckt, oder als landwirtschaftliche Hilfskräfte eingesetzt bzw. getarnt[337].

---

bothered anymore. So, so we were thinking maybe we have enough strength to try to escape now. And that what we did. We went in and the whole transport was going on. Thanks God, they didn't miss us. And nobody noticed."

[337] Vgl. Nancy Fordonski: "In the morning, we heard people going like from that farmhouse in and out. And uh, they were talking between themself. And if I'm not mistaken, my sister mentioned that she heard somebody talk in Polish. So we thought, oh, if there is already somebody what speaks Polish, so maybe somehow we get some help. One of us went out later when it was already dark. Everything had to be in the night. And she told him the story that we are here and there a few of us and uh, we are without any food, without anything. What can we do. We are cold and hungry. And he was a Polish guy what was taken years ago, years back to Germany for work. But with him he was fortunate that he wasn't taken to a concentration camp, he was taking to private people on farms to work. And he brought out food for us. And it was already dark, that nobody could see from the farmers, because they were Germans. They were--it was in Czechoslovakia, but they were you know, German people. […]
And this was going on like this quite for awhile. And in the night when it was raining, the rain still was coming through. In the daytime we had to keep very quiet and wait for the following night to get something to eat. That he should bring us up, bring us something to eat. We were starting to depend on him. And he mentioned--and there were a few farmers he said there. And there were a few other Polish people, because every farmer had a Polish man or woman working for them. So he told them about us already. But unfortunate, one day the farmer came out with a, with a dog and the dog didn't stop barking. So we were already assuming that we are getting into trouble, that this dog smells that there are human beings someplace. So that guy, Stacheck, I remember. He stayed on after the war. So I--he said that he's not going back to Poland 'til he won't be sure that his parents are alive. So later he gave me the address from his parents, and I wrote to them a few letters that he is alive. So he, he one evening he came to us and he said, "I'm glad to help you, as you can see. But that dog is barking and he doesn't stop. And the way it looks at, at the, in that, with the farmer, they're assuming that there is something is going on, on the farm and I'm afraid that tomorrow or so he might search--send out some people to search what's going on. And if you should, and if, if he should find you or he can kill you or he will send you

Leichte Schwierigkeiten bei der Zuordnung zur richtigen Marschkolonne machten anfangs die Tabakszmekers.
Jenny Zavatsky, geb. Tabakszmeker[338] erinnert:

> „Wir begannen einen Marsch, der bis zu unserer Befreiung andauerte. Wir marschierten jeden Tag etwa 30 Meilen und schliefen in Scheunen auf unterschiedlichen Bauernhöfen entlang der Strecke. Meine Mutter[339] und meine Schwester[340] waren bei mir. Eines nachts, nachdem wir bereits zwei Wochen marschiert waren, wachten wir auf, aber konnten meine Schwester nicht wecken. Sie war im Schlaf gestorben. Wir mussten sie verlassen und waren gezwungen ohne sie weiterzumarschieren. In der letzten Woche des Marsches wurde meine Mutter sehr schwach und konnte nicht mehr gehen. Die Deutschen stellten einige Wagen für die Kranken bereit. Ich denke sie wollten human erscheinen, weil der Krieg [bald] endete.

---

with the you know, call up uh, uh, some German office and call for help that they should take us and send us over to Theresienstadt. So he, he did a very good deed, something unusual. That uh, he asked around a few farmers and he told them that a few people are hiding here. That they were supposed to go to concentration camp and they stopped and maybe they can be saved. And they were not so bad and they decided that they will take us in. So the first night I spent--they didn't bother to put you up in their house, in their attic or whatever, they said you just go in, in the barn. And I slept next to the pigs. The pigs were in one cor...in that--they had corners. So uh, I just lay down next to the pigs and they said in the morning we will give you some work and we'll see what's what. So the other few girls with my sister, they got a place by the next farmer. And that's how all day we worked. In the evenings we had a chance to see each other. We worked at the farm you know, and uh, they fed us. […] But this was already the end of March and uh, and the beginning of April. Because we stayed there for a few weeks. I worked there and my sister was up there in, at another farm and then the other girls. And, and this was in Carls...this was in Tepla, near Carlsbad."

[338] FloNo.: 59899 *25.03.1932 [registriert 1930]

[339] Rivka Tabakszmeker FloNo.: 59900 *15.05.1899 [registriert 1900]

[340] Lola Estera Tabakszmeker FloNo.: 59901 *15.07.1924. Wurde am 04.04.1945 auf dem Johannisfriedhof Tolkewitz in Dresden bestattet. Möglicherweise wird der Evakuierungsbeginn also bereits mit der Bombardierung Dresdens oder mit dem Verlassen Mockethal-Zatzschkes angesetzt.

Eines Tages, während wir gingen, bemerkten wir, dass die Deutschen verschwunden waren. Wir waren in der Nähe von Prag in der Tschechoslowakei. In all dem Durcheinander – Menschen schrieen wir wären frei – verlor ich den Anschluss an die Richtung, die die Wagen genommen hatten. Ich war von meiner Mutter getrennt worden, die während des ganzen Krieges an meiner Seite gewesen war. Ich war 13 zu dieser Zeit und ganz allein, dachte ich. Aber eine Freundin meiner Mutter sorgte sich um mich. Wir gingen nach Prag, wo das Rote Kreuz meine Mutter ausfindig machte. Sie war sehr krank, aber erholte sich. Tatsächlich wurde sie 96 Jahre alt und starb 1995. Von meiner fünfköpfigen Familie waren meine Mutter und ich die einzigen Überlebenden. Nach Prag lebten wir in einem DP-Lager in Landsberg. Dort heiratete meine Mutter erneut. Ihr zweiter Ehemann war ebenfalls ein Überlebender und hatte seine Frau und sieben Kinder verloren. Wir warteten in Landsberg vier Jahre in die USA aufgenommen zu werden und reisten 1949 ein. Meine Mutter und mein Stiefvater blieben 40 Jahre verheiratet. Ich wurde seine Tochter und er war ein Großvater für meine Kinder.“[341]

Die Evakuierung aus Neu Rohlau dürfte etwa 60 km nordwestlich von Prag ein Ende gefunden haben.

---

[341] Jenny Zavatsky. Übersetzung Cziborra. Original: “We began a march that lasted until our liberation. We marched every day for about 30 miles a day and then we slept in barns at different farms along the way. My mother and sister were with me. One night, after we'd been walking for two weeks, we awoke, but we were unable to wake my sister. She had died in her sleep. We had to leave her there and continue walking. The last week of the march, my mother got very weak and could not walk anymore. The Germans now provided some wagons for the sick. I guess the war was ending, and they wanted to appear human. One day, while we were walking, we realized that the Germans had disappeared. We were close to Prague, Czechoslovakia. In all the commotion--people shouting we were free—I lost track of the direction that the wagons had taken. I was separated from my mother who had been with me all through the war. I was 13 at the time, and all alone, I thought. But my mother's friend took me under her care. We walked to Prague, where the Red Cross located my mother. She was very ill, but recovered. In fact, she lived to be 96 and died in January 1995. From our family of five, my mother and I were the only survivors. After Prague, we lived in a displaced persons camp in Landsberg. There, my mother remarried. Her new husband was also a survivor; he had lost his wife and seven children. We waited in Landsberg for four years to come to the United States. We immigrated in 1949. My mother and stepfather were married for 40 years. I became his child and he was a Zaddie to my children.”

Da die Evakuierungskolonne scheinbar bis Kriegsende keinen konkreten Endpunkt in Form eines Lagers oder Ghettos erreichte, wurden die Überlebenden des Marsches wohl auch nicht bürokratisch erfasst und registriert. Wir haben jedenfalls keine Kenntnis von einer Befreiungsliste. In diesem Fall können also nur über entsprechende Rückmeldungen der Häftlinge und diverser anderer Nachkriegsquellen Informationen gesammelt und Daten generiert werden. Bislang können dem Evakuierungstransport nach Zwodau etwa 75 Frauen[342] und drei Jungen[343] zugeordnet werden. Für reichlich 60[344] weitere Frauen ist die Evakuierung nach Zwodau sehr wahrscheinlich.

Es ist davon auszugehen, dass auch von dieser Evakuierungsgruppe die Mehrheit der Betroffenen überlebte. Anhand der bekannten Fluchtvorfälle, Befreiungsorte und Zeugenaussagen lässt sich folgende Evakuierungsroute rekonstruieren.

Von Neu Rohlau marschierte man zunächst Richtung Karlsbad, um die Häftlinge einzuwaggonieren. In Karlsbad (das manchmal von Häftlingsseite auch als Synonym für das Lager Neu Rohlau genutzt wird) gelang einigen Frauen bereits die Flucht u.a. Lilly Goldring, Rachel Fajwlowicz sowie Mindla Zwerenbaum[345] und Lola Petermann[346], die in Ellbogen (Loket) südwestlich von Karlsbad befreit wurde.

---

[342] FloNo.: 59661, 59671, 59673, 59680, 59682, 59684, 59687, 59690, 59700, 59703, 59705, 59710, 59714, 59715, 59722, 59725, 59726, 59735, 59744, 59748, 59750, 59751, 59753, 59754, 59759, 59760, 59761, 59767, 59771, 59772, 59774, 59776, 59778, 59781, 59788 [?], 59790, 59791, 59797, 59801, 59802, 59804, 59805, 59808, 59810, 59811, 59812, 59817, 59820, 59822, 59826, 59838, 59840, 59847, 59856, 59859, 59860, 59866, 59867, 59882, 59883, 59891, 59892, 59899, 59900, 59903, 59904, 59905, 59907, 59909 [?], 59911, 59912, 59913, 59915, 59929, 59935

[343] FloNo.: 59836, 59861, 59862

[344] FloNo.: 59655, 59660, 59662, 59663, 59665, 59666, 59668, 59669, 59672, 59674, 59681, 59683, 59688, 59694, 59696, 59702, 59704, 59711, 59712, 59721, 59724, 59727, 59729, 59731, 59734, 59736, 59741, 59742, 59745, 59746, 59747, 59763, 59768, 59775, 59777, 59779, 59783, 59784, 59786, 59787, 59788, 59803, 59809, 59827, 59846, 59848, 59850, 59853, 59855, 59863, 59868, 59876, 59881, 59885, 59890, 59893, 59894, 59909, 59910, 59930, 59931, 59937

[345] Vgl. FloNo.: 59714, 59700, 59935

[346] FloNo.: 59820

Es wurden aber nicht nur die Frauen aus dem Dresdner Lager, sondern nahezu die gesamte Lagerbelegschaft gemeinsam aus Neu Rohlau (Nova Role) evakuiert.

Denkbar wäre, dass man der Bahntrasse Richtung Alt Rohlau (Stará Role) einem Stadtteil von Karlsbad (Karlovy Vary) folgte und dann nach Karlsbad Meierhöfen (Karlovy Vary – Dvory) abbog. Hier will Rivka Lasman[347] befreit worden sein. Sie nennt gegenüber dem ITS den Befreiungsort „Maerhofen bei Karlsbad". Fluchtort und Befreiungsort müssen aber nicht immer genau übereinstimmen, da geflohene Häftlinge längere Strecken zurückgelegt haben könnten, bevor sie irgendwo Zuflucht fanden oder befreit wurden. Der Bahnhof Meierhöfen (Dvory) war aber der nächste Bahnhof in westliche Richtung nach Chodau (Chodov) vom Oberen Bahnhof in Karlsbad aus. Nur eine kurze Strecke durch das westliche Stadtgebiet Karlsbads in südlicher Richtung befindet sich der Stadtteil Aich (Doubí). Hier gab es ebenfalls einen kleinen Bahnhof an der Eisenbahntrasse vom Unteren Bahnhof in Karlsbad aus in südlicher Richtung, der später auch der Evakuierungsmarsch folgt. Beide Bahnhöfe im Stadtzentrum Karlsbads waren bei den Luftangriffen vom 17. und 19. April stark beschädigt worden. Es kamen also für eine Verladung auf die Schienen erstmal nur die Bahnhöfe Meierhöfen oder Aich in Frage. An einem der beiden Bahnhöfe (sehr wahrscheinlich Aich vgl. Gebhard s.o.), dürften dann auf einem Abstellgleis Waggons für die Häftlinge bereitgestellt worden sein, da man wohl nach Tachau (Tachov) evakuieren wollte. So gibt beispielsweise Maria Gostynska[348] an, in „Eich bei Karlsbad" und Sara Lea und Bela Korentajer[349] in „Doubi" bzw. Karlsbad befreit worden zu sein.

Ruth Alton nennt explizit den Bahnhof Karlsbad-Reick. Es dürfte sich zumindest namentlich aber um eine Verwechslung mit dem Entladebahnhof Dresden-Reick handeln, wohin die Häftlinge im November 1944 aus Stutthof nach Dresden transportiert worden waren. Ihre folgenden Schilderungen dürften sich daher auf den Bahnhof Karlsbad-Aich beziehen:

---

[347] FloNo.: 59778

[348] FloNo.: 59715

[349] Vgl. FloNo.: 59754 u. 59753

„Als wir am Bahnhof ankamen, konnte der schon bereitstehende Zug nicht mehr abfahren, da die Gleise vor einigen Minuten zerstört worden waren.
Man hatte die Absicht gehabt, uns in das Konzentrationslager Dachau[350] zu bringen, und wusste jetzt nicht, was man mit uns anfangen sollte. Man wollte erst weitere Befehle abwarten, und lud uns in die bereitstehenden Güterwaggons. Etwa 120 Personen in einen Wagen. In diesem lebten, d.h. vegetierten wir, fünf Tage. Am Morgen, und ab und zu auch am Abend wurde die Tür für ein paar Minuten geöffnet, um uns Gelegenheit zu geben, einen Moment herauszugehen. Den Rest des Tages und in der Nacht, klebten wir, einer über dem anderen, in den stickigen, dunklen Waggons. Zu essen gab man uns zwei Tage überhaupt nichts. Am dritten Tag bekamen wir ein kleines Stückchen Brot, und nur einmal während dieser entsetzlichen fünf Tage erhielten wir ein bisschen Suppe. Das war die einzige Flüssigkeit, die wir während dieser Zeit bekamen. Jeden Morgen wurden die Toten[351] auf die Gleise geworfen.
Auch hier hörten wir Tag und Nacht über uns das Brausen der Flugzeuge, und dies gab uns immer und immer wieder die Kraft, noch ein wenig auszuhalten. – Stündlich erwarteten wir unsere Befreier. Aber es war uns noch nicht beschieden. –
Uns geradeüber, auf dem gleichen Bahnhof, Karlsbad-Reick [sic! Aich], lagerten die männlichen Insassen eines Konzentrationslagers. Trotzdem es unaufhörlich regnete, kampierten die Ärmsten Tag und Nacht im Freien. Der Berg ihrer Toten wuchs unheimlich hoch. –
Nach fünf Tagen ließ man uns antreten und abmarschieren. Die Schwachen und Kranken blieben in den Waggons zurück. Der Bahnhof, und die Umgebung desselben, war mit Toten gepflastert. Es war ein grauenhaftes

[350] Mindestens ein solches Gerücht dürfte es unter den Häftlingen gegeben haben. Möglicherweise hat dieses aber seinen Ursprung aus einer klanglichen Verwechslung mit der tschechischen Ortschaft Tachau (Tachov).
[351] Todesopfer sind namentlich bislang nicht bekannt.

> Bild, all die erfrorenen und ausgemergelten Körper, die wie Bretter übereinander aufgeschichtet waren, zu sehen. Aber uns konnte es nicht erschüttern. Zu viel Furchtbares hatten wir bereits erlebt.“ [352]

Wieviele Tote es in Aich (Doubí) unter den aus Dresden evakuierten Frauen gegeben hat, ist bis heute unbekannt. Nähere Forschungen zu den übrigen Häftlingen des Lagers Neu Rohlau stehen noch aus. Da die Gleise in Richtung Süden nicht mehr passierbar waren, wurden die Häftlinge, wie dies auch Werner Gebhard beschreibt, nach vier oder fünf Tagen zu Fuß weitergetrieben. Möglicherweise folgte man auch hier der Bahntrasse in der Hoffnung, an anderer Stelle geeignete Transportmittel vorzufinden. So spricht Genia Lasman[353] davon, in „Ziegelhütten bei Karlsbad“ befreit worden zu sein. Dabei handelt es sich um die Ortschaft Ziegelhütte (Cihelny) an der Bahnstrecke nach Tepla (Tepl). In oder bei Tepl gelang neben den beiden Lipschitz Schwestern auch Regina Feiertag[354] eine Flucht.
Von Tepla ging der Marsch über die Ortschaft Kuttenplan (Chodová Planá), wo Helena Kron[355] in „Guteplan“ befreit worden sein will, nach Plan (Planá). Auf dem gesamten Streckenabschnitt dürfte immer wieder Frauen eine Flucht gelungen sein. Neben Ruth Tauber bzw. Alton und Ella Korpelowska, die erst zwischen Mariafels und Tschernoschin auf dem Weg von Plan nach Mies fliehen konnten, gelang auch Ida und Lola Neumark[356] eine Flucht, die in Plan bei Marienbad befreit worden sein wollen. Auch Lena Drechsler[357], Czarna Kulas[358] und Fania Wronowska[359] wurden in oder bei Marienbad befreit und müssten somit auf dem Streckenabschnitt zwischen Tepla und Plan geflohen sein. Ähnliches gilt für Irene und Anna Zun-

---

[352] Ruth Alton. Deportiert von den Nazis. S.84f.
[353] FloNo.: 59776
[354] FloNo.: 59703
[355] FloNo.: 59767
[356] FloNo.: 59801 und 59802
[357] FloNo.: 59687
[358] FloNo.: 59771
[359] FloNo.: 59929

diner[360]. Sie wurden vom „Fußmarsch in der Nähe von Dachau", bzw. bei Karlsbad befreit. Auch hier liegt die Vermutung nahe, dass Tachau gemeint ist. Die Stadt liegt geografisch etwa auf Höhe des Stammlagers Flossenbürg, nur auf der tschechischen Seite der Grenze und hätte über den Grenzübergang Bärnau den Weg ins KZ Flossenbürg eröffnet. Da das Lager bereits am 23. April 1945 befreit wurde, war ein Durchkommen für den Transport aus Neu Rohlau aber nicht mehr möglich. Daher wurde wahrscheinlich ab Plan wegen der Frontsituation die Route nach Tachau aufgegeben und der Marsch in Richtung Mies umgelenkt. Dort in der Region bei Pilsen wurde wahrscheinlich Theresienstadt als neues Ziel ausgegeben und der weitere Marsch erfolgte nun in nordöstliche Richtung.

Nächste namentlich belegbare Station dürfte Saaz (Zatec) gewesen sein, denn Erika Pukacz[361] gibt an, in „Saatz" befreit worden zu sein. Laut dem über Neu Rohlau evakuierten französischen Häftling Brigitte Friang[362], führte der Evakuierungsmarsch am 28. April über Zebau (Cebiv)[363], Pernharz (Pernarec) (30. April S.222), Luditz (Žlutice)(4.Mai S.227) und Podersam (Podbořany)(5.Mai S.227) dorthin. Von Saaz ging es am 7. Mai über Witoseß (Bitozeves), wo Friang am 8. Mai befreit wurde (S.230), und Postelberg (Postoloprty), wo die Kozlowski[364] Schwestern befreit werden konnten, nach Laun (Louny).

Zeitlich passen die Aussagen mit der Ankunft am 27. April in Mies (S. 218) perfekt zum Bericht Ruth Altons. Bei Laun wurde nicht nur Rachel Werebejczyk[365] befreit, sondern auch Rachela Reingold[366], die als Befreiungsort „Dobromiedrice" nennt, sowie Chana und Rifka Knobel, die in „Dobremierzyce" befreit worden sein wollen, wobei es sich um die Ortschaft Dobroměřice bei Laun handeln dürfte. Nicht ganz sicher ist, ob die Angaben der Befreiungsorte „Lipshowitz bei Theresienstadt"

---

360 FloNo.: 59867 und 59866
361 FloNo.: 59822
362 FloNo.: 51544
363 Brigitte Friang:Regarde-Toi Qui Meurs. S.220
364 FloNo.: 59761
365 FloNo.: 59915
366 FloNo.: 59838

von Jadzia Tabakszmeker[367] (s.o.: „bei Prag“), „Libszowce“ von Masza Nowak[368], „Lipschowec“ von ihrer Schwester Anka Nowak[369], „Linoschütze“ von Branka Rosenblum[370] und „Lubomieszyce“ von Eva und Fela Szyper[371] wirklich alle auf die Ortschaft Libochowitz (Libochovice) verweisen. Möglicherweise könnte auch Liběšice südöstlich von Saaz gemeint sein.

Letzte namentlich greifbare Station für die verbliebenen Jüdinnen aus Dresden dürfte aber grundsätzlich das 20km südwestlich von Theresienstadt gelegene Libochowitz gewesen sein.

Mit den Befreiungsorten Prachatice für Tauba Gold[372], Henja Lasker[373] und Tauba Opoczynska[374], Sonnenberg (Výsluní) für Brana und Tunia Waldmann[375], sowie Taus (Domažlice) für die Salomonovičs, sind weitere Fluchtvorfälle vom Evakuierungsmarsch belegbar, die sich bislang noch nicht sicher einem bestimmten Streckenabschnitt zuordnen lassen.

Sicher ist, dass die Evakuierungsgruppe aus Neu Rohlau anfangs über 1000 Häftlinge umfasste, darunter etwa 140 Jüdinnen der Fabrik Bernsdorf & Co., und sich diese durch Fluchten und Todesfälle stark verringerte. Konkrete Todesopfer der Dresdner Häftlinge auf diesem Marsch sind allerdings nicht bekannt.

Denkbar wäre, dass einige Dresdner Häftlinge bei Abmarsch nach Neu Rohlau in Zwodau verblieben, so auch die Salomonovičs und die in Prachatice befreiten Frauen, und mit den Jüdinnen aus Helmbrechts, die über Zwodau evakuiert wurden auf einen Todesmarsch in südliche Richtung über Marienbad, Plan und Taus geschickt wurden, der für über 100 marschunfähige Jüdinnen in Wallern (Volary), und für die bis zuletzt bei der Marschgruppe verbliebenen Frauen in Prachatitz (Prachatice) endete. Dieser Todesmarsch war von einer hohen Sterblichkeit und zahlreichen Häftlingserschießungen gekennzeichnet.

---

[367] FloNo.: 59899
[368] FloNo.: 59804
[369] FloNo.: 59805
[370] FloNo.: 59847
[371] FloNo.: 59882 und 59883
[372] FloNo.: 59710
[373] FloNo.: 59772
[374] FloNo.: 59810
[375] FloNo.: 59911 und 59912

n) April 1945: Todesmarsch aus Dresden

Um möglichst „keinen Häftling in die Hände des Feindes fallen zu lassen“, werden im April 1945 nahezu alle Außenlager des KZ Flossenbürg sowie das Stammlager vor den näherrückenden Frontlinien „evakuiert“. In Sachsen geschieht das vor allem in südöstliche Richtungen. Vom Freitag, den 13. April 1945, liegt dabei eine letzte Stärkemeldung des KZ-Flossenbürg vor, bevor ein Großteil der Belegschaften der Außenlager am Wochenende vom 14. & 15. April schließlich in Marsch gesetzt wurde. So schreibt Ulrich Fritz unter Berufung auf die genannte Arbeitseinteilungsliste:

> „Am 13. April 1945 befanden sich noch 154 Männer und 264 Frauen im Außenlager Bernsdorf.“[376]

Die Zahl von 264 Frauen dürfte dabei mit Sicherheit falsch sein, da von den 284 registrierten[377] Häftlingen der Frauenserie (nicht alles Frauen) 20[378] Frauen bereits als Todesfälle abgemeldet waren. Ein weiterer Todesfall wird am 13.04.1945 für das Außenlager Zwodau registriert[379]. Zudem soll es laut Dresdner Friedhofsunterlagen bereits am 4. April 1945 die Bestattung Estera Tabakszmekers gegeben haben, die laut Aussage ihrer damals dreizehnjährigen Schwester aber erst auf dem Evakuierungsmarsch gestorben sei. Möglicherweise liegt hier eine Vermischung mit der Rücküberstellung von Mockethal nach Dresden vor. Am 7. April wurde auch Adela Radzyner bestattet. Die Zahl von 264 Frauen wurde auch ohne Berücksichtigung des Frauentransports, der mit Sicherheit schon vor dem 13. April von Dresden nach Zwodau abgegangen war, unterschritten.

---

376 Ulrich Fritz. Dresden (Bernsdorf). In: Der Ort des Terrors. S.87
Vgl. Weinmann S. 560 & S. 562

377 Bala Zwerenbaum wurde nicht im Nummernbuch aber in der Lagerkartei iregistriert.

378 Abzüglich einer Fehlmeldung; eigentlich sogar 21: FloNo.: 59689, 59693, 59723, 59728, 59752, 59755, 59756, 59757, 59780, 59814 [statt 59815], 59818, 59830, 59834, 59849, 59877, 59878, 59902, [nicht 59903], 59906, 59914, 59933

379 Vgl.: FloNo.: 59856

Demnach dürften sich maximal noch 120 Frauen im Lager befunden haben, von denen die in Dresden geflohenen ebenfalls noch abzuziehen wären.

Die Zahl der 154 Männer weist zur ursprünglichen Überstellung von 216 Personen eine Differenz von 62 Personen auf. 39[380] Personen wurden Ende März / Anfang April aber in das Außenlager Mockethal überstellt oder sind als dort verstorben verzeichnet; sind also dem dortigen Häftlingsbestand zuzurechnen. Im Nummernbuch sind unter den Männern sonst neben den drei registrierten Mockethaler Todesfällen 22[381] weitere Todesfälle bis zum 13. April 1945 registriert. Ein 23. Fall betrifft wohl Hersch Rosenzweig[382], dessen Bestattung auf dem Johannisfriedhof in Dresden Tolkewitz eindeutig belegt werden kann, der aber nicht im Nummernbuch aus der Lagerstärke abgemeldet wurde. Ähnlich gelagert ist der Fall des am 7. Januar verstorbenen Heneck Bajsers[383], der laut Einäscherungsunterlagen[384] ohne Abmeldung im Nummernbuch mit der Asche etlicher anderer Häftlinge am 24. Januar 1945 auch auf dem Johannisfriedhof in Dresden Tolkewitz beigesetzt wurde.

Mit den 22 registrierten Todesfällen und den 39 in Mockethal verbliebenen Häftlingen deckt sich die statistische Meldung zu Evakuierungsbeginn fast mit den Nummernbüchern. Aber auch die Anzahl der Männer dürfte allein schon durch die zwei nicht registrierten Todesfälle unter der statistischen Angabe gelegen haben. Betrachtet man beide Belegschaftszahlen vom 13. April, dürften die vier in der Frauenserie registrierten Jungs weiterhin zu der Anzahl der Frauen gezählt worden sein.

---

[380] FloNo.: 38354, 38360, 38372, 38376, 38400, 38402, 38403, 38404, 38406, 38411, 38413, 38420, 38421, 38422, 38424, 38431, 38432, 38433, 38435, 38439, 38445, 38451, 38459, 38460, 38471, 38478, 38486, 38497, 38501 (Ab 16.03.45 Mocketal), 38503 (Ab 15.04.45 Mocketal), 38508, 38518, 38519, 38527 (Ab 16.03.1945 Mocketal), 38528, 38529, 38538, 38549, 38565

[381] FloNo.: 38361, 38375, 38383, 38401, 38405, 38407, 38416, 38418, 38419, 38436, 38438, 38441, 38447, 38453, 38481, 38482, 38493, 38506, 38515, 38545, 38557, 38559

[382] FloNo.: 38510 Abgang nicht im Nummernbuch registriert

[383] FloNo.: 38374 [Wird in den Akten teilweise als Benard Bajser geführt.]

[384] ITS Doc. No. 5177820#1 (1.1.47.1/0001-0181/0171/0003)

Die glaubhaft erwähnten Fluchtvorfälle im Bombardierungschaos Dresdens wurden demzufolge wohl weder gesondert an die Kommandantur Flossenbürg gemeldet, noch in die statistischen Angaben eingerechnet. Die plausibel geschilderten und anderweitig belegbaren Fluchtvorfälle Abraham Sztajers und Adam Szwajzers[385], aber auch der böhmischen Sekretärin Gerta Kahan[386], der dreiköpfigen Familie Piotrkowski und möglicher weiterer Entflohener[387] wurden in der statistischen Aufstellung des KZ-Flossenbürg, wahrscheinlich mangels entsprechender Meldungen, nicht berücksichtigt. Die in der Stärkemeldung genannten Zahlen sind also bereits definitiv unterschrittene Maximal-Angaben, die etwa dem Kenntnisstand der Kommandantur Flossenbürg und dem Stand der Nummernbücher bzw. der Häftlingskartei entsprechen, und die Lagerrealität nur bedingt abbilden. Es ist daher nicht ganz unwahrscheinlich, dass die tatsächliche Zahl der restlichen im April evakuierten Häftlinge weniger als 270 Personen betrug.

Bereits kurz nach Abmarsch aus Dresden, soll es zu diversen mehr oder weniger erfolgreichen Fluchtversuchen gekommen sein. So setzt sich bereits bei Zschachwitz, heute ein Stadtteil Dresdens die vierköpfige Häftlingsgruppe Niutek Radzyner[388], Josef Majer[389], und die Cousins Benjamin Lasmann[390] und Chanan Werebejczyk[391] ab. Sie gelangen zurück zur Fabrik, wo sie mit Hilfe des Ingenieurs Braun versteckt werden und bis Kriegsende durchhalten. Roman Halter berichtet außerdem über die erste Strecke der Evakuierung:

> „Außerhalb von Dresden, an einer abgelegenen Stelle, wo wir eine Pause machten, erschien ein SS-Aufseher mit ein paar Spaten. Dann erschoß ein SS-Offizier zwei Häftlinge. Wir mußten sie, mit Erde bedeckt, am Rand des Feldes liegen lassen. ‚Das soll euch endlich Beine

[385] Vgl. Roman Halter S.149f.
[386] Vgl. Abraham K.
[387] Vgl. Abraham S. [s.o.]
[388] FloNo.: 38500
[389] FloNo.: 38475
[390] FloNo.: 38463
[391] FloNo.: 38556

machen', brüllte er. ‚Jedem, der zurückbleibt, wird es genauso ergehen.'
Wir liefen schneller, aber schon nach wenigen hundert Metern fielen wir wieder in das alte Schritttempo zurück. Die Frauen, auch von ihnen litten viele an Diarrhöe, gingen hinter uns. Wir durften nicht anhalten und unsere Notdurft verrichten. Einige Frauen wurden erschossen und am Weg verscharrt.
Am ersten Tag legten wir etwa zwölf Kilometer zurück. Wir wurden zu einem Feld geführt, wo wir übernachten sollten. Die SS kam mit einem Eimer Tünche und einem langen Pinsel. Zur Vorkehrung gegen Fluchtversuche wurden zwei Männer aus unserer Gruppe angewiesen, in großen Buchstaben K.L. (Konzentrationslager) auf unsere gestreiften Jacken zu malen und bei jedem von der Stirn bis zum Nacken einen fünf Zentimeter breiten Streifen auszurasieren"[392]

Die geschilderten Häftlingserschießungen, die sich laut Bericht Halters noch im Dresdner Umland ereignet haben müssten, konnten bislang nicht anderweitig bestätigt werden. Auch liegen keine konkreten Hinweise auf die entsprechenden Identitäten oder Begräbnisstellen der Opfer vor. Wie später in Kapitel 4.2 noch gesondert zu zeigen sein wird, sind aber auch Halter einige Übertreibungen und Erinnerungsfehler nachzuweisen. Auch wenn seine Autobiografie den Eindruck erweckt, als könne sich hier jemand besonders gut und detailliert erinnern, sind zahlreiche seiner Aussagen in Frage zu stellen. Zum weiteren Verlauf der Evakuierung äußert er:

„Am nächsten Tag schleppten wir uns noch mühsamer weiter. Es gab häufig Pausen und immer wieder Erschießungen.[393] Am zweiten Tag schafften wir höchstens zehn Kilometer.[394] "[395]

---

[392] Roman Halter. S.153f.
[393] Auch hier können bislang keine konkreten Opfer belegt werden.
[394] Diese Aussage ist wahrscheinlich eine Vorwegnahme. Die Beschreibung des zweiten Tages erfolgt erst im Anschluss. Vgl. S. 161 – 1. Absatz
[395] Roman Halter. S.154

Nach dem zweiten geschilderten Tagesmarsch heißt es:

> „Wir machten Halt an einem Wiesenhang mit ein paar Bäumen. Auf halber Höhe des Abhangs wurde der übliche Appell abgehalten. Die Zahl der Lebenden wurde mit der Zahl derjenigen zusammengerechnet die gestorben oder erschossen worden waren. Die Summe stimmte niemand war geflohen."[396]

Abgesehen davon, dass nicht sicher ist, dass schon zu Beginn der Evakuierung mehrere Häftlinge, sowohl Männer als auch Frauen erschossen worden sind, ist wohl auch die Tatsache nicht richtig, dass bis zum Abend des zweiten Tages der Evakuierung noch keine Häftlinge geflohen wären. Vermutlich wird hier erzählerisch unter literarisch-dramaturgischen Gesichtspunkten eher die eigene Flucht vorbereitet.
Auch scheinen einige Marschunfähige und Kranke, sowie die hochschwangere Renia Epstein Korn[397], etwa am zweiten Tag des Evakuierungsmarsches einem Evakuierungszug aus einem anderen Lager nach Theresienstadt angeschlossen worden zu sein. Während Roman Halter diese Aussonderung als Häftlingsliquidierung darstellt, bestätigt Renia Korn 1967 aus eigener Erfahrung, dass die Häftlinge tatsächlich per Zug abtransportiert und nicht erschossen wurden.[398]
Bei der ehemaligen Aufseherin Emma Brinkmann heißt es weitestgehend glaubhaft:

> „In der letzten[399] Aprilwoche 1945 so meine ich, erfolgte dann die Verlegung des Gefangenenlagers von Dresden nach Theresienstadt. Uns Aufseherinnen war überhaupt nicht bekannt, wohin die Evakuierung der Gefangenen erfolgen sollte. Die Evakuierung erfolgte zu Fuß. Ich erinner mich, daß von Dresden-Bernsdorf & Co. ca. 70-

---

396 Roman Halter S.156
397 FloNo.: 59695
398 Vgl. Kapitel 4.2
399 Mit Sicherheit etwas eher.

80[400] Gegfangene den Marsch in Richtung Theresienstadt angetreten haben.
Wir marschierten bei Tage und mussten bei Einbruch der Dunkelheit dann auf irgendwelchen Wiesen oder freien Flächen übernachten. Wir Aufseherinnen hielten uns bei den Gefangenen auf und mussten diese in zweistündigem Wechsel bewachen. Von einer zur anderen Übernachtung gelang es einigen Gefangenen im Schutze der Dunkelheit zu fliehen. In der zweiten oder dritten Nacht des Evakuierungsmarsches bin ich dann auch mit der Gerda Goedke, als man uns nach Mitternacht zur Bewachung eingesetzt hatte, weggelaufen. [...]
Auf dem Evakuierungsmarsch selbst und auch vorher in der Fabrik sind, soweit ich das persönlich erlebt habe, keine Häftlinge [...] erschossen worden.“[401]

Die Einstellung des teilweise desertierenden Wachpersonals dürfte weitere Häftlingsfluchten begünstigt haben.
Hinsichtlich der Errichtung des zweiten Nachtquartiers im Freien schreibt Halter:

„Das [sic!] SS brachte uns Essen, das aus Brotscheiben einer Karotte, einer Rübe und einem Stück Kohl bestand, und etwas Wasser. Denen, die noch mit dem Durchfall zu kämpfen hatten, riet Dr. Kleszczelski, die Nahrung aufzuheben und vorerst nur das Wasser zu trinken.
Die SS grenzte den Platz, auf den wir schlafen sollten, und die Latrinenecke, eine flache Grube, mit einem Seil ab. Einige von uns begannen, ihr Nachtlager herzurichten; eine Decke wurde auf das Gras ausgebreitet, zwei andere dienten als Schutz, unter dem sich drei zusammendrängten. Es gab verschiedene Arten von Schlafstellen; das hing davon ab, wie feucht der Boden war. Der Abhang war ziemlich trocken.

[400] Diese Zahl dürfte sich lediglich auf die Frauen beziehen und leicht unter der tatsächlichen Zahl der Beteiligten liegen.
[401] BArch B 162 / 8330 S.499 – VP 15.03.1977

> Innerhalb des abgegrenzten Geländes durften wir frei herumlaufen, die Frauen befanden sich an einem separaten Platz in der Nähe. Der Gestank vom Durchfall war unerträglich. Ich schloß mich der Auschwitz-Gruppe an, weil sie gesund und kräftig waren und eine Flucht planten, bei der ich dabei sein wollte“[402]

Diese Flucht glückt schließlich in der dritten Nacht des Evakuierungsmarsches. Die Tagesetappe hatte bei einem landwirtschaftlichen Maschinenunterstand, vermutlich südlich von Pirna, geendet:

> „Wir liefen und liefen, bis die Elbe wieder in Sicht kam. Die Landstraße war von Kiefern gesäumt. Nach einigen Kilometern kamen wir zu einer Kreuzung. Felder erstreckten sich bis zum Fluß. Auf der rechten Seite, etwa hundert Meter entfernt, sah ich zwei große Holzbauten, wie Musikpavillons in einem Park, und unter den nach allen Seiten offenen Dächern standen Landwirtschaftsmaschinen.
> „Dort werden wir übernachten“, sagte der verantwortliche SS-Offizier. Die Maschinen wurden herausgeholt, und zwei Männer auf einem Pferdewagen brachten uns von einem nahgelegenen Gut frisches Stroh. Wir verstanden nicht, was da vor sich ging: Sollte dieses Stroh wirklich für uns sein? In den letzten zwei Nächten hatten sie uns auf dem feuchten Boden schlafen lassen, und heute wurde unter einem Dach Platz für uns geschaffen und frisches Stroh ausgestreut!
> Das ganze war sehr beunruhigend, und diesmal wurden auch die Männer und Frauen nicht voneinander getrennt. Das machte uns noch mißtrauischer.“[403]

In der folgenden Nacht der Evakuierung will Roman Halter mit fünf Männern der Auschwitz-Gruppe und drei Frauen geflohen

[402] Roman Halter S.156
[403] Roman Halter. S. 160f.

sein. Auch diese Häftlinge orientieren sich zurück nach Dresden zur Fabrik in der Schandauerstraße, weil sie sich dort Hilfe vor allem in Form von Zivilkleidung erhoffen. In Roman Halters Bericht fällt eine geschätzte Distanzangabe von 40km, die die Geflohenen vom beschriebenen Elbquartier nach Dresden zurückzulegen hätten. Bei Tagesanbruch wollen die Geflohenen in der Nähe von Schloß Pillnitz, bereits nordwestlich von Pirna gewesen sein und mit der Straßenbahn nach Dresden zurück gefahren sein. Sollte diese Episode authentisch sein, könnten die Angaben eventuell helfen, den Hof oder das Bauerngut südlich von Pirna zu lokalisieren, wo die Häftlinge aus Dresden, laut Halter in der dritten Nacht, also etwa um den 17. April 1945 Quartier bezogen. Wann genau die Evakuierung startete, ließ sich dokumentarisch nicht belegen. Während Sophie Machtinger 1987 den 12. April nennt[404], geht Chanan Werebejczyk vom 14. April aus.[405] Roman Halter setzt den Evakuierungsbeginn der restlichen Häftlinge aus Dresden mit Ende März ganz sicher zu früh an.

Auch auf dem weiteren Weg können sich immer mehr Häftlinge absetzen. Wiederergriffen werden scheinbar nur einzelne. So soll eine hübsche Frau namens Rita[406], dem Evakuierungsmarsch wieder angeschlossen, und öffentlich bestraft worden sein. Rachel S. berichtet:

> „Vom Hörensagen weiß ich, dass beim Liquidieren des Lagers eine junge und schöne Häftlingsfrau, welche Rita genannt wurde, nach einem Fluchtversuch durch die Oberaufseherin grausam geschlagen und gefoltert wurde.“[407]

Auch Josef B. hat wohl die Misshandlung dieses Häftlings im Sinn, als er 1967 protokollieren lässt:

---

[404] Vgl. Sophie Machtinger. S.50

[405] Vgl. Ihrer Stimme Gehör geben S.78

[406] Dieser Vorname lässt sich im Nummernbuch nicht nachweisen. Es gibt aber eine Rita York SVHF 13915 – Rita Nachama Koslowska FloNo.: 59761

[407] Aussage Rachel S. BArch B 162 / 8328 S.99 – 07.11.1967

> „Auch in Pirna verstarben einige unserer Lagerinsassen und ihre Zahl wurde durch andere Häftlinge ergänzt. Unter diesen – Neueingebrachten[408] – war eine junge, hübsche, Häftlingsfrau, die später nach dem Ausmarsch aus Dresden die Flucht versuchte. Sie wurde aufgegriffen, zurückgebracht und damals sah ich wie grausam Schmerse und die damalige Oberaufseherin, deren Name nicht erinnerlich ist, die Leidensgefährtin misshandelten. Während der Nächte hatten sie die Aufgegriffene an einem Baume gefesselt und gepeitscht. Sie blieb die ganzen Nächte angebunden."[409]

Die beschriebene Person, scheint demnach also nicht zu der Stammbelegschaft des Metallressorts gehört zu haben, sondern war wahrscheinlich in Stutthof (und nicht in Pirna) als Ersatz zur Gruppe gestoßen. Möglicherweise handelt es sich bei der genannten Frau auch um das Mädchen (‚Freundin Moniek des Boxers'), aus der Fluchtgruppe um Roman Halter, die später in Dresden ergriffen wurde und den weiteren Verlauf des Evakuierungsmarsches überlebte. Genaue Angaben zu ihrer Identität macht er nicht. Er will sie jedoch nach dem Krieg in Theresienstadt als einzige seiner Mitgeflohenen wiedergetroffen haben.
Auch Nancy Fordonski kann sich 1982 an eine derartige Bestrafung erinnern. Sie spricht allerdings in der Mehrzahl und gehörte wie Rachel S., die die Episode allerdings nur vom Hörensagen kennt, der Frauengruppe an, die nach Zwodau evakuiert worden war. Die Parallelen zu den anderen beiden Schilderungen sind allerdings verblüffend:

> „In der Zwischenzeit gab es einige Mädchen, die nicht hörten und dachten und auch versuchten wegzulaufen, zu fliehen. So wurden sie am folgenden Tag zurück gebracht. Aber was sie ihnen antaten, war so schrecklich, so unglaublich. Sie nahmen sie mit und fesselten sie mit einem langen Seil an einen Baum. Sie banden sie mit

---

[408] Hier liegt wahrscheinlich eine Verwechslung mit den in Stutthof „Neueingebrachten" vor.
[409] Aussage Josef B. BArch B 162 / 8328 S.150 – 04.12.1967

> dem Seil rund um den Baum. Sie peitschten sie mit solchen Peitschen, bis ihr Blut lief. Und wir mussten dort bleiben und zusehen. Und sie sagten: ‚Wenn ihr euch das anseht, was wir mit ihnen machen, hoffen wir, dass ihr nicht auf die Idee kommt, ebenfalls davonzulaufen.' Und das verletzte sie und war noch nicht alles. Sie rasierten ihre Haare ab."[410]

Ob es mehrere solcher Vorkommnisse während der Evakuierung, oder gar auf beiden Evakuierungen gab, ist unklar. Es ist nicht ungewöhnlich, dass Zeugenberichte in den Details erheblich voneinander abweichen, und in Zahl und Misshandlungsausgang trotz desselben episodischen Bezugspunkts sich gegenseitig widersprechen und variieren.[411] Auch könnten sich die Überlebenden über solche Ereignisse nach dem Krieg untereinander ausgetauscht haben.

Anhand von Zeugenberichten lässt sich daher ebenfalls nur schwer rekonstruieren, welche Route der Evakuierungstransport aus Dresden genau nahm. Er soll jedoch überwiegend dem Elbverlauf bis nach Leitmeritz gefolgt sein. Laut Sophia Machtingers Angaben von 1987 und Eva Untermans Oral-History-Bericht sollen sich die Häftlinge in oder bei Aussig an der Elbe (tsch.: Usti nad Labem) einige bzw. drei Tage auch in einem Stadion aufgehalten haben und mit Suppe versorgt worden sein.

Bronia Sonnenschein[412], die mit Mutter[413] und Schwester[414] im Lager war, erhielt beim Aufbruch in Dresden von einer ge-

---

[410] Nancy Fordonski 29.05.1982 – Übersetzung Cziborra. Original:
"In the meantime, there were a few girls what didn't listen and they thought and they were trying to run away, to escape. So the following day they were brought back. But what they did to them, it was so horrible, so unbelievable. They, they uh, took them around, they put them around it next to, to a tree with a large rope. They tied them up with the rope around that tree. They whipped them with those whips 'til their blood was running. And we had to stay there and watch it. And they were saying, "If you look at this, at this what we are doing to them, we hope you won't get any idea to run away either." And that hurting them and, and this was not even enough. They shaved off their hair."

[411] Vgl. Cziborra. KZ Wilischthal. S.56ff.

[412] FloNo.: 59896 – Bronia Strausz

wissen Frau Upschat [oder Urbschat ?], die verantwortlich für die Lagerküche war und Bronia vom Sehen her kannte[415], einen christlichen Schutzbrief. Möglicherweise könnte es sich dabei um die Frau des zweiten deutschen Ingenieurs gehandelt haben, ansonsten müsste es eine Aufseherin gewesen sein. Sonnenschein formuliert in einem Schreiben von 1990 in ihrer dokumentarischen Autobiografie *Victory over Nazism*:

> „Weil sie [die Kinder] so aufmerksam gewesen waren, fühlte ich, sie verdienten auch etwas über meine sehr persönliche Erfahrung erzählt zu bekommen. Jene, wo eine deutsche Frau mir einen Brief in die Hand drückte, bevor wir das Zwangsarbeitslager in Dresden verließen. Dieser Brief wurde Schutzbrief [416] genannt, ein Brief der bedeutet jene Person vor Kugeln, Wasser, Feuer und Feinden zu schützen, die in seinem Besitz war und an ihn glaubte. Ich erzählte ihnen, dass ich daran glaubte aus dem einfachen Grund, weil er mir in guter Absicht gegeben worden war, zu einer Zeit als wir von Hass umgeben waren, und dass ich diesen Brief noch besäße. Ich trug ihn bei mir auf dem Todesmarsch von Dresden, der erst endete als wir das Ghetto Theresienstadt erreicht hatten.“[417]

---

[413] FloNo.: 59888 – Emilia Schwebel

[414] FloNo.: 59782 – Paula Lenga

[415] Vgl. Bronia Sonnenschein. Victory over Nazism. S.16 & S.41 & S.43

[416] „I touch her letter, brushing my fingers over it very slowly. It seems so old and fragile. At the top, in German, are the words, “In the Name of the Father, the Son, and the Holy Ghost.” If you believe in its power, the letter promises, it will protect you and those around you from all harm. “I didn't read it”, says Bronia, “until after liberation. I was never alone.” “When you learned what it said,” I ask, “did you think it strange that Mrs. Upschat gave you a Christian letter?” “Oh no. I thouht of it as a blessing. It could have been any religion – Chinese, Japanese.“ “When I talk about my experiences, I always mention Mrs. Upschat,” Bronia says.”
Claudia Cornwell. Seeing Past Hate.
In: Bronia Sonnenschein. Victory over Nazism. S.43
[Original: The Vancouver Sun's Saturday Review on April 11, 1992

[417] Bronia Sonnenschein. Victory over Nazism. S.56 – Übersetzung Pascal Cziborra. Original:

Zusammenfassend lässt sich sagen, dass deutlich mehr als 200[418] Häftlinge Theresienstadt am 24. April 1945 erreichten. Marek Poloncarz zitiert 1999 in einer Studie über die Evakuierungstransporte nach Theresienstadt eine Aufstellung des Archivs der Gedenkstätte Yad Vashem, die für den 24.04.1945 235 Lebendangekommene aus Dresden führt.[419] Bei der Zuordnung zu den einzelnen Lagerstandorten (nach Häftlingsangaben) ordnet er dann explizit 90 Frauen und 103 Männer dem Außenlager Dresden Bernsdorf zu und 16 Frauen und 28 Männer ganz allgemein der Stadt Dresden.[420] Zusammen wären das 237 Personen, was gut zu der Transportankunft am 24. April passt.

Welche Dokumente der Aufstellung Yad Vashems zugrunde liegen und wie die Datierung zustande kam, ließ sich bislang nicht nachvollziehen. Sophia Machtinger und Bronia Sonnenschein bestätigen die Ankunft am 24. April. Bei letzterer ist die Datierung in der Erinnerungsrekonstruktion mit dem Aufschub von Selbstmordgedanken und dem Geburtstag ihrer Schwester am 24. April verknüpft.[421]

Die Recherche zu den einzelnen Häftlingsschicksalen für dieses Buch ergab bei der Analyse und laut Auszug der Häftlingsdaten-

---

„Since they were so attentive I felt they deserved also to be told about my very personal experience. The one where a German woman thrust a letter in my hand before we had to leave the forced labor camp in Dresden. This letter was called a "Schutzbrief", a letter that means to protect the person in whose possession it was and who believed in it, from bullets, from water, from fire, from enemies. I told them that I believed in it for the simple reason that it was given to me in good faith at a time when we were surrounded by hatred – and that I still have this letter. I carried it with me on our death-march from Dresden which ended when we arrived in the Ghetto Theresienstadt."

[418] In der Theresienstädter Datenbank waren zusätzlich zu den Häftlingen der Evakuierung aus Mockethal auf Anfrage 208 Häftlinge des Außenlager Dresden Bernsdorf & Co. erfasst, darunter auch Roman Halter, der nach seiner Flucht erst später auf eigene Faust nach Theresienstadt gelangte. Nicht erfasst sind oder waren die in Theresienstadt befreiten: Bronia Strausz FloNo.: 59896, Emilia Schwebel FloNo.: 59888, Harry Rosenzweig FloNo.: 38509, Emil Koretz FloNo.: 38448. Die eigentliche Zahl war also vermutlich höher.

[419] YVA-064/32 vgl. Marek Poloncarc.
In Theresienstädter Studien und Dokumente 1999. S. 238

[420] Marek Poloncarz.
In Theresienstädter Studien und Dokumente 1999 S.255 & 258

[421] Vgl. Kapitel 4.2

bank 97 in Theresienstadt befreite Frauen und Mädchen aus dem Lager Dresden Bernsdorf, wobei mindestens sieben offenbar in Theresienstadt befreite Frauen (Mutter und Schwester vom Geburtstagskind Paula Lenga, sowie Edda Fajwlowicz, Mala Krzepic, Sara Machtinger, Bela Putermann, Bronia Radzyner[422]) vergessen wurden. Bei den männlichen Häftlingen wären es somit 111 Personen, die in der Theresienstädter Datenbank erfasst wurden. Auch hier kommen sieben nicht berücksichtigte Personen (Samuel Chirurg, Emil Koretz, Israel Naiberg, Harry Rosenzweig, Jakub Rotstein, Alter Szatan, Leon Szyper[423]) hinzu, aber es wäre eventuell auch Roman Halter abzuziehen, der nicht mit dem Evakuierungstransport Theresienstadt erreichte, sondern sich später nach seiner Flucht auf eigene Faust dahin durchschlug. Es wird also nicht mehr genau möglich sein, alle Evakuierungsströme präzise voneinander zu unterscheiden und exakt zu erfassen. Man kann aber sagen, dass mit den Personen aus Mockethal mindestens 240 der 500 Häftlinge aus dem Außenlager in der Schandauer Straße in Leitmeritz oder Theresienstadt ankamen, größtenteils dort befreit wurden und sich in der ersten Nachkriegszeit dort aufhielten.

Einer Vielzahl gelang unterwegs die Flucht, einige sollen aber auch an Erschöpfung gestorben oder erschossen worden sein. Bislang sind allerdings keine Begräbnisorte solcher Häftlinge entlang der Evakuierungsstrecke bekannt. Auch konnten keine Evakuierungsopfer absolut sicher identifiziert und dokumentarisch belegt werden. Zudem scheinen die Schätzungen über die Todesfälle ein sehr großes Spektrum zu erreichen. Josef Bande und Baruch Reingold gehen 1967 jedenfalls „lediglich“ von etwa 10 Evakuierungsopfern aus. Josef B. lässt protokollieren:

> „Der Marsch, der Anfang Mai 1945 in Theresienstadt endete, war sehr schwer. Wir hatten Verluste, etwa 8-10 Leidensgefährten verstarben von Hunger und Erschöpfung. Die SS-Begleitmannschaften führten unsere Lebensmittelkarten mit, wir sahen wie sie die Produkte, die

[422] FloNo.: 59888, 59896, 59698, 59769, 59794, 59824, 59832
[423] FloNo.: 38391, 38448, 38479, 38509, 38513, 38537, 38516

für uns bestimmt waren aufhoben, wir erschöpften Häftlinge mussten die Produkte schleppen, doch Schmerse erlaubte sie nicht an uns zu verteilen."[424]

Reingold lässt über die Evakuierung Richtung „Königsberg"[425] nach Theresienstadt verlauten:

„Am Fußmarsch erlitten wir Verluste – etwa 10 unserer Leidensgenossen verstarben am Wege vor Erschöpfung."[426]

Konkrete Todesopfer werden auch hier nicht genannt. Die einzige bislang bekannte Aussage mit einer Aufzählung von Todesopfern stammt von dem 1902 in Lodz geborenen Szyja Wegrodski[427] vom 12. Juli 1948. Er nennt 9 Opfer explizit:

„Nach der Bombardierung der Fabrik, schickten uns die Deutschen nach Theresienstadt. Zwei Wochen gingen wir ohne Nahrung (weil der Proviant verbrannt war), auf diesem Weg sind Menschen gestorben, unter anderem Ing. Bryman[428], Ing. Nusbaum[429], der Schwager des Ing. Fefer[430] – Wolkowicz[431] mit seiner Frau[432], Meister Fuks[433] und seine Frau[434], Vorarbeiter Zelman[435], Meister Bloch[436], der Sohn von Szmulewicz[437] und andere."[438]

---

[424] Aussage Josef B. BArch B 162 / 8328 S.150 – 04.12.1967
[425] Möglicherweise ist Königstein gemeint. Kynšperk nad Ohří und Klimkovice machen geografisch keinen Sinn.
[426] Aussage Baruch R. BArch B 162 / 8328 S.160 – 14.12.1967
[427] FloNo.: 38553
[428] Salomon Brymann FloNo.: 38384 während der Evakuierung gestorben.
[429] Josef Nussbaum FloNo.: 38483 während der Evakuierung gestorben.
[430] Wohl Ing. Simon Pfeffer FloNo.: 38487gemeint: in Theresienstadt befreit.
[431] Pesach Wolkowicz FloNo.: 38560 während der Evakuierung gestorben.
[432] Miriam Wolkowicz FloNo.: 59924 während der Evakuierung gestorben.
[433] Pinkus Fuchs FloNo.: 38415 am 13.05.1945 in Theresienstadt gestorben.
[434] Krasel Fuchs FloNo.: 59707 während der Evakuierung gestorben.
[435] Wahrscheinlich Josef Zelmanowicz FloNo.: 38566
Während der Evakuierung gestorben. Vgl. PoT der Ehefrau Zysl Koltun
[436] Fiszel Bloch FloNo.: 38382 am 28.04.1945 in Leitmeritz erschossen.
[437] Gemeint Hersz Wolf Szmulewicz FloNo.: 38539
Am 07.05.1945 in Theresienstadt verstorben.

Seine Angaben können als sehr verlässlich gelten. Alle genannten Personen können im Nummernbuch nachgewiesen werden. Demnach sind wohl Ing. Salomon Brymann, Ing. Josef Nussbaum, Pesach und Miriam Wolkowicz, deren dreizehnjähriger Sohn Stefan überlebte und allein in Theresienstadt befreit wurde, Krasel (Karola) Fuchs und auch Josef Zelmanowicz auf dem Marsch nach Leitmeritz gestorben. Fiszel Bloch wurde laut Angaben seiner Schwester am 28. April in Leitmeritz erschossen und Hersz Wolf Szmulewicz und Pinkus Fuchs erlagen nach Ankunft in Theresienstadt am 24. April 1945 noch am 7. und 13. Mai den Folgen der Strapazen des Todesmarsches.

o) Eine vorläufige Opferbilanz

Nach der offiziellen Kapitulation am 8. Mai 1945 und dem endgültigen Kriegsende, werden die Überlebenden in entsprechenden Auffanglagern versorgt. Auch wenn Vieles getan wird, um die geschwächten, kranken und verletzten Überlebenden der Evakuierungsmärsche und Transporte zu retten, kommt für viele die Hilfe zu spät und das Häftlingssterben hält an.

Während David Silberschatz[439] nach Ankunft in Theresienstadt am 26. April 1945 verstirbt und auch Hersz Wolf Szmulewicz[440] mit Tod am 7. Mai die Befreiung nicht mehr erlebt, sind auch in der Folgezeit nach der deutschen Kapitulation noch zahlreiche Todesopfer zu verzeichnen: so am 11. Mai Symma Brym[441] und eventuell Chaim Birenbaum[442], am 13. Mai Pinkus Fuchs[443] am

---

[438] ZIH 301/3762 S.4 Original:
„Po zbombardowaniu fabryki Niemcy nas wyslali do Theresienstadtu. Dwa tygodnie szlieony bez jedzenia (bo prowianty spalily sie), po drodze umarle ludzi, m. in. inz. Bryman, inz. Nusbaum, szwagier inz. Fefera - Wolkowicz wiaz z zona, Majster Fuks z zona, majster Zelman, majster Bloch, Szmulewicz ze synem i. in.“

[439] FloNo.: 38520

[440] FloNo.: 38539

[441] FloNo.: 38385

[442] Sofern Chaim Birenbaum *19.02.1924 (FloNo.: 38379) nicht schon in Mockethal verstorben ist. In der Theresienstädter Datenbank werden dem Todesopfer die Geburtsdaten 24.02.1906 Lipsko zugeordnet. Eine Ver-

21. Mai Jakub Lewkowitz[444], am 27. Mai Moses-Mordchai Feiermann[445], am 3. Juni Schmuel Skura[446], am 29. Juni Harry Rosenzweig[447], am 8. Juli Simcha Schurek[448], am 9. Juli Schmul Liber[449] und am 10. Juli stirbt noch die junge Zibora Wengrodzka[450]. Neben diesen elf oder zwölf Toten, die in Theresienstadt bestattet werden, gibt es noch drei weitere bekannte Todesfälle, die sich nach der Befreiung ereigneten. Am 12. Mai 1945 wurde der aus Dresden geflohene Adam [Josef] Szwajcer[451] und sein Zuflucht gewährender deutscher Hauswirt Kurt Fuchs in Oberpoyritz von untergetauchter SS erschossen, und am 6. Mai 1945 soll Nacha Lasker[452] in „Auschwitz" verstorben sein. Wie sie nach der Befreiung des Lagers am 27. Januar 1945 dorthin gelangte (möglicherweise mit einem Krankentransport) ist unklar. Eventuell handelt es sich bei der Ortsangabe auch um einen rekonstruktiven Irrtum oder es ist Auschowitz (Úšovice) bei/in Marienbad oder der Karlsbader Stadtteil Taschwitz (Tašovice) gemeint. Außerdem verliert der im Lager Mockethal-Zatzschke wegen Marschunfähigkeit zurückgelassene Hersch Weiskohl[453] noch am 25. Dezember 1945 im Krankenhaus Pirna seinen Überlebenskampf und wird am 31. Dezember auf dem Ortsfriedhof Pirna beigesetzt.

Damit ergibt sich folgende vorläufige Opferbilanz. In Dresden und Mockethal-Zatzschke sind mindestens 27 Männer, 21 Frauen und wahrscheinlich auch ein Säugling verstorben. Dabei wur-

---

wechlung der Transportherkunft Bernsdorf und Rehmsdorf liegt mit der Angabe Bendsdorf wohl nicht vor. Die genannten Identitäten verweisen aber auf verschiedene Personen, die mit unterschiedlichen Adressen im Ghetto Lodz zu belegen sind. Ein dritter Chaim Birnbaum (FloNo.: 38381) wurde in Theresienstadt befreit.

443 FloNo.: 38415

444 FloNo.: 38467

445 FloNo.: 38409

446 FloNo.: 38525

447 FloNo.: 38509

448 FloNo.: 38519

449 FloNo.: 38470

450 FloNo.: 59922

451 FloNo.: 38544

452 FloNo.: 59773

453 FloNo.: 38549

de den registrierten Todesfällen und drei anderweitig bestätigten Bestattungsfällen[454] mangels endgültiger Absicherung kein weiterer konkreter Fall hinzugerechnet und sogar eine scheinbar irrtümliche Abmeldung der Chana Tarnowska abgezogen. Es ist möglich und nach Zeugenaussagen recht wahrscheinlich, dass sich weitere Todesfälle in Mockethal ereigneten, die nicht registriert wurden. Mit mindestens 48 Todesfällen sind damit fast 10% der Häftlingsbelegschaft während des Lagerbestehens verstorben. Auf Evakuierung kommt es zu mehr als zehn weiteren Todesfällen, wahrscheinlich sogar deutlich mehr. So ist neben der am 13. April abgemeldeten Szaindla Rotenberg[455], die in oder auf dem Weg nach Zwodau verstarb, laut Angaben enger Familienangehöriger nach dem Krieg an die Gedenkstätte Yad Vashem auch Karola Fuchs[456] und Freda Kasz[457], nach der plausiblen Aussage Wegrodzkis auch Miriam Wolkowicz[458] auf Evakuierung gestorben. Zudem haben Marie Idelowicz[459], Ida Lowi[460], Genia Fajwlowicz[461] und Freidla Hostik[462], möglicherweise auch Piroska Stein[463], den Krieg nicht überlebt. Knapp 40 weitere Schicksale von Frauen sind derzeit noch ungeklärt.[464] Bei den Männern haben Salomon Bryman[465], Josef Nussbaum[466], Pesach Wolkowicz[467], Josef Zelmanovits[468] und Fiszel Bloch die Evakuierung aus Dresden nicht überlebt.

---

[454] FloNo.: 38374, 59831
[455] FloNo.: 59856
[456] FloNo.: 59707
[457] FloNo.: 59743
[458] FloNo.: 59924
[459] FloNo.: 59729
[460] FloNo.: 59784
[461] FloNo.: 59700
[462] FloNo.: 59727
[463] FloNo.: 59890
[464] Vgl. FloNo.: 59656, 59663, 59666, 59669, 59672, 59674, 59681, 59688, 59694, 59696, 59702, 59704, 59711, 59713, 59721, 59741, 59746, 59747, 59762, 59763, 59768, 59775, 59779, 59783, 59803, 59827, 59846, 59850, 59868, 59876, 59881, 59884, 59890, 59910, 59918, 59930, 59931, 59934
[465] FloNo.: 38384
[466] FloNo.: 38483
[467] FloNo.: 38560
[468] FloNo.: 38566

Bloch[469] soll am 28.04.1945 in Leitmeritz erschossen worden sein. Chaim Radzyner[470] überlebte die Evakuierung aus Mockethal nicht. Außerdem sollen laut Angaben Angehöriger Beral Neiberg[471] (Mockethal), Moische Bajer[472](Mockethal), Berek Berkowitz[473], Berek Birenzweig[474], Josef Eidlitz[475](Mockethal), Elias Friedmann[476] (Mockethal), Zelman Hostik[477] (Mockethal), Moses Josipowicz[478](Mockethal), Josef Lowi[479] und Motel Rosenblum[480] (Mockethal) den Krieg nicht überlebt haben. Dies spricht für insgesamt mindestens 20 Evakuierungsopfer, die zwischen Dresden und Theresienstadt, Mockethal-Zatzschke und Leitmeritz oder in Zwodau und auf der Strecke über Neurohlau über Mies nach Laun verstarben. Wie sich dies bereits in Dresden abzeichnete, scheint auch während der Evakuierung die Sterblichkeit der Männer höher gewesen zu sein, als die Mortalität der Frauen. Neun Frauen stehen hier ca. 15 Männern gegenüber. Noch deutlicher ist das Verhältnis bei den Todesfällen nach Erreichen Theresienstadts und nach der Befreiung. Hier stehen derzeit zwei Frauen 12-13 Männern gegenüber. Demnach sind von den 500 Häftlingen wohl mindestens 85 Personen ums Leben gekommen. Die Gesamtsterblichkeit liegt damit min. bei 17%. Aufgrund der Aufklärungsrate und einiger offener Schicksale (5 Männer[481] + ca. 37 Frauen s.o.), ist eine Gesamtsterblichkeit von bis zu 25% möglich. Die Sterblichkeit der Frauen lag mit min. 30 Todesfällen auf 280 weibliche Häftlinge bei 11% (max. 24%), die der Männer mit min. 55 auf 220 männliche Häftlinge bei 25% (max. 27%).

---

[469] FloNo.: 38382
[470] FloNo.: 38497
[471] FloNo.: 38478
[472] FloNo.: 38360
[473] FloNo.: 38378
[474] FloNo.: 38380
[475] FloNo.: 38402
[476] FloNo.: 38411
[477] FloNo.: 38432
[478] FloNo.: 38435
[479] FloNo.: 38465
[480] FloNo.: 38508
[481] FloNo.: 38410, 38433, 38529, 38535, 38564

Teil 2 – Personen im Lagerumfeld Wachpersonal, Belegschaft und Bevölkerung

2.1 Das Wachpersonal der Schandauerstr. 68

Über das Wachpersonal des Außenlagers Dresden Bernsdorf & Co. liegen nur wenige Dokumente und Erinnerungsberichte vor. So lässt Abraham S. 1967 protokollieren:

> „Die SS-Wachmannschaften gehörten zum KZ-Lager Flossenbürg. Ihre Zahl war ungefähr 7 Mann, davon war einer im Dienstgrad eines O-Scharführers der Lagerleiter und sein Vertreter – ein Unterscharführer. Ihrer Namen kann ich mich nicht erinnern. Zwei Wachmannschaften stammten aus Jugoslawien. [...] Der Oberscharführer hieß Schmerser oder Schmerse, die Oberaufseherin Gul oder Gol [...].“[482]

Diese Aussage ist überwiegend zutreffend. So hieß der zweite Lagerleiter, der Oberscharführer Erich von Berg abgelöst hatte, in der Tat Schmerse und die Oberaufseherin Ida Guhl war seit dem 25. Januar 1945 in der Schandauer Straße im Dienst. Es dürften jedoch etwas mehr als sieben[483] Wachmänner das Lager beaufsichtigt haben. So nennen Stärkemeldungen zum 31. Januar, 28. Februar und 31. März 1945 jeweils 12 Wachmänner, davon 3 mittlerer Dienstränge und 9 unterer Dienstränge.[484] Durch entsprechende Fluktuation können insgesamt mehr Personen im Lager eingesetzt gewesen sein. Zudem dürften die Dresdner Häftlinge auch mit Wachpersonal aus dem Außenlager Mockethal-Zatzschke in Berührung gekommen sein.
Abraham K. liefert 1967 folgende Personenbeschreibungen:

> „Laut meiner Erinnerung hatten sich in Funktion des Lagerkommandanten zwei SS-Führer abgelöst. Zu Be-

---

[482] Aussage Abraham S. BArch B 162 / 8328 S.165f. – 19.12.1967
[483] Diese Zahl wird aber auch von Sophia Machtinger explizit genannt.(S. 51)
[484] Vgl. ITS Histor. Abtlg. Flossenbürg, Nr. 10, Bl. 50ff.

> ginn war es ein hochgewachsener, etwa 45 jähriger, blonder Mann – mit angegrautem Haare, starkgebaut, Dienstgrad – glaube ich Oberscharführer. Sein Name ist nicht erinnerlich. Ich weiß nicht genau wie lange vor dem erwähnten Fliegerangriff löste den beschriebenen Kommandanten ein Oberscharführer ab – ein dunkelhaariger, kleinwüchsiger, magerer, etwa 45-50 jähriger Mann ab."[485]

Der Funktionärswechsel an der Lagerspitze soll also vor dem 13. Februar 1945 erfolgt sein. Tatsächlich fand der Kommandowechsel im Januar statt und kann durch zwei Schreiben der Kommandantur auch dokumentarisch eingegrenzt werden.
Während der Schriftverkehr spätestens am 17. Januar 1945 erstmals an Kommandoführer Oberscharführer Schmerse an das AL bei Bernsdorf & Co. adressiert ist, [486] lässt sich Oberscharführer v. Berg beim Kommando Bernsdorf mindestens bis zum 28.12.1944 nachweisen. Dieses Zeitfenster entspricht auch der Aussage von Bergs, der im Januar 1945 nach Königstein versetzt worden sein will.

2.1.1 SS-Oberscharführer Erich von Berg

Erich Gerhard von Berg wurde am 6. Juli 1908 in Hütten bei Steinbach geboren. Über seine Kriegslaufbahn gibt er am 4. Februar 1977 an:

> „Ich wurde am 9. oder 10.9.1939 als Reservist eingezogen und kam auf Grund Tauglichkeitsprüfung zur Waffen-SS als Reservist. [...] Ich wurde bis zum Februar 1940 in Mauthausen[487] als Schreiber eingesetzt. Dann wurde ich wegen Unzuverlässigkeit entlassen. Die Entlassung war, weil ich einem früheren Geschäftsfreund, der als Häftling die Schreibstube saubermachen mußte, ab und zu Verpflegung zugesteckt habe und die bekannt

[485] Aussage Abraham K. BArch B 162 / 8328 S.148 – 15.10.1967
[486] Vgl. BArch B 162 / 8330 S.351
[487] Österreichisches Konzentrationslager

> wurde.[488] Nach ½ Jahr, noch 1940, wurde ich wieder eingezogen und zwar nach Flossenbürg. Ich war dort als Unterscharführer Furier[489] der Wachkompanie. Dann wurde ich Spieß. Als Spieß hatte ich die Aufgabe, Wachmannschaften und Arbeitskommandos einzuteilen, den Dienstplan zu machen. Anschließend, es war zu einem mir nicht mehr genau erinnerlichem Zeitpunkt 1942 oder 1943, kam ich in das Außenlager Neurohlau bei Karlsbad. Ich hatte von da an und bis zum Kriegsende den Rang eines Oberscharführers. In Neurohlau war ein Frauen- und Männerlager. Meine Aufgabe war es, die Abrechnung mit den Fabriken, die Lohnauszahlung und die Abrechnung mit dem Hauptlager. [...]"[490]

Erich von Berg hatte also fünf Jahre lang Karriere in verschiedenen Konzentrationslagern, vor allem aber in der Verwaltung vom Lagerkomplex Flossenbürg gemacht, bevor er im November 1944 als Kommandoführer nach Dresden kam.

> „Nach Neurohlau war ich in 6-8 Lagern, die ich jetzt nicht mehr aufführen kann, für die Dauer von 3 Tagen bis zu ¼ Jahr im Höchstfall als Kontrolleur. Es handelte sich dabei stets um Außenlager von Flossenbürg. Ich hatte Verpflegungen, Arbeitseinsätze und Arbeitspreise zu überprüfen. Es war auch so, daß ich die technische Eröffnung neuer Arbeitslager vorzunehmen hatte. So hat z.B. die Fa. Bernsdorf ein Lager gebaut. Ich habe dann die Wachmannschaft eingewiesen, die Häftlinge die dann kamen, eingeteilt und nach kurzer Zeit das, bzw. die Lager wieder verlassen. [...] Das Lager Bernsdorf & Co. in Dresden lag in der Schandauer Straße und bestand aus Gebäuden aus der Zigarettenfabrik Reemtsma. [...] Ich nehme an, daß ich von November 1944 bis Anfang Januar 1945 im Lager Bernsdorf, Dresden war."[491]

---

[488] Diese Episode ließ sich bislang nicht verifizieren.
[489] Verpflegungsbeauftragter
[490] BArch B 162 / 8330 S.493f.
[491] BArch B 162 / 8330 S.494

Durch seinen Rechtsanwalt Klaus Ehrlicher lässt von Berg außerdem verlauten:

> „Im November 1944 wurde ich nach Dresden kommandiert, um dort das Lager Bernsdorf zu übernehmen. Ich fand ein gut eingerichtetes Lager in einer Zigarettenfabrik vor, in der Pistolenkugeln hergestellt werden sollten. Mitte November kamen Maschinen und polnische Häftlinge, alle Juden, an.
> Aus dem Lager Bernsdorf bin ich Ende Januar 1945 in ein Waldlager unter der Festung Königstein versetzt worden. Während meiner Zeit im Lager Bernsdorf ist weder jemand gestorben, noch sonst wie ums Leben gekommen. Auch wurde niemand in meinem Beisein geschlagen."

Bei den letzten Aussagen dürfte es sich jedoch um juristische Schutzbehauptungen handeln. Allein bis zum 28.12.1944 der letztmaligen bekannten dokumentarischen Nennung von Bergs, waren im Lager mindestens acht Häftlinge verstorben. Am 29.12.1944 folgte ein Neunter. Inwieweit folgende Angaben zur geplanten Überstellung nach Ravensbrück richtig sind, lässt sich also nicht zweifelsfrei sagen. Es heißt:

> „Aus dem damals ankommenden Transport sollten nur die Männer im Lager verbleiben. Frauen und Jugendliche unter 16 Jahren sollten nach Ravensbrück kommen. Ich habe in Zusammenarbeit mit dem Lagerältesten der Häftlinge, namens Chimowitz, und dem Fabrikdirektor durch Fernschreiben bis in Ministerium erreicht, (Obersturmbannführer Kögel[492]), daß die Familien zusammenbleiben konnten. Die Leute erhielten im übrigen auf mein Betreiben Schwerstarbeiterzulage.[493]
> Ich selbst bin mit Chimowitz und den Häftlingen an Sonntagen im Fabrikhof spazieren gegangen und stellte

[492] Lagerkommandant KZ Flossenbürg

[493] Diese Aussage ließ sich bislang nicht verifizieren und ist aufgrund der überlieferten Abrechnungen eher unwahrscheinlich.

> zu einem Festtag auch mein Schifferklavier zur Verfügung, so daß getanzt werden konnte. Das war der Grund, warum ich versetzt wurde, weil eine Oberaufseherin, mit der ich mich nicht verstand, insoweit eine Meldung nach Flossenbürg machte.“[494]

Der Ausgang im Fabrikhof und die Chanukka-Feier am 25. Dezember 1944 lassen sich in der Tat durch Häftlingerinnerungen belegen, inwiefern sich von Berg hier selbst als Gönner und Gutmensch inszeniert, muss zunächst einmal offen bleiben. Immerhin war er aber in der Lage, den Namen des Judenältesten richtig zu erinnern. Zeitlich könnte seine Versetzung im Januar 1945, also in der Tat mit einer Denunziation in Zusammenhang stehen. Welche Oberaufseherin vor Ida Guhl, die erst Ende Januar unter Schmerse eintraf, im Lager Dresden Bernsdorf eingesetzt war, ließ sich dokumentarisch bislang nicht belegen. Ob die Entlassung der Aufseherin Kühne am 17. Januar ebenfalls mit diesem Vorgang zu tun haben könnte, muss ebenso offen bleiben.
Möglicherweise könnte aber die Familie Chimowicz die Aussagen des von Berg bestätigen. So lässt dieser durch seinen Anwalt 1977 mitteilen:

> „Der Lagerälteste Chimowitz und seine Frau hatten mir bereits am Anfang, als es mir gelang, die Häftlinge zusammen in Dresden zu behalten, erklärt, daß ich jetzt mindestens 200 Leuten von ihnen das Leben gerettet hätte. Zum Abschied schenkten sie mir als das Schönste, was sie ihrer Meinung noch besaßen, einen Esslöffel, den sie von zu Hause mitgebracht hatten.“[495]

Es bleibt zu hoffen, dass diese Aussage authentisch ist, und dass hier nicht eine Verteidigungsstrategie mit Parallelen zu Oskar Schindler gefahren werden soll. Auch hier ist das Geschenk der Juden an ihren Retter ein Symbol für dessen Unschuld.

---

[494] BArch B 162 / 8330 S.496f.
[495] BArch B 162 / 8330 S.497

Außerdem lässt von Berg mitteilen:

> „Den Feldwebel Schwerser [sic!] habe ich im Januar 1945 bei der Übergabe des Lagers nur eine knappe Stunde erlebt, und habe ihn als kleineren schmächtigeren Mann in Erinnerung. Er trug m.E. Wehrmachtsuniform. Nachdem ich bereits versetzt war, kam eines Sonntags ein Ingenieur aus Bernsdorf in das Waldlager und bat mich, wieder nach Dresden zu kommen, weil Schwerser [sic!] die Häftlinge schlecht behandele und mit Erschießen bedrohe. Die Produktion war stark zurückgegangen. Eine Rückversetzung wurde von Flossenbürg nicht genehmigt.“[496]

Ob sich tatsächlich Ingenieur Braun oder ein anderer für die Rückversetzung von Bergs stark machte, ließ sich bislang nicht anderweitig absichern, läge aber durchaus im Bereich des Möglichen. Auch belegen einige Häftlingsaussagen, dass Oberscharführer Schmerse, als der agressivere und weniger humane Kommandoführer wahrgenommen wurde.[497] Da die 1977 juristisch verfolgungsfähigen Tötungshandlungen nicht Kommandoführer von Berg, sondern dem nicht ermittelbaren Schmerse angelastet wurden, wurde das nach den Ludwigsburger Vorermittlungen 1976 bei der Staatsanwaltschaft Zweibrücken eingeleitete Verfahren[498] 1977 wieder eingestellt.

2.1.2 SS-Oberscharführer Schmerse

Wie bereits in den Ausführungen zum ersten Lagerkommandanten festgehalten wurde, konnte die genaue Identität SS-Oberscharführers Schmerse und dessen möglicher Aufenthaltsort, während der Ludwigsburger Ermittlungen und im Zweibrückener Verfahren nicht festgestellt werden. Dennoch ist einiges über ihn bekannt. So sagen sowohl Erich von Berg, als auch

[496] BArch B 162 / 8330 S.497
[497] Vgl. Roman Halter S.152
[498] 7 Js 5516/76

ehemalige Häftlinge aus, dass er in Wehrmachtsuniform aufgetreten sei. Einige Dokumente des Lagerschriftverkehrs sind dabei zudem an den Feldwebel Schmerse adressiert. Schmerse dürfte also zunächst eine militärische Laufbahn eingeschlagen haben, bis er schließlich im Januar 1945 als SS-Oberscharführer in Dresden landete. Doch auch für ihn lässt sich eine KZ-Karriere vor seinem Einsatz in Dresden nachweisen. So lässt er sich als Kommandoführer der Metallwerke Holleischen, ebenfalls ein Außenlager des KZ Flossenbürg, spätestens ab Oktober 1944 belegen.[499] Josef B. gibt 1967 zu Protokoll:

> „Laut meiner Erinnerung hatten sich in der Funktion des Lagerführers drei[500] SS-Funktionäre abgelöst. Mir ist bloß der Name des dritten erinnerlich – es war Oberscharführer Schmerse, der war auch der grausamste von ihnen."[501]

Abraham S. liefert folgende Personenbeschreibung:

> „Schmerser oder Schmerse war etwa 165 cm hoch, mager, etwa 40 Jahre alt, dunkelblond."[502]

Dabei ist Schmerse als Adressat im Schriftverkehr des Außenlagers spätestens am 17. Januar 1945 nachzuweisen und das mindestens bis zum 6. April 1945. Auch in der Arbeitseinteilungsliste vom 13. April 1945 ist er noch als Kommandoführer belegbar. Zudem sind mindestens drei handschriftliche Meldungen betreffs Versetzungen mehrerer Aufseherinnen an die Kommandantur Flossenbürg vom 28.02.1945, 05.03.1945 (Posteingangsstempel 11.03.45) und 20.03.1945 aus Zatzschke überliefert, wo Schmerse nach der Bombardierung Dresdens, nun scheinbar ohne Schreibmaschine (oder Sekretärin) den Arbeitseinsatz in Dresden und in Mockethal koordinierte.

---

[499] BArch B 162 / 8330 S.360 – Schreiben vom 19.10.44 mit Bezug 16.10.44

[500] Ein dritter Kommandoführer lässt sich dokumentarisch nicht belegen.

[501] Aussage Josef B. BArch B 162 / 8328 S.149 – 04.12.1967

[502] Aussage Abraham S. BArch B 162 / 8328 S.167 – 19.12.1967

Anhand dieser Schriftdokumente wäre eine Identifizierung der Person Schmerses sicher auch post mortem möglich.
Roman Halter schreibt indirekt über Schmerse:

> „Auch aus den Augen des neuen SS-Offiziers sprach Härte und Gewissenlosigkeit. Wir alle fürchteten ihn zu Recht. Kleinste Vergehen bestrafte er hart. Mit dem neuen Befehlshaber verschlimmerte sich auch das Verhalten der gewöhnlichen SS-Leute uns gegenüber. Unser Leben wurde immer unerträglicher. Die deutsche Angestellten wussten, daß sie mit Mördern zusammenarbeiten mussten, konnten aber so gut wie nichts dagegen unternehmen, versuchten jedoch, diese zu meiden.“

Neben den Häftlingsmisshandlungen und möglicherweise auch Tötungen, insbesondere während der Evakuierung, die er zu verantworten hat, wird er von Häftlingsseite auch des Mordes an einen SS-Unterscharführer beschuldigt, der sich dem Evakuierungsbefehl angeblich widersetzen wollte. Die Tat auf einer Toilette der Zigarettenfabrik, sei als Selbstmord getarnt worden.

2.1.3 Der erschossene SS-Unterscharführer

Kurz vor Aufbruch der Marschkolonne aus dem Lager in der Schandauer Straße soll es zu einem Selbstmord oder einer Erschießung des Unterscharführers des Lagers gekommen sein. Die Identität des stellvertretenden Lagerführers konnte bislang nicht recherchiert werden, müsste sich aber in Zukunft noch feststellen lassen. In Frage käme möglicherweise der am 25. November 1902 geborene Max Voigt. Über die Ereignisse liegen etliche Aussagen vor allem aus den Akten der Ludwigsburger Vorermittlungen vor. Josef B. lässt 1967 protokollieren:

> „Im Lager Bernsdorf war ein Unterscharführer, dessen Name mir entfiel. Es war ein hochgewachsener, gut genährter, etwa 45-jähriger Mann, der mit uns immer menschlich umging. Vor der Evakuation hatte er einigen

Häftlingen eröffnet, dass dem Lager ein schwerer Marsch bevorsteht. Laut Hörensagen ist mir bekannt, dass sich der Unterscharführer dem Ausmarsche widersetzte. Am Tage des Ausmarsches, als wir stundenlang marschbereit stehen mussten, ertönte vom Gebäude ein Schuss. Die Oberführerin[503] erzählte dann unterwegs den Häftlingsfrauen, der Unterscharführer hätte sich erschossen. Wir alle hatten den Eindruck, er fiel dem Schmerse beim Streit zum Opfer.“[504]

Baruch R. erinnert:

„Der Obenerwähnte Unterscharführer ist mir besonders erinnerlich, da er menschliche Beziehungen zu den Häftlingen zeitigte. Er sollte sich angeblich dem Evakutionsmarsche widersetzt haben. Sicher ist, dass er in der Stunde des Ausmarsches durch Kugel umkam. Es wurde am Marsche gesprochen, und dies stammte von der Oberaufseherin, der Unterscharführer hätte Selbstmord begangen. Wir – allerdings - hatten den Eindruck, er wurde erschossen.“[505]

Icchak W. berichtet:

„Ungefähr am 18. April 1945[506] wurde das Lager evakuiert. Wir standen schon angetreten und warteten auf den Lagerführer gewisse Zeit, als plötzlich im Gebäude ein Schuss knallte. Erst nachher erschien der Lagerführer – ein SS-Oberscharführer. Im Lager selbst war nebst dem Oberscharführer auch ein Unterscharführer gewesen. Der Unterscharführer bemühte sich vor uns korrekt aufzutreten. Es waren Gerüchte im Lager, dass sich der Unterscharführer der Evakuation widersetzte und mit dem Lagerführer stritt. Als wir endlich das Lager verließen,

---

503 Wahrscheinlich SS-Oberaufseherin Ida Guhl.
504 Aussage Josef B. BArch B 162 / 8328 S.150 – 04.12.1967
505 Aussage Baruch R. BArch B 162 / 8328 S.160 – 14.12.1967
506 Wahrscheinlich ein paar Tage eher.

hörte ich – ich weiß nicht mehr von wem, dass der Unterscharführer Selbstmord begang [sic!]. Wir, Häftlinge, hatten den Eindruck, dass er zum Opfer dem Lagerführer beim Streit fiel.“[507]

Rachel S. bestätigt:

„In meiner Erinnerung blieb ein Unterscharführer, welcher ein guter Mensch war. Wie mir bekannt ist, lebt er nicht, beging Selbstmord oder auch wurde erschossen in der Zeit als das Lager liquidiert wurde.“[508]

Etwas anders heißt es bei Morris G.:

„Als wir aus Dresden evakuiert werden sollten, hat eine der uniformierten Wachen gesagt, man solle uns doch einfach laufen lassen, es sähe so aus, als ob der Krieg doch zu Ende wäre. Dann ging er auf Toilette. Eine Aufseherin in Uniform ging mit einem Gewehr hinter ihm her und hat ihn auf der Toilette erschossen. Wir haben zwei oder drei Schüsse gehört. Ich kann jetzt nicht sagen, was ich von diesem Vorfall selbst gesehen habe. Vielleicht würde mir das im Laufe der nächsten zwei Wochen wieder einfallen. Es hat mich schon eine Woche Schlaf gekostet, bis ich das alles in Erinnerung zurückgerufen habe, was ich heute hier gesagt habe.“[509]

Deutlich glaubwürdiger wirkt da die Version des Abraham S.:

„In der Funktion des Stellvertreters lösten sich einige SS-Unterscharführer ab. Der letzte, dessen Name nicht erinnerlich ist und der nur einige Wochen vor der Auflösung ins Lager kam, war ein etwa über 30 jähriger, gutaussehender Mann der mit uns sehr manierlich umging. Ich weiß, dass dieser Unterscharführer vor dem Ausmar-

---

[507] Aussage Icchak W. BArch B 162 / 8328 S.169 – 19.12.1967
[508] Aussage Rachel S. BArch B 162 / 8328 S.99 – 07.11.1967
[509] Aussage Morris G. BArch B 162 / 8329 S.297 – 31.03.1970

sche SS-Abzeichen von seiner Uniform abtrennte und riet dies auch einigen der Wachmannschaften zu tun. Dies erfuhr der Oberscharführer. Am Tage des Ausmarsches liquidierte der Oberscharführer alle Schriftstücke seines Büros, dies schon zur Zeit, da die Lagerinsassen angetreten warteten. Der Lagerführer befahl den U-Scharführer zu sich, stellte ihn zur Rede in Anwesenheit der Oberaufseherin Gul[510] (oder ähnlich). Dann wurde ein Pistolenknall gehört. Einer der Wachmannschaften, der die angetretenen Lagerinsassen besuchte, ging zur Notdurft ins Gebäude und zurückgekehrt berichtete er, dass der Unterscharführer tot am Boden liegt. Laut Auffassung dieses SS-Angehörigen legte der Lagerführer Schmerser – oder Schmerse – die Pistole an die Schläfe des Unterscharführers, damit dies den Schein eines Selbstmordes weckt. Dieser Überzeugung war auch der leitende Funktionär Czarnula [sic!], der dies damals sofort vor mir äußerte. Die Produktion leiteten zwei deutsche Ingenieure – Braun[511] und Upschat[512], die beide nach Einmarsch der Sowjets in Dresden blieben. Es ist sehr wahrscheinlich, dass diese beiden weitere Einzelheiten wissen werden."[513]

Außerdem sagte die ehemalige Aufseherin Brinkmann 1977 aus:

„An den Tod des SS-Unterscharführers, der am Tage unseres Abmarsches von Dresden ums Leben kam, erinnere ich mich auch noch. Wir standen an dem fraglichen Tag noch draußen vor der Fabrik, als uns plötzlich jemand sagte, da habe sich ein Aufseher erschossen. Das sprach

---

[510] Ida Guhl

[511] Angeblich Hermann Braun, der mit seiner Frau Barbara Braun im Umfeld der Fabrik lebte. Hinweise auf die genaue Identität erwünscht.

[512] Ingenieur ‚Upschat' arbeitet wohl auch mit seiner Frau in der Fabrik. Diese hatte möglicherweise die Lagerküche unter sich. Die Schreibweise des Namens variiert in den Häftlingserinnerungen und könnte auch Urbschat oder Orbschat lauten. Hinweise auf die Identität des Paares erwünscht.

[513] Aussage Abraham S. BArch B 162 / 8328 S.166f – 19.12.1967

> sich unter den Aufsehern und auch Häftlingen wie ein Lauffeuer herum. Mit einigen anderen Aufseherinnen bin ich dann auch ins Haus gegangen und habe mir ganz kurz den Toten angeschaut. Er lag in einer Toilette. Man konnte die Einschussstelle an seiner Schläfe sehen. Es sprach damals kein Mensch den Verdacht aus, daß der Unterscharführer etwa von Schmerse oder einer anderen Person erschossen worden sein könne. Es hieß, er habe Selbstmord begangen.
> Ich erinnere mich auch noch, daß Schmerse dann dem Fabrikbesitzer, der mit seiner Frau auch zu der Toilette gekommen war, sagte, er möge sich mit den Angehörigen des Toten in Verbindung setzen, da er selbst keine Zeit mehr dafür habe."[514]

Durch entsprechende Augenzeugen, Hinterbliebene oder entsprechende standesamtliche Beurkundungen, könnte also noch der genaue Tag der Evakuierung rekonstruiert und dokumentarisch abgesichert werden.

2.1.4 SS-Aufseher Boris

Laut Abraham K. soll ein Aufseher namens Boris in Pirna einen Häftling aus der Dresdner Gruppe erschlagen haben.

> „Meines Erachtens waren außer dem Lagerführer nur SS-Wachposten im Lager, ihre Zahl belief sich auf etwa 10-15 Mann. Unter denen ist mir nur einer beim – wahrscheinlich – Vornamen – bekannt – man nannte ihn BORIS. Dieser war der gefürchteteste – er schlug ohne Erbarmen ohne viel nachzufragen. Als wir – die eine Woche nach dem Fliegerangriff in Pirnau [sic!] verweilten, hatte Boris eines nachts einen unsrer Leidensgefährten zu sich gerufen, der Häftling wurde am Morgen tot gefunden. Ich kann auf Fragen über nähere Einzelheiten keine genauere Auskunft geben, da ich den Vor-

[514] BArch B 162 / 8339 S.504f. – Aussage vom 15.03.1977

fall nicht persönlich gesehen habe. Es wurde im Lager Pirnau [sic!] sofort darüber erzählt. Boris war starkgebaut, hoch, etwa 30 Jahre alt, dunkelhaarig, weiteres nicht erinnerlich.“[515]

Weder zum Opfer noch zum Täter liegen bislang weitere konkrete Anhaltspunkte vor.

Die SS-Wachmannschaft				
Rang & Name	**Geburt**	**Geburtsort**	**Ausbildung**	**Dienstzeit**
SS-Oberscharführer Erich von Berg	06.07.1908	Hütten/ Steinach	Mauthausen Flossenbürg Neu Rohlau	November 1944 bis Januar 45
SS-Oberscharführer Schmerse			Holleischen	Januar 45 - April 1945
SS-Unterscharführer				bis April 45
SS-Unterscharführer Voigt, Max	25.11.1902			
SS-Sturmmann Aders, Paul	28.06.1892			
SS-Sturmmann Breven, Wilhelm [Willi]	23.04.1892			
SS-Schütze Frank, Hermann	11.02.1901			
SS-Schütze Giesia, Alois	02.06.1898			
SS-Schütze Hahn, Gustav	08.07.1898			
SS-Schütze Hentwig, Hubert				
SS-Schütze Jastrzenski Johann				
SS-Schütze Schiel, Johann				
Schwind				
SS-Wachmann Stark, Friedrich	27.??.1898			
SS-Aufseher Boris	ca. 1915			

[515] Aussage Abraham K. BArch B 162 / 8328 S.148 – 15.10.1967

2.1.5 Die Aufseherinnen

Ab dem 1. September 1944 war jedes Konzentrationslager für die Ausbildung seines weiblichen Aufsichtspersonals selbst verantwortlich. Aufseherinnen des KZ Flossenbürg wurden daher nach einer kurzen Übergangszeit in der Regel in Holleischen, in einigen Fällen aber auch im Stammlager Flossenbürg, zu entsprechenden etwa dreiwöchigen Lehrgängen geschickt. Meistens stammten die Frauen aus der Belegschaft der Rüstungsbetriebe, für die die angeforderten KZ-Häftlinge zum Einsatz kommen sollten und waren zu ihrer neuen Tätigkeit nicht selten dienstverpflichtet worden. Welche Aufseherinnen zu Beginn im Außenlager Dresden Bernsdorf die Häftlinge beaufsichtigten, ließ sich dokumentarisch bislang nicht absichern. Eine Stärkemeldung nennt für den 31. Januar 1945 jedoch 8 Aufseherinnen.[516] Berücksichtigt man die am 17. Januar zur Entlassung beorderte Lieselotte Kühne[517] und die am 25. Januar eingetroffene Oberaufseherin Ida Guhl, so dürften anfänglich ebenfalls nur acht Aufseherinnen im Außenlager Dresden Bernsdorf eingesetzt worden sein. Zum 28. Februar werden dann sogar nur noch 7 Aufseherinnen angegeben, die zum 31. März fortgeschrieben werden.

Die ehemaligen Häftlinge erinnern dabei eine große und eine kleine Aufseherin namens Hertha, und Samuel L. ist der Nachname Kästner geläufig. Für Identifizierungen des Lagerpersonals war das jedoch nicht ausreichend.

Demnach sind nur einige Identitäten von Aufseherinnen überliefert, die im Laufe des Lagerbestehens zum Aufsichtspersonal stießen und dann unter dem Kommando SS-Oberscharführers Schmerse ihren Dienst aufnahmen.

Vor allem nach der Bombardierung Dresdens und der Evakuierung ins Außenlager Mockethal-Zatzschke scheint es einige Veränderungen beim weiblichen Aufsichtspersonal gegeben zu

[516] ITS, Histor.Abtlg., Flossenbürg, Nr. 10, Bl. 50ff.

[517] „Die Aufseherin Lieselotte Kühne ist gemäss Verfügung der Amtsgruppe D v. 22.12.44 zu entlassen. K. ist deshalb sofort nach Flossenbürg in Marsch zu setzen. Zivilkleidung ist mitzubringen." BArch B 162 / 8330 S.351 Schreiben der Kommandantur vom 17. Januar 1945

haben. In einem handschriftlichen Schreiben Schmerses vom 28.02.1945 aus Zatzschke an die Kommandantur des Konzentrationslagers Floßenbürg heißt es [sofern richtig entziffert]:

> „Pflichtgemäß erschienen[?] frühs am 28.2.1945 die Aufseherinnen xxx[518] und xxx vom Kommando Bernsdorf und die Aufseherinnen xxx, xxx, xxx, xxx[519], xxx[520], xxx[521] vom Kommando Universelle aus Floßenbürg in Marsch gesetzt.
> Beim Kommando Bernsdorf in Dresden verblieben 2 Aufseherinnen, in Zatzschke 3 Aufseherinnen. Beim Kommando Universelle in Zatzschke verblieb 1 Aufseherin."[522]

Demnach scheinen nach der Bombardierung Dresdens am 28. Februar nur zwei der ursprünglich 8 Aufseherinnen ihren Dienst wieder aufgenommen zu haben. Die Dienstlücke bei der Beaufsichtigung der weiblichen Häftlinge wird scheinbar durch Aufseherinnen des Lagers Dresden Universelle Maschinenfabrik aus der Florastraße 14 geschlossen. Die sechs neuen Aufseherinnen unter dem Kommando Schmerses werden auf die unterschiedlichen Häftlingsunterkünfte verteilt. Laut entsprechender Stärkemeldung hatte es vor dem Angriff 21 Aufseherinnen im Lager Dresden Universelle gegeben[523] und ein Teil der Häftlingsbelegschaft war mit nach Zatzschke evakuiert worden. Sehr wahrscheinlich hatte sich die Häftlingszahl jedoch durch Flucht- und Todesfälle stark reduziert, sodass Aufseherinnen an das Kommando Bernsdorf abgegeben werden konnten.
Am 3. März 1945 werden zudem die Aufseherinnen Ilse Dechandt und Frieda Habenicht zum Kommando Dresden Bernsdorf versetzt.[524] Woher sie kamen ist unbekannt.

---

518 Möglicherweise Gutwirth oder Gruschwitz ?
519 Möglicherweise Rätsch ?
520 Möglicherweise Weber ?
521 Möglicherweise Gosmann ?
522 BArch B 162 / 8330 S.354
523 Diese 21 Aufseherinnen werden zum 28.02.1945 in der Stärkemeldung zwar noch fortgeschrieben, aber zum 31.03.1945 auf 13 korrigiert.
524 Vgl. BArch B 162 / 8330 S.353

Am 5. März schreibt Schmerse erneut handschriftlich an die Kommandantur Flossenbürg:

> „Die Erstaufseherin Hanakam[525] von Fabrik Universelle Dresden hat frisch[?] an die Erstaufseherin Guhl von Fabrik Bernsdorf geschrieben und teilt in ihrem Brief mit, daß sie mit den Nerven sehr zerrüttet sei und sich bei ihren Eltern in Dresden Freital aufhalte. [...][526] Sie schreibt in ihrem Brief auch, dass die Aufseherin Mehnert[527] von der Universelle mit Brandwunden an Händen und Beinen im Krankenhaus Freital liegt."[528]

Demnach scheint die Oberaufseherin des Dresdner Lagers Universelle Maschinenfabrik nach der Bombardierung erst einmal nicht ihren Dienst fortgeführt zu haben, sondern wurde von Ida Guhl provisorisch vertreten. Es scheinen also eine ganze Reihe Aufseherinnen, die größtenteils wahrscheinlich selbst aus Dresden oder dem Umland stammten, zum Teil für mehrere Wochen oder auch ganz ihrer Dienststelle ferngeblieben zu sein. Da nun auch mehrere Lokalitäten mit weiblichen Häftlingen zu beaufsichtigen sind, herrscht in und um Dresden akuter Aufseherinnenmangel. Am 15. März 1945 werden daher die Aufseherinnen Irene Eiser und Lieselotte Mannfeld ins Kommando Dresden Bernsdorf & Co. versetzt. Laut handschriftlicher Meldung Oberscharführers Schmerse aus Zatzschke, trafen beide Frauen am 19. März um 22 Uhr „beim hiesigen Kommando ein" und nahmen am 20. März ihren Dienst auf. Ob ihr Einsatzort Dresden oder Mockethal-Zatzschke war, geht aus den Dokumenten nicht zweifelsfrei hervor.

Am 20. März 1945 wird daher Oberscharführer Schmerse mit folgendem Wortlaut zur Klärung aufgefordert:

---

[525] Oberaufseherin Charlotte Hanakam.
Sie wurde vom Schwurgericht Dresden 1946 zu 5 Jahren Zuchthaus verurteilt.

[526] Die in Klammern beigefügte Adresse wurde ausgelassen.

[527] Wahrscheinlich Aufseherin Magda Mehnert. Sie wurde 1946 vom Schwurgericht Dresden zu 4 Monaten Zuchthaus verurteilt.

[528] BArch B 162 / 8330 S.355

> „Der Kommandantur KL.Flossenbürg ist umgehend eine namentliche Liste der z.Zt. beim dortigen Kommando befindlichen Aufseherinnen, getrennt nach ihrem Einsatz in Zatzschke oder Dresden, einzureichen.
> Ferner ist zu melden, ob sich die Aufseherin Opelt vom Kommando Universelle dort befindet.“[529]

Leider ist die Rückantwort Schmerses scheinbar nicht überliefert. Fest steht allerdings, dass die Frauen aus der Schandauer Straße im Lager Mockethal-Zatzschke wohl auch mit Aufseherinnen aus dem Lager Dresden Universelle in Kontakt kamen, bei den Personenbeschreibungen, die niemandem konkret zugeordnet werden konnten, könnte es sich also sowohl um Aufseherinnen der Erstbelegung, als auch um Aufseherinnen aus dem Lager Universelle Maschinenfabrik handeln.

2.1.5.1 SS-Oberaufseherin Ida Guhl

Seit Januar 1945 war die Dresdnerin Ida Guhl, geborene Rudolph, neue Oberaufseherin im Kommando Bernsdorf & Co.. Vor ihrem Dienstantritt als Erstaufseherin in der Schandauer Straße war sie im Stadtteil Dresden Reick in einem anderen Dresdner Außenlager des KZ Flossenbürg für die Firma Zeiss-Ikon ebenfalls bereits als Oberaufseherin eingesetzt. In einem Schreiben vom 28.12.1944 heißt es:

> „Nach Eintreffen der neueingeteilten Erstaufseherin Burmeister Juliane beim AL. Dresden – Zeiss-Ikon-Reick-Werk – wird mit sofortiger Wirkung die beim dortigen Kommando eingesetzte Erstaufseherin Ida Guhl zum AL. Dresden – Kommando Bernsdorf – als Erstaufseherin versetzt.
> Der Dienstantritt der Erstaufseherin Guhl beim Kdo. Bernsdorf ist an die Kommandantur umgehend zu melden.“[530]

---

[529] BArch B 162 / 8330 S.357

Dieser Dienstantritt wird aber erst vier Wochen später am 25. Januar 1945 gemeldet. Im entsprechenden Schriftverkehr selben Datums heißt es:

> „Das Kommando meldet den Dienstantritt der Erstaufseherin Ida Guhl zum 25.1.45.“[531]

Laut Häftlingserinnerungen wurde die Oberaufseherin als streng wahrgenommen. Rachel S. erinnert:

> „Ich erinnere mich an die Oberaufseherin. Ihren Namen habe ich vergessen. Sie war mittelgroß, ziemlich stark, etwa 35 Jahre alt; trug SS-Uniform. Sie war streng, ich aber war nicht Augenzeugin besonderer Grausamkeiten von ihrer Seite. Sie hatte auch die Gewohnheit für das kleinste Vergehen (Vergehen war es nach ihrer Meinung) mit Kopfrasieren zu bestrafen.“[532]

Felicja H. gibt zu Protokoll:

> „Ich erinnere mich an die SS-Oberaufseherin, welche immer in SS-Uniform gekleidet war. Sie war klein gewachsen, ihr Aussehen kann ich schon nicht beschreiben. Mit uns hat sie wenig zu tun gehabt, aber die Aufseherinnen hatten Angst vor ihr. Ich habe sie nur manchmal bei Appellen gesehen.“[533]

Über das Nachkriegsschicksal Guhls und mögliche juristische Verfahren ist bislang nichts bekannt geworden.

---

[530] BArch B 162 / 8330 S.362

[531] BArch B 162 / 8330 S.352 [Posteingangsstempel 30.01.1945]

[532] Aussage Rachel S. BArch B 162 / 8328 S.99 – 07.11.1967

[533] Aussage Felicja H. BArch B 162 / 8329 S.210 – 19.11.1967

Insgesamt ergibt sich folgende Übersicht der Aufseherinnen:

Aufseherin	**Geburt**	**Geburtsort**	**Lehrgang Dienstorte**	**Dienstzeit ‚Bernsdorf'**	**Quellen**
Brinkmann, *Schöpfel Emmi [Emma]	22.03.1921	Dortmund	April/Mai 1944 KZ Ravensbrück	06.04.1945 aus Zwodau [April 1945 desertiert]	BArch B 162 / 8330 S. 303, 504f.
Dechandt, Ilse				Seit 03.03.1945	
Eiser, Irene				15.03.1945 [19.03.45] [20.03.45]	
Goedke, Gerda	06.10.1923		Ravensbrück	06.04.1945 aus Zwodau	
Erstaufseherin Guhl, Ida *Rudolph	07.03.1903	Dresden		Seit 25.01.1945 von Dres-den Reick	
Habenicht, Frieda				Seit 03.03.1945	
Kästner [?]					
Kühne, Lieselotte	29.10.1921	Dresden	Dresden Goehle	Bis 17.01.1945	
Lenk, Erika	01.06.1903			06.04.1945 aus Zwodau	
Mannfeld, Lieselotte				15.03.1945 [19.03.45] [20.03.145]	
Weinholdt, Ruth	25.12.1922			06.04.1945 aus Zwodau	
Hertha					
Hertha					

2.1.5.2 Die große und die kleine Hertha u.a.

In etlichen Häftlingerinnerungen werden zwei Aufseherinnen namens Hertha beschrieben. Sie könnten zur Anfangsstärke des Außenlagers gehört haben oder aber erst in Pirna oder während der Evakuierung mit den Häftlingen in Kontakt gekommen sein. Chana G. erinnert:

> „Etwas besser erinnere ich mich an SS-Aufseherinnen. Es war eine Oberaufseherin, ich glaube sie war auch Oberscharführerin. Es waren zwei SS-Aufseherinnen mit dem Vornamen Hertha – eine große Hertha und eine kleine Hertha. Es war auch eine ältere SS-Frau, deren Namen ich vergessen habe. Die große Hertha hatte dunkles Haar, war jung – etwa 25 Jahre alt, die kleine Hertha hatte rötliches glattgekämmtes Haar, war auch noch jung. Über die Behandlung welche wir von den SS-Aufseherinnen bekamen, habe ich eigentlich nichts zu sagen. Sie waren so wie alle Aufseherinnen, die der SS angehörten, gut waren sie keineswegs, sie peinigten uns auf verschiedene Art.“[534]

Felicja H. lässt 1967 protokollieren:

> „Ich erinnere mich an zwei Aufseherinnen – die große Hertha und die kleine Hertha. Die große Hertha war jung, sie schien mir schön, wenn ich nicht irre war sie dunkelblond. Auf mich machte sie den Eindruck einer Schauspielerin. Sie behandelte uns schlecht, aber noch viel schlechter und grausamer war die kleine Hertha. Sie war kleingewachsen, älter als die große Hertha, hatte kurz geschorenes Haar, war immer in Uniform, war schmächtig. Sie war wirklich besonders grausam, sie schlug unbarmherzig bei jeder Gelegenheit, bei ihr waren die Misshandlungen der Häftlinge ein System, sie war Sadistin.“[535]

---

[534] Aussage Chana G. BArch B 162 / 8328 S.97 – 08.11.1967

[535] Aussage Felicja H. BArch B 162 / 8329 S.210f – 19.11.1967

Rachel S. sagt aus:

> „Andere SS-Aufseherinnen, die mir in Erinnerung blieben sind: Die „große Hertha“, die „kleine Hertha“, eine die gehinkt hat und eine sehr großgewachsene Frau, welche 2 Kinder hatte. Die „große Hertha“ war jung, dunkelhaarig, schlank, die kleine Hertha war niedrig, schmächtig, hatte rötliches Haar. Hatte eine raue Stimme, wie ein Mann. Die SS-Aufseherinnen behandelten uns schlecht, besonders grausam und wild wurden sie nach der Bombardierung der Fabrik, als wir in Pirna waren. Dort schlugen sie und peinigten uns. Erschießungen und andere Häftlingtötungen waren dort nicht.“[536]

Samuel L. lässt protokollieren:

> „Ich erinnere mich noch an eine SS-Frau namens Erta. Wenn mir der Name Herta vorgehalten wird, so halte ich es für möglich, daß sie Herta hieß. Eine andere Aufseherin hieß Kästner (phonetisch). Die SS-Frauen sind mit den Häftlingsfrauen abmarschiert.“[537]

Bei Sophie Machtinger heißt es:

> „Einige SS-Aufseherinnen wurden uns zugeteilt, und sie schmarotzten gemeinsam mit Chimowicz und hatten Mahlzeiten indem sie unsere Lebensmittelkarten benutzten, während wir vor Hunger dahinsiechten.“[538]

Hinweise auf das Nachkriegsschicksal der einfachen Aufseherinnen liegen bislang nicht vor.

---

[536] Aussage Rachel S. BArch B 162 / 8328 S.99 – 07.11.1967

[537] Aussage Samuel L. BArch B 162 / 8329 S.301 – 24.03.1970

[538] Sophie Machtinger. S. 42 Original:
„A couple of SS women were assigned to us, and they along with Chimowicz sponged off of us and had meals using our ration cards, while we wasted away from hunger.“

2.2. Die Bevölkerung

Die KZ-Häftlingen, die die meiste Zeit ihres Lageraufenthaltes im Fabrikgebäude und in den Unterkünften verbrachten, hatten folglich wenig Kontakt zu der Zivil-Bevölkerung Dresdens. Hilfe konnte die jüdischen Zwangsarbeiter, wenn nicht vom Wachpersonal selbst, also in der Regel nur über einzelne Fabrikarbeiter und Werksmeister erreichen, die sich im diktatorischen Nazi-Regime bei Privatgesprächen mit den Häftlingen und Lebensmittelübergaben strafbar machten und denunziert werden sollten. Dennoch gab es auch in Dresden immer wieder Akte der Menschlichkeit und des humanitären Widerstands, die vor allem mit den Ingenieuren Hermann Braun und Urbschat[539] in Verbindung gebracht werden. Josef B. erinnert:

> „Leiter der Produktion waren Ingenieure Urpschat und Braun. Besonders der Letztere war uns wohlgesinnt und wie mir bekannt ist wurde er nach Einmarsch der Sowjets Bürgermeister von Dresden."[540]

Roman Halter bestätigt:

> „Meine neue Arbeit brachte mich in Kontakt mit den deutschen Zivilisten in dem Büro, etwa mit Herrn Braun, der sich als ein freundlicher Mensch erwies. [...] Fast jeden Abend bekam ich von Czarnulla oder Herrn Braun eine kleine Milchkanne mit Suppe, die ich zum Aufwärmen in die Küche bringen sollte. Wenn ich unterwegs im Treppenhaus den Deckel öffnete, sah ich obenauf einige Stücke Wurst schwimmen und aß eins davon. Es war köstlich. Auf dem Rückweg, wenn die Suppe heiß war, kam ich noch einmal in Versuchung. Wenn ich die Kanne Herrn Braun reichte, wurde ich jedes Mal rot und murmelte auf deutsch: „Ich bin unschuldig." Herr Braun lachte und tätschelte mir den Kopf."[541]

---

[539] Es sind verschiedenen Schreibweisen im Umlauf. In den Protokollen heißt es auch Upschat, Urpschat, Orbschat, Obschat etc.
[540] Aussage Josef B. BArch B 162 / 8328 S.149 – 04.12.1967
[541] Roman Halter. S.146

Beide deutschen Ingenieure sollen mit ihren Frauen in der Fabrik gearbeitet und möglicherweise auch gewohnt haben.
Dabei soll der Ingenieur Braun KPD-Genosse, und seine Frau Barbara[542], ebenfalls Kommunistin, sogar Reichstagsabgeordnete gewesen sein.
Der überlebende Jude Josef Major bzw. Majer gibt am 5. August 1945 in Polen über Braun zu Protokoll:

> "Glücklicherweise war der Ingenieur Braun seit dem Jahre 1916 KPD-Mann, Direktor mit beruflichen Verbindungen zu den Gewerkschaften Deutschlands und Österreichs, war verantwortlich für den Kreis Berlin und die ganze Stadt von Berlin und verantwortlich für das Ruhr- und Saargebiet. Seine Frau war 1932 eine Abgeordnete der Kommunistischen Partei im Reichstag.
> Von 1934 bis 1937 wurde er inhaftiert. Im Jahr 1942 erneut verhaftet, aber aus Mangel an Beweisen von Schuld wieder freigelassen."[543]

Braun hatte also selbst bereits intensiv nationalsozialistische Verfolgung erlebt und war damit dem Regime gegenüber oppositionell eingestellt und im humanitären Widerstand aktiv.
Seine Sekretärin hieß Ruth Menzer (verheiratete Ermer).[544] Es gibt ein Foto von ihr und vier in Dresden befreiten Häftlingen des Lagers (s.u.). Chanan Werebejczyk erinnert außerdem noch einen deutschen Meister namens Wartnizky.[545]

---

[542] Vgl.Chanan Werebejczyk B 162 / 8329 S. 86 – VP 25.12.1967
[543] ZIH 301/532 "Cale szczescie, ze inzynier Braun byl od 1916r. czlowiekiem KPD, kierownikiem zwiezkow zawodowych na cale Niemcy i Austria, byl odpowiedzialyn za krejz Berlin i cale miasto Berlin i odpowiedzialny za Ruhr i Saar gebiet. Zona jego w 1932 roku byla poslanka komunistyczna na Rajchstag.
Od 1934 do 1937 byl uwieziony. W 1942r. byl ponownie aresztowany, z braku dowodow winy zwolniony."
[544] Vgl. Chanan Werebejczyk B 162 / 8329 S. 86 – VP 25.12.1967
[545] Vgl. Ihrer Stimme Gehör geben. S.76

2.2.1 Fluchthilfe durch den Ingenieur Hermann Braun

Der den Häftlingen wohlgesinnte deutsche Ingenieur Hermann Braun soll etlichen Häftlingen bei der Flucht geholfen und durch die Ausstellung falscher Papiere und Arbeitsvermittlungen Untertauchmöglichkeiten für sie geschaffen haben. Chanan Werebejczyk erinnert:

> „Am 14.April 1945 erhielten die SS-Leute einen Befehl, das Lager zu evakuieren. Am Morgen wurden wir alle auf der Straße neben dem Fabrikgebäude gesammelt. Jeder bekam ein großes Stück Brot und die Hälfte einer Decke. (Man hat die Decken in zwei Hälften getrennt.) Wir sind viele Stunden gestanden und endlich nach der Mittagszeit fing der Marsch nach Süden, in Richtung Pirna, an. Es war schon Nacht, als wir durch Zschachwitz marschierten.
>
> Ich war im Lager mit drei Jungen befreundet: Nataniel Radzyner (Niutek)[546], Josef Majer[547] und mein Cousin Benjamin Lasman[548]. Wir waren alle im Ghetto Mitglieder einer illegalen, linken Jugendorganisation. Niutek Radzyner war sogar Mitglied der Leitung dieser Organisation, ein junger Leader. Ende März hat jemand dem Ing. Braun erzählt, daß unter den Häftlingen eine kommunistische Gruppe vorhanden ist. Braun hat sich sehr vorsichtig mit dem Niutek in Verbindung gesetzt und mit ihm Kontakt aufgenommen. Deswegen beschlossen wir zu flüchten und ins Fabrikgebäude zurückzukehren. Wir waren sicher, daß uns Herr Braun helfen würde.
>
> Es war sehr dunkel und still in Zschachwitz. Bei der ersten Gelegenheit sind wir alle vier zusammen beiseite gesprungen und haben uns versteckt. Am nächsten Morgen sind wir nach Dresden in die Fabrik zurückgekommen. Ungefähr 20 Menschen sind insgesamt geflüchtet und in die Fabrik zurückgekehrt.

---

546 FloNo.: 38500
547 FloNo.: 38475
548 FloNo.: 38463

Die zivile Leitung des Betriebs hat uns gut empfangen. [...] Drei Tage blieben wir im Betrieb und mussten wieder flüchten, weil die SS-Männer zurückkamen, um uns zu suchen.[549] Diesmal haben wir in den Ruinen ein Versteck gesucht und fanden es unweit vom Betrieb. Mit der Hilfe von Hermann Braun und eines Lebensmittelhändlers von der Schandauerstraße, in der Nähe der Fabrik, ist es uns gelungen, bis zum Eintreffen der Russen dort zu überleben. Hermann Braun hat uns etwas Geld und Bescheinigungen der Firma Bernsdorf & Co. gegeben, welche bestätigen, daß wir in der Firma in Zwickau beschäftigt sind. Wir haben dann erzählt, daß wir von Zwickau nach Chemnitz evakuiert wurden und von dort zu Fuß nach Dresden gingen. Niemand konnte das damals nachprüfen. Die Bescheinigungen haben uns geholfen, als uns eines Tages eine Wehrmachtsstreife auf der Straße anhielt und die Ausweise verlangte. Von dem Ladenbesitzer bekamen wir Lebensmittelmarken für Brot. Mit dem Geld und diesen Karten konnten wir Brot kaufen und waren schon nicht mehr so hungrig wie im Lager.
Am 7. Mai konnten wir in die Fabrik zurückkommen, am 8. Mai marschierte die Rote Armee in Dresden ein. Endlich waren wir freie Menschen. Braun wurde zum Bürgermeister eines Stadtteils von Dresden ernannt. Niutek Radzyner diente ihm als russisch-deutscher Dolmetscher. Braun bekam ein Haus auf der Emser Allee, das zuvor einem geflüchteten Nazi-Rechtsanwalt gehört hatte, und wir vier haben mit ihm dort bis zu unserer Rückkehr nach Polen Anfang Juni 1945 gewohnt."[550]

Folgendes Foto zeigt die jüdisch-kommunistische Fluchtgruppe mit Brauns Sekretärin Ruth Menzer nach der Befreiung.
Darunter ist ein Angehöriger der zweiten Fluchtgruppe vom Dresdner Evakuierungsmarsch abgebildet.

---

[549] Vgl. Roman Halter

[550] Chanan Werebejczyk. In Füßl S.78f.

F6: von links nach rechts: **Chanan Werebejczyk, Josef Mayer, Ruth Menzer**[551], **Niutek Radzyner und Benjamin Lasman**[552]

F7: Pinkus Frymorgen alias „Moniek“ alias Max Wilder
Das Foto entstand frühestens bei Einlieferung ins KZ Auschwitz am 3. August 1943, da es sich um eine erkennungsdienstliche Erfassung handelt, wahrscheinlich aber erst bei Einweisung in die Strafkompanie Ende Januar 1944.

---

[551] Sekretärin Brauns (kein ehemaliger Häftling)
[552] Vgl. FloNo.: 38556, 38475, 38500, 38463

Die vier Fabrikrückkehrer der kommunistischen Jugendorganisation waren aber nicht die einzigen, denen eine Flucht vom Evakuierungsmarsch gelungen war und die sich zurück zur Schandauerstraße durchschlugen. Wenn Werebejczyk von etwa 20 Personen spricht, so dürfte dazu auch die Fluchtgruppe um Roman Halter gehört haben. Laut seiner Schilderungen handelte es sich um neun Häftlinge, 6 Männer und 3 Frauen, von denen eine Frau in der Fabrik wieder aufgegriffen und dem Evakuierungstransport angeschlossen wurde. Halter will sie später nach Kriegsende in Theresienstadt getroffen haben. Für die anderen Gruppenmitglieder suggeriert er den Tod infolge der versuchten Flucht, wird aber diesbezüglich weniger konkret. Wie in Kapitel 4.2 des Buches rekonstruiert werden konnte, überlebten aber alle neun den Krieg. Zur Haltung Brauns schildert Halter glaubhaft:

> „Als ich mich von den Leuten im Büro verabschiedete, nahm mich Herr Braun beiseite und flüsterte mir zu, daß ich versuchen sollte, mich vom Transport „davonzumachen“ und zur Fabrik durchzuschlagen. Dann würde er Kleidung für mich besorgen (wir trugen alle die gestreifte Häftlingskluft, was ein Entkommen nahezu unmöglich machte). Er wollte sich auch um ein Versteck für mich kümmern.“[553]

Einer dritten Gruppe, Gabriel, Tauba und Noech Piotrokowski gelang ebenfalls eine Flucht, wahrscheinlich aber schon im Bombardierungschaos. Sie versteckten sich einige Tage in den Ruinen und kamen dann wohl mit falschen Papieren als Arbeitskräfte auf einen Bauernhof, wo sie als polnische Zwangsarbeiter unter den Identitäten Bronka Kengerska [oder Kangelska], Yusi Yalocha und Yam [oder Jan] Bidura bis zum Kriegsende überleben konnten.[554]

Neben dem Interview mit Tauba Weiss, geborene Piotrokowski gibt es auch eine Darstellung ihrer Geschichte durch die Studentin Geny Rabinovich, die einige literarische Anteile hat.

---

[553] Roman Halter. S.153

[554] Vgl. Tauba Weiss SVHF 24529

Darin heißt es aber *„Ein Mann Namens Bibov [sic!], der ein enger Vertrauter meines Vaters war, machte mir polnische Papiere."* Wahrscheinlich handelt es sich hierbei um einen missverständlichen Verweis auf die Hilfe Ingenieurs Braun, der hier namentlich mit Biebow verwechselt wird. Laut der Inhaltsangabe des Zeitzeugeninterviews habe aber eine Deutsche namens Miller, also wahrscheinlich Müller, eventuell eine Mitarbeiterin Brauns, die falschen Ausweise besorgt. Bei Rabinowich ist Miller aber der Name der Bäuerin, bei der Piotrokowski als Köchin und ihr Vater als Bäcker angestellt gewesen sei. Der Bauernhof befand sich in Wilschdorf und soll 13 Personen beschäftigt haben, von denen nur die Piotrkowskis jüdisch waren. Anscheinend wurden sie, nachdem sie nach einigen Tagen in den Ruinen Dresdens aufgegriffen worden waren, direkt aus einem Polizeigewahrsam auf den Hof geholt. Der Bauer soll nichts von ihrer jüdischen Identität gewusst haben. Tauba Weiss gehört aber sicher nicht zu den verlässlichsten Zeugen. Vor allem zeitlich ist sie nicht in der Lage präzise und zutreffende Angaben zu machen. Anderweitige Bestätigungen ihrer Geschichte wären wünschenswert.
Auch die bereits kurz nach der Bombardierung Dresdens geflohenen Adam Szwajcer und Abraham Sztajer dürften auf Vermittlung Hermann Brauns in Oberpoyritz bei Kurt[555] und Herta[556] Fuchs im Dresdner Umland untergekommen sein.

> „Die kinderlosen Eheleute waren in den letzten Kriegsjahren Ende dreißig. Kurt Fuchs, ein Sanitäter, war wegen seiner schwächlichen Gesundheit vom Militärdienst freigestellt. In den letzten Tagen des Dritten Reiches, ungefähr von Mitte April 1945 bis zum Einmarsch der Russen im Mai, versteckten die Fuchsens in einer Laube in ihrem Garten drei polnische Juden: Roman Halter, Abraham Sztajer und Josef (laut Häftlingstransportliste: Adam ; laut Bedzin Census: Abram Josef) Szwajcer.
> Die drei Juden gehörten zu einem Arbeitskommando von rund 500 jüdischen KZ-Insassen, die einer Munitions-

[555] *22.11.1908 Leipzig – 12.05.1945 Oberpoyritz
[556] *21.05.1908

fabrik in der Schandauer Straße 68 in Dresden zugeteilt waren. Am 13. Februar 1945 wurde die Fabrik bei dem großen Luftangriff auf die Stadt getroffen und irreparabel beschädigt. Die jüdischen Überlebenden wurden zunächst bei der gefährlichen Trümmerräumung eingesetzt und dann aus Dresden hinaus nach Süden getrieben. In der dritten Nacht des Marsches konnten einige von ihnen entkommen. Zurück in Dresden, wandten sich Sztajer und Szwajcer an einen früheren Arbeitsleiter, einen deutschen Zivilisten, der sie zum Haus von Herta und Kurt Fuchs schickte. Einige Tage später stieß der siebzehnjährige Halter zu ihnen. Sie gaben sich offiziell als polnische Fremdarbeiter aus, aber das Ehepaar Fuchs war sich über ihre jüdische Identität im Klaren.
Nach dem 9. Mai, dem Tag der deutschen Kapitulation, wurde das Verhalten der Fuchsens im Dorf weithin bekannt, und die Eheleute sahen sich Verfolgungen durch den antisemitischen Bürgermeister und andere örtliche Nationalsozialisten ausgesetzt, weil sie geflüchteten Juden geholfen hatten. In der Nacht des 12. Mai, drei Tage nach der Kapitulation, erschoss ein faschistisches Hinrichtungskommando Kurt Fuchs und den jüdischen Flüchtling Szwajcer. Sztaier, der ebenfalls anwesend war, konnte entkommen. Halter, der dritte Häftling, hatte sich zehn Tage zuvor auf den Weg gemacht, um – vergeblich – nach überlebenden Verwandten in Polen zu suchen. Die Witwe, Herta Fuchs, lebte nach dem Krieg in der DDR. Nach der Wiedervereinigung der beiden deutschen Staaten konnte sie den jüngeren Überlebenden, Roman Halter, ausfindig machen, der sich in England niedergelassen hatte. Am 2. April 1995 erkannte Yad Vashem Kurt und Herta Fuchs als „Gerechte unter den Völkern" an."[557]

Dem Ingenieur Hermann Braun, der offensichtlich etlichen Häftlingen das Leben rettete, blieb das bis heute verwehrt. Auch

[557] Lexikon der Gerechten unter den Völkern. Deutsche und Österreicher Band 1 S. 117

Pinio (Pinkus) Machtinger[558] und seiner Frau Sophia soll er kurz vor der Evakuierung ein Rettungsangebot unterbreitet haben.

> „Ingenieur Braun, der Aufsichtsführende, kam heraus und inspizierte uns. Er war derjenige mit dem Pinio arbeitete. Während wir im Hof standen, im kalten Wetter, ging Braun zurück ins Gebäude, brachte einen Hut mit Krempe heraus, gab ihn Pinio und sagte ihm, er sei willens ihn und seine Frau im Gebäude zu behalten. Pinio lehnte es ab zu bleiben. Er hatte zwei Schwestern, seinen Bruder und Ehefrau und welches Schicksal ihnen auch bevorstände, er wollte es teilen."[559]

Nicht alle Häftlinge nahmen also die angebotene Hilfe Brauns an. Sein Rettungsengagement war offensichtlich ausgeprägt.
Zum Fall Szwajzer ist noch zu ergänzen, dass seine Erschießung durch Friedhofsdokumente belegt ist. Dr. Birgit Sack schrieb: *„Laut Bestattungsbuch wurde er wegen Waffentragens erschossen und hatte einen Einschuß an der Schädeldecke."* Er wurde am 14. Mai auf dem Johannisfriedhof Dresden Tolkewitz beerdigt. Als Geburtsjahr wird *1903* und als Alter *32 Jahre* notiert. Das korrekte Geburtsjahr dürfte also 1913 gewesen sein, was sich mit der Censuserhebung aus Bedzin deckt, wo er 1939 als „Fabriksleiter" geführt wird. In den Flossenbürger Nummernbüchern ist als Geburtsdatum der 04.04.1913 Cheladi (=Czeladz bei Bedzin/Bendsburg) angegeben. An seinem tragischen Tod besteht also kein Zweifel. Es hat sogar eine Verwandte Pesia Ianovski am 25.03.1957 ein Gedenkblatt für ihn eingereicht, wo sein Tod im Jahr 1942 in Auschwitz angenommen wird.
Abraham Schweizer soll am 09.10.1952 zur Überführung nach Israel aus dem Grab 5F 6 31 ausgehoben worden sein. 1957

---

[558] FloNo.: 38474

[559] Sophie Machtinger. S. 50
"Engineer Braun, the supervisor, came out and looked us over. He was the one Pinio worked with. While we were standing in the yard, in the cold weather, Brown went back into the building, brought out a hat with abrim, gave it to Pinio and told him he was willing to keep him and his wife in the building. Pinio refused to stay. He had two sisters, his brother and wife and whatever destiny was theirs he wanted to share it."

behauptete allerdings ein Jakob Berneman (*01.01.1913 Radom AuNo.: 18800?) vor dem Landgericht München I (Aktenzeichen 7 EK 1147/52) unter dem Namen *Abraham Schweizer* im Ghetto Lodz, Auschwitz, Stutthof und Dresden gewesen und in Theresienstadt befreit worden zu sein. Ob es sich hier um einen Betrugsversuch handelte oder der Mann tatsächlich, z.B. statt Henryk Plonski, in Dresden war, und die Identität Szwajzers nur für die Durchsetzung seiner Entschädigungsansprüche nutzen wollte, muss ohne Akteneinsicht in München offen bleiben.

Fabrik-Rückkehrer

1.	Werebejczyk	Chanan	Befreit in Dresden
2.	Radzyner	Nataniel	Befreit in Dresden
3.	Majer	Josef	Befreit in Dresden
4.	Lasman	Benjamin	Befreit in Dresden
5.	Halter *07.09.1930	Roman Chodecz	„Roman Podlaski“ Oberpoyritz/Theresienstadt
6.	Bass *12.08.1920	Bernhard Wien	Befreit (Ort unbekannt) FloNo.: 38373 „Franz“
7.	Fajwlowicz *31.03.1927	Teofila Lodz	Befreit in Dresden FloNo.: 59701
8.	Krawczyk *04.02.1912	„Moniek“ Warschau	Befreit bei Chemnitz FloNo.: 38454 „Boxer“
9.	Precel (?) *08.12.1918	Anita (?) Berlin	Befreit in Theresienstadt FloNo.: 59821 (vgl. Arensen)
10.	Frymorgen *20.12.1923	Moniek P. Bedzin	Befreit in Zwickau FloNo.: 38414 ‚Max Wilder‘
11.	Perlmutter *23.03.1923	Nacha Wloclawek	Befreit in Zwickau FloNo.: 59815
12.	Mendlowicz *28.12.1908	Henryk Lodz	Befreit in Dresden FloNo.: 38476
13.	Pechman *15.03.1920	Aron Krakau	Befreit in Dresden FloNo.: 38485
14.	Piotrkowski	Tauba	„Bronka Kengerska“ Befreit in Wilschdorf
15.	Piotrkowski	Gabriel	„Jusi Yalocha“ Befreit in Wilschdorf
16.	Piotrkowski	Noech	„Yam Bidura“ Befreit in Wilschdorf
17.	Sztayer	Abraham	Befreit in Oberpoyritz
18.	Szwajcer	Adam	Erschossen in Oberpoyritz

F8: Niutek, Tamar, Moe Radzyner; sitzend **Harry Radzyner**

Niutek Radzyner gehörte der ersten Fluchtgruppe, Tamar Radzyner, geb. Teofila Fajwlowicz, der zweiten Fluchtgruppe an.

F9: Gedenktafel am Fabrikgelände

F10: Treffen Überlebender und Angehöriger 2002 (Friedhof) Anlässlich der Einweihung der Gedenktafel an der Fabrik

Teil 3: Stationen der Deportation Häftlingstransporte und Überstellungen

3.1 Transport vom 24. November 1944

Folgende Aufstellung rekonstruiert anhand der Häftlingsnummern des KZ Stutthof die Zusammensetzung der Überstellung nach Flossenbürg ins Außenlager Dresden Bernsdorf & Co. nach Einlieferungstransporten aufgeschlüsselt. Die späteren Dresdner Häftlinge waren also alle zwischen Juni und Oktober 1944 in Stutthof eingetroffen. Lediglich 18 Frauen der 500 Überstellten hatten nicht das KZ Auschwitz Birkenau durchlaufen, sondern waren von der Sipo Kowno (Kauen / Kaunas) oder aus Riga in Stutthof eingeliefert worden.

Ankunft	**Herkunft**	**Nummernbereich**	**Männer**	**Frauen+J.**
29.06.1944	Auschwitz	37642-40143	0	1
19.07.1944	Sipo Kowno	47904-49000	0	2
20.07.1944	Auschwitz	50571-53070	0	5
09.08.1944	Sipo-Riga	56095-62477	0	12
23.08.1944	Sipo-Riga	69664-71742	0	3
23.08.1944	Sipo-Riga	71743-74071	0	1
28.08.1944	Auschwitz	74288-77087	0	14
03.09.1944	Auschwitz Metallressort	81968-84372	194	224+4
10.09.1944	Auschwitz	81300-81967	0	2
10.09.1944	Auschwitz	84618-85699	0	7
27.09.1944	Auschwitz	87812-92312	0	9
28.10.1944	Auschwitz	99130-100629	22	0
		Total:	**216**	**284**

22 Männer und mindestens 56 Frauen wurden in Stutthof der Gruppe des Metallressorts angeschlossen. Einige Frauen sprechen lediglich von 50 Personen oder 50 Frauen. Nancy Fordonski, die mit ihrer Schwester dem Transport angeschlossen wurde, erinnert 1982:

> “[…]Und sie sollten nach Dresden gehen, zu dieser Munitionsfabrik. Aber irgendwie waren es ältere Menschen, jüngere Menschen, sie brauchten noch weitere fünfzig Menschen, jüngere Mädchen für diesen Transport [....] Ich bin mir nicht sicher, oder hatten sie auch einige Männer. Von den Männern, oder sie nahmen einige jüngere, gesündere Männer auch. So wurden fünfzig von uns genommen.“[560]

Bei Rachel S. heißt es:

> „In Stutthof wurden einige Selektionen durchgeführt – ungefähr 50 Menschen wurden ausgesondert, teilweise in Stutthof umgebracht, teilweise deportiert. Niemand wurde wiedergegeben. Die fehlenden in unserer Gruppe wurden durch andere arbeitsfähige ergänzt und nach Dresden-Bernsdorf kamen wir Ende November 1944 wieder in einer Gruppe von 500 Menschen. Dresden-Bernsdorf war ein Arbeitslager, welches in einer ehemaligen Zigarettenfabrik untergebracht war.“[561]

Auch Ruth Alton spricht in ihrer Autobiografie von 50 Frauen, die als Ersatz ausgewählt wurden.[562] Der Häftlingsliste sind weitere Angaben über die jeweilige Deportation dieser Personen zu entnehmen. Die Herkunft der Metallressortgruppe aus Lodz wurde bereits im ersten Kapitel dieses Buches ausführlich beschrieben. Daher fällt dieser Teil außerordentlich kurz aus.

---

[560] Nancy Fordonski 29.05.1982.
Original: And they were supposed to go to Dresden, to that ammunition factory. But somehow they were older people, younger people, they needed another fifty people, younger girls for that transport you know, that they could do more work than the other people.[…] So they wanna have fifty more women. I'm not sure or they had some men too. From the men or they picked some younger, healthier men also. So they were picked fifty from us.”

[561] Aussage Rachel S. BArch B 162 / 8328 S.98f. – 07.11.1967

[562] Ruth Alton. Deportiert von den Nazis. S.88

3.2 Unregelmäßigkeiten bei der Überstellung aus Stutthof

Auffallend an der Transportliste des KZ Stutthof ist außerdem, dass einige Personen, die auf der Liste standen, nachträglich wieder gestrichen wurden. In etlichen Fällen war dies nachweislich krankheitsbedingt, denn die Häftlinge verstarben laut Lagerdokumenten einige Tage später (vgl. S. 256f). Es scheint also so, dass die verbliebenen oder ergänzten 500 Personen auch tatsächlich nach Dresden auf Transport gegangen seien. Im KZ Flossenbürg wurde aber scheinbar bei der Registrierung der Neuankömmlinge nur eine alphabetische Transportliste als Zugangsbeleg verwendet und handschriftlich übertragen. Die fehlenden Identitäten blieben unbemerkt. So gerieten wohl einzelne Personen in die Häftlingsregister, die scheinbar ebenfalls in Stutthof zurückgeblieben waren. Dies dürfte für den polnischen Juden Henryk Plonski (FloNo.: 38490) aus Lodz und die litauische Jüdin Schina Ringermacher (FloNo.: 59844) aus Schaulen gelten. Letztere wurde laut Akte des Internationalen Suchdienstes in das Arbeits- bzw. Außenlager ZAL Altendorf in Schlesien überstellt und wurde nach Rücküberstellung ins Stammlager später in Stolp befreit. Auch Plonski will bis zum 15. März 1945 in Stutthof geblieben sein und wurde aus dem Stammlager nach Stolp evakuiert. Er soll am 3. Mai 1945 die Versenkung der Cap Arcona in der Lübecker Bucht bei Neustadt überlebt haben. Henryk Plonski gehörte definitiv zur Gruppe des Metallressorts und von ihm liegt auch ein Bericht für das Jüdische Historische Institut in Warschau vor, in dem er über Chimowicz und Czarnulla Auskunft gibt. Von Dresden ist darin nicht die Rede. Warum er nicht mit auf Transport ging, ist unbekannt.
Da wahrscheinlich trotzdem genau 500 Personen das Außenlager der Firma Bernsdorf & Co. in Dresden erreichten, wären also mindestens zwei Plätze bzw. Flossenbürger Häftlingsnummern „frei“ geblieben. Dementsprechend konnte im Rahmen der Recherchen immerhin auch eine weibliche Identität festgestellt werden, Esther Herzberg, geb. Wroclawska, die plausibel angibt mit ihrer Schwester Leah (FloNo.: 59928) in Dresden gewesen zu sein, während sie sich weder auf der Transportliste noch in den Flossenbürger Lagerregistern nachweisen lässt. (SVHF 504)

Teil 4: Statistik, Daten, Diagramme Forschungsstand und Datenbasis

4.1 Fehlerhafte Literatur und falsche Daten

In diesem Kapitel sollen einige Fehler in der vorhandenen Sekundär- und Zeugnisliteratur zum Außenlager Dresden Bernsdorf & Co. explizit angesprochen werden, um die Fehlinformationen ausdrücklich richtigzustellen. Da es zu diesem Außenlager bislang nur wenig Literatur gab, halten sich die Korrekturen aber auch in einem überschaubaren Rahmen.
So schrieb Ulrich Fritz, Mitarbeiter der Gedenkstätte Flossenbürg, in *Der Ort des Terrors* leicht irreführend:

> „Unter den Frauen befanden sich auch elf Kinder der Jahrgänge 1930 bis 1939, davon zwei Jungen, wie der korrigierende Vermerk „Knabe“ in den Nummernbüchern beweist. [...] Die Forderungsnachweise der Flossenbürger Kommandantur an die Firma Bernsdorf erhoben bis Jahresende 1944 Beträge für durchschnittlich 65 männliche Fach- und 125 Hilfsarbeiter, für 282 weibliche Hilfsarbeiterinnen (deren Zahl bis Ende Dezember auf 265 sank) sowie auch für elf „Lehrlinge“, d.h. die bereits erwähnten Kinder, für deren Zwangsarbeit täglich je 2 Reichsmark gefordert wurden. Die meisten Männer und die „Lehrlinge“ hatten alle zwei Wochen einen freien Sonntag, während die Frauen durchgehend arbeiten mussten.“[563]

In dieser Textpassage stimmen mehrere Fakten nicht oder werden missverständlich miteinander verknüpft. Zwar ist richtig, dass in der Frauenserie elf[564] Kinder der Jahrgänge 1930-1939 registriert wurden, den korrigierenden Vermerk „Knabe“ gab es aber viermal und es befanden sich trotz eines Fehlers auch vier

[563] Ulrich Fritz. Dresden (Bernsdorf). In: Der Ort des Terrors. S.84f.
[564] FloNo.: 59675, 59742, 59836, 59842, 59846, 59861, 59862, 59879, 59899, 59916, 59927

Jungen unter diesen Kindern.[565] In der Männerserie gab es aber weitere acht[566] Jungen der Jahrgänge 1930-1939. Insgesamt sind für das Lager also 19 Kinder, 12 Jungen und 7 Mädchen bis 14 Jahre registriert. Hinzu kämen noch all diejenigen, die sich für die Zugangsbücher älter ausgaben, um als arbeitstauglich zu gelten und ebenfalls erst 1930 oder später geboren worden sind. Dies könnte ca. 15[567] weitere ‚Kinder' bis zu 14 Jahren im Lager bedeuten. Dies sind zwar alles nur kleinere Ungenauigkeiten, die von Fritz getroffenen Aussagen geben die ausgewerteten Dokumente aber nicht ganz richtig wieder.

So entsprechen die „durchschnittlich elf Lehrlinge" auch sicher nicht den Kindern aus der Frauenserie. Denn es werden anfangs 282 ‚Frauen' abgerechnet, obwohl es im Lager eigentlich nur 280 weibliche Häftlinge gab. In der Zahl der abgerechneten Frauen waren also auch Kinder als vollwertige Zwangsarbeiter inbegriffen. Bei den Lehrlingen, von denen vom siebten bis 16. Dezember 1944 jeweils zwölf Personen abgerechnet wurden[568], müsste es sich daher ganz klar um Jungs oder männliche Jugendliche gehandelt haben, da sich anfangs 220 männliche Häftlinge im Lager befanden und maximal 128 Hilfsarbeiter, und 66 Facharbeiter pro Tag abgerechnet werden. In Summe mit zwölf Lehrlingen ergäbe das 206 Personen. Die Fehldifferenz ist durch Krankheits- und Todesfälle zu erklären. Die Forderungsnachweise über die Tagessätze der Lehrlinge beziehen sich also ganz klar auf Häftlinge der Männerserie.

Aber auch die Daten verschiedener Gedenkbücher sind nicht in jedem Einzelfall richtig. So ist im Theresienstädter Gedenkbuch fälschlicherweise Greta Rosenzweig[569] als befreites Todesopfer gelistet. Die Todesdaten beziehen sich aber auf ihren Ehemann Harry. Greta Rosenzweig, später Berkowitz, überlebte.

Basierend auf den Angaben im Theresienstädter Gedenkbuch, hat sich auch eine falsche Opfermeldung in das Flossenbürger

---

[565] Vgl.: FloNo.: 59861, 59862, 59879, ‚59899', [59836]

[566] FloNo.: 38362, 38396, 38426, 38498, 38530, 38543, 38552, 38561

[567] Vgl. FloNo.: 59697, 38412, 59717 ?, 38429, 38437, 59761, 59831, 59838, 59854, 59871, 38518, 38531, 38538, 59892, 59919 ?, 59922

[568] Forderungsnachweis Nr. Flo.773

[569] FloNo.: 59851

Gedenkbuch eingeschlichen. Auch gegenüber der ersten Auflage des vorliegenden Bandes gibt es zwei Korrekturen zu vermeintlichen Todesfällen. Erna Hirschenhauser überlebte den Krieg, das Gedenkblatt Yad Vashems für ihre Mutter, auf dem sie als Kind mit eingetragen ist, wurde falsch interpretiert. Zudem ist nicht Nacha sondern Hanach Perlmutter in Dresden verstorben. Hier wurde in den Nummernbüchern ein Todesvermerk in die falsche Zeile eingetragen und somit fälschlicherweise der Schwester der Betroffenen zugeordnet. Nacha floh aber vom Evakuierungsmarsch und wurde in Zwickau befreit. Auch zu ihnen bestehen also im Flossenbürger Gedenkbuch überholte Informationen. Die Fehleinträge wären in einer künftigen Ausgabe zu korrigieren und die noch nicht erfassten Todesfälle der Adela Radzyner und z.B. der Genia Fajwlowicz zu ergänzen. Ebenfalls falsch ist darin wohl der Eintrag zum Tod der Chana Tarnowska[570], der im Flossenbürger Nummernbuch eingetragen war. Tarnowska wurde während der Ludwigsburger Vorermittlungen vernommen. Wahrscheinlich war ein Schreiber auch hier um eine Zeile verrutscht und die Todesmeldung bezog sich auf Mira Taflewicz, die am selben Tag abgemeldet wird. Ein ähnlicher Fehler liegt beim Eintrag zum Todesfall Chaim Fajermann bei den Männern vor. Friedhofsunterlagen des eigentlich verstorbenen Schija Fajerman[571] und die dokumentierte Ankunft Chaim Fajermans in Leitmeritz, sowie dessen Interview für die Shoah Visual History Foundation machen diesen Zeilenfehler bei der Todeseintragung offensichtlich. Nummernbucheinträge sind also unbedingt abzusichern.

Korrigiert werden muss auch die Aussage „Die verbliebenen Häftlinge werden zu Fuß über Zwodau und Neu Rohlau nach Theresienstadt evakuiert“[572], die sich aus missverständlichen Aussagen ergab und beide Evakuierungsmärsche miteinander verschmilzt. Wie hier klar und detailliert dargelegt werden konnte, wurden über 200 Häftlinge entlang der Elbe nach Theresienstadt und über 140 Jüdinnen nach Zwodau evakuiert, von wo sie über Neurohlau z.T. letztlich Libochowitz erreichten.

---

[570] FloNo.: 59903

[571] FloNo.: 38407

[572] Cziborra: Frauen im KZ. S.42 vgl. Fritz: Der Ort des Terrors. S. 87

4.2 Übertriebene und falsche Häftlingsaussagen

Auch die Häftlingserinnerungen entsprechen nicht immer ganz der historischen Wahrheit. Das ist aber ein ganz gewöhnliches Phänomen, dem alle Menschen unterliegen.[573] So lassen sich nahezu in jeder Häftlings-Autobiografie Unstimmigkeiten, Erinnerungstäuschungen und Fehlinterpretationen finden. Dies trifft auch auf Bronia Sonnenscheins *Victory over Nazism* zu. Sie schreibt:

> „Der Grund, und ich glaube es ist der einzige Grund warum wir drei überlebten, war die Tatsache, dass wir zusammen blieben, ohne das Wissen unserer Peiniger. Hätten sie gewusst, dass es da eine Mutter mit ihren zwei Töchtern gab, hätten sie uns sicherlich voneinander getrennt."[574]

Diese Interpretation ist unschlüssig, da nicht nur für das Außenlager Dresden Bernsdorf & Co., sondern für nahezu alle nationalsozialistischen Lagerstandorte gemeinsame Überstellungen von Müttern und Töchtern oder Schwestern nachzuweisen sind, und sie auch dann nicht bewusst voneinander getrennt wurden, wenn sie den gleichen Nachnamen trugen. Es ist wahrscheinlich, dass viele Häftlinge unter solchen Trennungsängsten litten[575]. Eine systematische Quälerei durch absichtliche Trennung von Familienmitgliedern hat es aber nicht gegeben. Einteilungen zu Arbeitstransporten wurden unter anderen Gesichtspunkten vorgenommen. Wenn dabei Familien auseinandergerissen wurden, hatte das in der Regel fachliche, medizinische, ideologische oder logistische Gründe.

---

[573] Vgl. Pascal Cziborra. Frauen im KZ. & Cziborra. KZ Autobiografien

[574] Bronia Sonnenschein. Victory over Nazism. S. 13
Original: „The reason, and I believe it to be the only reason that the three of us survived was the fact that we were together – unknown to our tormentors. Had they known that there was a mother and her two daughters they surely would have seperated us."

[575] Vgl. auch Erna F. Rubinstein. The survivor in us all. S.129 & Cziborra KZ-Autobiografien S.102f.

Auch die Zeitangaben in Häftlingserinnerungen sind häufig fehlerhaft und Haftzeiten werden nicht selten überdehnt. Sonnenschein konstatiert:

> „Unser Aufenthalt in Stutthof dauerte vier Monate. Im Dezember 1944 wurden wir erneut transportiert, diesmal zum Zwangsarbeitslager in Dresden.“[576]

Der Abtransport fand allerdings schon am 24. November statt und die Häftlinge aus dem Metallressort in Lodz hielten sich nur knappe drei Monate in Stutthof auf.
Ähnliche zeitliche Diskrepanzen lassen sich auch im Oral-History-Interview von Tauba Weiss am 14.09.1989 für das United States Holocaust Memorial Museum (USHMM) finden. So heißt es in der Interviewbeschreibung „Tauba arbeitete etwa ein Jahr lang in Dresden.“[577] oder „Tauba verblieb in Auschwitz nur für ein paar Monate.“[578]. Tatsächlich hielt sie sich als Angehörige der Metallressortgruppe nur drei Tage in Auschwitz auf und arbeitete nur knappe fünf Monate in bzw. bei Dresden.
Die hochgradige Fehlerhaftigkeit von zeitlichen Erinnerungen konnte anhand zahlreicher Beispiele über den Lagerkomplex Flossenbürg bereits in der wissenschaftlichen Studie „KZ Autobiografien. Geschichtsfälschungen zwischen Erinnerungsversagen, Selbstinszenierung und Holocaust-Propaganda“ nachgewiesen werden.[579]
Hinsichtlich der Häftlingssterblichkeiten sind in Autobiografien oder ausführlicheren Häftlingsberichten ebenfalls sehr oft Übertreibungen nachzuweisen.[580] So berichtet Sonnenschein:

> “Wir waren nur ein paar Wochen in Pirna, aber Hunderte von unserem Transport starben dort. Ich bin nicht in der

[576] Bronia Sonnenschein. Victory over Nazism. S. 14
Original: “Our stay in Stutthof lasted four months. In December 1944 we were again transported, this time to the forced labor camp in Dresden.”
[577] Original “Tauba worked at Dresden for about a year.”
[578] Original: „Tauba remained in Auschwitz only for a few months.“
[579] Vgl. Pascal Cziborra. KZ-Autobiografien. S.80ff.
[580] Vgl. Pascal Cziborra. KZ-Autobiografien. S.109ff.

Lage zu verstehen wie es möglich für uns war zu überleben. Aber wir schafften es. [...] Es war März 1945 als wir nach Dresden zurückkehrten und am 12. April näherten sich die Russen Dresden und wir wurden erneut aus der Stadt getrieben. Begleitet von SS-Männern, begannen wir unseren „Todesmarsch". Wir hatten keine Ahnung, was unser Ziel sein würde. Wir marschierten 12 Tage ohne Essen, ohne Obdach, während Bomben über uns flogen. Wir gingen überwiegend an der Elbe entlang. Jene, und davon gab es so viele, die auf dem Weg starben, wurden einfach in den Fluss geworfen. Um unseren Durst zu stillen, tranken wir aus demselben Fluss. Der Lebenswille hatte uns schließlich verlassen. Paula und ich entschieden es zu beenden. So nahe beim Fluss zu sein schien in ihm zu ertrinken der einfachste Weg. Wir konfrontierten Mutter damit. Sie stimmte zu, aber bat uns nur noch einen Tag abzuwarten, den 24. April, Paulas Geburtstag. Genau an diesem Tag betraten wir Theresienstadt; die Deutschen ließen uns dort und wir wurden von der jüdischen Gemeinde von Theresienstadt – dem Modell-Ghetto – übernommen. Der Plan war alle KZ-Häftlinge in diesem Ghetto zu konzentrieren, das später in die Luft gejagt werden sollte. Aber ihnen lief die Zeit davon und so war es Gottes Wille, dass wir weiterlebten, um den jungen russischen Soldat zu hören, wie er uns am 8. Mai mitteilte, dass wir nun frei seien."[581]

---

[581] Bronia Sonnenschein. Victory over Nazism. S. 15
Original: „We were only a few weeks in Pirna, yet hundreds from our transport died there. I am at a loss to understand how it was possible for us to survive. But we did. […] It was March 1945 when we returned to Dresden and on April 12, the Russians having advanced towards Dresden, we were again being driven out of this city. Accompanied by SS men, we started our "death-march". We had no idea of what our destination would be. We marched for 12 days with no food, no shelter, bombs flying above us. We mostly walked along the river Elbe. Those, and there were so many, that died on the way, were simply thrown into that river. To quench our thirst we drank from the very same river. The will to live had finally left us. Paula and I decided to end it all. Being so close to the river, drowing in it seemed to be the simplest way. We confronted mother with it. She agreed, but begged us to

Diese Textpassage ist gespickt mit Übertreibungen und literarischen Dramatisierungen. Vor allem eine dreistellige Opferzahl der Bernsdorfer Häftlinge in Pirna kann mit Sicherheit ausgeschlossen werden, auch dürfte es weniger Todesopfer auf dem Marsch nach Theresienstadt gegeben haben, als Sonnenschein suggeriert. Dass dabei wirklich Leichen in der Elbe entsorgt wurden, lässt sich nach derzeitigem Kenntnisstand aber nicht dementieren.

Ob die Schwestern Strauss und Lenga wirklich am 23. April, einen Tag vor der Ankunft in Theresienstadt Selbstmordpläne hegten, die wegen des anstehenden Geburtstags aufgeschoben wurden, oder ob es sich hier mehr um eine literarische Konstruktion handelt, muss ebenfalls offen bleiben.

Die zeitliche Dimension und die Ankunft am 24. April in Theresienstadt sind aber soweit stimmig.

Mit den Übertreibungen oder Fehleinschätzungen zur Häftlingssterblichkeit ist Sonnenschein aber nicht allein. Auch in der Autobiografie von Roman Halter lassen sich etliche weniger plausible Darstellungen finden. Dabei sind sogar ganz konkret angedeutete Todesfälle höchst fraglich.

> „Am nächsten Morgen wurden wir früh geweckt. Bei dem Appell mussten die Kräftigen stehen, während die Schwachen und Kranken auf der Erde lagen. Der befehlshabende SS-Offizier verkündete, daß wir in der Nähe einer Stadt seien und er wollte Freiwillige, die die Schwachen zum Bahnhof tragen sollten, um sie in einen Zug zu verladen. Freiwilligen werde ebenfalls erlaubt, mitzufahren. Die übrigen wurden willkürlich von der Liste ausgewählt. Darunter war auch jemand aus der Auschwitz-Gruppe, der Moniek nahestand. Herr Nuss-

---

wait just one more day, the 24th of April, Paul's birthday. On that very day we entered Theresienstadt; the Germans left us there and we were taken over by the Jewish community of Theresienstadt – the model ghetto. The plan was to concentrate all concentration camp inmates in that ghetto which was to be blown up later on, But they ran out of time and so it was God's will that we lived to hear the young Russian soldier tell us on May 8, 1945 that we were free."

baum wurde selektiert, und ich sah wie seine Frau eine SS-Offizierin anflehte, ihn begleiten zu dürfen. Es wurde ihr erlaubt. Mir taten alle leid, die uns nun verließen, besonders der begabte und kluge Herr Nussbaum und seine Frau, „Peezia".[...] Einige Zeit später hörten wir Schüsse in der Ferne. Die SS-Männer und SS-Frauen kehrten lachend zu uns zurück. Einer von ihnen behauptete, sie hätten gerade noch den Zug erreicht, in dem auch Juden aus anderen Gegenden Deutschlands fuhren. Aber wohin, das konnte niemand sagen.

Wir wurden nicht nach Pirna gebracht. Stattdessen ging es weiter südlich zu einer Kleinstadt mit einer Eisenbahnstation."[582]

Roman Halter suggeriert mit dieser Textpassage ein Massaker an kranken Häftlingen, dem scheinbar auch gesunde Häftlinge willkürlich zum Opfer gefallen seien. Derartige Schilderungen erwiesen sich aber als weniger glaubhaft, da die erwähnte Frau Nussbaum in Theresienstadt befreit wurde. Auch gibt Rena Korn 1967 zu Protokoll:

> „Ich sollte anmerken, dass nach zwei Tagen Fußmarsch, man mich (ich war im 9. Monat der Schwangerschaft) und mehrere Patienten in einen Zug setzte, der uns nach Theresienstadt nahm."[583]

Ingenieur Nussbaum wird allerdings auch von Szyja Wegrodzki[584] als späteres Evakuierungsopfer bestätigt.

Selbst recht konkrete Aussagen zu den Evakuierungsopfern erweisen sich im Fall Dresden Bernsdorf also nicht immer als stichhaltig, widersprechen sich gegenseitig oder der Dokumentenlage.

---

[582] Roman Halter. S.157f.

[583] BArch B 162 / 8329 S.209 Polnisches Original: „Musze zaznaczyc, ze po dwoch dniach marszu, ona mnie (bylam w 9-tym miesiacu ciazy) i jeszcze kilku chorych umiescila w pociagu, ktory zawiozl nas do Theresienstadt."

[584] FloNo.: 38553 Vgl. ZIH 301/3762 S.4

Auch andere Textpassagen Halters, sind mangels konkreter Anhaltspunkte und anderweitiger Bestätigungen als zweifelhaft einzustufen. So schreibt er über die Evakuierung nach dem Bombenangriff Mitte Februar:

> „Gegen Abend tauchten neue hohe SS-Offiziere auf, um das Kommando über unsere Gruppe zu übernehmen. Sie ließen uns zur Panzerfabrik in Pirna marschieren, quartierten uns in einem Schuppen für Bauholz ein, wo es angenehm warm war. Morgens gab es sogar richtige Suppe. Dann entschieden sie, „uns auszudünnen".
> Diesmal erhielten diejenigen, die sich zu schwach fühlten, die Gelegenheit, sich freiwillig zu melden. Sie wurden zur Krankenstation geschickt, dort bekamen sie ein Bett, noch etwas Suppe und die tödliche Injektion."

Der suggerierte Tod im Krankenrevier per (Phenol-)Injektion ist eher ein Episodenelement der Stammlagergeschichte und soll Häftlinge aus Lodz im KZ Stutthof getroffen haben. Unter dem Vorwand eine Vitaminspritze zu erhalten, wurde u.a. der Vater Erich der Salomonovic Brüder dort ermordet. Fundierte Hinweise auf derartige Vorkommnisse in Mockethal-Zatzschke gibt es nicht, wenngleich auch im Vernehmungsprotokoll des Samuel L. der Begriff *Injektion* fällt. Da keine Opfer konkretisiert werden und sich auch aus den umfangreichen Recherchen zum Lager nicht ergeben, sollte mit derartigen Aussagen vorsichtig umgegangen werden, insbesondere da Roman Halters Autobiografie auch an etlichen anderen Stellen bezüglich der Verlässlichkeit negativ auffiel.
Die Aussagen über seine 9-köpfige Fluchtgruppe sind besonders auffällig und bezüglich vieler Aspekte widerlegbar und damit unglaubwürdig. Angeblich wurden von den gemeinsam Geflohenen fünf Männer und zwei Frauen ergriffen und erschossen, so wird es jedenfalls suggeriert, und nur er und die Freundin des Anführers seien befreit worden.

> „In der Auschwitz-Gruppe war ein Mann namens Franz, der nur deutsch sprach. Es hieß (nach seiner Erzählung),

daß er in der deutschen Luftwaffe gewesen war und an der Bombardierung Londons und anderer Städte teilgenommen hatte. Aber als er auf Heimaturlaub in Wien war, hatte er seinem Vater geholfen, ein entlaufenes Schwein zu schlachten. Wegen dieser Straftat wurden sie verhaftet. Während ihres Verhörs stellte sich dann heraus, daß Franz' Großmutter Jüdin war, also wurde er ins Konzentrationslager Auschwitz gesteckt. Er sah seine Familie nie wieder. So jedenfalls erzählte es Franz und blieb bei seiner Geschichte, wobei er sich uns Juden gegenüber riesig überlegen fühlte und sich bei jeder Gelegenheit aufspielte. Unter den Auschwitz-Häftlingen hatte er einige Freunde, und sogar eine Freundin, aber wir aus dem Ghetto Lodz mochten ihn nicht und mieden ihn."[585]

Ein solcher Wiener Häftling namens Franz lässt sich in den Flossenbürger Nummernbüchern für das Außenlager Dresden-Bernsdorf nicht nachweisen. Nach dem Ausschlussverfahren (es gab nur 22 männliche sogenannte Auschwitz-Häftlinge und davon nur einen Österreicher) muss Bernhard Bass[586], Vorbild für Halters Figur „Franz" gewesen sein. Im Gegensatz zu Halters Annahme, dieser sei 1945 ums Leben gekommen, wurde er (bei Dresden) befreit und ist am 24.08.1958 verstorben. Aus seiner Akte beim Internationalen Suchdienst in Bad Arolsen geht hervor, dass er „am Anfang des Krieges in Graz Thalerhof als Luftwaffensoldat beim Bodenpersonal beschäftigt war und später als Nichtarier (Halbjude) im K.Z. Auschwitz landete"[587]. Die durch Halter wiedergegebene Selbstdarstellung des Österreichers ist also soweit korrekt, möglicherweise mit der Teilhabe an der Bombardierung Londons aber etwas zu dick aufgetragen. Seine Auschwitzer Häftlingsnummer ist nicht bekannt, er will sich aber laut eigener Aussage seit dem 4. Januar 1942 im Lager aufgehalten haben. Sollte dies stimmen, wäre ihm eine 25.000er Nummer zuzuordnen.

---

[585] Roman Halter S.154
[586] FloNo.: 38373
[587] ITS Archiv 6.3.3.2 / 101389372

Ob sich Bernhard Bass in Dresden selbst „Franz“ nannte, z.B. um aus irgendwelchen Gründen seine wahre Identität zu verschleiern, oder Roman Halter einen falschen Vornamen erinnert oder diesen bewusst änderte, ließ sich nicht klären. Insgesamt wurden nur 22 männliche Häftlinge, die nicht zum Metallressort gehörten oder aus dem Ghetto Lodz stammten, dem Transport nach Dresden angeschlossen. Sie dürften später die sogenannte „Auschwitz-Gruppe“ gebildet haben und waren in Stutthof mit 99.000er und 100.000er Nummern registriert worden und sind demnach am 28. Oktober aus Auschwitz dort eingetroffen. Halter schreibt:

> „Weil der damalige Befehl den Transport von 500 Zwangsarbeitern betraf, mussten es auch weiterhin 500 sein, nicht mehr oder weniger. Die SS, peinlich genau wie immer in solchen Dingen, forderte aus Auschwitz mehr Männer und Frauen an, die stark und gesund aussahen. Sie waren erfahrene, hart aussehende ‚Katzetniks', die ein oder zwei Jahre in dem Konzentrationslager gewesen waren.“[588]

Zwar ist richtig, dass der Transport des Metallressorts in Stutthof auf eine Zahl von 500 Zwangsarbeitern aufgefüllt wurde, jedoch werden die Häftlinge nicht speziell dafür aus Auschwitz angefordert, sondern aus den zur Verfügung stehenden Häftlingsbeständen des KZ Stutthof selektiert worden sein. Mit der Aufenthaltsdauer im KZ Auschwitz hat Halter vor allem im Bezug auf die männlichen Häftlinge recht. Unter den Frauen befinden sich beispielsweise aber auch litauische Jüdinnen, die das KZ Auschwitz gar nicht durchlaufen haben. Bei Halters Schilderungen über die Auschwitz-Gruppe handelt es sich also mehr um eine literarische Konstruktion als um glaubhafte Erinnerungen.

Auch was die Person oder Figur *Moniek der Boxer* angeht, kommen immer mehr Zweifel auf. So schreibt Halter:

---

[588] Roman Halter. S.145

> „Die unbestrittene Führung in der Auschwitz-Gruppe hatte Moniek der Boxer, der Ende 1942, also sehr früh, ins Lager gekommen war und auf seinem Arm die unglaublich niedrige Nummer 55 trug. Das bedeutete, daß er fast zwei Jahre in Auschwitz überlebt hatte. Er war der geborene Anführer: Was Moniek sagte, wurde ohne Widerspruch befolgt. [...] In Dresden hatte sich Moniek während unserer Weihnachtsfeier in die Frau eines andren verliebt.“[589]

Diese Aussage kann so nicht stimmen, da die Auschwitzer Häftlingsnummer 55 an einen Jan Pierzchala[590] vergeben wurde, der 1943 ins KZ Krakau Plaszow überstellt wurde. Auch passen Zeitpunkt und genannte Nummer nicht zusammen, so erhielt der spätere Dresdner Häftling Jakob Weissberg[591], der bereits im Juni 1942 aus dem französischen Compiègne nach Auschwitz deportiert wurde, schon die Häftlingsnummer 39099 und Adam Szwajzer am 27. März 1942 die 27299. Von den 22 nachträglich zum Ressorttransport gestoßenen Häftlingen aus Auschwitz wurden drei[592] nach Mockethal überstellt, gehörten also nicht dem Evakuierungstransport Halters an, weitere 12[593] wurden in Theresienstadt befreit und blieben wohl bis zum Ende bei der Marschgruppe. Zudem ist Adam Szwajcer[594] bei anderer Gelegenheit in Dresden geflohen. Nach dem Ausschlussverfahren hat sich damit die Auschwitz-Gruppe von 22 Personen auf sechs potentielle Kandidaten reduziert, von denen fünf tatsächlich mit Roman Halter geflohen sind. Lediglich Jakub Zajdenberg[595], dessen Verbleib unbekannt ist, ließ sich nicht mit der Fluchtgruppe in Verbindung bringen.

---

[589] Roman Halter S.155

[590] *15.05.1921 – laut Auskunft der Häftlingsdatenbank der Gedenkstätte

[591] FloNo.: 38547

[592] FloNo.: 38404, 38445, 38486

[593] FloNo.: 38354, 38355, 38356, 38393, 38398, 38399, 38408, 38437, 38472, 38512, 38536, 38547

[594] FloNo.: 38544

[595] FloNo.: 38564

Während Bernhard Bass also das Vorbild für den Häftling *Franz* gewesen ist, dürfte Moszek Krawczyk[596], der später in Chemnitz befreit wurde, Vorbild für *Moniek den Boxer* gewesen sein. Der zweite „Moniek" war Pinkus Frymorgen[597], der nach dem Krieg Max Wilder hieß. Er war mit seiner Freundin und späteren Ehefrau Nacha Perlmutter[598] geflohen und mit ihr letztlich in Zwickau befreit worden. Ebenfalls zur Gruppe gehörten der überlebende Flüchtige Aron Pechman[599], der in Dresden befreite Chaim Henryk Mendlewicz[600] und die ebenfalls nach Dresden zurückgekehrte Teofila Fajlowicz[601]. Sie heiratete später Niutek aus der ersten Fluchtgruppe und veröffentlichte unter ihrem Namen Tamar Radzyner Gedichte und Chansons. Lediglich der Name der wiederergriffenen Freundin *Moniek des Boxers* ließ sich bislang unter den in Theresienstadt befreiten Häftlingen nicht identifizieren. Alle neun Personen der Fluchtgruppe haben aber den Krieg überlebt. Es ist davon auszugehen, dass Roman Halter seinen sieben totgeglaubten Weggefährten nie wieder begegnete und nichts von ihrem Überleben wusste.
Aber auch die Geschichte über Monieks Verwendung im KZ Auschwitz klingt in Halters Autobiografie recht fragwürdig:

> „Im Lager bestand eine der von Mengele ersonnenen Bestrafungen für „disziplinlose" SS-Männer darin, sie allein in eine abgedunkelte Zelle einzusperren, wo Moniek mit Maske und Boxhandschuhen auf sie wartete. Er schlug auf die Übeltäter so lange ein, bis eine Glocke ertönte. Keiner von ihnen erfuhr jemals die Identität des Schlägers. Für diese Dienste erhielt Moniek von Mengele zusätzliche Lebensmittel."[602]

---

[596] FloNo.: 38454
[597] FloNo.: 38414
[598] FloNo.: 59814
[599] FloNo.: 38488
[600] FloNo.: 38476
[601] FloNo.: 59701
[602] Roman Halter S.155

Möglicherweise gehört diese Episode ins Reich der Holocaust-Mythen und der Horrorgeschichten, die einige Überlebende immer wieder verbreiten.[603] Es soll aber in der Tat in Jarzowo einem Außenlager Auschwitzs Schaukämpfe von Häftlingen auf Leben und Tod gegeben haben.[604]
Der Auschwitzer Lagerarzt Dr. Mengele dürfte aber wenig mit der Bestrafung von SS-Wachen zu tun gehabt haben. Als Täterprominenz muss er aber sehr oft als symbolische Projektionsfigur herhalten und seine medizinischen Experimente gehören beinahe fest zum Inventar von Auschwitzberichten. So dürfte es sich bei dem bei Halter geschilderten Fall aber eher um ein kolportiertes Lagergerücht handeln:

> „Ich bekam mit, wie Moniek zu einem seiner Freunde sagte: „Heute Nacht ist es soweit.“ Dieser Mann hieß auch Moniek, hatte aber den Spitznamen ‚der Hoden', weil Mengele als Teil eines Experiments in Auschwitz einen seiner Hoden entfernt hatte. Er wollte herausfinden, ob dies bei gewalttätigen Männern die Aggression reduzierte. Es ging das Gerücht um, daß Mengele die männlichsten Juden ausgesucht hatte, um Hoden zu sammeln. Sie sollten deutschen Soldaten implantiert werden, die an der russischen Front am Unterleib verletzt worden waren. Aber Alfred Chimowicz sagte, das sei völliger Unsinn, weil kein Deutscher einem deutschen Soldaten ein jüdisches Ei annähen würde.“[605]

Wieviel Wahrheit hier in Halters Schilderungen steckt, ist nur schwer einzuschätzen. Nach der Logik und der Zuordnung nach vorhandener bzw. ergriffener Freundin, müsste es sich bei *Moniek dem Hoden* um Pinkus Frymorgen alias Max Wilder handeln, der erst im August 1943 mit einem Transport aus dem Ghetto Sosnowitz in Auschwitz eingeliefert wurde und dort die sechsstellige Häftlingsnummer 134190 erhielt. Er war laut Auschwitzer Dokumenten vom 28.01.1944 bis 28.04.1944 in der

---

[603] Vgl. Pascal Cziborra. KZ-Autobiografien S.125ff. & 141ff.
[604] Vgl. Hertzko Haft geboren als Moses Fiedler
[605] Roman Halter S.159

Strafkompanie in Auschwitz. Das könnte durchaus zu einem sanktionierten Gewaltausbruch und Aggressionspotential passen. Ob er tatsächlich Opfer von Experimenten des SS-Arztes Dr. Mengele geworden ist und dieser seine Versuchskandidaten in der Strafkompanie fand, muss vorerst offen bleiben. Im Rahmen der Einweisung ins Straflager entstanden wohl auch die (Portrait)Fotos zur erkennungsdienstlichen Erfassung, die ihn als attraktiven maskulinen jungen Mann zeigen.
Nicht alle geschilderten Begebenheiten Überlebender sind aber authentisch und nicht jedes vermeintliche Versuchsopfer echt. So heißt es beispielsweise auch bei der Interviewbeschreibung des Oral-History-Interviews mit Tauba Weiss:

> „Einmal wurde Tauba in Auschwitz in einen Raum mit hellen Lichtern gebracht. Sie wollten ihr als Experiment eine ihrer Brüste amputieren. Sie weiß nicht genau was passierte, aber irgendwie gelang es ihr zu entrinnen. Sie denkt der Doktor wurde krank. Wie auch immer, sie hat bis heute ungeheure Angst vor kleinen Räumen mit hellen Lichtern. Tauba möchte die Leute wissen lassen, dass was ihr in den Lagern angetan wurde, eine wahre Geschichte ist.“[606]

Sehr wahrscheinlich gibt sich hier Tauba Weiss als ein Beinahe-Opfer medizinischer Experimente aus, das sie vermutlich gar nicht war. Dagegen spricht zum einen der nur wenige Tage währende Lageraufenthalt in Birkenau und die Unterbringung im Durchgangslager. Besonders die vage Schilderung der Situation macht ihre Aussage sehr verdächtig.
Ebenfalls ins Reich der Holocaust-Legenden gehört die verbreitete Schilderung vor allem durch polnische Juden, dass Knochen oder Leichenfette jüdischer Holocaustopfer in der industriellen

[606] Original: „One time in Auschwitz, Tauba was taken into a room with bright lights. They wanted to cut off one of her breasts for an experiment. She does not know exactly whatt happened, but somehow she escaped. She thinks the doctor got sick. However, she still has a tremendous fear for small rooms with bright lights. Tauba wants people to know that what happened to her in the camps is a true story.”

Seifenproduktion verwendet wurden. Dieses Gerücht entstand wegen der Seifenprägung „RIF“ mit einer Produktionsnummer, die für *Reichsstelle für industrielle Fette* stand, aber in Polen als „*rein jüdisches Fett*“ uminterpretiert wurde.[607] Dieses Gerücht hat sich nicht nur in Häftlingsberichten bis heute erhalten, sondern wurde auch über Jahrzehnte in Gedenkstätten als historische Wahrheit „verkauft“. In Stutthof wanderte die Seife erst 2001/2002 aus der Ausstellungsvitrine in den Archivfundus zurück.[608] Tamar Radzyner greift die Seife im Gedicht „Häftlingsnummer 82-128. Konzentrationslager Stutthof“ [609] auf.
Auch die Überlebende Sophia Machtinger referiert in ihren Memoiren von 1955 auf diese Seifenlegende und neigt zur Übertreibung was die Rasur der Häftlinge in Auschwitz angeht. Sie schreibt:

> „Wir wurden eine nach der anderen in den nächsten Raum der Baracke geschoben. Dort waren junge Frauen anderer Nationalitäten, die die Aufgabe hatten uns mit einem DDT-Typ Entlausungspuder einzusprühen, und gleichzeitig zu überprüfen ob wir bei irgendeiner Gelegenheit irgendwelche Wertsachen versteckt hätten. Nach der Inspektion bekamen wir alle ein Stück grauer Seife, die aus dem Fett jüdischer Leichen bestand. Wir nahmen ein Brausebad in einem Duschraum. Dann gingen wir alle in den nächsten Raum, wo unsere Köpfe mit elektrischen Rasierern geschoren wurden, erst auf der einen Seite dann auf der anderen“[610]

---

[607] Vgl. Joachim Neander. “Seife aus Judenfett”
[608] Pascal Cziborra. KZ-Autobiografien. S.126f.
[609] Tamar Radzyner: Nichts will ich dir sagen. S.150ff.
[610] Sophie Machtinger. S.27 Original: „We were shoved into the next room in the barracks one by one. There were young women of other nationalities had the job of spraying us with some DDT-type delousing powder, at the same time checking to see if we had by any chance hidden some valuables. After the inspection we all got a cake of gray soap made from the fat of Jewish corpses. We took a shower in a shower room. Then we all went into the next room, where our heads were shaved with electric razors, first on one side and then on the other.“

Das Gerücht über die RIF-Seife wird hier als feste Tatsache in die Abfolge der Aufnahmeprozedur eingereiht und mit keiner Formulierung erklärt oder angezweifelt. Später schließt Machtinger an:

> „Als ich an der Reihe war, die Haare geschnitten zu bekommen, bot ich meine Schuhe der abgestumpften Mörderin[611] als Anreiz[612] an, aber sie lachte mich nur zynisch an und befahl mir, mich auf den Schemel zu setzen, dass sie mir meine Haare leichter schneiden könnte. Es fühlte sich an, als wenn mein Herz mit einem Dolch durchbohrt würde und Tränen rannen mir über die Wangen. Als Krönung gab es dort einen Spiegel und ich konnte sehen wie schnell mein geschätztes Haar auf den Boden fiel. Es fühlte sich an, als hätte man mich komplett entkleidet, als wenn ich entblößt und in einen Wurm verwandelt wäre. Mit dieser Aktion beraubten sie mich meiner ganzen Selbstachtung. Das war Teil des Deutschen Konzepts uns zu demütigen, uns zu brechen und uns in Ungeziefer zu verwandeln. Millionen unglücklicher Frauen machten diese höllische Entwürdigung durch, die Opfer von Auschwitz."[613]

Natürlich war die Rasur bei Aufnahme ins Lager Auschwitz entwürdigend und ging besonders bei den Frauen mit einer Entfemininisierung, generell mindestens mit einer Entindividualisierung, teilweise aber auch mit einer religiösen oder sozialen

---

[611] Weiblicher Funktionshäftling, der als Kriminelle deklariert wird.

[612] Hier im Sinne von Bestechung zu verstehen.

[613] Sophie Machtinger. S.27 Original: When it was my turn to have my hair cut, I offered my shoes as inducement to the hardened murderer, but she just laughed cyniyally at me and ordererd me to sit on the stool so that she could cut my hair easily. I felt as if my heart had been pierced with a knife and tears streamed down my cheeks. On top of it all, there was a mirror there and I could see how quickly my treasured hair was falling to the floor I felt as if I had been stripped of everything, as if I had been laid bare and transformed into a worm. With this action they deprived me of all my self-esteem. This was part of the Germans' scheme to abase us, break us, and turn us into vermin. Millions of unfortunate women went through this hellish degradation, the victims of Auschwitz."

Kränkung[614] einher. Die Reduzierung der Behaarung hatte aber auch konkrete Ursachen in der Ungeziefereinschleppung und -bekämpfung und für den Entlausungserfolg. Die von Machtinger angeführte Zahl von „Millionen“ Opfern ist jedenfalls deutlich übertrieben, da Vergasungsopfer in der Regel diese Prozedur der Lageraufnahme nicht durchliefen. Die geschilderte Prozedur dürften also „nur“ zwischen 100.000 und 200.000 Frauen in Auschwitz erlitten haben.

Ebenfalls übertrieben sind Machtingers Angaben zu den Bombenopfern in Dresden. 1987 geht sie explizit von 300.000 Todesopfern der großen Bombardierung im Februar aus. Eine von der Stadt Dresden berufene Historikerkommission hat aber mittels verschiedener wissenschaftlicher Verfahren und Analysetechniken zwischen 2004 und 2010 zusammenfassend in ihrem Abschlussbericht festgestellt, dass die Opferzahl nicht über 25.000 Personen gelegen haben dürfte, und von den Deutschen selbst zu Propagandazwecken verzehnfacht wurde. Ein großer Teil der Bombardierungsopfer ist durch Bestattungsbelege und Todeserklärungen namentlich bekannt.

Aber auch geografische Erinnerungen können täuschen. So schreibt Machtinger 1987:

> „Wir überquerten marschierend die Hügel der hübschesten Orte – Karlsbad. Der Fluß Elbe nahm kein Ende.“[615]

Hierbei wurden offensichtlich zwei geografische Elemente verschiedener Evakuierungen mit Beteiligung Bernsdorfer Häftlinge miteinander verschmolzen. Karlsbad liegt zwar auch an einem Fluss, der Ohře bzw. Eger, aber mehr als 80km Luftlinie von der Elbe entfernt. Hier dürften also Erinnerungsberichte der verschiedenen Evakuierungen inhaltlich miteinander vermischt worden sein. An der Elbevakuierungsroute lagen als größere Städte Tetschen (tsch.: Decin) und Aussig (tsch.: Usti).

Die Unsicherheit der Erinnerungen lässt sich auch bezüglich der eigenen Häftlingsnummer und der Schreibweise von Orten belegen.

---

[614] Z.B. wenn die orthodox-jüdische Barttracht bewusst geschändet wurde.

[615] Sophia Machtinger. S.51 „We walked passing the hills of the most beautiful places-Karlsbad. There was no end to the Elbe River.”

Frajdla Lieberman geb. Dawidowicz schreibt am 30.07.1950 an den Internationalen Suchdienst in Bad Arolsen:

> "Hierdurch bitte ich hoflichst eine K.Z.Bescheinigung mir zu schicken. Ich war in Ghetto Lodz bis den 28. VIII.1944 bis ich nach Auschwitz deportiert wurde, nach 3-4 Tage wurde ich nach Stutthof deportiert. Aus Stutthof wurde ich nach Dresden überfü[h]rt. In Dresden habe ich bei Bibov [sic!] in Munition-Fabrik (Schanthaller str. 78 [sic! Schandauer Str. 68]) gearbeitet. Nach einem Bomben Angrif[f] als die Fabrik zerstört wurde ging ich in ewakuation [sic! Evakuierung] nach Pirno [Pirna] K.Lager. Von Pirno [Pirna] gingen wir nach Swodau [Zwodau], von Swodau [Zwodau] nach Neurolau [Neurohlau], von Neurolau [Neu Rohlau] nach Karlsbad und am 8.Mai 1945 wurde ich in Eich [Aich] befreit.
> Ich bemerke dabei, dass wir zu Flossenburg [Flossenbürg] gehörten und der Nummer den [sic!] ich erhalten habe war wahrscheinlich (59730) [!59680], ich kann mich aber nicht genau entsinnen, dadurch bitte ich mir mein[e] K.Z. Bescheinigung mit den richtigen Nummer aufzusuchen wofür ich danke [im] voraus."[616]

Am 3. September 1950 ergänzt sie aus Föhrenwald:

> „Nach Dresden bin ich gekommen von Stut[t]hof, und habe in Stut[t]hof den No 57731 [!83730] <u>wahrscheinlich</u> erhalten. Den Nummer habe ich nicht austautowiert [auftätowiert] bekommen[,] so dass ich nicht genau ihn behalten kann, es kann auch sein dass der von mir angegeben Nummer nicht übereinstimmt in seine Zusammenstellung viel[l]eicht ist es nicht 57000 sondern 75000 und in Dresden ist es möglich[,] dass ich den selben Nummer hatte wie in Stut[t]hof.
> Ich bemerke dabei[,] dass in Dresden waren 4 Dawidowicz zusammen aus Stut[t]hof gekommen, ich bin <u>Dawidowicz Frajda</u> trotzdem war Dawidowicz Pola meine Schwester, ja.
> In Erwartung auf Ihre Antwort in voraus dankend
> Hochachtungsvoll F. Lieberman[617]

---

[616] Brief vom 30. Juli 1950 - ITS TD 252990 : 6.3.3.2 / 90046648

[617] Brief vom 3. September 1950 - ITS TD 252990 : 6.3.3.2 / 90046663f.

4.3 Die Häftlingszwangsgemeinschaft

D1: Altersstruktur KZ Dresden Bernsdorf&Co. nach Jahrgängen Transport vom 24.11.1944 – 500 Juden aus Stutthof

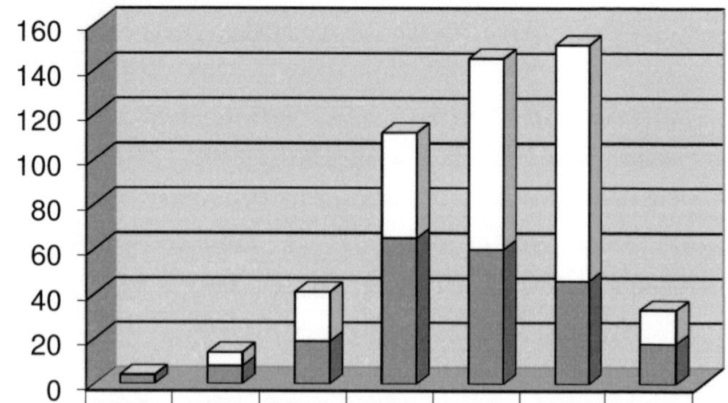

	1870-1879	1880-1889	1890-1899	1900-1909	1910-1919	1920-1929	1930-1940
□ Frauen real	0	6	22	47	85	105	15
■ Männer real	4	8	19	65	60	46	18

D2: „Gestauchte" Angaben laut Flossenbürger Nummernbuch:

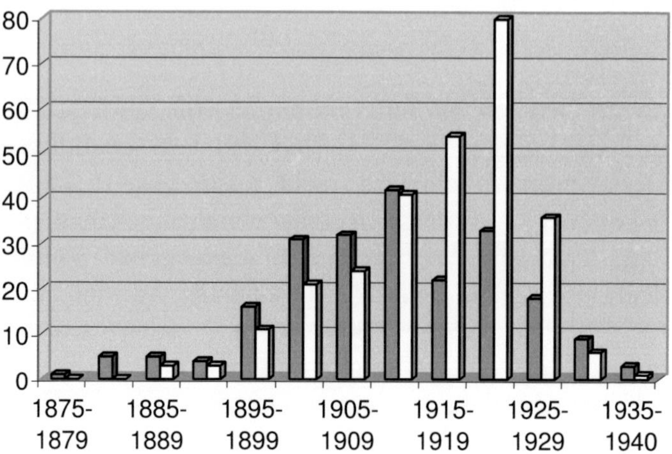

	1875 1879	1880 1884	1885 1889	1890 1894	1895 1899	1900 1904	1905 1909	1910 1914	1915 1919	1920 1924	1925 1929	1930 1934	19 19
F	0	0	3	3	11	21	24	41	54	80	36	6	1
M	1	5	5	4	16	31	32	42	22	33	18	9	3

4.4 Häftlingsliste Außenlager Dresden Bernsdorf & Co.

Für folgende Häftlingsliste des Lagers, die auch als Basis für die Diagramme zur Altersstruktur diente, wurden diverse Dokumente und Daten miteinander abgeglichen und vereinigt. Neben den Nummernbüchern mit den Häftlingsnummern aus dem KZ Flossenbürg [FloNo.] liegen auch die Häftlingsnummern aus dem KZ Stutthof [StuNo.] vor, die entsprechenden Transportlisten zu entnehmen waren. Die Nummernserien der Frauen und Männer wurden hier miteinander vermischt, um Familienstrukturen besser sichtbar zu machen, dabei wurde jedoch die Nummernabfolge beider Serien beibehalten. Da es für verschiedene Familiennamen, vor allem bei den Anlauten S, Sz, Sch, und Z diverse Varianten gibt, sind damit aber nicht immer sofort alle Familienmitglieder sichtbar. Für einen Großteil der Häftlinge konnten außerdem aus überlieferten Ghettounterlagen genaue Adressen ihrer Wohnungen im Ghetto Lodz ermittelt werden und sind in die erstellte Häftlingsliste in der Spalte der Deportationsdaten eingepflegt. Zudem fand ein Abgleich mit der Theresienstädter Datenbank statt, wo ein Großteil der Häftlinge befreit werden konnte. Damit können auch für eine Person etliche, vor allem im Jahrgang variierende Geburtsdaten vorliegen. Dabei ist anzunehmen, dass Altersangaben im Ghetto und nach der Befreiung in der Regel verlässlicher sind, als solche, die unter Selektionsdruck gemacht worden waren. Kinder und Jugendliche wurden in der Regel als älter ausgegeben, und reifere Personen, vor allem die Jahrgänge vor 1900, machten „verjüngende" Altersangaben, um als arbeitstauglich zu gelten. Bei konkurrierenden Angaben, ist allerdings oftmals nicht zu entscheiden, welche Angabe richtig ist.
Alle weiteren Dokumente, Interviews, Autobiografien etc. die weiteren Aufschluss über das einzelne Schicksal beinhalten oder Äußerungen der Häftlinge darstellen, wurden in die Spalte Opferstatus/Quellennachweis eingetragen. Der Hinweis auf eine Evakuierung über [Zwodau] und [Neu Rohlau], wurde je nach Platzangebot der Spalte *Deportation* oder *Opferstatus* zugefügt. Folgende Kürzel wurden verwendet: **TDB** = Theresienstädter Datenbank; **JGB** = Jüdische Gemeinde Berlin – DP-Kartei; **SVHF** = Interviewnummer der Shoah Visual History Foundation; **F:** = Familie: Eltern, Ehegatten, Kinder, Geschwister; **B:** Beruf (meist laut Ghettounterlagen Lodz); **PR:** Postwar Residence; Aufbau Database; **B162** = Bundesarchiv Ludwigsburger Stelle; **HBG** = Haus der Bayerischen Geschichte; **WJC** = Wold Jewish Congress; **JA** = Jewish Agency - Survivor List II; **PoT** = Page of Testimony Yad Vashem. **ZIH** = Jüdisches Historisches Institut Warschau; **V50** = Vorkommando Obersitz; **K24** = Aufräumkommando Dresden.

Transport vom 28.11.1944 aus Stutthof

FloNo. Nation StuNo	**Name**,*Mädchenname **Vorname** [Varianten]	**Geburtsdaten** **Deportationsdaten**	**Opferstatus** **Quellennachweis**
59654 POL 83642	Abrahamovitz, *Stall Rivka [Regina]	24.10.1910 Lódz [24.10.1915]	Befreit 08.05.1945 in Theresienstadt TDB
59655 POL 83641	Abramovitz, [Abrahamowicz] Rosa	15.10.1918 Lódz [25.11.1918] [15.11.1918]	Befreit 08.05.45 in Theresienstadt TDB JGB B. 1/9, Nr. 1 DP-Kartei: 20
59656 POL 87815	Aisen, Aison Loah [Leah] Lea	03.04.1909 [Auschwitz]	**Identität ungeklärt** **Schicksal unklar**
38354 POL 99133	Althaus, Isak [Izaak] AuNo.: **73551** ITS TD 322760	08.12.1924 Ciechanów Zichenau [Auschwitz]	10.04.45 Mockethal Befreit 08.05.1945 in Theresienstadt TDB [Leitmeritz]
38355 POL 99135	Altaus, Jeruchim [Nuchim] AuNo.:	17.12.1917 [03.10.1917] Ciechanów Zichenau [Auschwitz]	Befreit 08.05.1945 in Theresienstadt TDB [Leitmeritz]
38356 POL 99132	Althaus ‚Altaus', Szymon [>Simon] AuNo.:	09.01.1919 Ciechanów ‚Zichenau' [Auschwitz]	Befreit 08.05.1945 in Theresienstadt SVHF 17771 TDB
38357 POL 84352	Altmann, Aria [Arja]	30.08.1905 Lódz [30.08.1907] [Nechcice]	Befreit 08.05.1945 in Theresienstadt TDB ‚B 162/8330 S. 424'
59657 POL 81974	Altmann, *Modkowitz Paula	01.09.1906 Lódz [01.09.1908]	Befreit 08.05.45 in Theresienstadt TDB
59658 POL 81975	Altmann, Ruth	07.09.1923 Lódz [07.09.1928]	Befreit 08.05.1945 in Theresienstadt TDB
38358 POL 84342	Amsel, Izrael Isaak	17.11.1903 Lódz [Brzezino]	Befreit 08.05.1945 in Theresienstadt TDB [Leitmeritz]
59659 POL 81970	Amsel, *Löwkovicz Regina	10.11.1906 Lódz	Befreit 08.05.1945 in Theresienstadt TDB

59660 POL 81331	Arensen, Alina [>Alina Maria] [>Machnicka] ‚Marischa Aaronson‘ ITS TD 723586	05.06.23 Lódz [05.07.1923] Warschau Krakau-Plaszow [Auschwitz]	Geflohen (nach Pirna), befreit Ort unbekannt SVHF 3785 Vgl. SVHF 40967
59661 POL 83645	Anszelewicz, *Zalel Fela [>Felicja Helfgot]	14.10.1914 Lodz [14.10.1919] [Zwodau] [Neu Rohlau]	Befreit bei Karlsbad nach Flucht auf Evakuierung B 162 / 8329 S.210f.
59662 LIT 60813	Ass, [As] *Langvil Bassia [Batia] [>Batia Conywill]	15.08.1920 [Wilna] 15.07.1920 [Sipo Riga]	Befreit Ort unbekannt ITS TD 496161
38359 POL 84138	Bajer, [Bayer] Jankel [Jankiel] [Jakow] [> Jack] F: Sohn von 38360	15.06.1926 Siedlec [15.06.1928] A: Hamburger 42F25 Fisch 15	Befreit 08.05.1945 in Theresienstadt TDB [Leitmeritz]
38360 POL 84139	Bajer, Meische [Moszek] Moische F: Vater von 38359	10.06.1898 Sokolow [15.04.1898] ? A: ? Hamburger 42F25 Fisch 15	10.04.45 Mockethal **Verstarb 1945 Ort unbekannt**
38361 POL 84147	Bajser [Bajzer], Mordka Mendel [Mordechaj] B: Schlosser F: Sohn von 59663 F: Bruder von 38374	01.07.1918 Saniki A: Richter 8F33, Pogonowski 26	**Starb am 10.01.45 in Dresden** Ab: 17.01.1945 Bestattet auf dem Johannisfriedhof Dresden Tolkewitz am 24.01.1945 [‚Marta Bajser’]
59663 POL 82007	Bajzer, *Orner Genia [Gela] F: Mutter von 38361 F: Mutter von 38374	03.10.1896 [1892] A: Richter 8F33, Pogonowski 26	**Schicksal unklar** Vgl. B 162 / 8328 S.96
38362 POL 84131	Bande ‚Baude’, David [Dawid] F: Sohn von 38569 B: Schüler	01.07.1931 Wielun [07.11.1933] [23.08.1932] A: Alexanderhof 22F9	Befreit 08.05.1945 in Theresienstadt TDB [Leitmeritz]
38363 POL 84143	Barabak, Marceli [Majer] Marcel	14.01.1925 Lódz [14.01.1926] [14.01.1928] A: Korn Gasse 14F2	Befreit 08.05.1945 in Theresienstadt TDB [Leitmeritz] ‚B 162/8330 S.425’

59664 POL 82008	Barabak, *Rosenthal Ryfka[Rywka] Regina	15.06.1900 Lódz [23.07.1896] [12.02.1894] A: Korn Gasse 14F2	Befreit 08.05.1945 in Theresienstadt TDB
38364 POL 84145	Barabak, Symmek [Zyss] [Sygmunt]	20.01.1891 Lódz [20.01.1892] [14.02.1896] A: Korn Gasse 14F2	Befreit 08.05.1945 in Theresienstadt TDB
38365 POL 84141	Berkowitz, [Berkovits] Moses [Mojsze] [Mojsche] F: Bruder von 38378	20.11.1913 Lututow ‚Landsstadt' Landstätt	Befreit 08.05.1945 in Theresienstadt TDB [Leitmeritz] Postwar: Bamberg / Lututow Submitter PoT
38366 POL 84350	Bart, Isaak [Ajzyk Izak] Izaak [>Irving Bart]	27.11.1923 Lódz [28.11.1923] A: Sulzfelder 39F1	Befreit 08.05.1945 in Theresienstadt TDB [Leitmeritz]
38367 POL 84157	Bart, Rachmil [Zirachmiel] F: Vater von 38366 F: Vater von 38368 B: Maurer	16.06.1893 Bubjaschow [19.06.1893] A: Sulzfelder 39F1	Befreit 08.05.1945 in Theresienstadt Vgl. SVHF 10435 https://yadvashem.ca/portfolio-item/irving-bart/
38368 POL 84158	Bart, Sliama[Szlama Hersz] [>Sam Bart]	01.05.1925 Lódz [01.06.1926] A: Sulzfelder 39F1	Befreit 08.05.1945 in Theresienstadt SVHF 10435
59665 POL 83707	Baruch, Adela [>Fridman]	04.01.1916 04.01.1919 Lodz	Befreit DP-Camp Salzheim ITS TD 253372
38369 POL 84146	Baruch, Benjam. [Benejon] Benzion	12.03.1910 Lódz	Befreit 08.05.1945 in Theresienstadt TDB [Leitmeritz]
38370 POL 84357	Baruch, David [Dawid] B: Ledermeister	16.11.1911 Lódz A: Hohensteiner 12F28	Befreit 08.05.1945 in Theresienstadt TDB [Leitmeritz] Jewish Survivors II Jewish Agancy
38371 POL 84134	Baruch [Reder], Hirsch-Majer [Hersz Majer] B: Schlosser	20.04.1915 Konstantynow A: Am Bach 15F60 Bier 23F2 Danziger 20	Befreit 08.05.1945 in Theresienstadt TDB
38372 POL 84151	Baruch, Jakow [Jankiel] [Jankel]	23.04.1910 Lódz [22.04.1910] A: Hohensteiner 12F28	10.04.45 Mockethal Befreit 08.05.1945 in Theresienstadt TDB

38373 ‚POL' RD 99186	Bass, Bernhard	12.08.1920 Wien [08.12.1920Aufbau] [18.08.20 Stutthof] [20.08.1920 Gestapo Vienna] [Auschwitz]	Befreit Ort unklar Aufbau: Wien Starb: 24.08.1958 ITS TD 513647 Vgl. Roman Halter
38374 POL 84149	Bajser, [Bajzer] Heneck [‚Bernard'] [Izrael Hersch] [Israel Henoch] B: Schlosser F: Sohn v. 59663 F: Bruder v. 38361	10.02.1926 Sanniki [10.11.1926] A: Richter 8F30, Pogonowski 26	**Starb am 07.01.45** **in Dresden** Nicht abgemeldet Bestattet auf dem Johannisfriedhof Dresden Tolkewitz am 24.01.1945 Vgl. B 162 / 8328 S.96
38375 POL 84135	Bender, Markus (Morikus) B: Arbeiter	01.03.1884 Lódz [01.07.1884] A: Hohensteiner 3F8 Wrzodau	**Starb 1945** **in Dresden** Ab 17.01.1945 Ab: 26.01.1945 Bestattet auf dem Johannisfriedhof Dresden Tolkewitz am 24.01.1945
59666 POL 81991	Beier, Suse [Sure]	01.07.1898 [‚01.07.1928']	**Identität ungeklärt** **Schicksal unklar**
38376 POL 84132	Berkowicz, Riva [Rywen] [Reven] B: Arbeiter	12.12.1907 Wielun ‚Welungen' A: Tal 21F10	10.04.45 Mockethal Befreit 08.05.1945 in Theresienstadt TDB
38377 POL 84128	Berkowitz, Adam [Abram] B: Schlosser	26.03.1924 Lódz [Wielun] A: Tal 21F10	Befreit 08.05.1945 in Theresienstadt TDB [Leitmeritz]
38378 POL 84140	Berkowitz [Berkowicz], Berek F: Bruder von 38365 B: Telefon.	17.08.1911 Lututow Wielun-Lodz A: Mühl 16F6 Franz 36	**Verstorben 1945** **Ort unbekannt** PoT übermittelt am 26.11.1976 durch den Bruder Mosze Berkowicz FloNo.: 38365
59667 POL 82053	Binke, Freida [Frania]	20.03.1921 Lódz [20.06.1922] A: Peprzova 21	Befreit 08.05.45 in Theresienstadt TDB [Leitmeritz]

FloNo. Nation StuNo	**Name**,*Mädchenname **Vorname** [Varianten]	**Geburtsdaten** **Deportationsdaten**	**Opferstatus** **Quellennachweis**
38379 POL 84130	Birenbaum, [Birnbaum] Chaim	19.02.1924 Lódz [‚24.02.1906' TDB Leipzig] A: Blattbinder 5F1	**Starb 1945** u.U. am 11.05.45 in Theresienstadt nach der Befreiung TDB, sonst Mockethal
38380 POL 84137	Birenzweig, [Birencveig] Berek	23.05.1901 Lipiko [23.05.1904] A: Rauchgasse 40F1	**Identität ungeklärt** **Schicksal unklar** YV PoT ID1340702
38381 POL 84136	Birnbaum, Chaim [Chajim] [Chaim Szymon] [Cyncynatus] B: Arbeiter B: Schlosser	02.04.1919 Lódz A: Rembrandt 4F17	Befreit 08.05.1945 in Theresienstadt TDB [Leitmeritz] B 162 / 8328 S.161f. ITS TD 366435
59668 POL 82035	Birnbaum, [Birenbaum] Pauline [Lotte]	01.07.1922 Lódz [01.07.1923] A: Insel 26F12 Franz 115	Befreit: Ort unklar Polish Survior List 1947 Line 15947 Vgl. 29.05.1982 Nancy Fordonski
38382 POL 84351	Bloch, Fiszel [Fischel] B: Metallarbeiter F: Ehemann v. 59670	02.10.1910 Lódz [27.10.1910] A: Hanseaten 25F32 Tal Weg 32	**Erschossen bei der Evakuierung** **am 28.04.1945** **in Leitmeritz** PoT durch die Schwester Yehudit Meiberg Vgl. ZIH 301/3762, ‚B 162/8330 S.438' ITS TD 395387
59669 POL 82015	Bloch, Laja	19.05.1909	**Identität ungeklärt** **Schicksal unklar**
59670 POL 82014	Bloch, *Krumholc Ryfka [Rywka] [>Regina] B: Haustochter/ Fotografistin F: Ehefrau v. 38382 [>Regina Salzenstein] [>Regina Salk]	23.12.1912 [23.12.1915] [25.12.1910] A: Hanseaten 25F32 Tal Weg 32F24 Zimmer 9F1	Befreit 08.05.1945 in Theresienstadt TDB ‚B 162/8330 S.430'

38383 POL 84153	Borowietzki [Borowiecki], Gerschon [Gerszon Mendel] B: Arbeiter F: Bruder v. 59671	08.06.1919 Litzmannstadt A: Insel 24F38, Ost 56	**Starb Januar 1945 in Dresden** Ab: 17.01.1945 Ab: 26.01.1945 Bestattet auf dem Johannisfriedhof Dresden Tolkewitz am 24.01.1945
59671 POL 81994	Borowiecka, [Borowiecki] Rabeka [Rebeka] [>Rywka Regina Lenczycka] B: Arbeiterin F: Schwester v. 38383	04.06.1912 [Juli 1912] [14.07.1912] A: Insel 24F38, Ost 56 [Zwodau] [Neu Rohlau]	Befreit in Tschechien B 162 / 8329 S.202f.
59672 POL 82016	Brendzel, Pola	05.05.1919	**Identität ungeklärt Schicksal unklar**
59673 POL 83720	Bresler, Chana [>Hanah Grayver] [>Chana Greiver] "Dziewczynka z łódzkiego getta"	08.10.1927 Lodz [09.08.1927] [08.09.1929] A: Baluter Ring 6 [Zwodau] [Neu Rohlau]	Befreit 1945 b. Mies nach Flucht mit Chana Wattenberg FloNo.: 59903 SVHF 45982 B 162 / 8328 S.96f. ITS TD 374966
59674 POL 82018	Brown, Regina	25.11.1902	**Identität ungeklärt Schicksal unklar**
59675 POL 83564	Brymann, Liliana [>Buchman] [>Lilianne Friedman] F: Tochter v. 59676 & 38384	14.07.38 Lodz [14.06.1938] [14.07.1939]	Befreit 08.05.1945 in Theresienstadt TDB SVHF 5369 ‚B 162/8330 S.426'
59676 POL 83563	Brymann, *Studentkowska Regina [>Buchman] F: Ehefrau v. 38384 F: Mutter von 59675	03.07.1910 Lodz [07.03.1910]	Befreit 08.05.45 in Theresienstadt SVHF 1587 TDB ‚B 162/8330 S.426'
38384 POL 84150	Brymann [Bryman], Salomon F: Ehemann v. 59676 F: Vater von 59675	31.12.1906 Kirov A: MatrosenGasse14F1 Sulzfelder 20 ITS TD 524848: **23.04.1945 in Pirna gestorben (?!)**	**Verstarb 1945 bei der Evakuierung** PoT von Cousin Zalman Shlak Vinogradov, Vgl. SVHF 1587, 5369 Vgl. ZIH 301/3762

38385 POL 84144	Brym, [Brim] Symma [Symcha] [Simche]	13.08.1913 Lódz	**Starb am 11.05.45 nach der Befreiung in Theresienstadt** TDB [Leitmeritz]
38386 POL 84129	Butkowski, Wolf	28.10.1909 Lódz A: Scheunen 10F23 Hohensteiner 17	Befreit 08.05.1945 in Theresienstadt TDB [Leitmeritz]
38387 POL 84358	Chimowicz, Hermann [Hersz] B: Klempner F: Bruder v. 38388 & 38389	19.04.1904 Lódz A: Runde 10F4 Buschlinie 50	Befreit 08.05.1945 in Theresienstadt TDB [Leitmeritz]
59677 POL 83689	Chimowicz, Jetta B: Büroangestellte F: Tochter v. 38388 & 59678 F: Schwester v. 38390	23.02.1923 Karlsruhe [Karslruhe Kriegstr. 97a] A: Hohensteiner 38F9 Runde 10 Runge10F4	Befreit 08.05.1945 in Theresienstadt TDB
38388 POL 84163	Chimowicz, Josef [Abram Josef] [Alfred] B: Klempner F: Ehemann v. 59678 F: Vater v. 59677 & 38390 F: Bruder v. 38387 & 38389	15.10.1902 Lódz [10.10.1901] [Karslruhe Kriegstr. 97a] A: Hanseaten 63F6 Hohensteiner 38F9 Runde 10	Befreit 08.05.1945 in Theresienstadt TDB [Leitmeritz] Fotos: USHMM 24849 USHMM 24852 USHMM 63033
59678 POL 83688	Chimowicz, Zlata [Sofia] [Zofie] B: Hausfrau F: Ehefrau v. 38388 F: Mutter v. 59677 & 38390	14.10.1901 Bedzin [14.10.1906] [Sosnowitz] [Kriegstr. 97a] A: Hohensteiner 38F9 Runde 10	Befreit 08.05.1945 in Theresienstadt TDB
38389 POL 84344	Chimowitz [Chimowicz], Israel Lejsor [Leo] [Leon] B: Klempner Ordnungsdienst F: Bruder v. 38388 & 38387	14.01.1911 Lódz A: Runde 10F1 Schiller 67 Storchen 12F11	Befreit 08.05.1945 in Theresienstadt TDB [Leitmeritz] Photo: USHMM 24852

38390 POL 84162	Chimowitz, Max 'Maks' B: Klempner F: Sohn v. 38388 & 59678 F: Bruder v. 59677	07.07.1924 Karlsruhe [Kriegstr. 97a] A: Hohensteiner 38F9 Runge 10	Befreit 08.05.1945 in Theresienstadt TDB [Leitmeritz]
59679 POL 84038	Chirug , Fraida[Iraida] [Frajda]	15.12.1920 Swincano [15.12.1915] A: Am Bach 14F37	Befreit 08.05.1945 in Theresienstadt TDB
38391 POL 84160	Chirug [Chirurg], Samuel	07.07.1908 Skidel A: Am Bach 14F37	Befreit 08.05.1945 in Theresienstadt ITS TD 360679
38392 POL 84164	Czaryski [Czanyski], Aria 'Azia' B: Ingenieur	27.04.1902 Wlosczzowa A: Sperling 26F14	Befreit 08.05.1945 in Theresienstadt TDB
38393 POL 99291	Dantos [Dantus], Majer [Mayer] [Max]	03.12.1923 Ciechanow ,Zichenau' [Ziechenau] [23.12.1925] [Auschwitz]	Befreit 08.05.1945 in Theresienstadt TDB [Leitmeritz] PR: Dresden PR: Berlin Aufbau Database
38394 POL 84165	Danziger, [Dancygier] Bronislaw Biniamin [Bronislaw Bencjon] B: Beamter	23.11.1904 Lódz [23.02.1904] [10.11.1904] A: Altmarkt 2F4 Ziegel 53	Befreit 08.05.1945 in Theresienstadt TDB [Leitmeritz]
59680 POL 83730	Davidowicz, Frajda [Dawidowicz] [>Lieberman] B: Schneiderin F: Schwester v. 59682	,07.05.1923' 01.05.1919 Blaszki [Zwodau] [Neu Rohlau] A: Hanseaten 9F54	Befreit 08.05.1945 in Eich (Brief S.15) ITS TD 252990 DP Föhrenwald (Brief S. 44)
59681 POL 83729	Davidovicz, Frymata	25.07.1924	**Identität ungeklärt** **Schicksal unklar**
59682 POL 83732	Davidovicz, [Dawidowicz] Paula [Pola] F: Schwester v. 59680	,12.06.24' Rychwał 26.02.1927 [22.02.] [Zwodau] [Neurohlau]	Befreit 1945 Ort unbekannt ITS TD 270716 DP Föhrenwald
59683 POL 83731	Davidovicz, [Dawidowicz] Sara [>Günsberg]	24.10.1924 25.10.1926 Lodz A: Zawadska 27	Befreit Ort unbekannt ITS TD 251461
59684 LIT 57349	Dawidowitsch, Rebeka[Domankiewicz] [>Regina Smolarz]	19.02.1926 19.02.1927 Wilno [Sipo Riga][Zwodau]	Befreit 1945 Damrau in Neurohlau (Pirna) ITS TD 542477

59685 POL 83727	Demaniewicz, [Domaniewicz] Mania [Mana]	20.05.1913 [20.05.1914]	Befreit 08.05.1945 in Theresienstadt TDB
38395 POL 84166	Domaniewitz [Domaniewicz], Abram	16.12.1910 Lódz [16.12.1913] A: Cranach 24F37 Krzyzowa 6	Befreit 08.05.1945 in Theresienstadt TDB [Leitmeritz]
38396 POL 84168	Drachmann, [Drachman] Jakob [Jakub Aron] [>Yakov Drakhman] B: Schüler F: Sohn v. 38397 & 59686	20.08.1934 Lódz [21.08.1935] [20.08.1935] A: Sulzfelder 36/38F35 Krauter 9	Befreit 08.05.1945 in Theresienstadt TDB SVHF 40370
38397 POL 84167	Drachmann, [Drachman] Mendel Wolek B: Klempner F: Ehemann v. 59686 F: Vater v. 38396	10.10.1909 Gombin [11.10.1909] A: Sulzfelder 36/38F35 Krauter 9	Befreit 08.05.1945 in Theresienstadt TDB
59686 POL 82073	Drachmann, *Frydel [Drachman] Sara Brana [Sura Brana] F: Ehefrau v. 38397 F: Mutter v. 38396	06.10.1913 Gombin A: Sulzfelder 36/38F35 Krauter Gasse 9F5	Befreit 08.05.1945 in Theresienstadt TDB ‚B 162/8330 S.426'
59687 POL 81495	Drechsler, Lena [>Lena Stahl]	03.03.1924 Lwów [14.03.1926] [Krakau Plaszow] [Auschwitz] [Zwodau]	Befreit 05.05.1945 Bei Marienbad B 162 / 8329 S.200f. ITS TD 432095
38398 POL 99292	Dziengiel, [Drzengel] [Dzingel] Mendel AuNo.: **?????** F: vgl. 38399	15.12.1924 [15.12.1925] [1926] Wiakow [Wyszków] [Auschwitz]	Befreit 08.05.1945 in Theresienstadt TDB PolishSurvivors PR: Wyszków
38399 POL 99293	Dziengiel, [Dzengel] Abraham AuNo.: **73597** F: vgl. 38398	14.11.1923 Miakow 10.10.25 Wyszków [Kyszkow] Wiszkop [Auschwitz]	Befreit 08.05.1945 in Theresienstadt TDB [Leitmeritz] ITS TD 493012
38400 POL 84169	Dzialosinski, [Dzieloszynski] [Dzialaszynski] Schmul [Samuel]	03.06.1903 Turek [04.05.1903] A: Alexanderhof 54F13	10.04.45 Mockethal Befreit 08.05.1945 in Theresienstadt TDB [Leitmeritz]

FloNo. Nation StuNo	**Name**,*Mädchenname **Vorname** [Varianten]	**Geburtsdaten Deportationsdaten**	**Opferstatus Quellennachweis**
59688 POL 83726	Dzialoszynska, [Dzieloszynska] [Dzialaszynski] *Pulvermacher Estera	06.10.1908 Sieradz [20.12.1896] ? A: Alexanderhof 54F13 ?	**Identität ungeklärt Schicksal unklar**
38401 POL 84171	Ehrlich, Josef [Yosek] [Josek] B: Uhrmacher F: Ehemann v. 59689	20.03.1895 Skalmierz [1898] [Ghetto Lodz]	**Starb März 1945 in Mockethal?** Ab: 28.03.1945 PoT vom Sohn Elkhanan Erlikh 16.10.1955
59689 POL 82096	Ehrlich, [Erlich] *Kolatach Mascha [Masza] F: Ehefrau v. 38401	12.05.1898 Dzialosyze [Ghetto Lodz]	**Starb Januar 1945 in Dresden** Ab: 26.01.1945 Bestattet auf dem Johannisfriedhof Dresden Tolkewitz 15.01.1945 PoT übermittelt am 16.10.55 vom Sohn Elkhanan Erlikh
59690 POL 83745	Eidlitz [Eidlic], *Lipszyc, Estera [>Ester Bernstein] B: Büroangestellte F: Ehefrau v. 38402	03.09.1910 Lodz [03.09.1908] A: Sulzfelder 20F12A Linden 8 [Pirna bis 23.03.45] [Zwodau] [Neu Rohlau]	Befreit am 07.05.45 Bei Lubomieszyce ‚B 162/8330 S.425' S.56ff. ITS TD 464009 YV PoT Submitter YV Item 3617962
38402 POL 84179	Eidlitz [Eidlic], Josef [Josek Manel] F: Ehemann v. 59690 ‚Edlis Yosef Emanuel' B: Rechtsanwalt B:„Schlosser"	‚21.05.1919' Lódz [26.05.1908] [21.05.1907] Sulzfelder 20F12A [Pirna]	10.04.45 Mockethal **Verhungert 1945 in Mockethal** B 162/8330 S.56ff. ITS TD 464032 YV PoT 1135697
59691 POL 83733	Eilenberg , Nacha	10.10.1916 Lódz [10.11.1916] A: Fisch 16F20 Ziegel 18	Befreit 08.05.1945 in Theresienstadt TDB ‚B 162/8330 S.426'
59692 POL 82907	Eilenberg [Ajlenberg], Sara B: Arbeiterin	28.06.1916 [28.06.1918] Sanniki	Befreit 08.05.1945 in Theresienstadt TDB

38403 POL 84170	Eilenberg [Ajlenberg], Simcha Binem [Symcha] [>Sam]	14.02.1910 Lódz A: Fisch 16F20	10.04.45 Mockethal Befreit am 08.05.45 in Zatzschke Jüdische Gemeinde Berlin Bestand B. 1/9, Nr. 1 DP- Kartei 1945-1949: Card 6439 B162/16166 S.154f.
38404 POL 99350	Engel, Berek AuNo.: **84007** B: Friseur	09.04.1920 [09.07.] [04.09.1920] Zakorczym 'Kakroczyn' [Buchenwald] [Oranienburg- Heinkelwerke] [Auschwitz] [Pirna] ITS TD 246868	10.04.45 Mockethal Befreit 08.05.1945 in Theresienstadt TDB [Leitmeritz] SVHF 5635 Jüdische Gemeinde Berlin Bestand B. 1/9, Nr. 1 DP- Kartei 1945-1949: Card 6485
59693 POL 83735	Engel, Estera	18.05.1917 Belchatow	**Starb am 25.12.44** **in Dresden** Ab: 03.01.1945 Bestattung auf dem Johannesfriedhof Dresden Tolkewitz 30.06.1950
38405 POL 84366	Engel, Jakob B: Technikzeichner	20.03.1906 Belchatow A: Konigsberger 25F8 Wald 3 Sperling 8F13 Bier 49	**Starb Januar 1945** **in Dresden** Ab: 17.01.1945 Bestattet auf dem Johannisfriedhof Dresden Tolkewitz 24.01.1945
59694 POL 83734	Engel, Roma	15.09.1919 [25.06.1912] ? A: Sperling 8F13 ?	**Schicksal unklar**
59695 POL 83828	Epstein, Renia [>Rena Korn] >F: Ehefrau v. 38450 B: Schneiderin	02.01.1922 Lódz 02.01.1921Kutno [Schwangerschaft]	Befreit 08.05.1945 in Theresienstadt B 162 / 8329 S.208f. ITS TD 243123
38406 POL 84176	Fajerman, Chaim Mordka [>Hy Feierman] [Feuermann]	25.01.1911 Zdunska Wola [Pirna] ‚Abmeldung 38407‘	10.04.45 Mockethal 19.04.45 Leitmeritz Befreit 08.05.1945 in Theresienstadt SVHF 28644

38407 POL 84177	Fajerman, Schija [Szyja] B: Schlosser F: Ehemann v. 59696 F: Vater v. 59697 & 38409	25.12.1901 Radomsko [25.07.1901] A: Sulzfelder 78F6 Kilin 7	**Verstorben 1944 in Dresden** Ab: 04.12.1944 [Eintrag verrutscht] Bestattet auf dem Johannisfriedhof Dresden Tolkewitz 02.12.1944
59696 POL 82107	Fajermann,[Fajerman] Idesa „Jolesa" „Idosa" B: Hausfrau F: Ehefrau v. 38407 F: Mutter v. 59697 & 38409	06.08.1902 A: Sulzfelder 78F6 Kilin 7 Bleicher 1F6	**Schicksal unklar**
59697 POL 82106	Fajermann, Sara B: Schülerin F: Tochter v. 38407 & 59696	14.08.1928 Lódz [14.08.1930] A: Sulzfelder 78F6 Kilin 7	Befreit 08.05.1945 in Theresienstadt TDB
38408 POL 99375	Feferling, Mojsze-Mendel [Mundek] [>Grosman] B: Friseur	20.02.1921[1920] Warschau AuNo.: **34018** [Auschwitz]	Befreit 08.05.1945 in Theresienstadt TDB [Leitmeritz] ITS TD 836573
38409 POL 84178	Feiermann,[Fajerman] 'Fefermann' Moses-Mordchai [Mojzesz] B: Schlosser F: Sohn v. 38407 & 59696 F: Bruder v. 59697	22.08.1923 Lódz [22.08.1925] A: Sulzfelder 78F6 Kilin 7	**Starb am 27.05.45 in Theresienstadt** nach der Befreiung TDB [Leitmeritz]
38410 POL 84175	Fainsilber, [Fajnzilber] Sanywel [‚Saugvel'] [Zanwel Hersz] B: Arbeiter	17.11.1902 Lódz A: Hohensteiner 16F6	**Schicksal unklar**
59698 POL 82132	Fajwlowicz, Edda [Estera] [>Eda Danziger] F: Halbschwester 59701	15.03.1922 Lodz A: Hohensteiner30AF7	Befreit 08.05.1945 in Theresienstadt ITS TD 410676
59699 POL 82134	Fajwlowicz, Genia *G.(Helena)Gotlibowska B: Hausfrau, Pianistin F: Mutter v. 59701	02.02.1905 [13.05.1899] A: Hohensteiner30AF7 Zegelniana 17	**Verstorben 1945 auf Evakuierung** vgl. Kurzbiografie Tamar Radzyner

59700 POL 82129	Fajwlowicz, Rachela [>Roma Kemp]	28.05.1924 Lodz [Zwodau] [Neu Rohlau]	Bei Karlsbad befreit 1945 ITS TD 420107
59701 POL 82128	Fajwlowicz, Teofila [>Tamar Radzyner] F: >Ehefrau v. 38500 F: Tochter v. 59699 B: Schülerin	31.03.1923 [31.03.1927] [31.03.1937][1932] A: Hohensteiner30AF7 Zegelniana 17	Befreit in Dresden nach Flucht bei Zschachwitz 1991 verstorben Lyrik: „Nichts will ich dir sagen"
59702 POL 83755	Federmann [Federman], Chaja B: Strickerin	20.08.1922 Zgierz A: Muhl 2F63 Muhl 2F28	**Schicksal unklar**
59703 POL 74824	Feiertag, [Fajertak] Regina [Rywka] Verwitwete Prajs Preis *Fajertag B: Hausfrau	25.06.1925 [25.06.1911 Lask] A: Insel 40F1 Insel 45 [Zwodau][Neurohlau]	Befreit im Mai 1945 in Tejpel (Sudeten) ITS TD 962536
59704 POL 85330	Flink, Soda [Seda]	08.09.1922 [Auschwitz]	**Identität ungeklärt** **Schicksal unklar**
59705 POL 85354	Fergasch, [Forgasch] Berta *Glück [>Berta Zolty] AuNo.: **A-23097** [12.08.1944]	11.05.1918 Dombrowa [KZ Plaszow] [Auschwitz] [Zwodau] [Neurohlau]	Befreit 08.05.1945 in (bei) Neurohlau DP-Straubing ITS TD 522398
38411 POL 84183	Friedmann, [Friedman] Eljasch [Elias] B: Schlosser, Schmied F: Vater v. 38412	20.05.1902 Zdunska Wola Litzmannstadt A:	10.04.45 Mockethal Geflohen? Vgl. B 162 / 8329 S.302 **Verschollen / 1945** **Umgekommen** ITS TD 958527 **April 1945 Dresden** YV PoT 1761195
38412 POL 84182	Friedman, Nachman [>Nathan Friedman] B: Arbeiter F: Sohn v. 38411	13.10.1925 [15.04.1931] [12.05.1929] Zdunska Wola A: Siegfried 13F18	Befreit 08.05.1945 in Theresienstadt TDB [Leitmeritz]
38413 POL 84172	Friedmann,[Fridmann] Simon ‚Somon' [Szymon Hersz Frydman] F: Ehemann v. 59706	22.05.1908 Litzmannstadt A: Hohensteiner 28F37	10.04.45 Mockethal Befreit am 07.05.45 in Zatzschke B162/16166 S.132f. YV Item 4503164

59706 POL 82136	Frydmann, Dina *Grünstein/Grynsztajn F: Ehefrau v. 38413	28.01.1913 28.01.1909 Lodz A: Zeromskiego 53; Hohensteiner 28F37	Befreit in Tschechei ITS TD 315233 YV Item: 4525114
38414 POL 99379	Fryjmorgen, [Frymorgen] Pinkus [„Moniek"] [Moniek Pinkus] [>Max Wilder] „Auschwitzgruppe" F: >Ehemann v. 59815	20.09.1923 Bendsburg [20.12.23 Bendzin] **AuNo.: 134190** [03.08.1943] 28/1/44 bis 28/4/44 Strafkompanie	Befreit Mai 1945 in Zwickau nach Flucht von Evakuierung DP Amberg/Weiden ITS TD 403502 Vgl. Roman Halter
59707 POL 82111	Fuchs, [Fuks] Krasel [Karola] *Horovitz / Horowitz F: Ehefrau v. 38415 F: Mutter von Abram Chaim 14.05.1930	25.03.1906 [28.10.1906] [28.10.1910] [28.10.1915] A: Franz Str. 68F6A Mühl Gasse 38F11	**Starb 1945** **Ort unklar** PoT vom Sohn Avraham Khaim Fuks am 03.04.1956 "Verstorben Stutthof 1944" Vgl. ZIH 301/3762 ITS TD 668397
38415 POL 84174	Fuchs, [Fuks] Pinkus B: Metallarbeiter B: Schlosser F: Ehemann v. 59707 F: Vater von Abram Chaim 14.05.1930	14.05.03 Radomsko [14.05.1904] Opoczno [20.05.1904] Mühl Gasse 38F11 Franz Str. 68F6A ITS TD 185250 **12.05.1945 10 Uhr** **Enterocolitis ac.**	**Starb am 13.05.45** **nach der Befreiung** **in Theresienstadt** TDB PoT vom Sohn Avraham Khaim Fuks 03.04.1956 "Verstorben Stutthof 1944" Vgl. ZIH 301/3762
59708 POL 85360	Gendel, [Gienendel] Helene	21.10.1921Krakau [Auschwitz]	Befreit 08.05.1945 in Theresienstadt TDB
38416 POL 84189	Gerschowki, [Gerszowski] Pinkus B: Fabrikant F: Ehemann von Anna/Chana Menes F: verschwägert mit Chirurg	25.11.1876 Skidel A: Am Bach 14F37 Alexanderhof 8	**Starb am 06.12.44** **in Dresden** Ab: 11.12.1944 Bestattet auf dem Johannisfriedhof Dresden Tolkewitz 24.01.1945 PoT Rina Chirurg, Neffe Zeef Menes PoT Großneffe Edward Morrison

38417 POL 84193	Glizenstein, [Glicensztein] Simon [Szymon]	15.02.1924 Lódz	Befreit 08.05.1945 in Theresienstadt TDB [Leitmeritz]
59709 POL 82156	Glizenstein, Tauba	21.04.1919 Lódz [23.04.1913] A:Cranach Str.18F6	Befreit 08.05.1945 in Theresienstadt TDB [Leitmeritz]
38418 POL 84355	Glücksmann, [Gliksmann] [Gliksman] Leiser [Lajzer] B: Schlosser	29.10.1904 Lódz A: Muhl 27/F22A Zawadzka 53	**Verstorben 1945** **in Mockethal** Ab: 11.03.1945 [Mockethal]
38419 POL 84187	Gold, Kisel [Kasryel] F: Sohn v.59711 F: Bruder v. 59710	11.12.1924 Lódz [02.12.1924] A: Baluter Ring 7F3 Buschlinie 13	**Starb am 15.12.44** **in Dresden** Ab: 21.12.1944 Bestattet auf dem Johannisfriedhof Dresden Tolkewitz 24.01.1945
59710 POL 83786	Gold, Tauba B: Schülerin F: Tochter v. 59711 [>Tauba Nowak]	05.08.1923 Lodz A: Baluter Ring 7F3 Buschlinie 13 [Kilinskiego 13] [Zwodau]	Befreit ‚14.04.1945‘ bei Prachatice ITS TD 579638
59711 POL 83787	Gold, Tolca [Tolca Telea] *Dzenscharska [Czienciarska] B: Arbeiterin F: Mutter v. 59710 F: Mutter v. 38419	12.05.1902 [1893] A:Baluter Ring 7F3 Buschlinie 13	**Schicksal unklar** Ehefrau von Icek Gold *1892
38420 POL 84186	Goldberg, Abram [Abraham]	01.10.1904 Lask	10.04.45 Mockethal **Erschlagen 1945** **in Pirna vom Kapo** Vgl. Aussage Samuel Krzepic B 162 / 8329 VP 23.02.1970
38421 POL 84192	Goldberg, Icek B: Arbeiter, Handschuhmacher	06.08.1911 Lask [08.06.1911] A: Fisch 3F27 Sperling 16F2 Fisch 8	10.04.45 Mockethal Befreit 08.05.1945 in Theresienstadt TDB

59712 POL 82189	Goldberg, Riwa [Rywka] B: Schneiderin [>Regina Salzberg]	18.03.1913 Lask A:Blattbinder12F21 Zimmer 9 F 33 Insel 29F19	Befreit im Mai 1945 Ort unbekannt [Flossenbürg / Dresden] ITS TD 545177
59713 POL 82167	Goldberg, Sarah [Sura]	20.08.1910 [08.08.1908] ? A: Fisch 3F27 ? Sperling 16F2 ?	**Identität ungeklärt** **Schicksal unklar**
38422 POL 84191 V50	Goldrat, Icek Moszek [>Maurice Goldrat] [>Morris Goldrat] [Moritz] B: Schlosser [‚Marian Jurewitsch']	03.07.1911 [20.07.1911] ‚Belsenburg' [Bolkenburg] [26.07.1911 Boleslawecz] A: Richter 11/13F4 Tal Weg 5F1 Steinmetz 21F8	10.04.45 Mockethal Befreit bei Dresden nach Flucht von Evakuierung und Untertauchen mit falscher Identität B 162 / 8329 S.294f. ITS TD 245972
59714 POL 82988	Goldring, Lilly [>Lili Widzinska] [>Lili Widner]	20.10.1921 20.10.1924 Lodz A: Hohensteiner 38F78 Brzozowa 6 [Pirna] [Zwodau] [Neu Rohlau]	Befreit 09.05.1945 bei Karlsbad ITS TD 241963
59715 POL 82494	Gostniska [Gostynska], Maria [Marian] *Rozenberg B: Modistin [>Miriam Maria Burg]	02.07.1910 [07.02.1909] [07.02.18 Pabianice] A: Altmarkt 5F8 Alexanderhof 19 [Pirna] [Zwodau] [Neu Rohlau]	Befreit 09.05.1945 in Eich bei Karlsbad auf Transport DP Föhrenwald ITS TD 790734 Brief S.25
38423 POL 84190	Gotheiner, Mordka Arja [>Eric Gotheiner] B: Schlosser F: Bruder v. 59716	06.02.1921 Lódz A: Cranach 15F8 West 11	Befreit 08.05.1945 in Theresienstadt TDB [Leitmeritz] SVHF 10921; Ver- storben 21.05.2000
59716 POL 82161	Gottheiner [Gotheiner], Sara [Sura] [Gulla] [>Sula Eisen][>Ajzen] F: Schwester v. 38423 B: Wäschenäherin, Beutelmacherin	03.11.1918 Lodz [03.11.1919] [03.11.1922] A: Cranach 15F8	Befreit 08.05.1945 in Theresienstadt TDB SVHF 15175 Verstorben 20.01.2002

FloNo. Nation StuNo	**Name**,*Mädchenname **Vorname** [Varianten]	**Geburtsdaten** **Deportationsdaten**	**Opferstatus** **Quellennachweis**
38424 POL 84353	Gross, [Grop] David [Dawid] 'Davis' B: Angestellter F: Verlobt mit Hanna Singer	20.03.1923 Plauen [20.05.1923] A: Rauch Gasse 22F21 Am Bach 33F18 Reiger 18	10.04.45 Mockethal Befreit 08.05.1945 in Theresienstadt TDB
59717 POL 82164	Gross, Frania [Frejda] B: Schülerin	09.04.1926 Lódz [09.04.1927] [1931] [10.04.1926] A: Rauch Gasse 22F21, Reiger 18	Befreit 08.05.1945 in Theresienstadt TDB
59718 POL 83801	Grossberg, [Grosberg] Regina [Rywka Laja] B: Büroangestellte	21.12.1917 Lódz [21.12.1920] [21.12.1913] A: Blei Gasse 19F8 Buschlinie 13	Befreit 08.05.1945 in Theresienstadt TDB
59719 POL 75101	Grünspa [Grünspann], Sara [Sala] [Grynszpan]	15.04.1923 Pabianice [Lodz] [Auschwitz]	Befreit 08.05.1945 in Theresienstadt TDB
59720 POL 83774	Grzybowska [Grzybowski] *Wajs, Ruchla Rejla [Ruchla Rajzla] [Ruchla Bajla] B:Hausfrau F:Ehefrau v. 38425 F: Mutter v. 38426	14.06.1910 Lódz [13.06.1910] [14.08.1910] A: Brunnen 2F23 Brunnen 6F2 Hanseaten 25F10 Hanseaten 75	Befreit 08.05.1945 in Theresienstadt TDB
38425 POL 84184	Grzybowski [Grzybowska], Leon [Lajb] B: Elektrotechniker F: Ehemann v. 59720 F: Vater v. 38426	15.07.1907 Lódz [11.07.1908] [15.07.1908] A: Brunnen 6F2 Hanseaten 25F10	Befreit 08.05.1945 in Theresienstadt TDB
38426 POL 84185	Grzybowksi [Grzybowska], Sliama [Szlama] [Salomon] B: Schüler F: Sohn v. 59729 & 38425	02.03.1934 Lódz [03.03.1935] [03.02.1934] A: Brunnen 6F2 Hanseaten 25F10	Befreit 08.05.1945 in Theresienstadt TDB [Leitmeritz]
59721 LIT 60845	Gurmanski, Kocha	24.09.1922 [Sipo Riga]	**Identität ungeklärt** **Schicksal unklar**

FloNo. Nation StuNo	**Name**,*Mädchenname **Vorname** [Varianten]	**Geburtsdaten** **Deportationsdaten**	**Opferstatus** **Quellennachweis**
59722 POL 83010	Gutgold [Gutgolg], Gina [Golda] [> Ben Khanan] [> Ben-Chanan]	25.02.1923 Lódz Hausierer G. 2F28 Dom 30 [30.06.1923???] [Pirna] [Zwodau] [Neu Rohlau ?]	Befreit 06.05.1945 auf Transport, World Jewish Congress Submitter PoT ITS TD 259323
38427 POL 84354	Guttmann, Icek [Izak] B: Kaufmann	20.05.1897 Lódz [20.04.1897] A: Sperling 5F10	Befreit 08.05.1945 in Theresienstadt TDB [Leitmeritz]
38428 POL 84198	Hajman, Lajb [Leon] B: Schlosser F: Ehemann v. 59724	06.05.1899 Lódz [01.05.1899] [01.05.1889] A: Muehl 36F22 Abraham 39	Befreit 08.05.1945 in Theresienstadt TDB [Leitmeritz]
59723 POL 83807	Hajmann *Aspis, Ita ['Aspis-Ita'] F: Adoptivtochter v. 38428 & 59724	08.02.1927 Lódz [18.02.1926] A: Mühl Gasse 36F22 Marysin Kinderheim Kolonie	**Verstarb 1945** **in Mockethal?** Ab: 26.03.1945 [Bestattung Friedhof Lohmen ?]
59724 POL 83808	Hajmann [Hajman], Eva [Ewa] *Rotfeld F: Ehefrau v. 38428	05.02.1904 Lódz [01.07.1895] [08.03.1894 Lodz] A: Muehl 36F22 Abramow 29 [39]	Befreit 1945 Ort unbekannt ITS TD 350378 Verjüngung S.13
38429 POL 84194	Halter, Roman	07.07.1927 [07.09.1930] [07.07.1929] Chodecz 'Chodziez' [Leslau] A: Storchen 12F11 Storchen 3	Befreit 1945 in Oberpoyritz nach Flucht vom Todesmarsch AutoB.:Meine Reise durch die Nacht [Theresienstadt] TDB, ITS TD 518575
38430 POL 84349	Herschmann, [Herszman] Aron B: Weber	03.01.1915 [01.03.1915] Zdunska Wola A: Runge Str. 4F1 Franz Str. 8F18	Befreit 08.05.1945 in Theresienstadt TDB [Leitmeritz]

FloNo. Nation StuNo	**Name**,*Mädchenname **Vorname** [Varianten]	**Geburtsdaten** **Deportationsdaten**	**Opferstatus** **Quellennachweis**
59725 RD 61030	Hirschehauser [Hirschenhauser], [Hirzenhuzer] Erna [>Ernestine Bergeisen] F: Tochter von Reuven & Berta *19.97.1907 F: Schwester von Herbert *09.02.1932	02.04.1927 [1928] Wien; A: Wien 9 Hoerlgasse 7/12 Grünentorgasse 26 Wien-Riga 06.02.42 [Sipo-Riga] [Zwodau]	Befreit 1945 Ort unklar auf Transport [bei Marienbad] ITS TD 308333 „missverständliches Gedenkblatt" YV PoT von der Tante Shulamit Hirshenhauzer am 25.01.1956 für Berta (+Kinder)
59726 RD 60989	Holzer, Elsa [>Elisabeth Thornton]	24.12.1927Kechnitz 24.12.1928Rechnitz Wien-Riga [Sipo Riga] [Pirna][Zwodau] [Neu Rohlau]	Befreit Mai 1945 bei Karlsbad Postwar Residence Theresienstadt ITS TD 370113
38431 POL 84195	Hostejk [Hostik], Motek [Mordka] [Mordechai] [Hostyg] [>Milton Hostick] F: Sohn v. 59727 F: Sohn v. 38432	30.09.1929 Lódz A: Alexanderhof 11F19 [Limanowskiego 11]	10.04.45 Mockethal Befreit: Ort unklar World J. Congress ITS TD 581339 PWR: Italia PWR: Toronto
38432 POL 84196	Hostyk [Hostik], [„Kuszmierak"] Selman [Zalman] F: Ehemann v. 59727 F: Vater v. 38431 B: Tischler	28.12.1900 Hrübenow [>Hrubieszow] A: Alexanderhof 11F19 [Lemanowskiego 11]	10.04.45 Mockethal **Starb (03/)1945** **in Pirna** **[Mockethal-Z.]** ITS TD 581338
59727 POL 82202	Hosztek [Hostik], Freidla [Fradla] *Kuśnitek F: Ehefrau v. 38432 F: Mutter v. 38431	03.05.1909 [1902] A:Alexanderhof 11F19	**Verstarb 1945** **Ort unbekannt** Vgl. Donatella Tiraboschi: Ritorno a Sciesopoli tra lacrime e ricordi: «Questa è la nostra casa». Selvino 2015

59728 RD 82226	Idelowicz [Idelovici], *Orenstein Betty [Babette][Betti] B: Haushalt F: Schwester v. 59729	24.08.1886 Svetla nad Sazavou A: Sperling 20F11 Wien-Lodz 28.10.1941 A: Wien 2 Obermüllnerstr. 5/8	**Verstorben 1945 in Mockethal?** Ab: 15.03.1945 Gedenkblatt v. Sohn Reuven Idelovitz 06.04.1956 ITS TD 132143 LGf.ZRS Wien 8.5.45 für tot erklärt 58T334/59
59729 RD 82227	Idelowicz [Idelovici], *Orenstein Marie B: Haushalt F: Schwester v. 59728	10.01.1892 Svetla nad Sazavou A: Sperling 20F11 Wien-Lodz 28.10.1941 A: Wien 2 Obermüllnerstr. 5/8	**Verstorben 1945** **Ort unklar** PoT vom Neffen Reuven Idelovitz 06.04.1956
59730 POL 83043	Isorowska, [Iserowska] [Isserawska] Karole [Kajla] [>Carola Greenspan]	11.11.1920 Lodz [11.11.1921] [11.01.1920] A: Kelm Str. 29F11 Sulzfelder 58F14	Befreit 08.05.1945 in Theresienstadt SVHF 37160 TDB Verstorben 2012
59731 HUN LIT 48435	Izikowitsch, Basia *Szer [>Basia Bloch]	05.06.1917 Schaulen Ghetto Schaulen [Sipo Kowno]	Befreit 05.05.1945 Ort unbekannt DP Feldafing ITS TD 262045
59732 POL 75359	Jakobowicz, Alta [Alta Brucha] [Ala] B: Schülerin	06.05.1926 Lódz A: Siegfried 83F3 Traugutta 4 [Auschwitz]	Befreit 08.05.1945 in Theresienstadt TDB ITS TD 166465
59733 POL 88525	Jakubowitsch, Luba	12.12.1914 [12.02.1914] Zdunska Wola [Auschwitz]	Befreit 08.05.1945 in Theresienstadt TDB ITS TD 420398
59734 LIT 70204	Jaffe, [Joffe] Ella *Abramowicz [>Ela Delatycki]	25.12.1919 25.12.1920 Kovno [KZ Klooge H: 26661] [Sipo-Riga]	Befreit Mai 1945 in Tschechien ITS TD 973465
38433 POL 84356	Jelim, [Jelin] [Jelen?] Isaak [Izak?] B: Bäcker ?	01.04.1915 Lodz Litzmannstadt A: Insel Str. 47F1? Rauch Gasse 22 ?	10.04.45 Mockethal **Identität ungeklärt** **Schicksal unklar** ITS TD 1631157 (?)

38434 POL 84346	Jalepowicz, [Jelenowicz] [Chalypowicz?] Leib [Lajb]	10.09.1913 Burzenin [Lódz] A: Mühl Gasse17F1	Befreit 08.05.1945 in Theresienstadt TDB [Leitmeritz] [‚gestrichen/ist mit']
38435 POL 84371	Josipowitsch [Josipowicz], Moses [Mozes] B: Lumpenhändler F: Bruder v. 59735 [Eltern Aron & Fajga]	19.04.1903 Lódz A: Tizian 2F37 Zieten 25 [Pirna]	10.04.45 Mockethal **Starb 1945** **Ort unbekannt** PoT vom Bruder Isaac (Josipovicz) Josy 23.07.1991 YV Item 1867430
59735 POL 83817	Josipovicz [Josipowicz], Glika B: Haustochter F: Schwester v. 38435	13.08.1910 Lodz [13.08.1905] A: Tizian 2F37 Zieten 25 [Pirna]	Befreit 08.05.1945 in Sudeten(land) ITS TD 684020
38436 POL 84204	Joskowicz, [‚Doskowicz'] Hersch [Hersz Jakob] B: Klempner	16.01.1890 Lódz A:Mühl Gasse 9F32 Legionow 39 [Köln-Lodz]	**Starb 14.02.1945** **in Dresden** Ab: 07.03.1945 [Foto] PoT von Neffe David Rubinowicz- Robbins 20.07.1981
59736 POL 82237	Judenherz, Channa [Chana] B: Arbeiterin [>Chana Dzialoszyska]	25.01.1914 [15.04.1914] 25.01.1918 Lodz A: Hanseaten 4F62 [Pirna]	Befreit 1945 Entflohen auf dem Transport nach Theresienstadt ITS TD 427645
38437 POL 99621	Kadyszewicz [Kadisewicz], Eliasz [Elias]	04.04.1926 [1930] Starachowice 'Starechnice' [Auschwitz]	Befreit 08.05.1945 in Theresienstadt TDB [Leitmeritz] PWR: Windermere World J. Congress
59737 POL 84104	Dr. Kagan, Sonja [Zofia Sonia] B: Ärztin	07.08.1905 [07.08.1908] [07.08.1914] A: Hohensteiner 15F20 Holz 75	Befreit 08.05.1945 in Theresienstadt TDB ZIH 301/3780
59738 CZE *‚Prot'* 83833	Kahan *Münzer, [Münzerová- Kahanová] Gerta [‚Jetta Monosovsky'] [>Gerta Bennett] B: Korrespondentin	26.12.1913 Pilsen Prag-Lodz: 03.11.41 A: Hohensteiner24F10, Rembrandt 10 [nicht nach Pirna]	Befreit 09.05.1945 in Prag nach Flucht am 13. Februar 1945 in Dresden SVHF 32467 TGB: S.138 ITS TD 122989

59739 POL 82780	Kahane, Zysia [Zysla] [>Zysia Sofia Noemi Amely]	19.10.1922 [19.10.1929] 19.10.1923 Tomaszow A: Sulzfelder 20F13 Zimmer 16F6 [Zwodau] [Neu Rohlau]	Befreit Mai 1945 in Taschwitz bei Karlsbad auf Transport ITS TD 536201
59740 POL 73579	Kalkstein, Toma [Tema]	09.04.1917 Lódz [Sipo Riga]	Befreit 08.05.1945 in Theresienstadt TDB [Leitmeritz]
59741 POL 75507	Kalman, Ella B: Schneiderin	02.05.1922 [05.02.1922] A: Holz 36F45 Am Bach 5 Hamburger 8 [Auschwitz]	**Schicksal unklar**
38438 POL 84210	Kasz, [Kasch] Benjamin [Beniamin] B: Schlosser F: Ehemann v. 59745 F: Vater v. 59743	10.02.1899 Orle [10.02.1896] [1892] A: Hamburger 29F1 Schiller 9	**Starb Januar 1945 in Dresden** Ab: 17.01.1945 Ab: 26.01.1945 Bestattet auf dem Johannisfriedhof Dresden Tolkewitz 24.01.1945 ITS TD 485751
59742 POL 83596	Kasz, Bronia [Brucha] B: Schneiderin F: Tochter v. 59745 u. 38438	21.02.1930 Lodz [21.02.1931] A: Hamburger 29F1 Schiller 9 [Zwickau?]	Befreit 1945 Ort unbekannt PWR: Pielweichs / Deggendorf ITS TD 826839
59743 POL 83835	Kasz, Freda [Frajdla] B: Schneiderin F: Tochter von 38438 & 59745 F: Schwester v. 59742 F: Schwester v. 59744	20.09.1923 [13.01.1923] A: Hamburger 29F1 Schiller 9	**Verstorben 1945 [in Deutschland ?]** PoT übermittelt vom Onkel Moshe Leib Levkovitz am 30.04.1956
59744 POL 83836	Kasz, Guta [Szajna Gitla] [>Guta Pacanowski] [>Guta Peck] B: Schneiderin F: Tochter von 59745 F: Tochter von 38438	20.10.1921 Lodz [20.10.1924] A: Hamburger 29F1 Schiller 9	Befreit Mai 1945 in Pilsen PWR: Deggendorf DP Plattling ITS TD 469096

FloNo. Nation StuNo	**Name**,*Mädchenname **Vorname** [Varianten]	**Geburtsdaten** **Deportationsdaten**	**Opferstatus** **Quellennachweis**
59745 POL 83595	Kasz, *Lefkowicz Sara F: Ehefrau v. 38438 F: Mutter v. 59743 F: Mutter v. 59744 F: Mutter v. 59742	10.03.1901 [13.09.1899] A: Hamburger 29F1 Schiller 9	Befreit 1945 Ort unbekannt ITS TD 475238
38439 POL 84205	Katz, [Kac] Icek [Izrael] B: Schlosser F: Bruder v. 38440	09.02.1919 Lódz [09.02.1923] [09.02.1922] Litzmannstadt A: Pfeffergasse 15F94	10.04.45 Mockethal Befreit 08.05.1945 in Theresienstadt nach Flucht von Evakuierung TDB B 162 / 8328 S.163f. B 162 / 8329 VP 19.02.1970 DP Landsberg/Lech ITS TD 294186
38440 POL 84203	Katz, [Kac] Mordka [Mordcha] B: Schlosser F: Bruder v. 38439	23.12.1913 Lódz [23.12.1915] Litzmannstadt A: Pfeffergasse 15F4 [15F94]	Befreit 08.05.1945 in Theresienstadt TDB DP Landsberg/Lech Antragsteller ITS TD 294186
59746 POL 75531	Katz, Rosa [Nera Kats]	20.12.1912 [Auschwitz]	**Identität ungeklärt** **Schicksal unklar**
59747 POL 83124	Kejsmann, Golda	10.06.1920 [1924] A: Pfeffergasse 13F33 [?]	**Identität ungeklärt** **Schicksal unklar**
38441 POL 84217	Kivok [Kiwok], Israel [Izrael Szmul] B: Schlosser	27.04.1911 Lódz [27.06.1911] A: Tal 8F9 Franz 1F64 Schneider Gasse 10F1	**Verstorben 1945** **in Mockethal?** Ab: 28.03.1945 PoT von der Kusine Miriam Rozenblum Khaimovich [?]
59748 HUN 51917	Klein, Helen 'Gelen' [>Helena Teodoru] [>Elena Teodoru] B: Schülerin	17.03.1927 Cluj [17.03.1928] Ghetto Klausenburg [Auschwitz] [Zwodau] [Neu Rohlau]	Befreit Mai 1945 in Tschechoslowakei SVHF 47683 ITS TD 978997 [Auschwitz Durchgangslager?]

38442 POL 84202	Kleschtschelski [Kleszczelski], Arno B: Arzt [>Urologe] F: Ehemann v. 59749	10.01.1899 Bielsk [,Warszawa'] A: Hanseaten 25F60 Hanseaten 27F59 Brunnen 16 Richter 7	Befreit 08.05.1945 in Theresienstadt TDB [Leitmeritz] Verstorben 1970
59749 POL 83846	Kleszczelska [Kleszczelski], Isabella [Izabella] B: Hausfrau F: Ehefrau v. 38442	19.06.1899 Lódz [19.06.1896] [19.07.1902] A: Hanseaten 27F59 Brunnen 16F30 Richter 7	Befreit 08.05.1945 in Theresienstadt TDB Verstorben 1954
38443 POL 84221	Kliger [Kligier] [Kligar], Lejzer [Bencjon Lajzer] B: Tischler	07.01.1924 Wischnitza A: Richter 13F1 Kaly	Befreit 08.05.1945 in Theresienstadt TDB [Leitmeritz]
38444 POL 84222	Kliger [Kligier], Smul-Josef [Srul Josef] [Izrael] B: Tischler	04.01.1885 [09.01.1885] [09.01.1895] [04.01.1895] Wischnitza A: Richter 13F1 Kaly	Befreit 08.05.1945 in Theresienstadt TDB [Leitmeritz]
59750 POL 83078	Knobel, Channa [>Chana Lewkowicz] AuNo.: 79051 (?) B: Haustochter F: Schwester v. 59751	14.12.1916 25.12.1917 Lodz [15.05.1914] A: Hohensteiner 39F15 Adolf Hitler 192 [Pirna][Zwodau] [Neu Rohlau]	Befreit 08.05.1945 bei Dobremierzyce auf dem Marsch ITS TD 317311
59751 POL 83077	Knobel, Rywka [>Rifka Regina Gelbart] B: Haustochter F: Schwester v. 59750	25.12.1917 Lodz 20.08.1919 [20.08.1918] A: Hohensteiner 39F15 Adolf Hitler 192 [Pirna][Zwodau] [Neu Rohlau]	Befreit 08.05.1945 bei Dobromierzyce auf dem Marsch ITS TD 71134
38445 HUN ,POL' 99661	Königsberg, Bela [>Vojtech Bela Hellmann] AuNo.: **A-17350** B: Kellner	21.06.1915 Ilonczo [Szarvar] [Auschwitz] [Pirna]	10.04.45 Mockethal Befreit im Mai 1945 in „Lowositz" [oder (bei) Leitmeritz] ITS TD 989018

38446 POL 84201	Kolton [Koltun], Eliasch [Eljasz] [Elia] B: Schlosser	10.12.1910 Lódz A:Honig 6F5 Bier 16	Befreit 07.05.1945 Ort unbekannt ITS TD 413773
59752 POL 82316	Kon, [Cohn] Adela [Adele] F: vgl. 38447	20.08.1910	**Starb am 14.02.45 in Dresden** Ab: 06.03.1945 Bestattet 26.02.1945 Johannisfriedhof Dresden Tolkewitz
38447 POL 84371	Kon, [Kohn] Samuel [Majer Samuel] F: vgl. 59752	26.12.1897 Podembice [26.02.1897] A: Hanseaten 2F8 Buschlinie 42	**Starb am 23.01.45 in Dresden** Ab: 04.02.1945 Bestattet 24.01.1945 Johannisfriedhof Dresden Tolkewitz
59753 POL 82292	Korentajer, Bela [Bajla] [>Isabella Cynman] [>Isabella Simons] [>Isabella Zylber] F: Tochter von 59755 F: Schwester v. 59754 B: Schneiderin	29.06.1923 [21.06.1923] 29.06.1926 Lodz A: Hamburger 78F4 Kilinski 143 [Zwodau] [Neu Rohlau]	Befreit 08.05.1945 in Karlsbad DP Föhrenwald ITS TD 147203
59754 POL 82290	Korentajer, Sarah [Sara Lea] [>Lola Leonora Habinski] [>Laura Khabinski] F: Tochter von 59755 F: Schwester v. 59753 B: Schneiderin	24.10.1921 24.10.1925 Lodz A: Hamburger 78F4 Kilinski 143 [Zwodau] [Neu Rohlau]	Befreit Mai 1945 bei Doubi (CSR) auf dem Marsch DP Föhrenwald PoT Submitter Vgl. Laura Khabinski ITS TD 599263
59755 POL 82291	Korentajer, Jacheta [Yochewet] *Gerechtiger B: Hausfrau F: Mutter von 59754 & 59753	26.10.1897 Lódz [16.08.1893] A: Hamburger 78F4 Kilinski 143	**Starb 1944 in Dresden** Ab: 06.12.1944 PoT übermittelt von der Tochter Laura Khabinski
59756 CZE ‚Prot' 82319	Koretz, [Koretzova] Alice F: Ehefrau v. 38448 F: Mutter v. 59757 B: Hausfrau	03.10.1904 Prag [03.10.1898] A:Holz 19F13 Franz 13 Prag-Lodz 21.10.1941	**Starb am 21.01.45 in Dresden** Ab: 02.02.1945 Bestattet auf dem Johannisfriedhof Dresden Tolkewitz am 24.01.1945

59757 CZE ‚Prot' 82318	Koretz, [Koretzova] Emma [Mini] F: Tochter v. 59756 & 38448 B: Schneiderin	20.02.1923 Prag [20.02.1922] A: Holz 19F13 Franz 13 Prag-Lodz 21.10.1941	**Starb am 14.02.45 in Dresden** Ab: 06.03.1945 Bestattet 26.02.1945 Johannisfriedhof Dresden Tolkewitz
38448 CZE ‚POL' 84211	Koretz, Emil F: Ehemann v. 59756 F: Vater v. 59757 B: Ingenieur	04.06.1894 Prag [04.02.1894] A:Holz 19F13 Franz 13 Prag-Lodz: 21.10.41	Befreit 08.05.1945 in Theresienstadt TGB: S.102 TDB [Leitmeritz]
38449 POL 84214	Korkuszanski [Korkuczanski], Bencel [Beniamin] B: Büroangesteller	28.05.1909 Lódz [28.06.1909][28.06.1904] [20.07.1909] Brunnen 16F41 Buschlinie 63	Befreit 08.05.1945 in Theresienstadt TDB [Leitmeritz]
59758 POL 82277	Korkuczinska [Korkuczanski], Lisa [Liza] B: Haustochter	27.02.1914 Lódz [18.11.1907] Brunnen 16F41 Buschlinie 63	Befreit 08.05.1945 in Theresienstadt TDB
38450 POL 84218	Korn, Abram B: Arbeiter B: Schlosser >F: Ehemann v. 59694	12.08.1917 Wielun [08.12.1917] Lututów A: Muehl 12F15 Rubens 8 Rubens 7F9	Befreit 08.05.1945 in Theresienstadt TDB [Leitmeritz] B 162 / 8328 S.147f.
38451 POL 84219	Korn, Jakob [Jacob] B: Arbeiter	15.06.1919 Wielun [12.07.1919] Lututów A: Muehl 12F15 Rubens 8	10.04.45 Mockethal Befreit 08.05.1945 in Theresienstadt TDB
38452 POL 84368	Korn, Schmul [Szmul] [Samuel] B: Cottonstrumpf.	29.01.1911 Lodz [29.01.1912] A: Blatbind 2F3 Lotnicza 2	Befreit 08.05.1945 in Theresienstadt TDB [Leitmeritz]
59759 RD ‚POL' 70633	Korpelowska, Ella [>Ella Rotblit]	20.06.25 Freiburg bis 17.08.1948 Tb-Krankenhaus Gauting b.München KZ Waiwara[Sipo Riga] [Zwodau] [Neu Rohlau] ITS TD 524688	Befreit 09.05.1945 in Plan b Marienbad nach Flucht vom Todesmarsch mit Ruth Tauber Vgl. AutoB: Alton DP-Camp Bamberg Verstorben 1948

59760 POL 83121 ?????	Kozlowska, Hela [>Chaja Grunia Green] [>Ileen Green] F: Schwester v. 59761	22.09.1915 23.09.1926 Ghetto Holszany KZ Schischmaren KZ Riga / Dundarge [Zodau] [Neurohlau]	Befreit 09.05.1945 in Postelberg auf dem Rückzug DP Föhrenwald ITS ID 432111 Vgl. 59762
59761 POL 57416	Kozlowski, [Koslowska] Nechama [>Yurkewicz] [>Rita York] F: Schwester v. 59762	‚31.12.23' Holszany [10.05.1930] Ghetto Holszany KZ Schischmaren KZ Riga / Dundarge [Sipo Riga][Zwodau]	Befreit 09.05.1945 in Postelberg bei ‚Witozes' (Witoseß) DP-Föhrenwald SVHF 13915 ITS TD 145777
59762 POL 57417	Kozlowski, Rosa	15.05.1925 [Sipo Riga]	**Identität ungeklärt** **Schicksal unklar** Vgl. 59760
59763 POL 75608	Kräpitzka,[Krzepicha] [Krzepicka] Irka [Iska] F: vgl. 59768 B: Schneiderin	05.09.1922 [1922] A: Richter 11F1A Steinmetz 21 Tal5F1	**Schicksal unklar** ITS TD 1663764 (?)
59764 POL 85439	Krakauer, Margot [>Rechnitz] AuNo.: **A-22568**	03.02.1924 Berlin [03.02.1925] Krakau-Plaszow [Auschwitz] [Pirna]	Befreit 08.05.1945 in Theresienstadt TDB SVHF 47320 ITS TD 333658
38453 POL 84285	Kranz [Kranc], Baruch [Boruch] B: Händler	23.12.1907 Peterkau [=Piotrkow] [22.12.1907] A: Goldschm. 25F20 Mittel 67	**Starb 1945** **in Mockethal?** Ab: 28.03.1945 PoT Shaul Yaakov Veinberger Gefen 15.10.1956
38454 POL 99611	Krawczyk, Moszek [>Marian Moszek Krawczyk] AuNo.: keine?	04.02.1912 01.02.1912 Warschau [KZ Majdanek] [Auschwitz]	Befreit Mai 1945 bei Chemnitz nach Flucht von Evakuierung JA Survivors II ? ITS TD 696493
59765 POL 82242	Krell, Sara	13.11.1919 Lodz [13.11.1922] [13.11.1921]	Befreit 08.05.1945 in Theresienstadt TDB
38455 POL 84207	Krol, Efreim [Efriam] F: Bruder von 59766, 38456, 38457, 38458 B: Klempner	23.07.23 Warta [23.07.1924] 23.07.1921 [23.05.1923] A: Hamburger 7F6	Befreit 08.05.1945 in Theresienstadt TDB [Leitmeritz] SVHF 21597 Starb 27.11.2013

59766 POL 82289	Krol, [Krull] Ruta [Ruda] [>Ruth Kreizman] F: Schwester v. 38455, 38456, 38457, 38458 B: Schneidermeisterin	17.05.1917 Warta 17.05.1919 Warta A: Hamburger 7F6 Hamburger 7F26	Befreit 08.05.1945 in Theresienstadt TDB ITS TD 348397 Vgl. SVHF 21597
38456 POL 84367	Krol, Schachne [Szachna] [>Charlie Krul] F: Bruder v. 38455, 59766, 38457, 38458 B: Schlosser	20.04.1921 Warta A: Hamburger 7F6	Befreit 08.05.1945 in Theresienstadt TDB [Leitmeritz] PWR: Dachau Vgl. SVHF 21597
38457 POL 84208	Krul [Krol], Jakob Sloma [Jakub Szlama] [>Jack Krol] F : Bruder v. 38455, 59766, 38456, 38458 B: Klempner	08.08.1925 Warta [11.06.1925] [12.08.1928] A: Hamburger 7F6	Befreit 08.05.1945 in Theresienstadt TDB [Leitmeritz] PWR: Dachau Vgl. SVHF 21597
38458 POL 84206	Krul, [Krol] Mendel [>Max Krol] F: Bruder v. 38455, 59766, 38456, 38457 B: Klempnermeister	17.10.1915 Warta [02.02.1919] [17.10.1919] A: Hamburger 7F6 Hamburger 7F26	Befreit 08.05.1945 in Theresienstadt TDB [Leitmeritz] Vgl. SVHF 21597
59767 POL 83197	Kron, [Krohn] *Sztajngart Helena [>Hela Lipszyc]	10.06.1920 10.06.1914 Lodz [Pirna] [Zwodau] [Neu Rohlau]	Befreit 08.05.1945 bei „Guteplan“ [Kuttenplan] Spital Plan(Sudeten) ITS TD 161195
59768 POL 75609	Krzepicki, [Knepleka] Janka [Jenta] F: vgl 59763	23.09.1918 [1917] A: Richter 11F1A Talweg 5 [Auschwitz]	**Identität ungeklärt** **Schicksal unklar**
59769 POL 83865	Kszepic, [Krzepic] *Simel Mala [Machla] F: Ehefrau von 38459 B: Schneiderin	08.07.1903 Lask Insel Str. 7F89	Befreit 08.05.1945 in Theresienstadt ITS TD 972069
38459 POL 84220	Krzepic ‚Kschepitz‘, Selig [Zelig] F: Ehemann v. 59769 B: Schlosser	15.07.1896 Lask [1897] A: Insel Str. 7F89	10.04.45 Mockethal Befreit 08.05.1945 in Theresienstadt TDB

FloNo. Nation StuNo	**Name**,*Mädchenname **Vorname** [Varianten]	**Geburtsdaten Deportationsdaten**	**Opferstatus Quellennachweis**
38460 POL 84213	Krzepiz, [Krzepic] Schmuel [Szmul Lajzer] B: Chauffeur	16.10.1903 Lask [15.10.1903] A: Insel 7F100	10.04.45 Mockethal Befreit 08.05.1945 in Theresienstadt TDB B 162 / 8329 VP 23.02.1970
38461 POL 84343	Kujawski [Kujawska], Moschek [Moszek] [Moses] B: Kaufmann	02.05.1918 Lódz A: Sulzfelder 64F3 Alexanderhof 56 Steinmetz 24F21 Glowna 39	Befreit 08.05.1945 in Theresienstadt TDB [Leitmeritz]
59770 POL 83829	Kujawska, Rachela	25.12.1921 Lódz	Befreit 08.05.1945 in Theresienstadt TDB
59771 POL 59005	Kulas, Charne [,Lisa Kolinowska'] [>Zimmerspitz] [>Czarna Ida Zimmer] B:Schneiderin	15.07.1920 Nasielsk [15.08.1914] 15.08.19 Warschau Ghetto Vilna Ghetto Lublin Riga-Kaiserwald [Sipo Riga] [Zwodau] [„KZ Wolkenau"] [Neu Rohlau] [Marienbad]	Befreit 07.05.1945 bei/in Marienbad DP-Lager Pilsen DP-Lager Salzburg SVHF 2445 ITS TD 684099
38462 POL 84233	Lachmann [Lachman], Henryk [Heinrich] B: Kotenarbeiter	09.06.1907 Lódz A: Kelm 31F2 Pogonow 40	Befreit 08.05.1945 in Theresienstadt TDB [Leitmeritz] 'B 162/8330 S.428'
59772 POL 82378	Lasker, [Laskier] Henja [Henia] [>Henryka Szajbe] F: Tochter von 59773	01.11.1915 Leczyca [24.10.1911] [17.03.1919]A: Siegfried Str. 18F19 18F20 [Zwodau]	Befreit 08.05.1945 auf Marsch nach / in Prachatice (14.04.) ITS TD 505683
59773 POL 82379	Lasker, [Laskier] Nacha [Nacha Hendla] *Ulman [Ullman] F: Ehefrau von Josek Laskier F: Mutter von 59772	26.09.1889 [1878][1882] A: Siegfried Str. 18F19 18F20 Dom 20	**Starb am 06.05.45 [in Auschwitz?]** PoT vom Sohn Majer Lasker *1920 Melbourne 16.02.05 YV Item 5592489 [Auschowitz ? CZ]

<table>
<tr><th>FloNo.
Nation
StuNo</th><th>Name,*Mädchenname
Vorname [Varianten]</th><th>Geburtsdaten
Deportationsdaten</th><th>Opferstatus
Quellennachweis</th></tr>
<tr><td>59774
POL
83868</td><td>Lasman,
Frejda [Frajda]
[>Alfreda Ajzenman]
F: Tochter von 59778
F: Schwester v. 38463
B: Angestellte</td><td>28.07.1918 Lodz

A: Sulzfelder 23F26
[Zwodau]
[Neu Rohlau]</td><td>Befreit 09.05.1945
bei Karlsbad
nach Flucht
[„befr. in Sachsen“]
SVHF 30211
ITS TD 965414</td></tr>
<tr><td>38463
POL
84228</td><td>Lasmann [Lasman],
Benjamin [Beniamin]
F: Sohn von 59778
F: Bruder von 59774
B: Schüler</td><td>03.07.1923 Lódz
A: Sulzfelder 23F26</td><td>Befreit 08.05.1945
in Dresden
nach Flucht vom
Todesmarsch
ITS TD 963987
Vgl. AutoB:
ChananWerebejczyk</td></tr>
<tr><td>59775
POL
83145</td><td>Lassmann,
Brucha
F: vgl. 59776</td><td>13.12.1925 Lodz</td><td>Identität ungeklärt
Schicksal unklar</td></tr>
<tr><td>59776
POL
83144</td><td>Lassmann,
Genia
[>Jenia Lipschyc]
[>Zahava Lipzyc]
B: Schneiderin
F: vgl. 59775</td><td>06.12.1916
<u>10.02.1916 Lodz</u>
A: Zawadzska 17
[Pirna] [„Birnau“]
[Zwodau]
[Neu Rohlau]</td><td>Befreit 09.05.1945
in Ziegelhütten bei
Karlsbad [Cihelny]
DP Föhrenwald
DP Ebelsberg/Linz
ITS TD 219801</td></tr>
<tr><td>59777
POL
83867</td><td>Lasmann [Lasman],
Golda
B: Hausfrau
F: vgl. 59774
F: vgl. 59778</td><td>15.12.1913 [1915]
A: Sulzfelder 23F31
Zeromski 12
[Zwodau]</td><td>Befreit 1945
Ort unbekannt
Starb 21.03.1994
Hallandale, Florida</td></tr>
<tr><td>59778
POL
83869</td><td>Lasmann [Lasman],
Rivka [Rywka]
*Regina Gonionska
[>Regina Rywka Cola]
F: Mutter von 59774
F: Mutter von 38463
B: Hausfrau /
Schneiderin</td><td>15.07.1898
<u>15.07.1894 Tykocin</u>
A: Sulzfelder 23F26
[Pirna]
[Tschachwitz]
[=? Dresden
Zschachwitz]
[Zwodau]
[Neu Rohlau]</td><td>Befreit 09.05.1945
in „Maerhofen“ bei
Karlsbad [Dvory]
[Stadteil / Bahn-
station Meierhöfen
in Karlsbad] [vgl.
Karlsbad Taschwitz]
ITS TD 80627
Vgl. SVHF 30211</td></tr>
<tr><td>59779
POL
83866</td><td>Langleben [Wajl],
Nacha-Dvora [Dwojra
Nacha]
B: Schneiderin</td><td>06.09.1919
[06.11.1919]
A: Sulzfelder 20F16
Blei 19</td><td>Schicksal unklar</td></tr>
</table>

59780 POL 82343	Lefkowicz, [Lewkowicz] Anna [,Lovkowaz'] F: Ehefrau v. 38467 F: Mutter v. 38466	00.00.1895 Lódz [15.08.1895] [1888]	**Starb am 29.12.44 in Dresden** Ab: 03.01.1945 Bestattet 30.06.1950 Johannisfriedhof Dresden Tolkewitz PoT v. 29.05.55 der Tochter Shoshana Vidislavski
59781 POL 82375	Lefkowitz, Hinda [Feige Hinda] *Günspan [>Feige-Hinda Lipkowitz] B: Arbeiterin	01.01.1911 01.01.1905 Tabjanit A: Zimera 9 [Pirna] [Zwodau]	Befreit 08.05.1945 im Sudetenland [ca. 4 km vor CSR-Grenze] ITS TD 192401
59782 RD ,POL' 82324	Lenga *Schwebel [Szwebel], Paula F: Schwester v. 59896 F: Tochter v. 59888 B: Modelzeichnerin B: Haustochter	24.04.1923 Wien [24.04.1919] [25.04.1919] [23.04.1922] A: Holz 18F18 Holz 39F1 Wien-Lodz	Befreit 08.05.1945 in Theresienstadt TDB, TGB: S.604 Verstorben 06.02.86 Vgl. Victory over Nazism S.16 (Foto)
59783 POL 83175	Lessmann, Fela	10.03.1923 Leslau	**Identität ungeklärt** **Schicksal unklar**
59784 POL 82331	Lowi,[Lewi] Ida [Itta] [Itka Lewi] F: Schwester v. 38465 F: Tochter von Avraham Meir Lewi& Rivka Regina Golomb	17.02.1921 Turek [1924] A: Hausierer Gasse 2F13A YV Item 840599 YV Item 1171095	**Starb 1945** **Ort unbekannt** PoT von Freund Jakov Veinbaum 31.05.1957; PoT 22.07.1999 Cousine Dvora Arnin Kohen
38464 POL 84224	Lewi, Gecel F: Bruder v. 59784 ? F: Bruder v. 38465 ? B: Arbeiter	24.11.1924 Turek [29.11.1924] A: Hausierer 2F13A Siegfried 12 Hohensteiner 51	10.04.45 Mockethal Befreit 08.05.1945 in Theresienstadt TDB
38465 POL 84223	Lewi, Josef F: Bruder von 59784 F: Sohn von Abraham Majer Lewi (1893) & Rywka Golomb(1896) B: Arbeiter	16.07.1923 Turek [18.07.1923][1928] A: Siegfried 12F4 Hohensteiner 51 Hausierer 2 YV Item 3570236 YV Item 1172137	**Starb 1945** **Ort unbekannt** PoT von Freund Jakov Veinbaum 31.05.1957 22.07.1999:Cousine Dvora Arnin Kohen

38466 POL 84347	Lewkowicz, [Lefkowitz] Isaak [Izrael Izaak] F: Sohn v. 59780 F: Sohn v. 38467 B: Kotonarbeiter	17.11.1920 Lódz A: Hamburger 78F22 Piotr 120	Befreit 08.05.1945 in Theresienstadt TDB [Leitmeritz]
38467 POL 84225	Lewkowitz [Lewkowicz], Jakub [Jakub Menachem] B: Stricker / Hafciarz Fabrikbesitzer F: Ehemann v. 59780 F: Vater v. 38466	09.07.1889 Rawa Ruska [09.07.1886] [09.07.1879] [09.06.1889] A: Insel 9F18 Hamburger 78F22 Piotr 120	**Starb am 21.05.45** **in Theresienstadt** nach der Befreiung TDB [Leitmeritz] PoT v. 29.05.55 der Tochter Sho- shana Vidislavski
38468 POL 84232	Liber [Lieber], Chaim F: Ehemann v. 59785 F: Vater von 38470 B: Schuhmacher	05.05.1901 Lódz A: Holz 33F48 Schlaget 22	Befreit 08.05.1945 in Theresienstadt TDB [Leitmeritz]
38469 POL 84226	Lipschitz, [Lipszyc] Jakub F: verwandt m. 59792	07.06.1917 [09.12.1920] Przedbórz [Lask] A: Kurze Gasse 11F26	Befreit 08.05.1945 in Theresienstadt TDB
38470 POL 84230	Liber [Lieber], Schmul [Szmul] [Smuel] F: Sohn von 59785 F: Sohn von 38468 B: Schüler	01.07.1926 Lódz A: Holz 33F48 Schlageter 22	**Starb am 09.07.45** **in Theresienstadt** nach der Befreiung TDB [Leitmeritz]
59785 POL 82330	Libor [Liber] [Lieber], Passa [Pesa] F: Ehefrau v. 38468 F: Mutter von 38470 B: Schneiderin	03.12.1903 [03.12.1905] A: Holz 33F48 Schlageter 22	Befreit 08.05.45 in Theresienstadt TDB [Leitmeritz]
59786 POL 83884	Lipmanowicz, Aniela [Golda] [>Genia Gliksman] [>Golda Glücksmann] F: Schwester v. 59788 B: Schneiderin	20.07.1923 [20.07.1921] Belchatow A: Am Bach 8F23 Basar Gasse 8	Befreit 08.05.1945 Ort unbekannt DP Schwarzenfeld ITS TD 123620 Vgl. B 162 / 8329 S.300
59787 POL 83883	Lipmanowicz, Hena *Machabanska F: Ehefrau v. 38471	18.02.1922 Belchatow	Befreit 05.05.1945 Ort unbekannt DP Föhrenwald ITS TD 123622

FloNo. Nation StuNo	**Name**,*Mädchenname **Vorname** [Varianten]	**Geburtsdaten** **Deportationsdaten**	**Opferstatus** **Quellennachweis**
59788 POL 83882	Lipmanowicz, ['Litzmanowicz'] Miriam [Mariem] [>Mania Klein] F: Schwester v. 59786 F: Schwester v. 38471 B: Schneiderin	11.11.1914 Belchatow [10.12.1914] [10.12.1919] 11.10.1920 A: Am Bach 8F23	Befreit 1945 Ort unbekannt ITS TD 123621 DP Föhrenwald DP Schwarzenfeld Vgl. B 162 / 8329 S.300
38471 POL 84348	Lipmanowicz, Smuel [Schimme] [>Samuel Lipman] B: Schlosser F: Ehemann v. 59787 F: Bruder v. 59786 F: Bruder v. 59788	06.06.1916 [10.11.1916] Belchatow A: Am Bach 8F23	10.04.45 Mockethal Befreit in der Tschechoslowakei DP Föhrenwald B 162 / 8329 S.299f. ITS TD 123623
59789 POL 83184	Lipmann, Dora	04.10.1920 Tel Aviv	Befreit 08.05.1945 in Theresienstadt TDB
59790 POL 75637	Lipschitz, [Lipszyc] Ciwia [Cywja] [>Sylvia Feld] F: Schwester v. 59791 AuNo.: keine	25.05.1922 25.05.1923 Zloczew [20.04.1922] A: Hohensteiner 43F126 Tal Weg 5 [Auschwitz]	Befreit 08.05.45 in Theresienstadt TDB SVHF 10004 Laut Schwester im Mai 1945 bei Tepl befreit. Bauernhof bei Karlsbad
59791 POL 75636	Lipschitz, [Lipshits] [Lipszyc] Necha [Nadia] [Nacha] F: Schwester v. 59790 [>Nancy Fordonski] AuNo.: keine	17.10.1924 Zlozew [20.05.1923] A: Hohensteiner 43F126 Tal Weg 5 [Auschwitz]	Befreit Mai 1945 bei Tepla nach Flucht vom Todesmarsch MHC VHSOHA: 29.05.82
59792 POL 82383	Lipschitz, Rifka [Riwa] F: verwandt m. 38469	10.10.1914 Przedbórz	Befreit 08.05.1945 in Theresienstadt TDB
38472 POL 99630	Litwin, Szmul AuNo.: **73756**	15.12.1923 [10.10.1925] [15.12.1925] Ciechanów Zichenau,Ziehenau' [Auschwitz]	Befreit 08.05.1945 in Theresienstadt TDB [Leitmeritz] PWR: Berlin Aufbau ITS TD 361489 „361488"

38473 POL 84238 V50	Machtinger [Machtiger], Eliasch [Eliasz] [Moniek] B: Metallarbeiter F: Bruder v. 38474, 59793, 59794 F: Verlobter v. 59795	03.02.1914 Lódz [10.03.1914] A: Pfauen 24F14 Königsberger 48	Befreit 08.05.1945 in Theresienstadt TDB [Leitmeritz]
38474 POL 84237 V50	Machtinger, Pinkus [>Paul] [Pinchas] [Pinches] [Pinio] B: Mechaniker F: Ehemann v. 59796 F: Bruder v. 38473, 59793, 59794	06.10.1909 Lódz [06.12.1909] A: Kirchplatz 4F4 Hausierer 2F29	Befreit 08.05.1945 in Theresienstadt TDB [Leitmeritz] SVHF 25429 Verstorben 09.09.2000
59793 POL 83894	Machtinger [Machtiger] [Nachtynger], Rusa [Roza][Rozia] [>Rosa Migdal] B: Friseurin F: Schwester v. 38473, 38474, 59794	03.02.1914 A: Pfauen 24F14 Königsberger 48	Befreit 08.05.1945 in Theresienstadt TDB
59794 POL 83890	Machtinger [Machtiger] [Nachtynger], Sara [Sala] [>Sara Kanner] B: Friseurin B: Haustochter F: Schwester v. 38473, 38474, 59793	24.06.1911 [24.06.1909] 06.10.1909 Lodz [Zwillingsschwester?] A: Pfauen 24F14 Königsberger 48	Befreit 08.05.1945 in Theresienstadt ITS TD 365219 Vgl. Machtinger
59795 POL 83899	Sperling ‚Machtinger', [Szperling] Sula [Sulamita] F: Verlobte v. 38743	31.08.1923 A: Franz Str. 45F2	Befreit 08.05.45 in Theresienstadt TDB
59796 POL 83900	Machtinger *Fidler [Nachtinger], Zlata [Sophie] *Zosia B: Schneiderin F: Ehefrau v. 38474	12.12.1910 Lodz [10.12.1910] [12.07.1910] A: Kirchplatz 4F4 Hausierer 2F29 Hohensteiner 43/45F81	Befreit 08.05.45 in Theresienstadt SVHF 25427 Verstorben 09.01.2010

38475 POL 84239	Majer, Josef Hersz B: Lagerist	22.04.1925 Lódz [22.04.1924] A: Hanseaten 61F14 Alexanderhof 11F41 Bazarowa 4F18 Bier	Befreit 08.05.1945 in Dresden nach Flucht bei Zschachwitz ZIH 301/532 05.08.1945 Vgl. AutoB: Chanan Werebejczyk
59797 POL 83231	Medrzycka, [Medrzyzecka] Adela [>Ajdla Gajzler] B: Schusterin	22.03.1915 22.03.1911 Lodz A: Krauter 21F4 Schiller 23 [Zwodau]	Befreit 09.05.1945 60km von Prag nach 3 Monate Häftlingsmarsch ITS TD 489557
38476 POL 99872	Mendlewicz, Chaim ‚Chuna' [Henryk] [>Henryk Mendelewicz] AuNo: **144079** B: Schuhmacher	28.12.1908 Lódz [Ghetto Koluszki] [Auschwitz] [29.08.1943] [Häftlingskrankenbau Auschwitz III]	Befreit 08.05.1945 in Dresden nach Flucht vom Marsch DP Tirschenreuth ITS TD 388147
59798 POL 82413	Moskovicz [Moszkowicz], Bela [Maria Bella] B: Schülerin	19.05.1926 [19.05.1928] Strassbourg A: Runde 10F4A Buschline 50	Befreit 08.05.1945 in Theresienstadt TDB
59799 POL 82412	Moskowicz [Moszkowicz], Chana [Chawa] [Ewa] B: Haustochter	28.04.1907 Lódz A: Runde 10F4 Buschline 50	Befreit 08.05.1945 in Theresienstadt TDB
38477 POL 84236	Muszkowicz [Moszkowicz], Michal B: Schuster	15.03.1907 Wielun A: Muehl 31F21 Bier 51F8	Befreit 08.05.1945 in Theresienstadt TDB [Leitmeritz] Entlassen 23.06.45
38478 POL 84241	Naiberg, [Najberg] [Neiberg] Beral [Berl] [Berek] F: Vater von 38479 B: Tischler	04.04.1880 [12.01.1880] Dzenitza b. Opoczno A: Gansen Str. 8F2 Mielczar 7	10.04.45 Mockethal **Starb 1945** **Ort unklar** PoT übermittelt durch den Sohn Tadeusz Neiberg am 03.06.1957
38479 POL 84240	Naiberg [Najberg], Israel [Izrael Icek] F: Sohn von 38478	06.10.1906 Kielce A: Fisch 12F8 Danziger 16	Befreit 08.05.1945 in Theresienstadt ITS TD 469452

FloNo. Nation StuNo	**Name**,*Mädchenname **Vorname** [Varianten]	**Geburtsdaten** **Deportationsdaten**	**Opferstatus** **Quellennachweis**
59800 POL 83253	Neuhaus, Pola	25.02.1920 Lódz	Befreit 08.05.1945 in Theresienstadt TDB
59801 POL 83260	Neumark, Ida [Hala] [Hella] [>Ajalla Nusbaum]	31.12.1926 <u>31.12.1929 Lodz</u> [Pirna][Zwodau]	Befreit Mai 1945 bei Marienbad ITS TD 403607
59802 POL 83259	Neumark, Lola [>Lola Zadik]	12.02.1925 Lodz 14.02.1926 Lodz [Pirna][Zwodau] [Neu Rohlau]	Befreit bei Plan ITS TD 308337
59803 POL 88115	Nowak, Dora [Dwojra Laja] B: Schneiderin F: Schwester v. 59804 F: Schwester v. 59805	10.07.1921 <u>12.10.1914</u> A: Kühle Gasse 6 Siegfried Str. 1 Rauch 3F21 Salzstr. 9 [Auschwitz]	**Schicksal unklar**
59804 POL 88114	Nowak, Hasa [Masa] [>Mania/Masza Horn] B: Schneiderin F: Schwester v. 59805 F: Schwester v. 59803	10.12.1920 [14.08.1916] <u>14.08.1913 Lodz</u> [14.08.1912] A: Block No. 23 Kühle Gasse 6 Siegfried Str. 1 Solwa/Salzstr. 9 [Auschwitz]	Befreit Mai 1945 „KL Libszowce“ [=Libochovice?] DP Schlupfing DP Leipheim ITS TD 369454
59805 POL 88116	Nowak, Anka [Blima Chana] [>Chana Kolton] B: Schneiderin B: Haushälterin F: Schwester v. 59804 F: Schwester v. 59803	15.10.1922 <u>15.07.1922 Lodz</u> A: Kühle Gasse 6 Siegfried Str. 1 Rauch 3F21 Salzstr. 9 [Auschwitz] [Pirna]	Befreit 09.05.1945 „in Lipschowec“ [=Libochowice?] PWR: Theresienstadt DP Leipheim ITS TD 393032
59806 POL 83901	Newicka [Nowicki], [Nowicka] Brandla F: vgl. 38480	23.08.1909 [23.07.1909] A: Cranach 24F69	Befreit 08.05.1945 in Theresienstadt TDB
38480 POL 84242	Nowicki, [Nowitzki] Gerschon [Gerszon] B: Händler F: vgl. 59806	04.12.1910 Lódz A: Cranach 24F69	Befreit 08.05.1945 in Theresienstadt TDB [Leitmeritz]

FloNo. Nation StuNo	**Name**,*Mädchenname **Vorname** [Varianten]	**Geburtsdaten** **Deportationsdaten**	**Opferstatus** **Quellennachweis**
38481 POL 84310	Nugelblatt [Nagelblat], Hersch [Hersz Nusen] B: Arbeiter F: Sohn von 38482	31.08.1924 Lódz [28.08.1925] A: Muehl 3F9	**Verstarb 1944** **in Dresden** Ab: 04.12.1944 Bestattet auf dem Johannisfriedhof Dresden Tolkewitz 03.12.1944
38482 POL 84311	Nugelblatt [Nagelblat], Icek [Isaak] B: Schuster F: Vater von 38481	01.05.1897 Lódz [22.04.1897] [29.01.1897] A: Muehl 3F9 Brzezin 77	**Starb am 13.02.45** **in Dresden** Ab: 07.03.1945 Bestattet auf dem Johannisfriedhof Dresden Tolkewitz 26.02.1945
38483 POL 84269	Nusbaum [Nussbaum], Josef B: Maschinenbau – Ingenieur	21.07.1907 Przemysl D: Piotrkow ‚Petrekau' A: Tizian 12F22 Sulzfelder 5F70	**Verstarb 1945 bei** **der Evakuierung** Vgl. ZIH 301/3762 [‚laut Roman Halter beim Todesmarsch erschossen']
59807 POL 82427	Nusbaum, [Nussbaum] ['Nosbau'] Maria [Mere] [Mera] B: Hausfrau	03.02.1915 Lódz [01.02.1915] [08.11.1915] A: Tizian 12F22 Sulzfelder 5F70 Petrekauer	Befreit 08.05.1945 in Theresienstadt TDB [‚laut Roman Halter beim Todesmarsch erschossen']
59808 POL 83927	Ofmann, *Weinberg Dworja [>Dorka Silbiger]	26.05.1917 Lodz [Zwodau]	Befreit Mai 1945 Ort unbekannt ITS TD 407722
59809 POL 83272	Opatowska, Anna [>Anna Herszlikowicz]	01.12.1916 01.12.1915 Zdunska Wola	Befreit 1945 Ort unbekannt DP Wörishofen ITS TD 258306
59810 POL 83267	Opoczynska [*Wojnsztajn], *Weinstein Tauba [>Liba Opat] B: Schneiderin	12.07.1914 [12.07.1919] 12.07.19 Pabianice A: Muehl 21F19 Schlosser 8 [Zwodau]	Befreit 08.05.1945 in Prachatice auf Evakuierungsmarsch ITS TD 462295

59811 POL 82431	Orner, *Rakocz [Rockach] Mania [Marja] F: Mutter v. 59812	15.05.1904 15.05.1897 Schetlowiaz b. Radom A: Sulzfelder 56F36 [Zwodau] [Auschwitz Block 13 für 3 Tage ; Stutthof Block 3]	Befreit Mai 1945 bei Karlsbad [nicht 15.04.1945 Bergen-Belsen] DP Bergen-Belsen ! Vgl. SVHF 33694 Verstorben 1971 ITS TD 528172 „528072“
59812 POL 82430	Orner, Sara 'Sonia' [>Ostrzega] F: Tochter v. 59811	05.09.23 Lodz [13.05.1923] [1922] A: Sulzfelder 56F36 [Zwodau]	Befreit Mai 1945 bei Karlsbad SVHF 33694 DP-Bergen-Belsen
59813 POL 82433	Ostrowicka, [Ostrowiecka] Maria [Marjem] B: Hausfrau	12.12.1912 Lódz [25.12.1911] A: Hohensteiner 43F100	Befreit 08.05.1945 in Theresienstadt TDB
38484 POL 84243	Ostrowiecki [Ostrowicki], Hersch [Hersz Ber] B: Buchhalter	28.12.1912 Lódz A: Hohensteiner 43/45F100	Befreit 08.05.1945 in Theresienstadt TDB [Leitmeritz] PWR:Frankfurt a.M.
38485 POL 99973	Pechman, [Pechmann] Aron B: Dachdecker AuNo.: unbekannt	15.03.1920 Krakau [Jaworow] [Auschwitz]	Befreit [April] 1945 in Dresden nach Flucht vom Marsch PWR: Weiden ‚B 162/8330 S.429' ITS TD 199673
38486 POL 99945	Perec, Chaim	14.11.1912 [14.11.1911] Ciechanow [Auschwitz]	10.04.45 Mockethal [Leitmeritz] TDB Befreit 1945 ‚B162/16167 S.288' ITS TD 397553
59814 POL 82454	Perlmutter, [Perelmuter] Hannach Chana B: Büroangestellte F: Schwester v. 59815	24.12.1922 24.12.1918 Wloclawek A: Holz Str. 21F15	**Verstarb 1945** **in Mockethal** (?) Ab: 26.03.1945 Die Abmeldung ist im Nummernbuch beim Eintrag um eine Zeile verrutscht
59815 POL 82455	Perlmutter [Perelmuter], Nacha [Necha] [>Naomi Nadzia Wilder] B: Krankenpflegerin F: Schwester v. 59814	23.03.1923 23.03.1925 Wloclawek / Leslau A: Holz Str. 21F15 DP Amberg PWR: Weiden	Befreit 08.05.1945 in Zwickau nach Flucht vom Marsch [Freundin und späte- re Frau von 38414] ITS TD 403742

59816 POL 83935	Pfeffer, *Frenkiel Mala	25.07.1910 Lódz [27.05.1919] [25.07.1919]	Befreit 08.05.1945 in Theresienstadt TDB; ‚B 162/8330 S.429'
38487 POL 84251	Pfeffer, Simon [Szymon] B: Mech ingeneer B: Ingenieur	13.06.1912 Myskow [Myszkow] [03.06.1912] A: Korn 5F9 Richthof 8	Befreit 08.05.1945 in Theresienstadt TDB [Leitmeritz] Sydney aus Tschechien ‚B 162/8330 S.438'
59817 POL 82764	Pick, [Pik] [Peck] Andza [Anna] [Chana] *Kolton [Koltun] F: Mutter von Dr. Abraham Peck	19.03.1915 Lódz [19.05.1915 ?] Mühl Str. 36F2 [?]	Befreit Mai 1945 Ort unklar / Böhmen Unsere Stunde Null HBG: zz-0248.01 DP-Landsberg
59818 POL 83911	Pietermann, [Pitermann] Regina [Gina]	15.02.1916	**Starb 14.02.45** **in Dresden** Ab: 06.03.1945 Bestattet auf dem Johannisfriedhof Dresden Tolkewitz 26.02.1945
59819 POL 84121	Pietrkowska, [Piotrokowska] Tauba [Tauba Gitla] ['Bronka Kengerska' 'Bronka Kanjelska]] [> T. Cilia Weiss] F: Tochter v. 38489 F: Schwester v. 38488 B: Schneiderin	03.02.25 Lask [25.01.1925] [15.01.1925] A: Gnesen 18F5	Befreit b. Dresden in Wilschdorf SVHF 24529 USHMM RG-50.477*0790 14.09.1989
38488 POL 84362	Piotrkowski, Gabriel ['Yusi Jalocha'] F: Sohn v. 38489 F: Bruder v. 59819 B: Schneider	08.11.1920 Lask [15.11.1922] A: Gnesen 18F5	Befreit b. Dresden in Wilschdorf Vgl. SVHF 24529 Vgl. Geny Rabino- vich: Tauba Weiss. When G-d Was on Vacation.
38489 POL 84361	Piotrkowski, Noach [Noech] ['Noael'] [‚Jan Bidura'] B: Bäcker F: Vater v. 59819 & 38488	04.05.1904 Lask [11.11.1904] 27.11.1897 Lask A: Gnesen 18F5	Befreit b. Dresden in Wilschdorf 05/45 Vgl. SVHF 24529 Vgl. Geny Rabino- vich: Tauba Weiss. ITS TD 338404 Brief S.30f.

59820 POL 82471	Petermann, [Potersman] Lola [>Laja Prajs]	21.03.1921 Lodz [Pirna] [Zwodau] "Swoboda" [Neu Rohlau] "Karlsbad"	Befreit 07.05.1945 in Ellbogen [Loket] nach Flucht vom Evakuierungsmarsch ITS TD 856807
38490 POL 84247	Plomski [Plonski], Henryk B: Schüler B: Stahlhärter	12.08.1926 Lódz [13.03.1926] [1925] 13.08.1925 Lodz A: Fisch 1F8 Mark 16 [Markt] =Targowa 16F24 [nicht nach Dresden überstellt] [Stolp]	Befreit 03.05.1945 bei Lübeck auf dem Schiff Cap Arcona ZIH 301/3761 27.07.1948 DP Neustadt / Holstein (Hospital) ITS TD 1002560
38491 POL 84248	Potok, Salomon [Salmon] [Salmen]	27.02.1903 Lódz	Befreit 08.05.1945 in Theresienstadt TDB [Leitmeritz]
59821 CZE 82772	Precel [>Contiová] *Kohn [Kohnová], Anita [Anitta] [>Anita Karola Shafar] B: Damenschneiderin B: Hausfrau [Freundin v. 59660]	08.12.1918 Berlin [08.02.1918] A: Cranach 9F24 Kelm 55 Prag-Lodz 26.10.41	Befreit 1945 in Pirna (?) nach Flucht auf Marsch nach Theresienstadt TGB S.112 SVHF 40967 ITS TD 496594 Eidesstattl.Erkl.S.31
59822 RD 61808	Pukacz, Erika [>Erika Pukatz] B: Krankenschwester	14.12.1923 Kassel 13.02.1923 Kassel Kassel-Riga 09.12.1941 [Sipo Riga] [Zwodau ?]	Befreit Mai 1945 „in Saatz" [Saaz] [Zatec] PWR: London ITS TD 727028
59823 POL 82442	Putermann, Alicia [Alice]	05.01.1920 Lódz	Befreit 08.05.1945 in Theresienstadt TDB ZIH 301/4006
59824 POL 82456	Putermann, Bela [Bala] *Sendowski [>Bajla Profesorski]	03.06.1900 31.08.1897 Piotrkow [Pirna]	Befreit 08.05.1945 in Theresienstadt ITS TD 676312
59825 POL 82163	Putermann [Puterman], Ruth [Ruta] B: Büroangestellte F: Vgl. 38492, 38495	15.04.1913 Lódz [15.04.1910] [14.04.1923] Pabianice A: Hamburger 57F8 Hohensteiner 56F9 Kilinski 87	Befreit 08.05.1945 in Theresienstadt TDB

59826 POL 87812	Puttermann [Puterman], Matka [Malka Chana] [>Maria Szymel] B: Büroangestellte B: Hausfrau F: Tochter v. 59827 F: Tochter v. 38493	06.03.1915 Lodz A: Steinmetz 24F14 Hamburger 17F13 Hamburger 19F42 [Pirna] [Zwodau ?]	Befreit 09.05.1945 in Karlsbad SVHF 28994 ITS TD 696105
59827 POL 83910	Puttermann, Regina *Litman [Rywka Laja?] F: Ehefrau v. 38493 F: Mutter v. 59826	05.04.1886 [18.01.1885 ?] A: Hamburger 17F13 ? Hamburger 19F42 ? Steinmetz Gasse 24	**Schicksal unklar** Vgl. SVHF 28994 [nachzutragen]
59828 POL 82461	Puttermann, Rosa [Rachela] B: Hausfrau F: Vgl. 38494	25.12.1908 Lódz [12.12.1908] [25.12.1914] A: Blaue 15F3 Bier 5F17 Pogonowski 40	Befreit 08.05.1945 in Theresienstadt TDB
38492 POL 84253	Puttermann [Puterman], Majer [Meir] B: Schlosser F: Vgl. 38495, 59825	18.02.1914 Lódz A: Hohensteiner 74F10 Hohensteiner 56F9 Kilisnki 87 Korn Gasse 11F7 Basar Gasse 7F8	Befreit 08.05.1945 in Theresienstadt TDB [Leitmeritz]
38493 POL 84245	Puttermann [Puterman], Salomon [Szlama] [Simon] B: Metalldrechsler B: Metallarbeiter F: Ehemann v. 59827, F: Vater v. 59826	13.03.1884 [13.03.1887] Lentzek [Lantza] Steinmetz 24F14 Hamburger 17F13 Hamburger 19F42	**Starb am 12.02.45** **in Dresden** Ab: 02.03.1945 Bestattet auf dem Johannisfriedhof Dresden Tolkewitz 25.02.1945
38494 POL 84244	Puttermann [Puterman], Schaja [Szaja] B: Cottonmeister F: Vgl. 59828	05.07.1908 Lódz A: Blaue 15F3 Bier5F17 Blei 151F20	Befreit 08.05.1945 in Theresienstadt [?] ZIH 301/3760 vom 14.07.1948
38495 POL 84249	Puttermann [Puterman], Wiktor B: Büro F: Vgl. 38492, 59825	12.10.1910 Lódz A: Hohensteiner 56F9 Kilinski 87	Befreit 08.05.1945 in Theresienstadt TDB [Leitmeritz]

38496 POL 84257	Rabinowicz, Akim [Hena Akim] B: Schlosser	07.02.1898 Lódz [07.12.1905] A: Krauter 21F13 Matrosen 22F21 Alexanderhof 24F40 Welingen	Befreit 08.05.1945 in Theresienstadt TDB [Leitmeritz]
59829 POL 83980	Radzyner [‚Radziner'] Ela [Elka] F: Tochter v. 59834 F: Schwester v. 38497 F: Schwester v. 59835	20.03.1917 Lódz [20.03.1920] [18.02.1910] A: Hohensteiner 23F17 Steinmetz 8	Befreit 08.05.1945 in Theresienstadt TDB
59830 POL 83979	Radzyner [‚Radziner'], *Mincberg Hinda Estera [Hinia] B: Hausfrau F: Ehefrau v. 38499 F: Mutter v. 38498 & 38500 F: Schwiegertochter v. 59833	25.04.1905 Lódz [18.05.1903] Matrosen 39F1A Kilinski 49 Vom Ehemann in e. Kiste b. Fabrikgelände bestattet und 5 Jahre nach dem Krieg auf den Jüdischen Friedhof Dresden umgebettet	**Starb am 21.02.45 in Dresden** ‚an Knochen-Tuberkulose' Ab: 06.03.1945 Bestattet: siehe links PoT v. Sohn Harry Radzyner 10.08.56 ‚Vgl. Sophia Machtinger S.42' Vgl. ZIH 301/3027 ITS TD 555496
59831 POL 83983	Radzyner, Adele [Adela] Ajdla F: Tochter von Rosa Szolowicz *1895 und Majlech Radzyner*'94 B: Schülerin	15.03.1926 [15.01.1930] [1923] A: Hohensteiner 25F10 [Zgierska 25]	**Starb April 1945 in Dresden** Elias-Trinitatis-Johannis-Friedhof 07.04.1945: 5 LG 1 ITS TD 1013981
59832 POL 83946	Radzyner, *Ber Bronia [Brucha] B: Schneiderin	03.05.1915 Pabianice A: Cranach 18F7	Befreit 08.05.1945 in Theresienstadt Lodz [Pabianice] ITS TD 270839
59833 POL 83975	Radzyner, *Berger Gitta [Itta] [Ita] F: Mutter v. 38499 F: Großmutter von 38498 und 38500	01.03.1892 Lódz [01.03.1884] A: Hohensteiner 3F5 Buschlinie 49	Befreit 08.05.1945 in Theresienstadt TDB ZIH 301/3027 vom 04.12.1947
59834 POL 83981	Radzyner, *Alberstein Rachela B: Hausfrau F: Mutter v. 59835 & 59829 & 38497	12.12.1900 [1887] [1891] Radom ; A: Hohensteiner 23F17 Steinmetz 8 >>Vgl. PoT d. Tochter Rebecca Renee Winer v. 28.01.1991	**Starb am 08.02.45 in Dresden** Ab: 14.02.1945 Bestattet auf dem Johannisfriedhof Dresden Tolkewitz 13.03.1945 [?]

FloNo. Nation StuNo	**Name**,*Mädchenname **Vorname** [Varianten]	**Geburtsdaten** **Deportationsdaten**	**Opferstatus** **Quellennachweis**
59835 POL 83982	Radzyner, Rebeka [> Rebecca Renée Winer] F: Tochter v. 59834 F: Schwester v. 38497 F: Schwester v. 59829	08.12.1924 Lódz [08.12.1923] A: Hohensteiner 23F17 Steinmetz 8	Befreit 08.05.1945 in Theresienstadt TDB Submitter of PoT
38497 POL 84365	Radzyner, Chaim B: Büroangestellter F: Sohn v. 59834 F: Bruder v. 59835 F: Bruder v. 59829	06.09.1912 Radom [06.09.1908] A: Hohensteiner 23F17 Steinmetz 8	10.04.45 Mockethal **Starb im April 45 beim Todesmarsch** Ort unbekannt PoT der Schwester Rebecca Renee Winer v. 28.01.1991
38498 POL 84264 K24	Radzyner, Chaim B: Schüler F: Sohn v. 59830 & 38499 F: Bruder v. 38500 (Hilfsschlosser) [>Dr. Harry Radzyner]	25.07.1930 Lódz [28.09.1933][28.07. 1932] [25.07.1933] A: Matrosen 39F1 Kilinski 49 [nicht nach Pirna]	Befreit 08.05.1945 in Theresienstadt TDB [Leitmeritz] Vgl. Holger Weber: Literaturverzeichnis Fotos im Buch
38499 POL 84263 K24	Radzyner, Moses [Nusen Mojzesz] B: Kaufmann F: Ehemann v. 59830 F: Vater v. 38498 F: Sohn v. 59833 [>Moe Radzyner]	14.10.1905 Lódz [14.10.1903] A: Matrosen 39F1 Kilinski 49 [nicht nach Pirna]	Befreit 08.05.1945 in Theresienstadt TDB [Leitmeritz] ZIH 301/3811 1990 verstorben in Düsseldorf Fotos im Buch
38500 POL 84265	Radzyner, Nataniel [Abram Nataniel] [Niutek] B: Schüler F: Sohn v. 59830 & 38499 F: Bruder v. 38498 F:>Ehemann v. 59701	25.01.1925 Lódz [27.01.1925] Matrosen 39F1A Kilinski 49 Fotos im Buch	Befreit 08.05.1945 in Dresden nach Flucht bei Zschachwitz Submitter PoT Vgl.AutoB.: Chanan Werebejczyk Vgl. Josef Majer ITS TD 813260

38501 POL 84256	Reder, Jakob B: Schlosser	01.02.1901 Lódz [21.01.1901] A: Am Bach 15F60 Bier 23F2 Danziger 20	**Starb 1945** **in Mockethal** Ab: 16.03.1945 Bestattung Lohmen? PoT v. 24.05.1957 übermittelt von der Kusine Sara Erlich
38502 POL 84277	Reingold, Baruch [Boruch] B: Elektrotechniker F: Bruder v. 38503 F: vgl. 59841	05.10.1908 Lódz [06.10.1908] A: Brunnen 16F38 Tizian 8F10	Befreit 08.05.1945 in Theresienstadt TDB [Leitmeritz] B 162 / 8328 S.159f.
38503 POL 84273	Reingold [Rajngold], Feiwel [Fajwisz] B: Büroangestellter F: Ehemann v. 59840 F: Bruder v. 38502 F: Vater von 59836	21.07.1904 Lódz A: Acker 16F21 Sperling 17 Alexanderhof 56F5	10.04.45 Mockethal **Starb April 1945** **in Mockethal** Ab: 15.04.1945 PoT der Schwägerin Rakhel Shteinbuk PoT der Ehefrau Sara Reingold 03.07.1957 PoT Nichte Ilana Turner
38504 POL 84267	Reingold, Sigmunt [Siegmund] [Zygmunt] B: Bürobeamter B: Head of food supply, Commander of the police department F: Ehemann v. 59839 F: Vater v. 59837	21.02.1900 Lódz [20.03.1900] A: Altmarkt 2F3 Alexanderhof 56F5 Danziger 23	Befreit 08.05.1945 in Theresienstadt TDB [Leitmeritz] PWR: DP Danzig DP Deggendorf USHMM, Aufbau Foto 63033 Foto 24849
59836 POL *Boy 83612	Reingold [Rajngold], ‚Elchana' [Elchanan] B: Schüler F: Sohn v. 59840 & 38503 [>Elchanan Kleber]	12.12.1937 Lódz A: Alexanderhof 56F5 Brunnen 16F21 Sperling 17F3 [Pirna] [Zwodau]	Befreit Mai 1945 bei Karlsbad PWR: Kinia CSR ITS TD 967422
59837 POL 82499	Reingold [Rajngold], Hanna [Halina] [>Ilana Turner] B: Schülerin F: Tochter v. 59839 F: Tochter v. 38504	27.02.1928 Lódz A.: Altmarkt 2F3 Alexanderhof 56F5	Befreit 08.05.1945 in Theresienstadt TDB, Aufbau DP Deggendorf PoT Submitter

FloNo. Nation StuNo	**Name**,*Mädchenname **Vorname** [Varianten]	**Geburtsdaten Deportationsdaten**	**Opferstatus Quellennachweis**
59838 POL 82500	Reingold, *Wartska Rachela [>Rachel Simon]	10.03.1927 Lodz 12.11.1931 Lodz [Pirna] [Zwodau ?]	Befreit 09.05.1945 Dobromiedrice DP Windsheim ITS TD 288361
59839 POL 82498	Reingold, Sara [Rachela] B: Bürobeamtin F: Ehefrau v. 38504 F: Mutter v. 59837	05.09.1904 Lódz [25.09.1900] [25.11.1900] [05.09.1902] Altmarkt 20F2 Altmarkt 3F3 Alexanderhof 56	Befreit 08.05.1945 in Theresienstadt TDB
59840 POL 83611	Reingold [Rajngold *Werebejczyk], Sura [Sara Ela] [>Kliczanska?] [>Sara Kleczewski] [>Sarah Klechevsky] F: Ehefrau v. 38503 F: Mutter v. 59836 F: Schwester v. 59915 &38557; B: Bürolistin	24.05.1908 Lódz A: Brunnen 16 Sperling 17F3 [Pirna] [Zwodau] [Karlsbad] =Neu Rohlau?	Befreit Mai 1945 in Kienia CSR Submitter of PoT Vgl. PoT von Uriel (siehe Fajwicz Reingold) ITS TD 966646
59841 POL 82505	Rheingold [Rajngold], Brandla B: Schneiderin F: vgl. 38502	01.06.1912 Lódz [04.06.1912] [05.07.1920] ? A: Brunnen 16F38 Tizian 8F10	Befreit 08.05.1945 in Theresienstadt TDB
59842 POL 83610	Richer [Rycher] [Richter], Tola [Tauba] [Tolla]	14.05.1932 Lódz [14.06.1932] A: Wald 26F3 Sperling 14F1 Dunkle 19	Befreit 08.05.1945 in Theresienstadt TDB
59843 POL 83960	Riesenfeld *Katz, Erna B: Sekretärin	26.06.1898 Berlin [26.06.1908] A: Kranichweg 5F5 Lodz: Acker 15F1	Befreit 08.05.1945 in Theresienstadt TDB
38505 POL 84369	Ris [Rys] [Riz], Josek [Jozef Hersz]	03.07.1922 Lódz A: Sulfelder 19F23 Sulzfelder 5	Befreit 08.05.1945 in Theresienstadt TDB [Leitmeritz]
59844 LIT 48436	Ringermacher, Schina *Sher [>Scheina Kohn]	08.05.1908 1901Schaulen [Sipo Kowno] [20. Juli 1944]	Befreit März 1945 bei Stolp ITS TD 466118 [nicht nach Dresden]

59845 POL 76281	Rosenberg, Szajndla [Scheindl] *Dawidowicz [>Scheindla Gryntuch] B: Schneiderin	23.11.1910 Praszka 23.11.1902 Praszka [Auschwitz] Ghetto Lodz A: Andreja 27	Befreit 08.05.1945 in Theresienstadt TDB [Leitmeritz] DP Deggendorf ITS TD 238941
38506 POL 84276	Rosenberg [Rozenberg], Towia [Tojwia][Tarvin] [Tawja]	21.11.1915 Pabianice [03.11.1915] A: Altmarkt 5F8	**Verstarb 1945** **in Dresden** Ab: 16.02.1945 Bestattet auf dem Johannisfriedhof Dresden Tolkewitz 26.02.1945
38507 POL 84258	Rosenblum, Israel [Izrael Mendel] B: Schüler	15.06.1927 Lódz [05.06.1929] A: Rauch 33F43 Muehl 28	Befreit 08.05.1945 in Theresienstadt TDB [Leitmeritz]
38508 POL 84259	Rosenblum, Motel [Motyl Szulem] B: Kaufmann F: vgl. 59846	23.12.1904 Sajow [23.07.1904] A: Hanseaten 46F7 Marysin 25 [?*1889 : Sulzfelder 7F5]	10.04.45 Mockethal **Starb 1945** **Umstände unklar** PoT von Nichte Tola Alberstein [?] [*1898] ; vgl. B 162 / 8329 S.301
59846 POL 83605	Rosenblum, Blanka [Brandla?] F: vgl. 38508	27.12.1931 [02.01.1933?] A: Hanseaten 46F7?	**Identität ungeklärt** **Schicksal unklar** ITS TD 1564832 (?)
59847 POL 82532	Rosenblum [Rozenblum], Branka [Brana] [Bronia] [>Bronka Kaplan] B: Reperisiererin ? B: Strumpfwirkerin F: Schwester v. 59848	07.05.1920 Lodz A: Sulzfelder 48F13 Muhl 7 Sulzfelder 7F5 [Zwodau ?] [=?Libesice b. Saaz]	Befreit 08.05.1945 Linoschütze DP Lechfeld ITS TD 599536 JA Survivor II Eltern Motel R. & Estera Szmerling
59848 POL 82531	Rosenblum, [Rozenblum] Ita [Itka] [>Ita Rajchman] F: Schwester v. 59847	24.04.1924 18.05.1924 Lodz A: Sulzfelder 48F14 Sulzfelder 7F5 Kelm Str. 9F19	Befreit 1945 Ort unbekannt Vgl. ITS TD 599536 JA Survivor II Bruder David *1928
59849 POL 82522	Rosenblum, Marian [Mariem Rozenblum] F: Mutter v. 59850 ?	05.07.1902 [19.06.1891 ?] A: Hanseaten 61F5?	**Starb 1945** **in Mockethal?** Ab: 20.03.1945
59850 POL 82521	Rosenblum [Rozenblum], Sara [Chaja Sura] F: Tochter v. 59849 ?	13.10.1921 A: Hanseaten 61F5	**Schicksal unklar**

FloNo. Nation StuNo	**Name**,*Mädchenname **Vorname** [Varianten]	**Geburtsdaten** **Deportationsdaten**	**Opferstatus** **Quellennachweis**
59851 CZE 'POL' 83985	Rosenzweig, [Rozencwajg] *Holender Holländerova, Greta [>Berkovitz] [>Greta Berkovic] B: Hausfrau B: Metallarbeiterin F: Ehefrau v. 38509	20.01.1918 Ostrava [20.01.1913] A: Alexanderhof 15F32 Cranach 32F20 Prag-Lodz 31.10.1941 [Pirna]	Befreit 08.05.1945 in Theresienstadt ,Verstorben 29.06.1945 Theresienstadt TGB: S.126' = falsch Submitter PoT ITS TD 389574
59852 POL 83966	Rosenzweig [Rozencweig], Karola B: Schneiderin F: Tochter v. 38510 F: Schwester v. 38511 F: Schwester v. 59854	06.02.1924 Lódz 06.02.1925 Lodz A: Fisch 16F21 [Pirna] [,Kaufering']	Befreit 08.05.1945 in Theresienstadt TDB DP Landsberg ITS TD 329510
59853 POL 76395	Rosenzweig, Marie [Mariem] [>Maria Zweibaum] B: Schneiderin F: Schwester v. 59855	20.03.1925 20.03.27 Pabianice A: Hausierer 6F6 Alexanderhof 47 [Auschwitz]	Befreit Mai 1945 Ort unbekannt [Dresden] DP Föhrenwald ITS TD 370424
59854 POL 83967	Rosenzweig, Rucha [Rasza] [>Regina Rina Jelinek] ["Hanna Finkelstein"] F: Tochter von 38510 F: Schwester v. 59852 F: Schwester v. 38511 B: Schülerin	01.03.1928 [03.03.1928] 01.03.1930 Lodz 01.03.1932 Lodz [,Kaufering']	Befreit 08.05.1945 in Theresienstadt TDB DP Landsberg ITS TD 242009
59855 POL 76394	Rosenzweig, Sophia [Estera Zysla] [Zofia] [>Sophie Lubka] B: Schneiderin F: Schwester v. 59853	20.09.1923 Pabianice A: Hausierer 6F6 Alexanderhof 47 [Auschwitz]	Befreit Mai 1945 Ort unbekannt [Dresden] DP Föhrenwald ITS TD 319758
38509 CZE ,POL' 84262	Rosenzweig, Harry [Harry Efraim] B: Kaufmann F: Ehemann v. 59851	19.01.1909 Berlin Prag-Lodz 31.10.1941	**Starb am 29.06.45** **in Theresienstadt** nach der Befreiung TDB [Leitmeritz] TGB: S.126 PoT seiner Ehefrau Greta Berkovitz 23.12.1957 [Foto]

<table>
<tr><td>38510
POL
84268</td><td>Rosenzweig,
[Rozencwajg]
Hersch [Hersz Lajb]

B: Schneider
B: Metallarbeiter
F: Vater v. 38511
F: Vater v. 59852
F: Vater v. 59854</td><td>05.10.1884 Radom

[13.05.1885]
[15.05.1885]
A: Fisch Str. 3F12
Pfauen Str. 22F1

Vgl. Bericht der
Tochter über den
Tod des Vaters
ITS TD 751899</td><td>Starb am 19.12.44
in Dresden
Ab: keine Abmeld.
Bestattet auf dem
Johannisfriedhof
Dresden Tolkewitz
24.01.1945
PoT v. Sohn
Shmuel Menakhem
Rozentzveig
19.12.1956</td></tr>
<tr><td>38511
POL
84275</td><td>Rosenzweig,
[Rozencwajg]
Samuel
[Mendel Samuel]
[>Menahem
Rozentzvayg]
F: Sohn v. 38510
F: Bruder v. 59852
F: Bruder v. 59854</td><td>10.04.1914 Russia

A: Fisch Str 16F16
Gefängnis</td><td>Befreit 08.05.1945
in Theresienstadt
TDB [Leitmeritz]
SVHF 40298
Submitter PoT</td></tr>
<tr><td>38512
POL
100014</td><td>Rubinstein,
Israel [Izrael Dawid]
AuNo.: 37581</td><td>17.03.1905 [17.04.]
[17.07.1905]
Kozienice
[06.06.42 Radom]
[Auschwitz]</td><td>Befreit 08.05.1945
in Theresienstadt
TDB [Leitmeritz]
ITS TD 243189</td></tr>
<tr><td>59856
POL
88184</td><td>Rotenberg,
Szaindla</td><td>20.11.1910
[29.11.1910]
[Auschwitz]
[Zwodau]</td><td>Starb April 1945
in Zwodau
Ab: 13.04.1945</td></tr>
<tr><td>38513
POL
84254</td><td>Rotstein,
Jakub

B: Handelsangestellter</td><td>18.02.1906
Alexandrov
[18.04.1906]
Altmarkt 2F17
Holz 16 (?)</td><td>Befreit Mai 1945
in/bei Theresienstadt
ITS TD 556949</td></tr>
<tr><td>59857
POL
83976</td><td>Rubinstein
[Rubinsztejn],
Ita [>Kaufmann]
B: Schülerin
F: Tochter v. 59858</td><td>24.06.1925 Lodz
A: Scheer 16F7
Ziegel 14
Am Bach 10</td><td>Befreit 08.05.1945
in Theresienstadt
TDB
SVHF 8578
Submitter PoT</td></tr>
<tr><td>59858
POL
83977</td><td>Rubinstein *Hendel
[Rubinsztejn],
Sara [Sura Hindel]
B: Hausfrau
F: Mutter v. 59857</td><td>1897 [24.09.1899]
[17.11.1897] Lódz
A: Scheer 16F7
Ziegel 14
Am Bach 10</td><td>Befreit 08.05.1945
in Theresienstadt
TDB</td></tr>
</table>

38514 POL 84272	Rycher, [Richer] Leib ['Mejba']	15.02.1889 Tyszowce A: Wald 26F3	Befreit 08.05.1945 in Theresienstadt TDB [Leitmeritz]
59859 HUN 39406	Salamon, Elisabeth [>Elisabeth Spitz] AuNo.: keine [Durchgangslager]	01.04.1925 Karemar Nagykaroly Kismajteny [Auschwitz] [Pirna][Zwodau ?]	Befreit Mai 1945 in/bei Karlsbad ITS TD 425275
59860 CZE 83619	Salomonovič(ová) [NB:"Salamonovic"] [L: "Salomonowicz"] [L: "Salomonowitz"] [T: "Salamonowitz"], Dora *Kupfermann B: Bürokraft F: Mutter v. 59861 & 59862	28.08.1904 A: Rauch 19F34 Hohensteiner 56 Prag-Lodz 03.11. 1941 [Pirna] [Zwodau]	Befreit April 1945 bei Domazlice/Taus vom Hungermarsch bei Fliegerangriff [„in Zwodau"] [„osv. Svatava"] TGB: S.138
59861 CZE Knabe 83621	Salomonovič [NB:„Salamonovic"] [L: "Salomonowicz"] [L: "Salomonowitz"] [T: "Salamonowitz"], Josef B: Kind F: Sohn v. 59860 F: Bruder v. 59862	01.07.1938 Ostrava [11.07.1938] [01.08.1938] A: Rauch 19F34 Hohensteiner 56 Prag-Lodz 03.11.41 [Pirna][Zwodau]	Befreit April 1945 bei Domazlice vom Hungermarsch bei Fliegerangriff [„in Zwodau"] [„osv. Svatava"] TGB: S.138 ITS TD 1059763
59862 CZE Knabe 83620	Salomonovič [NB:"Salamonovic"] [L: "Salomonowicz"] [L: "Salomonowitz"] [T: "Salamonowitz"], Michal [Michael] B: Schüler F: Sohn v. 59860 F: Bruder v. 59861	06.10.1933 Ostrava [16.10.1933] A: Rauch 19F34 Hohensteiner 56 Prag-Lodz 03.11.1941 [Pirna][Zwodau]	Befreit April 1945 bei Domazlice vom Hungermarsch bei Fliegerangriff [„in Zwodau"] [osv. Svatava"] TGB: S.138
59863 POL 83536	Siznicka [Sinicka], [Sienicki] Ida [Idesa] B: Korsettmacherin	20.05.1919 Pabianice [20.05.1918] [1910] A: Steinmetz 21F21 Dolna 10	Befreit 1945 Ort unbekannt Australia Welfare 22.09.1946 from Italy to Melbourne East St. Kilda 177 Orrong Road
59864 POL 82583	Sosnowska, Sprinca [Sabina]	25.12.1904 Prewos [25.12.1915]	Befreit 08.05.1945 in Theresienstadt TDB

59865 POL 85633	Spritzer, Felicia [>Christina Chojnaka] [>Christine Marciniak]	05.06.24 Krakau [05.02.1926] Ghetto Krakau Krakau-Plaszow [Auschwitz]	Befreit 08.05.1945 in Theresienstadt TDB SVHF 6088
59866 POL 84083	Sundner [Zundiner], Anna [>Anna Chana Goldberg] F: Schwester v. 59867 F: vgl. 59868 B: Modistin	10.07.1919 [1915] [10.07.1909] Lodz A: Krauter 13F25 Hitler 120 [Zwodau]	Befreit Mai 1945 bei Karlsbad ITS TD 380884 JA Survivors II
59867 POL 84089	Sundiner [Zundiner], Irena [>Irith Irene Friedman] F: Schwester v. 59866 F: vgl. 59868 B: Buchhalterin	18.05.1924 [1922] [16.10.1926] [18.10.1926] Lodz A: Krauter 13F25 Hitler 120 [Zwodau]	Befreit Mai 1945 bei Karlsbad B 162 / 8329 S.210f. DP Föhrenwald (?) DP Landsberg ITS TD 292938 „Fußmarsch bis in die Nähe von Dachau“ = Tachau?
59868 POL 84084	Sundiner [Zundiner], Selda [Zelda] B: Buchhalterin F: vgl. 59866 & 59867	21.10.1922 [1917] A: Krauter 13F25 Hitler 120	**Schicksal unklar**
59869 POL 60843	Swirska, [Snirska] Svirsky *Bilbinder Berta	05.03.1919 Wilna [08.04.1920 Wilno] [Sipo Riga]	Befreit 08.05.1945 in Theresienstadt TDB;PWR:Uruguay DP Heidenheim ITS TD 288547
59870 POL 82552	Symel, *Wolrauch Reyna [Rywka] [>Regina Rotstein] F: Mutter v. 59871	20.11.1903 Lódz [20.11.1911] [1912] [20.09.1909] A: Holz Str. 19F24	Befreit 08.05.1945 in Theresienstadt TDB SVHF 4783
59871 POL 82551	Symel, Tauba [Tosia] [>Tosia Ward] B: Schülerin F: Tochter v. 59870	25.03.1926 Lódz [21.03.1931] [29.03.1931] A: Holz 19F24 Targowa 38	Befreit 08.05.1945 in Theresienstadt TDB Vgl. SVHF 4783
38515 POL 84302	Szyper ‚Schipper' [Szypper], Jakob [Jakub Majlech] B: Handelsangestellter F: Ehemann v. 59883 F: Vater v. 59882 F: Bruder v. 38516	16.05.1898 Lódz A: Alexanderhof 26F14 Sudeten 25 ITS TD 574236	**Starb am 30.01.45** **in Dresden** Ab: 04.02.1945 Bestattet auf dem Johannisfriedhof Dresden Tolkewitz 07.02.1945

FloNo. Nation StuNo	**Name**,*Mädchenname **Vorname** [Varianten]	**Geburtsdaten Deportationsdaten**	**Opferstatus Quellennachweis**
38516 POL 84301	Szyper ‚Schipper' [Schypper], Leon B: Ingenieur F: Ehemann v. 59880 F: Vater v. 59879 F: Bruder v. 38515 F: Schwager v. 59883	14.02.1904 Lódz [14.12.1904] A: Korn 10F5 Magdeburger 10	Befreit 08.05.1945 in Theresienstadt Vgl. B 162 /8328 S.101 ITS TD 194650
38517 POL 84340	Schultuk, [Schultak] [Zoltak] Eidik [Codik] [Cutel] [Cudek] B: Schneider F: vgl. 38568	06.06.1910 Wielun 06.08.1908 A: Goldschmiede 21F1 Frosch 15	Befreit 08.05.1945 in Theresienstadt TDB [Leitmeritz]
38518 POL 84288	Schurek, [Surek] Dan B: Schüler F: Sohn v. 38519 F: 59877, 59878 ITS 3.1.1.3/0190/0129	10.03.1929 [1931] [10.07.1930] Lódz 10.07.1932 A: Bleicher Weg 4F13	10.04.45 Mockethal Befreit 08.05.1945 in Theresienstadt TDB [Leitmeritz] WJC; PWR England
38519 POL 84287	Schurek, [Surek] Simcha [Pinchas Selig] F: Vater v. 38518 F: 59877, 59878 B: Kaufmann	27.02.1896 Lódz A: Bleicher Weg 4F13 Schonhar 3	10.04.45 Mockethal 19.04.45 Leitmeritz **Starb am 08.07.45 in Theresienstadt** nach der Befreiung
38520 POL 84341	Silberschatz, [Zylberszac] David [Dawid] B: Fleischer F: 38521 bis 38524	15.11.1888 Lódz [15.10.1888] A:Mühl Gasse 4F46	**Starb am 26.04.45 in Theresienstadt** TDB
38521 POL 84337	Silberschatz, [Zylberszac] Leib [Lajb] [Leibel] B: Fleischer F: Bruder v. 38523 & 38524 F: 38520, 38522	23.06.1924 Lódz [23.06.1925] A: Mühl 4F46 Mühl 14	Befreit 08.05.1945 in Theresienstadt TDB [Leitmeritz] Vgl. Roman Halter S. 249ff. ; Vgl. ITS TD 338404 S.42
38522 POL 84339	Silberschatz, [Zylberschac] Maier [Majer] B: Arbeiter B: Fleischer F: 38520, 38521 F: 38523, 38524	30.12.1912 Lódz A: Pfeffer 21F27 Mühl 4F46	Befreit 08.05.1945 in Theresienstadt TDB [Leitmeritz] PWR: Bamberg ?

38523 POL 84345	Silberschatz, [Zylberszac] Salamon [Zalman] [Zelman Lejwi] B: Weber F: Bruder v. 38521 & 38524 F: 38522, 38520	03.03.1920 Lódz [13.03.1920] A: Mühl 4F46 Mühl 14	Befreit 08.05.1945 in Theresienstadt TDB [Leitmeritz] Vgl. Roman Halter S. 249ff.
38524 POL 84336	Silberschatz, [Zylberszac] Wolf [Rafal Wolf] B: Schlosser F: Bruder v. 38521 & 38523 F: 38520, 38522	10.06.1914 Lódz A: Mühl 4F46 Brunnen 22	Befreit 08.05.1945 in Theresienstadt TDB [Leitmeritz] Vgl. Roman Halter S. 249ff.
38525 POL 84292	Skura [Skora], Schmuel [Szmul] B: Metalldreher	15.12.1906 Lódz A: Kelm 12F14 Buschl. 125	**Starb am 03.06.45** **in Theresienstadt** nach der Befreiung TDB [Leitmeritz] PoT durch Cousin Israel Skura ? 06.03.1957
38526 POL 84297	Sosnowski, [‚Gosnowski'] Leib [Lajb] [Leon]	15.02.1910 Lódz [13.02.1915] A: Matrosen 62F14	Befreit 08.05.1945 in Theresienstadt TDB [Leitmeritz]
38527 POL 84289	Stillermann [Stilerman] [Sztyllerman], David [Dawid Hersz] B: Fabrikant F: Vater 38528, 38529	09.01.1889 [09.01.1879] Scherenkowo A: Insel 9F15 Hanseaten 25F14 Bismark 37	**Verstorben 1945** **in Mockethal** Ab: 16.03.1945 Bestattung Lohmen?
38528 POL 84305	Stillermann [Stilerman] [Sztylerman], Paul [Pawel] B: Absolvent F: Sohn v. 38527 F: Bruder v. 38529	14.03.1920 Lódz A: Insel 9F16 Hanseaten 25F14	10.04.45 Mockethal Befreit 08.05.1945 in Theresienstadt TDB [Leitmeritz] ‚B162/16167 S.290'
38529 POL 84304	Stillermann [Stilerman] [Sztylerman], Salamon [Salomon] B: Arzt F: Sohn v. 38527 F: Bruder v. 38528	16.01.1910 Lódz A: Insel 9F16 Hanseaten 25F14	10.04.45 Mockethal **Schicksal unklar** 1928-1929 Medizin&Chirurgie an der Universität zu Bologna (8948) Archivio Storico

38530 POL 84284	Stolowitzki [Stolowicki], Abram B: Schüler F: Sohn von 38532 F: Bruder v. 38531	14.11.1933 Lódz A: Blech 14F10 Piotrko 109	Befreit 08.05.1945 in Theresienstadt TDB [Leitmeritz]
38531 POL 84283	Stolowitzki [Stolowicki], Boruch [Baruch] B: Schüler F: Sohn von 38532 F: Bruder v. 38530	25.02.1929 Lódz [15.02.1930] [25.02.1930] A: Blech 14F10 Piotrko 109 Matrosen 51F22 Kielma 25	Befreit 08.05.1945 in Theresienstadt TDB [Leitmeritz] JGB Bestand B. 1/9, Nr. 1 DP-Kartei 1945-1949 Card 4728
38532 POL 84280	Stolowitzki [Stolowicki], Noach [Noech] B: Schlosser F: Vater 38530, 38531	10.10.1903 [1909] Lódz A: Blech 14F10 Piotrko 109	Befreit 08.05.1945 in Theresienstadt TDB [Leitmeritz]
38533 POL 84291	Strykowski, Abraham [Leon] B: Ingenieur F: Sohn von 38534	06.09.1907 Lódz A: Hanseaten 63F5 Kurze 17F10 Goering 37	Befreit 08.05.1945 in Theresienstadt TDB [Leitmeritz] Entlassen 23.07.45
38534 POL 84293	Strykowski, Leßman [Lipman] [Leopold] B: Webermeister F: Vater von 38533	20.06.1884 Schadyk [20.06.1879] [20.06.85] Lobositz A: Hanseaten 63F5 Kurze 17F10 Korn 5F9	Befreit 08.05.1945 in Theresienstadt TDB [Leitmeritz]
38535 POL 84298	Süssholz [Zusholz], Chankel [Izrael] B: Arbeiter F: vgl. 59937 (59936)	20.01.1911 Lódz [18.01.1911] Kelm 3F3 Reppen	**Schicksal unklar** Vgl. B 162 / 16166 S.143
38536 POL 100182	Szaltek [Schaltek], Nuta [>Natan Zoltak] AuNo.: **84299** B: Friseur	06.05.1916 05.05.19 Zakorzyn [Warschau] [Auschwitz]	Befreit 08.05.1945 in Theresienstadt TDB [Leitmeritz] ITS TD 859611
38537 POL 84290	Szatan, Alter [>Anatole Szatan] B: Textilingenieur B: Ingenieur B: Leiter der Metall- abteilung II und III F: Ehemann v. 59885? F: Vater von 38538 F: Bruder von 59873	25.04.1906 Lódz [20.04.1907] [25.04.1907 Lodz] A: Tizian 12F20 Kurze 15 Korn 2F11 Ost 76 [Pirna]	Befreit 08.05.1945 in Theresienstadt Jewish Agency Register of Jewish Survivors II Ing. Szatan- Chimowicz (Lodz), Alter Chaimowicz ITS TD 48101

38538 POL 84279	Szatan-Chimowicz, Icek [Izaak] F: Sohn von 38537	11.05.1928 Lódz [11.05.1930]	10.04.45 Mockethal Befreit 08.05.1945 in Theresienstadt TDB [Leitmeritz] B162/16166 S.126ff
38539 POL 84281	Szmulewicz [Szmulowicz], [Schmulewitz] Hersz Wolf [Hirsch Wolf] B: Schlossermeister F: Vgl. 59874	12.09.1906 Lódz [31.12.1907] A: Veitstos 12F39 Alexanderhof 9F18	**Starb am 07.05.45** **in Theresienstadt** TDB [Leitmeritz] Vgl. ZIH 301/3762
38540 POL 84308	Szmulewicz, Szmul B: Schneider Vgl. 38517 & 38568	22.06.1912 Dzialoszyn A: Goldschm 21F1 Frosch 15F1	Befreit 08.05.1945 in Theresienstadt TDB
38541 POL 84300 V50 K24	Sztajer, [Shtayer] Abram Kopel [Abraham] B: Handelsgehilfe Büroangestellter B: Metallarbeiter	10.07.1914 [15.07.1914] Przedmoscie Praszka A: Hanseaten 61F14 Alexanderhof11F41 Bier 20F2	Befreit 08.05.1945 in Oberpoyritz PWR: Dresden SVHF 26789 B 162/8328 S.165ff. ITS TD 390708 "390541"
38542 POL 84295	Szurek, Abraham F: Ehemann v. 59887 F: Vater von 38542 B: Buchhalter	15.01.1902 Lódz [15.01.1903] A: Bleicher 16F11 Zadzka 30 Hohensteiner 15F15 Franz 38F78	Befreit 08.05.1945 in Theresienstadt TDB [Leitmeritz] DP Landsberg PWR: Tel Aviv
38543 POL 84294	Szurek, Dan F: Sohn von 59887 F: Sohn von 38542	15.05.1930 15.05.1933 [1932] [Tel Aviv] Lódz A: Bleicher 16F11 Zadzka 30 Hohensteiner 15F15 Franz 38F78	Befreit 08.05.1945 in Theresienstadt TDB [Leitmeritz] DP Landsberg PWR: Tel Aviv
38544 POL 100057 K24	Szwajcer, [Schweizer] Abram [,Adam'] [Avraham Josef] [vgl. Herta Fuchs und Yad Vashem] [MautNo.: 14742] AuNo.: **27299** B: Masch. Tischler B: Fabriksleiter	04.04.1914 Cheladi 04.04.1913Czeladz [Auschwitz] AuNo.: 27299 [27.03.1942] Mauthausen [23.11.1942 ?] PoT YV 25.03.1957 Item 705499	**Erschossen von SS** **am 12.05.1945** **in Oberpoyritz** nach Flucht und Befreiung Vgl. Roman Halter Bestattet jüdischer Friedhof Dresden(?) ITS TD 406584

59872 POL 83994	Szatan, Bella [Bajla Chawa] B: Schäftemacherin	19.08.1926 [19.08.1927] A: Herta 25 Insel 7F18	Befreit 08.05.1945 in Theresienstadt TDB
59873 POL 84035	Szatan, Marila [Malka] [>Miriam Lewkowitz] B: Büroangestellte F: Schwester v. 38537 F: Vgl. 59884	17.11.1915 Lódz [17.11.1910] [17.11.1914] A: Korn 2F1 Ludendor 15	Befreit 08.05.1945 in Theresienstadt TDB B 162 / 8329 S.205f. Submitter PoT YV Item 1448337
59874 POL 82538	Szmulowits, [*Zynszajn ?] Malka B: Hausfrau F: Vgl. 38539 ?	21.01.1909 [30.12.1911] [1907] ? A: Veitstos 12F39 Alexanderhof 9F18	Befreit 08.05.45 in Theresienstadt TDB
59875 POL 84003	Sztaier, [*Poprocinska] [*Paprocinska] [*Paprician] Hanna [Chana Gitla]	25.12.1910 Praszka [26.12.1908] [26.12.1906] A: Insel Str. 9F75 Kühle Str. 8F17	Befreit 08.05.45 in Theresienstadt TDB
59876 POL 84007	Sztajer, Rachel	22.03.1922	**Identität ungeklärt** **Schicksal unklar**
59877 POL 82542	Szurek, Anna F: Ehefrau von 38519? F: Mutter von 38518? F: Mutter von 59877?	14.02.1907	**Starb Februar 45** **in Dresden** Ab: 15.02.1945 Bestattet auf dem Johannisfriedhof Dresden Tolkewitz 26.02.1945
59878 POL 82543	Szurek, Rachel [Ela] [Ella] F: Tochter von 59877? F: Tochter von 38519? F: Schwester v. 38518	25.02.1925 [1922] Bleicher Weg 4F13	**Starb am 14.02.45** **in Dresden** Ab: 06.03.1945 Bestattet auf dem Johannisfriedhof Dresden Tolkewitz 26.02.1945 Vgl. ZIH 301/3780 B 162 / 8328 S.166
59879 POL Knabe 83617	Szyper, Adam Wiktor B: Kind F: Sohn v. 59880 & 38516	06.12.1939 Lódz [06.02.1940] [07.12.1940] A: Korn 10F5 Magden 10	Befreit 08.05.1945 in Theresienstadt SVHF 25722 TDB [Leitmeritz] [>Autor]

59880 POL 83618	Szyper, *Mordjaner Szonya [Eugenia] [Zenia] B: Hausfrau F: Ehefrau v. 38516 F: Mutter v. 59879	28.09.1910 [28.08.1919] A: Korn 10F5 Magden 10	Befreit 08.05.1945 in Theresienstadt TDB
59881 POL 84020	Szyper 'Szypper', Estera F: vgl. 59883	15.05.1895 A: Alexanderhof 26F14	**Schicksal unklar**
59882 POL 84018	Szyper ‚Szypper', Eva [>Ewa Birnbaum] F: Tochter von 59883 F: Tochter v. 38515	01.01.1923 [01.01.1924] A: Alexanderhof 26F14 [Zwodau] [Neu Rohlau]	Befreit 07.05.1945 in Lubomieszyce ? B 162 / 8328 S.102f. ITS TD 375646
59883 POL 84019	Szyper ‚Szypper', *Fiszman Fela [Felicja] B: Hausfrau F: Ehefrau von 38515 F:Schwägerin v 38516	16.04.1901 [26.05.1901] Alexanderhof 26F14 Sudeten 25 [Zwodau] [Neu Rohlau]	Befreit 07.05.1945 in Lubomieszyce ? B 162 / 8328 S.100f. S. 59
59884 POL 84034	Schatan [Szatan], Judita [Judyta] B : Büroangestellte F: Vgl. 59873	30.04.1917 Lódz [30.04.1914] A: Korn 2F1 Ludendor 15	Befreit 08.05.1945 in Theresienstadt TDB
59885 POL 84033	Schatan, *Lapp? Lucia F: Ehefrau von 38537?	15.01.1918	**Identität ungeklärt** **Schicksal unklar**
59886 POL 84037	Schatan, Zofia [Zosia] [Zisla][Zlata] [>Suzanne Krakowski]	04.08.1919 Lodz [04.09.1922] [04.09.1918] [04.08.1917] ? A: Basar Gasse 7F8	Befreit 08.05.1945 in Theresienstadt TDB SVHF 22094
59887 POL 82580	Schurek, Fela [Szurek, Fajga] *Bressler [Breslauer] F: Ehefrau von 38542 F: Mutter von 38543	17.07.1910 Lódz 15.07.1908 [1904] [Pirna] A: Franz 38 Hohensteiner 15F15 Bleicher 16F11	Befreit 08.05.1945 in Theresienstadt TDB; DP Landsberg PWR: Tel Aviv ITS TD 271388
59888 POL 82562	Schwebel [Szwebel][Kawalek], Emilia [Emilie] F: Mutter v.59896 & 59782 B: Hausfrau	28.04.1892 Husiatyn [23.04.1892] A:Holz 18F18 Holz 39F1	Befreit 08.05.45 in Theresienstadt TDB Vgl. Victory over Nazism S.34 [Foto S.29] Verstorben 1977

59889 POL 76377	Schwimmer [Szwimmer], Betty [Babette] [Betta] B: Büroangestellte	19.04.1922 Warta [Dünaburg] A: Fisch 14AF47 Hamburger 63F2 [Auschwitz]	Befreit 08.05.1945 in Theresienstadt TDB
59890 HUN 52275	Stein, Piroska [Pesel???] F: Schwester v. 59891 F: Vater Jacob Stein?	16.06.1927 Koloszvar Ghetto Cluj [Auschwitz]	**Schicksal unklar** Vgl. SVHF 44987 PoT der Schwester? 21.05.1956
59891 HUN 52274	Stein, Zseni [Eugenia] [>Yafah Veynberger] [>Jaffa Veinberger] F: Schwester v. 59890	23.01.24 (Romania) Ghetto Klausenburg (Cluj) (‚Magyarlapos') [Auschwitz] [Pirna] [Zwodau] [Neu Rohlau]	Befreit 1945 Ort unbekannt [bei Neurohlau] SVHF 44987 PoT Submitter 21.05.1956 ITS TD 547392
59892 HUN 51979	Steiner, Sari [Sarah] [>Barbara Klein]	14.09.1929 Cluj [19.09.1930] Ghetto Klausenburg [Auschwitz] [Zwodau]	Befreit Mai 1945 in Karlsbad [„in Sachsen"] SVHF 22085 ITS TD 472537
59893 RD 61782	Steinweg, Ruth [>Ruth Holz]	25.03.1924 Horstmar A: Krefeld bis 26.01.1937 [Sipo Riga]	Befreit 09.05.1945 Ort unbekannt [CSR / Tschechien] Vgl. Bernard Brilling: Westphalia Holocaust Victims ITS TD 437917
59894 POL 83989	Stern, Riska [Ricka] [>Rozka Monka]	07.08.1922 Warschau	Befreit 1945 Ort unbekannt PWR: Paris ITS TD 1194183
59895 POL 84028	Sthal [Stahl] [Stal], Laja [Roja]	20.01.1913 [20.01.1918] Lódz A: Am Bach 15F52	Befreit 08.05.1945 in Theresienstadt TDB
59896 POL 82566	Strausz, *Schwebel Bronia [>Sonnenschein] B: Korrespondentin F: Tochter v. 59888 F: Schwester v. 59782	12.07.1915 Zloczów [12.03.1915] A: Holz 18F18 Holz 39	Befreit 08.05.45 in Theresienstadt TDB, SVHF 8679 AutoBio: Victory over Nazism HVT-3089 Verstorben 26.01.11 in Vancouver

59897 POL 84016	Stykowska [Strykowska], Lizia [Felicja] B: Hausfrau B: Buchhalterin	30.05.1911 Lódz [30.04.1911] A:Hanseaten 63F5 Kurze 7F10 Goering 37	Befreit 08.05.1945 in Theresienstadt TDB
59898 POL 84017	Strykowska, Regina	04.12.1902 Lódz [04.12.1907]	Befreit 08.05.1945 in Theresienstadt TDB
59899 POL 83624 kein Knabe	Tabakschmeker [Tabakszmaker] [Tabakszmeker], Jachwe [Jocheweta] [Jadzia] [>Jenny Zavatsky] F: Tochter v. 59900 & 38545; B: Schülerin	25.03.1930 Lodz [25.03.1932] A: Zimmer 22F5 Scheunen 2 [Pirna] [Zwodau] [Neu Rohlau]	Befreit 08.05.1945 auf Transport nach „Lipshowitz üb. Theresienstadt" SVHF 8198 DP Landsberg ‚B 162/8330 S.431' ITS TD 345482
59900 POL 83625	Tabakschmeker [Tabakszmaker] [Tabakszmeker], *Solarz Rivka [Rywka] [>Rywka Szpiler] F: Ehefrau v. 38545 F: Mutter v. 59899 & 59901; B: Hausfrau	15.05.1900 Lódz [15.05.1903] A: Zimmer 22F5 Scheunen 2 [Pirna] [Zwodau] [Neu Rohlau]	Befreit 08.05.1945 bei Theresienstadt nach Hungermarsch Vgl. SVHF 8198 ‚B 162/8330 S.431' ITS TD 395865
59901 POL 84122	Tabakschmeker [Tabakszmaker] [Tabakszmeker], Estera Lea [Ester Laja] [Lola] F: Tochter v. 59900 & 38545 B: Schülerin	15.07.1924 Lodz [14.07.1923] A: Zimmer 22F5 Scheunen 2	**Verstarb 1945 bei Dresden** ‚auf Evakuierung' Ab: keine Abmeld. Bestattet auf dem Johannisfriedhof Dresden Tolkewitz 04.04.1945 ;PoT der Schwester Jenny Zavatsky12.11.1999
38545 POL 84315	Tabakschmeker [Tabakszmaker] [Tabakszmeker], Schmul [Szmul] F: Ehemann v. 59900 F: Vater v. 59899 & 59901 B: Dreher	13.04.1899 Lódz [13.04.1900] A: Zimmer 22F5 Scheunen 2	**Starb am 13.12.44 in Dresden** Ab: 18.12.1944 Bestattet auf dem Johannisfriedhof Dresden Tolkewitz 24.01.1945 ; PoT der Tochter Jenny Zavatsky 22.07.99 ITS TD 746905

FloNo. Nation StuNo	**Name**,*Mädchenname **Vorname** [Varianten]	**Geburtsdaten** **Deportationsdaten**	**Opferstatus** **Quellennachweis**
59902 POL 88845	Taflewicz, [Taflowicz] Mira [Mirka Miriam] B: Beamtin F: Tochter von Sara 08.05.18885 und Bendet [Bernhard] *25.10.1879-05.06.41	27.09.1919 [1920] 27.09.1918 Lodz [Auschwitz] Lodz A: Holz 19F24 Scheunen 14 Sawadska 21	**Starb 1945** **in Mockethal (?)** Ab: 14.03.1945 Bestattet in Lohmen? PoT 21.09.1956 Cousine Lea Pilitzer YV Item 774134
59903 POL 82787	Tarnowska [Tarnowski], Chana Zlata [>Hanna Wattenberg]	20.10.1925 Lódz ['20.10.1923'] A: Tal 10F14 [?] Am Bach 25 [?] [Zwodau] [Neu Rohlau]	Befreit bei Pilsen Mai 1945 'Abgemeldet 14.03.1945' 'B 162/16166 S.10' VP 09.11.1967 ITS TD 385 472
59904 'POL' RD 84041	Tauber 'Taubel' *Ewer, Ruth Cerline B: Hausfrau	20.07.1911 Berlin [Pirna] [Zwodau] [Neu Rohlau] Marsch bis Tschernoschin/ Mariafels	Befreit am 09.05.45 in Plan b Marienbad nach Flucht vom Todesmarsch AutoBio: Deportiert von den Nazis DP-Camp Bamberg ITS TD 115570
59905 POL 76880	Visniewska [Wisniewska], Rosa [Roza] [>Rachel Dunn] B: Krankenschwester	05.05.1925 Ozorkow [05.05.1924] A: Korb 13F6 Krauter 1 [Auschwitz] [Zwodau]	Befreit Mai 1945 bei Karlsbad Vgl. SVHF 33694 Submitter of PoT Poland Register of Jewish Survivors II Jewish Agency 1945 ITS TD 383938
59906 CZE 82674	Dr. Vogl *Heller, [Voglova] Hildegard [Hildegarda] B: Ärztin	31.01.1908 31.01.1903 A: Holz 15F9 Prag-Lodz 31.10.1941	**Starb am 14.02.45** **in Dresden** Ab: 06.03.1945 Bestattet auf dem Johannisfriedhof Dresden Tolkewitz 26.02.1945
38546 POL 84324	Wagner, Beniamin B: Gießer	25.06.1913 [1911] Lódz A: Leibl 5F45 Cranach 39	Befreit 08.05.1945 in Theresienstadt TDB [Leitmeritz]

59907 POL 88298	Waicmann, *Walter Feiga [Fella]	21.04.1919 08.04.1919 Lodz [Auschwitz] [Pirna] [Zwodau ?]	Befreit 09.05.1945 bei Pilsen DP Lampertheim ITS TD 202352
59908 POL 82664	Waiskel [Wajskol], [Weiskohl] Rosa [Roza] B: Büroangestellte	27.08.1912 Lódz [27.08.1910] [27.08.1915] Hamburger 78F10 Wolczanska 1	Befreit 08.05.1945 in Theresienstadt TDB
59909 POL 82673	Wajnberg, Dr. Eugenia B: Ärztin	16.12.1905 Lódz [22.12.1894] [1899] A: Langemark 3 Hohensteiner 24F6 Srodomiejka 39	Befreit 1945 Ort unbekannt Poland Register of Jewish Survivors II Jewish Agency 1945 ZIH 301/3981
59910 POL 84067	Waksberg, Malka	07.08.1915	**Identität ungeklärt** **Schicksal unklar**
59911 POL 82740	Waldmann, Brana [Braina] [>Bernice Reinglass] B: Schneiderin F: Schwester v. 59912	01.05.1920 [1919] Ozorkow [1922] A: Tal 18F10 Buchbinder 23F2 Alexanderhof 24	Befreit 1945 in Sonnenberg [= Vysluni] Vgl. SVHF 3311 ITS TD 510573
59912 POL 82741	Waldmann [Waldman], Tunia [Tuna] [>Kogan] B: Korsettmacherin F: Schwester v. 59911	21.12.26 Ozorków [21.12.1928] A: Tal 18F10 Buchbinder 23F2 Alexanderhof 24	Befreit 1945 in Sonnenberg [= Vysluni] SVHF 3311 ITS TD 632781
59913 HUN 52339	Weiss, Perla [Dora] [>Dora Davidovici]	22.11.1925 22.11.1924 Sighet [Auschwitz] [Zwodau ?]	Befreit 08.05.1945 in Pilsen ITS TD 178661
38547 FRA ‚POL' 99267	Weissberg, [Wajsberg] Jakob **AuNo.: 39099** [05.06.1942]	24.02.1908 Warschau [Compiegne 04.06.1942] [Auschwitz]	Befreit 08.05.1945 in Theresienstadt TDB [Leitmeritz] ITS TD 433765
38548 POL 84328	Wengrowski, [Wegrodzki] Mordebi [Mordka] B: Schlosser F: Ehemann v. 59923 F: Vater v. 59922	04.10.1903 Lódz [04.08.1903] A: Fisch 1F6 Fisch 1	Befreit 08.05.1945 in Theresienstadt TDB [Leitmeritz] Submitter of PoT

FloNo. Nation StuNo	**Name**,*Mädchenname **Vorname** [Varianten]	**Geburtsdaten** **Deportationsdaten**	**Opferstatus** **Quellennachweis**
38549 POL 84323	Weiskohl, [Wajskol] Hersch [Hersz]	03.03.1911 Zdunska Wola [06.03.1911] Hamburger 78F10 Hamburger Str. 63 [Pirna]	10.04.45 Mockethal **Starb am 25.12.45 in Pirna** nach der Befreiung Bestattet: Friedhof Pirna 31.12.1945
38550 POL 84318 V50 K24	Weiss, [Wajs] Isak [Icek] [>Icchak Weis] B: Schlosser	31.12.1921 Pfeilstadt ? Wielun A: Sulzfelder 10F19 Hohensteiner 10	Befreit 08.05.1945 in Theresienstadt TDB [Leitmeritz] B 162 / 8328 S.168f.
38551 POL 84319	Weiss, [Wajs] Jakub [Jakob] B: Zahntechniker	23.12.1916 [29.12.1916] Reilstadt ? Wielun A: Sulzfelder 10F19 Hohensteiner 10F8	Befreit 08.05.1945 in Theresienstadt TDB [Leitmeritz]
38552 POL 84330	Wengrodski, [Wegrodzki] Leib [Lajb] B: Schüler	06.02.1932 Lódz A: Blattbinder 7F5 Josele 12	Befreit 08.05.1945 in Theresienstadt TDB [Leitmeritz]
38553 POL 84329	Wengrodzki [Wegrodzki], Schija [Szyja] B: Schlosser	14.11.1902 Lódz A: Blattbinder 7F5 Josele	Befreit 08.05.1945 in Theresienstadt TDB [Leitmeritz] ZIH 301/3762
38554 POL 84331	Wengrodzki, Wolf	01.01.1911 Lódz Litzmannstadt	Befreit 08.05.1945 in Theresienstadt TDB [Leitmeritz] Entlassen 10.07.45
38555 POL 84327	Werebejczyk, Schlama [Szlama] B: Schlosser	28.01.1911 Lódz A: Acker 16F21 Sperling 17 Brunnen 16F2	Befreit 08.05.1945 in Theresienstadt TDB [Leitmeritz]
38556 POL 84326	Werebejczyk, [Werebajczyk] Momon [Chanan] [>Hanan Verebitsik] F: Sohn v. 59914 & 38557 F: Bruder v. 59916	17.06.1925 Lódz [17.06.1926] A: Insel 9F73 Insel 9F59 Sud 5F8	Befreit 08.05.1945 in Dresden nach Flucht vom Todesmarsch SVHF 45705 AutoBio: „A jednak żyję! Wspomnienia ocalałego" B 162 / 8329 S.198f. ITS TD 713822

38557 POL 84325	Werebejczyk [Werebajczyk], Beniamin [Benjamin] B: Schlosser F: Ehemann v. 59914 F: Vater v. 38556 F: Vater v. 59916 F: Bruder v. 59915	14.03.1900 Lódz A: Insel 9F59 Sud 5F8	**Starb am 12.02.45 in Dresden** Ab: 04.03.1945 Bestattet auf dem Johannisfriedhof Dresden Tolkewitz 26.02.1945 PoT der Schwester Rahel Shteinbuk [Foto], Sohn Khanan Verebeichik PoT v. Schwägerin Luba Borgen
59914 POL 84124	Werebejczyk [Werebajczyk], *Lesman [Lasman] Cwija [Zviya] 'Zivya' [,Siya'] F: Ehefrau v. 38557 F: Mutter v. 38556 F: Mutter v. 59916 B: Lehrerin [Foto vorhanden]	17.09.1898 [1896] [1899] A: Insel 9F59 Insel 9F73 Sud 5F8	**Starb 20.03.45 in Dresden** Ab: 02.04.1945 Bestattet auf dem Johannisfriedhof Dresden Tolkewitz 30.03.1945 PoT vom Sohn Khanan Verebeichik PoT Schwester Luba Borgen/Burkin PoT Schwägerin Sala Klechevski
59915 POL 84126	Werebejczyk, Ruchla [>Rachel Steinbock] B: Haustochter F: Schwester v. 38557 F: Schwester v. 59840	27.07.1918 Lodz [27.07.1914] A: Sperling 17F3 Brunnen 16 [Zwodau] [Neu Rohlau]	Befreit am 09.05.45 beim Dorf Laum i d Tschechoslowakei B 162 / 8328 S.98 ITS TD 430361
59916 POL 84125	Werebejczyk, Sara [>Sara Pilarska] F: Tochter v. 59914 & 38557 F: Schwester v. 38556	18.10.1930 [12.10.1930] A: Insel 9F59 Insel 9F73 Sud 5F8	Befreit 08.05.1945 in Theresienstadt TDB B 162 / 8329 S.270f. =Sara Klechevski?
59917 POL 84120	Widawska, Tauba F: vgl. 38558	27.10.1922 Lask [22.10.1922] A: Insel 7F100	Befreit 08.05.1945 in Theresienstadt TDB
38558 POL 84363	Widawski, Hersch [Hersz] B: Schoffer/Chauffeur F: vgl. 59917	13.05.1899 Lask A: Insel 7F100	Befreit 08.05.1945 in Theresienstadt TDB [Leitmeritz]

FloNo. Nation StuNo	**Name**,*Mädchenname **Vorname** [Varianten]	**Geburtsdaten Deportationsdaten**	**Opferstatus Quellennachweis**
59918 POL 85170	Wisniak, Nina	04.11.1926	**Identität ungeklärt Schicksal unklar**
59919 POL 82629	Wengrodzka, [Wegrodzka] Cela [Cypra Rywka] B : Schülerin [>Celina Rutkowska]	17.09.1929 [,17.09.1927'] [17.09.1930] A: Blattbinder Gasse 7F5, 7F7	Befreit 08.05.1945 in Theresienstadt TDB B 162 / 8329 S.268f. ITS TD 969511
59920 POL 82628	Wengrodzka, Chana [Chawa] B: Arbeiterin	21.08.1907 Lódz [21.07.1906] [21.08.1915] A: Alexanderhof 30F29 Alexanderhof 37	Befreit 08.05.1945 in Theresienstadt TDB
59921 POL 82630	Wengrodzka, [Wegrodzka] Estera [Estella] B: Hausfrau	23.10.1903 [21.03.1903] [24.10.1906] A: Blattbinder Gasse 7F5, 7F7	Befreit 08.05.1945 in Theresienstadt TDB
59922 POL 82653	Wengrodzka, [Wegrodzki] Zibora [Cypra] B: Schülerin F: Tochter v. 59923 & 38548	08.01.1926 08.01.1930 [05.03.1930] A: Fisch 1F6 Fisch 1	**Starb am 10.07.45 in Theresienstadt** nach der Befreiung TDB PoT vom Vater Mordka Wegrodzka
59923 POL 82652	Wengrodzka, [Wegrodzki] Zwija [Szyja] [Sura] [Zura] B: Hausfrau F: Ehefrau v. 38548 F: Mutter v. 59922	08.03.1911 Turek [29.08.1911] [08.05.1911] [16.10.1911] A: Fisch 1F6 Fisch 1	Befreit 08.05.1945 in Theresienstadt TDB ZIH301/3762
38559 POL 84320	Wolf, Artur [Arthur] B: Schlosser	06.07.1904 Essen A: Franz Str. 102F3 Köln II-Lodz [?] 10.06.1942 [?]	**Starb 1945 in Mockethal?** Ab: 28.03.1945 PoT Kusine Thea Levinsohn 25.09.1978 PoT von Forscher Alex Salm 07.01.99 ITS TD 757950

38560 POL 84317	Wolkowicz, Pesach [Pejsach][Paul] B: Händler F: Ehemann v. 59924 F: Vater von 38561	17.07.1896 Slesin [07.07.1895] A: Korn 5F9 Kurze 17 Alexanderhof 9	**Starb 1945** **auf Evakuierung** Vgl. ZIH 301/3762 ITS TD 985279
38561 POL 84316	Wolkowicz, Stefan Josef B: Schüler F: Sohn von 59924 F: Sohn von 38560 [>Stephen Wolkowitz]	04.12.1931 Lódz [14.12.1931] [14.12.1933] A: Korn 5F9 Kurze 17 Alexanderhof 9	Befreit 08.05.1945 in Theresienstadt TDB [Leitmeritz]
59924 POL 84127	Wolkowitsch, Miriam [Mariem] [Maryla][*Pfeffer] F: Ehefrau von 38560 F: Mutter von 38561	31.05.1905 [1906] A: Korn 5F9 Kurze 17 Alexanderhof 9	**Starb 1945** **auf Evakuierung** Vgl. ZIH 301/3762 ITS TD 985278
59925 POL 82663	Wolle, [Wole] [Volle] Diana [Dina] F: Ehefrau v. 38562	01.03.1914 ['1911'] [18.03.1908] A: Hanseaten 63F1	Befreit 08.05.1945 in Theresienstadt TDB
38562 POL 84322	Wolle, [Wole] Siegmund [Zygmunt] [Lajbus Zelig] F: Ehemann v. 59925	15.05.1908 Lódz Litzmannstadt A:Hanseaten 63F1	Befreit 08.05.1945 in Theresienstadt TDB [Leitmeritz] Gestorben 2001
59926 POL 83626	Wolman ,Wolmann', Estera *'Kaffeemann' B: Hausfrau F: Ehefrau v. 38563 F: Mutter v. 59927	17.02.1907 Lodz [18.02.1907] [25.11.1906] A:Franzstr. 47F1A Bednarska 24	Befreit 08.05.1945 in Theresienstadt vgl. SVHF 48341 TDB
59927 POL 83627	Wolman, Krystina [Krysia] [Teofila Ewa Krystyna] [>Eva K. Unterman] B: Schülerin F: Tochter v. 59926 & 38563	25.09.1930 Lodz [29.10.1932] [29.10.1930] A:Franzstr. 47F1A Bednarska 24	Befreit 08.05.1945 in Theresienstadt TDB SVHF 48341 Voices of Oklahoma Phoebe Unterman: Throuh Eva's Eyes
38563 POL 84321	Wolman ,Wohmann', Markus [Marek] B: Handelsvertreter F: Ehemann v. 59926 F: Vater v. 59927	30.06.1903 Lodz [07.07.1903] A:Franzstr. 47F1A Bednarska 24	Befreit 08.05.1945 in Theresienstadt vgl. SVHF 48341 TDB [Leitmeritz]
59928 POL 84050	Wroclawska, Laja [Leah] F: Schwester v. 59790	12.06.1924 Praszka [06.02.1924] A: Hausierer Gasse 4F22	Befreit 08.05.1945 in Theresienstadt TDB Vgl. SVHF 504

FloNo. Nation StuNo	**Name**,*Mädchenname **Vorname** [Varianten]	**Geburtsdaten Deportationsdaten**	**Opferstatus Quellennachweis**
59929 POL 60867	Wronowska, Fania [Rajczyk] [>Cipora Fania Kozlowska]	23.11.1921 28.11.1923 Holszany/Wilna [Sipo Riga] [KZ Riga Kaiserwald] [Zwodau ?]	Befreit 08.05.1945 in Marienbad DP Föhrenwald ITS TD 262231
38564 POL 100306	Zajdenberg [Zanenberg], Jakob [Jakub] B: Schaftelmacher	15.07.05 Budmünde A: Holz 37F12 Linden 71 [Auschwitz]	**Schicksal unklar**
59930 POL 69788	Zamescik, Haja	08.05.1926 [Sipo Riga]	**Identität ungeklärt Schicksal unklar**
38565 POL 84332	Zandberg, Chaim [Chaim Towja?] F: vgl. 59931	10.02.1907 Kalisch [1906] [1900?] A: Hamburger 12F2A?	10.04.45 Mockethal Leitmeritz 19.04.45 Befreit 1945 Ort unbekannt DP Föhrenwald Sh'arit ha-pl'atah
59931 POL 82743	Zandberg, Chaja [Hela] [Brykman] B: Modistin F: vgl. 38565	14.07.1906 14.06.1906 A: Hamburger 12F2A	**Schicksal unklar**
38566 POL 84338	Zelmanowitz [Zelmanowicz], Josef [Josek] F: Ehemann v.59932 B: Schlosser	16.04.1916 Lódz [16.04.1915] A: Siegfried 8F13 Bleicher 1F1 Wolczanska 156 [Pirna]	**Starb 1945 bei der Evakuierung** [?] [MaiTheresienstadt] Vgl. ZIH 301/3762 PoT der Ehefrau Zysl Koltun ITS TD 471662
59932 POL 82733	Zelmanowicz, *Reich Selly [Zilly] [> Zysl Koltun] F: Ehefrau von 38566	28.05.1915 [28.11.1915] Netzwalde A: Siegfried 8F13	Befreit 08.05.1945 in Theresienstadt TDB Submitter of PoT YV Item 1617975
59933 POL 82728	Zerykier [Zerukier] [Zeryker], Renija Ryfka [Renata] B: Hausfrau	12.03.1910 Lodz [12.03.1905] A:Cranach 2F3 Rauch 22F21 Franz 34F29	**Starb am 13.12.44 in Dresden** Ab: 27.12.1944 Bestattet 24.01.1945 Johannisfriedhof Dresden Tolkewitz

FloNo. Nation StuNo	**Name**,*Mädchenname **Vorname** [Varianten]	**Geburtsdaten** **Deportationsdaten**	**Opferstatus** **Quellennachweis**
38567 POL 84335	Zmigrod, Bernard B: Bautechniker	16.11.1900 Tomaschow A: Zimmer 21F6 Fisch 2F8	Befreit 08.05.1945 in Theresienstadt TDB [Leitmeritz]
59934 POL 82723	Zwerenbaum, [Cwerenbaum] *Swietarska Bala [Bajla] B: Schneiderin F: Schwägerin 59935	01.01.1923 [1920] A: Jerozolimska 9 Rubens 9F19 Hamburger 10F8	**Schicksal unklar** [Auslassung für Leerzeile 59937 im Nummernbuch verantwortlich] [Transportnummer 94][vgl. Karteikarte]
59935 *59934* POL 82732	Zwerenbaum, [Cwerenbaum] *Erdberg Mindla [>Minia Gottlieb] B: Beamtin/Hausfrau F: Schwägerin 59935	13.07.1918 [1916] 13.07.1921 Kutno A: Jerozolimska 9 Rauchgasse 12F24 Rubens 9F19 [Zwodau]	Befreit 09.05.1945 in Karlsbad PWR: München ITS TD 716652
59936 *59935* POL 82727	Zylberszac, Hella	01.01.1918 Perezin [11.12.1918]	Befreit 08.05.45 in Theresienstadt TDB
59937 *59936* POL 82708	Zyscholz, [Zysholc] Golda [Genia] *Poplomik[Poplomyk] F: vgl. 38535	02.01.1918 Lodz [Pirna] [Zwodau]	Befreit 08.05.1945 Ort unbekannt DP Feldafing ITS TD 334000
38568 POL 84364	Schultak, [Zoltak] Josef [Josek] B: Schneider F: vgl. 38517	08.05.1919 Wielun [06.06.1918] A: Goldschm 21F1 Frosch 15F1	Befreit 08.05.1945 in Theresienstadt TDB [Leitmeritz]
38569 POL 84133 K24	Bande [Bands], Josef [Josek] B: Büroangestellter F: Vater von 38362	15.01.1908 Charkow [15.01.1907*] [Ozorków] A: Alexanderhof 22F9 Buschlinie 77	Befreit 08.05.1945 in Theresienstadt TDB [Leitmeritz] B 162 / 8328 S.149f.
????? POL	Lipszyc, Estera *Wroclawska [>Esther Malka Herzberg F: Schwester v. 59928	22.03.1925 Lodz 22.03.1922 A: Hausierer Gasse 4F22	**Befreit 1945** **SVHF 504** **YV Item 4565084** **[Im Nummernbuch** **und der Kartei** **nicht nachweisbar]**

Weitere Angehörige des Metallressorts Lodz, die nicht mit auf Transport nach Dresden gingen und Personen, die schon auf der Transportliste standen und wieder gestrichen wurden

Stutth. Nation	**Name**,*Mädchenname **Vorname** [Varianten]	**Geburtsdaten Deportationsdaten**	**Opferstatus Quellennachweis**
82017 POL	Adler, Hanne	08.12.1923 Lodz	Von Transportliste gestrichen **Schicksal unklar**
POL	Bajer, *Misinski Sura F: Ehefrau v. 38360 F: Mutter v. 38359		Verstarb 1944/45 Ort unbekannt
84152 POL	Borowetzki, [Borowiecki] Michal [Michuel] B: Schlosser	09.11.1914 Lodz [04.11.1907] A: Insel Str. 24F1	Von Transportliste gestrichen **Am 16.12.1944 im KZ Stutthof verstorben** (Block 13)
84142 POL	Bresler, Haim [Chaim Lajb] B: Maschine Locksmith F: Vater v. 59673	15.01.1900 Lodz [15.02.1899] A: Acker Weg 6F30	**Starb 1944 in Stutthof** PoT Tocher ‚Khana Greiber' 22.09.1955, Vgl. B 162 / 8328 S.96f.
83716 POL	Celnik, *Beer Sara	07.10.1919 Pabianice	Von Transportliste gestrichen **Schicksal unklar**
82059 POL	Chimowicz, *Koppel Sura Rosa ['Chimowitz, Sara'] B: Hausfrau F: Mutter v. 38387, 38388 & 38389	‚10.12.1890' 11.01.1880 A: Runde 10F4A Buschlinie 50	Von Transportliste gestrichen **Am 16.12.1944 im KZ Stutthof verstorben** (Block 30)
POL	Chimowicz *Szwalb, Pesa B: Hausfrau F: Ehefrau von 38389 F: Mutter v. Abraham Josef, Majer & Isaac	08.04.1908 A: Storchen 12F11 Runde 10 Schiller 67 Stolper 4	**Verstarb 1944 Ort unsicher** [Zurück nach Auschwitz deportiert]
POL	Chimowicz, Abraham Josef F: Sohn v. 38389	22.11.1935 Storchen 12 Stolper 4A2	**Verstarb 1944 Ort unsicher** [Zurück nach Auschwitz deportiert]

POL	Chimowicz, Majer F: Sohn v. 38389	02.11.1936 Runde 10F1 Schiller 67 Storchen	**Verstarb 1944** **Ort unsicher** [Zurück nach Auschwitz deportiert]
POL	Chimowicz, Isaac F: Sohn v. 38389	20.10.1943 Storchen 12F11	**Verstarb 1944** **Ort unsicher** [Zurück nach Auschwitz deportiert]
POL	Chimowicz, Sylvia B: Hausfrau F: Ehefrau v. 38387 F: Mutter v. Eugenia	01.01.1906 A:Runde 10F4A Buschlinie 50	**Verstarb 1944** **Ort unsicher**
POL	Chimowicz, Eugenia F: Tochter v. 38387	06.01.1925 A: Runde 10F4A Buschlinie 50	**Verstarb 1944** **Ort unsicher**
83635 POL	Dawidowicz, *Klozenberg Dr. Stefania B: Architektin, Ing. F:Ehefrau von Arzt Maximilian1894-1942 F: Mutter von Hanka	24.03.1905 Lodz [09.04.1905] A: Hanseaten 27F47	Von Transportliste gestrichen **Starb am 28.12.44 in Stutthof** PoT Karen Lebon Samson 15.01.2007
83636 POL	Dawidowicz, Hanka [Hanna Lili] F: Tochter v. Stefania	01.03.1927 Lodz [01.03.1929] A: Hanseaten 27F47	Von Transportliste gestrichen **Starb 1944 in Stutthof ?** PoT Karen Samson 15.01.2007
100456 HUN	Fischer, Andor **AuNo.: A-12114**	14.02.1912 Marosvasarhely [Auschwitz]	Von Transportliste gestrichen **Schicksal unklar**
99394 RD	Fray, Hans **AuNo.: 101977** B: Buchdrucker	14.02.1915 Breslau [Auschwitz]	Von Transportliste gestrichen **Schicksal unklar**
99453 POL	Golembiowski Saul	22.08.1916 [Auschwitz]	Von Transportliste gestrichen **Schicksal unklar**
99454 SLO	Goldberg, Nikolaus [Mikulas ?] B: Tischler	21.09.1924 Skalica [21.09.1925?] **AuNo.: 37017**	Von Transportliste gestrichen **Schicksal unklar**

<table>
<tr><td>POL</td><td>Kafeman,
Jacheta
F: Mutter v. 59926</td><td>1878
A: Franz 47F1A
Bednarska 24</td><td>Verstarb 1944
in Stutthof</td></tr>
<tr><td>84227
POL</td><td>Lasman,
Lazar [Luzer]
F: Ehemann v. 59778
F: Vater von 59774
F: Vater von 38463</td><td>*01.03.1894 Zgierz
Lodz:
A: Sulzfelder 23F26

YV Item 4555662</td><td>Starb am 18.11.44
in Stutthof
PoT Item 904173
PoT Item 1680965</td></tr>
<tr><td>84229
POL</td><td>Lasman,
Majer [Chaim Majer]
F: Ehemann v. 59777
B: Galvaniseur</td><td>11.05.1904 Zgierz
[‚Sgiesch‘]
A: Sulzfelder 23F31
Zeromski 12</td><td>Starb am 17.09.44
in Stutthof</td></tr>
<tr><td>84270
POL</td><td>Rubinstein,
Leib
B: Galvanizer
F: Ehemann v. 59858
F:Vater von 59857
[Foto vorhanden]</td><td>17.09.1899 Lodz

A: Admiral Scheer
16F7</td><td>Von Transportliste
gestrichen
Erschossen 1944
in Stutthof
PoT Tochter
Ita Rubinstein
Kaufman</td></tr>
<tr><td>84299
CZE</td><td>Salomonowicz,
Erich [Erlich]
B:Arbeiter / Techniker
F: Ehemann v. 59860
F: Vater v. 59861 &
59862
[Foto vorhanden]</td><td>05.07.1903
Mor. Ostrava

A: Rauch19F34
Hohensteiner 56F16
Prag-Lodz
03.11.1941</td><td>Starb am 17.09.44
in Stutthof
PoT vom Sohn
Michal
Salomonovic
16.08.1993,
Josef 25.08.1988</td></tr>
<tr><td>100081
HUN</td><td>Schlesinger,
Andrej</td><td>15.04.1920

[Auschwitz]</td><td>Von Transportliste
gestrichen
Schicksal unklar</td></tr>
<tr><td>82540
POL</td><td>Schpot, Schpet
*Glaser
Chaja</td><td>21.09.1896 Lodz</td><td>Von Transportliste
gestrichen
Schicksal unklar</td></tr>
<tr><td>83995
POL</td><td>Schwartz,
Chawa</td><td>22.07.1907</td><td>Von Transportliste
gestrichen
Schicksal unklar</td></tr>
<tr><td>100100
HUN</td><td>Schwarc,
Alexander</td><td>15.05.1900

[Auschwitz]</td><td>Von Transportliste
gestrichen
Schicksal unklar</td></tr>
<tr><td>84309
RD</td><td>Schwebel,
Dr. Abraham
B: Handelsangestellter
F: Ehemann v. 59888
F: Vater v. 59896 &
59782</td><td>17.04.1885 Wien
[Wien 9
Liechtensteinstr. 20]
Wien-Lodz
A: Holz Str. 18F18
Hohensteiner Str. 3</td><td>Starb im Sept. 44
in Stutthof (?)
[oder 28.11.1944]
Vgl. PoT Tochter
B. Sonnenschein
Vgl. Victory over
Nazism S. 23</td></tr>
</table>

Stutth. Nation	**Name**,*Mädchenname **Vorname** [Varianten]	**Geburtsdaten Deportationsdaten**	**Opferstatus Quellennachweis**
84312 CZE	Strauss, Erich B: Ingenieur Bankbeamter F: Ehemann v. 59896	08.07.1908 Prag Prag-Lodz 26.10.1941 A: Pfeffer Gasse 15F38 Hohensteiner Str. 3	**Starb 17.09.1944 in Stutthof an Lungenentzündung im Krankenbau** Vgl. Victory over Nazism S. 23
POL	Sztajer, *Majer Chaja [Hela] F: Ehefrau v. 38541 F: Mutter von Anya		**Verstarb 1944 in Auschwitz** [Zurück nach Auschwitz deportiert]
POL	Sztajer, Anya [Ania] F: Tochter von 38541 F: Tochter von Chaja		**Verstarb 1944 in Auschwitz** [Zurück nach Auschwitz deportiert]
84012 POL	Sztylermann [Stilerman] *Tenenbaum Zipka[Cypka][Cypra]	1891 [16.08.1884] A: Insel Str. 9F16	Von Transportliste gestrichen **Schicksal unklar**
84313 RD	Tauber, Julius [Ulli] B: Ingeniur	22.07.1905 Kreuzburg Berlin-Lodz	**Starb am 28.10.44 in Stutthof** Vgl. Deportiert von den Nazis
84314 RD	Tauber, Michael Erich [‚Mischael‘]	25.04.1935 Berlin Berlin-Lodz [‚25.04.1933‘]	Befreit 1945 Vgl. Deportiert von den Nazis
POL	Waldmann, Lea [Laja] F: Schwester v. 59912	1920 Ozorkow A: Tal 18 Buchbinder 23F2	**Starb 1944 in Stutthof** Vgl. PoT Schwester Tunia Kogan 14.05.1981

4.5 Pages of Testimony - Yad Vashem [PoT YV/Gedenkblätter]

Berek Berkowicz – FloNo.: 38378

יד ושם
ירושלים, הר הזיכרון
ת.ד. 84

אינסטיטוט צום אנדענק פון אומקום און גבורה
עדות־בלאט
צו רעגיסטרירן די קרבנות פון אומקום

1. פאמיליע־נאמען (מיט יידישע אותיות)	[illegible]
(מיט לאטייניש אותיות)	BERKOWICZ
2. פארנאמען (מיט יידישע אותיות)	[illegible]
(פאמיליע־נאמען פאר דער חתונה) (מיט לאטייניש אותיות)	Berek
3. געבורטס־דאטע	1911
4. ארט און לאנד פון געבורט	Lututów, Poland
5. נאמען פון פאטער	[illegible]
6. נאמען פון דער מוטער	[illegible]
7. נאמען פון מאן אדער פון פרוי און איר מיידלשע־פאמיליע	[illegible]
8. סטאבילער וואוינארט	Lututów Poland
9. וואוינערטער בעת דער מלחמה	[illegible]
10. ארט, צייט און אומשטענדן פון טויט	[illegible] 1945 [illegible]

בילד

דאס געזעץ צום אנדענק פון אומקום און גבורה — יד־ושם, תשי"ג 1953 שטעלט פעסט אין פאראגראף נומער 2:
די אויפגאבע פון יד־ושם איז איינצוזאמלען אין היימלאנד דעם אנדענק פון אלע יידן, וואס זענען געפאלן, האבן זיך מוסר נפש געווען, געקעמפט און זיך קעגנגעשטעלט דעם נאצישן שונא, און זיינע ארויסהעלפער, און שטעלן א דענקמאל זיי, די קהילות, די ארגאניזאציעס און אינסטיטוציעס, וועלכע זענען חרוב געווארן צוליב זייער אנגעהעריקייט צום יידישן פאלק.
(געזעץ־בוך נומער 132, י"ז אלול תשי"ג, 28.8.1953)

איך, דער אונטערגעשריבענער: [illegible] 6368 Drexel Ave.
וואס וואוינט (פולער אדרעס): L.A, Calif. [illegible]
קרובישאפט: [illegible]

דערקלער דערמיט, אז די עדות וואס איך האב דא איבערגעגעבן, מיט אלע פרטים, איז א ריכטיקע לויט מיין בעסטן וויסן.

ארט און דאטע: 26/11/76 אונטערשריפט: [illegible]

"...ונתתי להם בביתי ובחומותי יד ושם...אשר לא יכרת." ישעיה נו ה
"און זיי וועל איך געבן אין מיין הויז און אין מיינע מויערן אן אנדענק און א נאמען...וואס וועט ניט פארשניטן ווערן." ישעיה נו ה

* בימע אנשרייבן יעדן נאמען פון אומגעקומענעם אויף א באזונדער בלאט.

Berek Birenzweig – FloNo.: 38380 (?)

731074

רשות־זכרון לשואה ולגבורה, ירושלים

דף־עד

לרשום חללי השואה והגבורה

יד ושם

ירושלים, רחוב בן־יהודה 12

מס' האישור ______ No

התמונה

נא. מלא(י) עד כמה שידוע לך!

1. שם המשפחה — בעברית: ברנצוויג; בשפת ארץ המוצא (באותיות לטיניות): Benenwajg
2. שם פרטי — בעברית: בירל; בשפת ארץ המוצא (באותיות לטיניות): Ber[illegible]
3. שם האב: משה
4. שם האם: [illegible]
5. תאריך הלידה: 1903
6. מקום וארץ הלידה (גם באותיות לטיניות): ליפסק פולין — Lipsk Polska
7. מקום המגורים הקבוע (גם באותיות לטיניות): לודז' — Łódź
8. המקצוע: [illegible]
9. העתינות לפני הכבוש הנאצי: פולני
10. מקומות המגורים במלחמה (גם באותיות לטיניות): לודז' — Łódź
11. מקום המות, הזמן והנסיבות (המקום גם באותיות לטיניות): מיידנק 1942 — Majdanek
12. מצב משפחתי: רוק/ נשוי / מספר הילדים: 2
13. שם האשה ושם משפחתה לפני הנישואין: [illegible] — גילה: 35

שם הבעל — גילו

14. שמות הילדים עד גיל 18 שנספו (מעל לגיל זה ירשמו "דף־עד" מיוחד)

שמות הילדים	הגיל	המקום והזמן שנספו
[illegible]	12	מיידנק 1942
[illegible]	6	" "

הערה! את הילדים יש לרשום ב"דף־עד" של אחד ההורים אך לא יותר מפעם אחת.

אני [illegible] הגר ב (כתובת מלאה) [illegible]

קרוב/ה מכר/ה [illegible] של בירל ברנצוויג

מצהיר/ה בזה כי העדות שמסרתי כאן על פרטיה היא נכונה ואמיתית, לפי מיטב ידיעתי והכרתי.

אני מבקש/ת להעניק לנ"ל אזרחות־זכרון מטעם מדינת ישראל.

מקום התאריך [illegible] 27/4/77 — חתימה [illegible]

חתימת הפוקד [illegible]

חוק זכרון השואה והגבורה — יד ושם תשי"ג 1953 קובע בסעיף מס' 2:

תפקידו של יד־ושם הוא לאסוף אל המולדת את זכרם של כל אלה מבני העם היהודי, שנפלו ומסרו את נפשם, נלחמו ומרדו באויב הנאצי ובעוזריו, ולהציב שם וזכר להם, לקהילות, לארגונים ולמוסדות שנחרבו בגלל השתייכותם לעם היהודי, ולמטרה זו יהא מוסמך — ...(4) להעניק לבני העם היהודי שהושמדו ונפלו בימי השואה והמרי אזרחות־זכרון של מדינת ישראל לאות היאספם אל עמם.

(ספר החוקים מס' 132 ... 28.8.53)

אזרחות־זכרון הוענקה — מספר No

לידיעת "האגף המדעי" בירושלים, רחוב בן־יהודה 12

הייתי בזמן המלחמה במחנה (הסגר, עבודה, השמדה וכו') מיידנק ______ בגיטו ______

במחתרת ______ ביערות ______ וכו' ______ ואני מוכן למסור עדות על כך.

חתימת העד [illegible] כתובתו [illegible]

Fiszel Bloch – FloNo.: 38382

רשות־זכרון לשואה ולגבורה, ירושלים

דף־עד

לרשום חללי השואה והגבורה

יד ושם

ירושלים, רחוב בן־יהודה 12

אנא, מלא(י) עד כמה שידוע לך!

מס׳ האשור 319190/3 №

תמונה

	בעברית	
1. שם המשפחה בשפת ארץ המוצא (באותיות לטיניות)	בלוך	Bloch
2. שם פרטי בשפת ארץ המוצא (באותיות לטיניות)	פישל	Fischl
3. שם האב	יהודה	
4. שם האם	[illegible]	
5. תאריך הלידה	1910	
6. מקום וארץ הלידה (גם באותיות לטיניות)	פולין - לודז׳	Lodz
7. מקום המגורים הקבוע (גם באותיות לטיניות)	לודז׳	"
8. המקצוע	[illegible]	
9. הבתינות לפני הכבוש הנאצי	[illegible]	
10. מקומות המגורים במלחמה (גם באותיות לטיניות)	לודז׳	Lodz
11. מקום המות, הזמן והנסיבות (המקום גם באותיות לטיניות)	גיטו לודז׳	"
12. מצב משפחתי	רוק / נשוי / מספר הילדים ___	
13. שם האשה ושם משפחתה לפני הנישואין	[illegible]	גילה ___
שם הבעל		גילו ___

14. שמות הילדים עד גיל 18 שנספו (מעל לגיל זה רושמים „דף־עד" מיוחד)	הגיל	המקום והזמן שנספו

הערה! את הילדים יש לרשום ב„דף־העד" של אחד ההורים אך לא יותר מפעם אחת.

חוק זכרון השואה והגבורה —
יד ושם
תשי״ג 1953
קובע בסעיף מס׳ 2

תפקידו של יד־ושם הוא לאסוף אל המולדת את זכרם של כל אלה מבני העם היהודי, שנפלו ומסרו את נפשם, נלחמו ומרדו באויב הנאצי ובעוזריו, ולהציב שם וזכר להם, לקהילות, לארגונים ולמוסדות שנחרבו בגלל השתייכותם לעם היהודי, ולמטרה זו יהא מוסמך — ...(4)להעניק לבני העם היהודי שהושמדו ונפלו בימי השואה והמרי אזרחות־זכרון של מדינת ישראל לאות היאספם אל עמם.

(ספר החוקים מס׳ 132
י״ד אלול תשי״ג 28.8.53)

אני ___ הגר ב (כתובת מלאה) ___

קרוב/ת מכר/ה ___ של ___

מצהיר/ה בזה כי העדות שמסרתי כאן על פרטיה היא נכונה ואמיתית, לפי מיטב ידיעתי והכרתי.

אני מבקש/ת להעניק לנ״ל אזרחות־זכרון מטעם מדינת ישראל.

מקום ותאריך ___ חתימה ___

חתימת הפוקד ___

אזרחות־זכרון הוענקה
___
הספר № ___

לידיעת „האגף המרעי" בירושלים. רחוב בן־יהודה 12

הייתי בזמן המלחמה במחנה (הסגר, עבודה, השמדה וכו׳) ___ בגיטו ___

במחתרת ___ ביערות ___ וכו׳ ___ ואני מוכן למסור עדות על כך.

חתימת העד ___ כתובתו ___

Salomon Brymann – FloNo.: 38384

רשות־הזיכרון לשואה ולגבורה, ירושלים

דף-עד

לרשום חללי השואה והגבורה

יד ושם

ירושלים, הר הזיכרון
ת. ד. 3477

1. שם המשפחה — באותיות עבריות: בריאמן — באותיות לטיניות: Briman או Bryman
2. שם פרטי: שלמה — Salomon

2א. שם משפחה לפני הנישואים: —

3. תאריך לידה או גיל משוער: נולד בשנת 1910 בקירוב
4. מקום לידה (עיר ארץ): לודז' — גם באותיות לטיניות: Lodz
5. שם אם הנספה:
6. שם אב הנספה:
7. שם אשת או בעל הנספה: Regina Studentkowski — [illegible]
8. מקצוע:
9. מקום המגורים הקבוע (גם באותיות לטיניות): לודז' Lodz
10. מקומות המגורים במלחמה (גם באותיות לטיניות): לודז' Lodz
11. נסיבות המוות (זמן, מקום, וכו') (המקום גם באותיות לטיניות): נספה בשואה

תמונת הנספה:
1) רצוי תמונת פספורט / דרכון
2) נא לא להדביק את התמונה אלא לרשום את שם הנספה בצידה השני.

חוק זכרון השואה והגבורה — יד ושם תשי"ג 1953 קובע בסעיף מס' 2:

תפקידו של יד־ושם הוא לאסוף אל המולדת את זכרם של כל אלה מבני העם היהודי, שנפלו ומסרו את נפשם, נלחמו ומרדו באויב הנאצי ובעוזריו, ולהציב שם וזכר להם, לקהילות, לארגונים ולמוסדות שנחרבו בגלל השתייכותם לעם היהודי.
(ספר החוקים מס' 132, י"ז אלול תשי"ג 28.8.53)

בסעיפים 1 עד 12 יש לרשום את פרטי הנספה בלבד.

אני, הח"מ: זלמן וינוגרדוב — קירבה משפחתית או אחרת: [illegible]

הגר בכתובת: [illegible] 15135

מצהיר/ה בזה כי העדות שמסרתי כאן על פרטיה היא נכונה ואמיתית, לפי מיטב ידיעתי והכרתי.

מקום ותאריך הרישום: [illegible] 12.7.1999 — חתימה: זלמן וינוגרדוב

"...ונתתי להם בביתי ובחומותי יד ושם...אשר לא יכרת" ישעיהו נ"ו, ה'

• נא לרשום את שמו של כל נספה על דף נפרד

66098

Josef Ehrlich – FloNo.: 38401

25555.

רשות־זכרון לשואה ולגבורה, ירושלים

דף־עד

להענקת אזרחות־זכרון לחללי השואה

יד ושם

מס. הרשום No. 33155	
שם המשפחה — בעברית	ארליך
שם המשפחה — בשפת ארץ המוצא	Erlich
שם פרטי — בעברית	יוסף - צבי
שם פרטי — בשפת ארץ המוצא	Josek
שם כנוי או שם מושאל	
שם האב	אלתר-ישעיה
שם האם	אלכה-חיה
מצב משפחתי	נשוי
תאריך הלידה	1898
מקום וארץ הלידה	Skalmierz פולין
השתייך/ת לקהלה/ות	אשכנזית
בארץ	פולין
הנתינות בשנת 1939	פולנית
המקצוע	שען
המקום והזמן של מותו/ה	מחנ׳. גרמניה Dresden
נסיבות המוות	

תמונה

חוק זכרון השואה והגבורה — יד ושם תשי״ג 1953 קטע בסעיף מס׳ 2

תפקידו של יד־ושם הוא לאסוף אל המו־לדת את זכרם של כל אלה מבני העם היהודי, שנפלו ומסרו את נפשם, נלחמו ומרדו באויב הנאצי ובעוזריו, ולהציב שם וזכר להם לקהילות, לארגונים ולמוסדות שנחרבו בגלל השתייכותם לעם היהודי; ולמטרה זו יהא מוסמך —

...(4) להעניק לבני העם היהודי שהוש־מדו ונפלו בימי השואה והמרי אזרחות־זכרון של מדינת ישראל לאות היאספם אל עמם.

(ספר החוקים מס׳ 132 י״ג אלול תשי״ג 28.8.1953)

שם האשה משה שם משפחתה לפני הנשואין קולט

שמות הילדים	גיל	המקום והזמן שנספו
פרל	12	גיטו לודז׳ 1942

הכתובת האחרונה הידועה של הנרשם עד 1939 לודז׳ ul. Kamienna 3 פולין

כתובות ידועות מזמן המלחמה גיטו לודז׳ ואושוויץ 1944 מח. ריבלס דרזדן גרמניה

אני ארליך אהרון הגר ב משמר - השרון כתובת מלאה דואר עמק-חפר

קרוב/ה בנו של הנ״ל

מצהיר/ה בזה כי העדות שמסרתי כאן על פרטיה היא נכונה ואמיתית, לפי מיטב ידיעתי והכרתי.

אני מבקש/ת להעניק לנ״ל אזרחות־זכרון מטעם מדינת ישראל.

מקום ותאריך משמר-השרון 16-X-55 החתימה ארליך אהרן

חתימת הפוקד [signature]

אזרחות־זכרון הוענקה

מספר No.

הערות משרד „יד ושם“

Mascha Ehrlich – FloNo.: 59689

2355.

רשות־זכרון לשואה ולגבורה, ירושלים

יד ושם

דף־עד

להענקת אזרחות־זכרון לחללי השואה

No. 3356 מס. הרשום

תמונה

שם המשפחה – בעברית	ארליך מבית קולטק
שם המשפחה – בשפת ארץ המוצא	Erlich - Kolotacz
שם פרטי – בעברית	מַשָׁה
שם פרטי – בשפת ארץ המוצא	Masza מאשה
שם כנוי או שם מושאל	
שם האב	דוד
שם האם	בילה
מצב משפחתי	נשואה
תאריך הלידה	
מקום וארץ הלידה	Dzialoszyce פולין
השתייך/ה לקהילה/ות	
בארץ	
הנתינות בשנת 1939	פולנית
המקצוע	עקרת־בית
המקום והזמן של מותו/ה	מת. בבלז ברגן גרמניה
נסיבות המוות	

שם האשה .... שם משפחתה לפני הנשואין ....

שמות הילדים	גיל	המקום והזמן שנספה

הכתובת האחרונה הידועה של הנרשם ב־1939 פולין לודז׳ ul. Kamienna 3

כתובות ידועות מזמן המלחמה גיטו לודז׳ ומשנת 1944 אחר כך ברגן בלזן גרמניה

חוק זכרון השואה והגבורה — יד ושם תשי״ג 1953

קטע מסעיף מס׳ 2

"תפקידו של יד־ושם הוא לאסוף אל המולדת את זכרם של כל אלה מבני העם היהודי, שנפלו ומסרו את נפשם, נלחמו ומרדו באויב הנאצי ובעוזריו, ולהציב שם וזכר להם לקהילות, לארגונים ולמוסדות שנחרבו בגלל השתייכותם לעם היהודי; ולמטרה זו הוא מוסמך —

(4)... להעניק לבני העם היהודי שהושמדו ונפלו בימי השואה והמרי אזרחות־זכרון של מדינת ישראל לאות היאספם אל עמם."

אני ארליך אלחנן הגר ב משמר-השרון כתובת מלאה ....

קרוב/ה בנה של הנ״ל

מצהיר/ה בזה כי העדות שמסרתי כאן על פרטיה היא נכונה ואמיתית, לפי מיטב ידיעתי והכרתי.

אני מבקש/ת להעניק לה/ל אזרחות־זכרון מטעם מדינת ישראל.

מקום ותאריך משמר-השרון 16.X.55 החתימה ארליך אלחנן

אזרחות־זכרון הוענקה No. מספר

חתימת הפוקד

הערות משרד "יד ושם"

Josef Eidlitz – FloNo.: 38402

YAD VASHEM
Martyrs' and Heroes'
Remembrance Authority
P.O.B. 3477 Jerusalem, Israel

דף–עד
רשות-הזיכרון
לשואה ולגבורה, ירושלים

יד ושם
ירושלים, הר הזיכרון
ת.ד. 3477

THE MARTYRS' AND HEROES' REMEMBRANCE LAW, 5713–1953 determines in article No. 2 that – The task of YAD VASHEM is to gather into the homeland material regarding all those members of the Jewish people who laid down their lives, who fought and rebelled against the Nazi enemy and his collaborators, and to perpetuate their NAMES and those of the communities, organisations, and institutions which were destroyed because they were Jewish.	חוק זכרון השואה והגבורה - תשי"ג 1953 קובע בסעיף מס' 2: תפקידו של יד-ושם הוא לאסוף אל המולדת את זכרם של כל אלה מבני העם היהודי, שנפלו ומסרו את נפשם, נלחמו ומרדו באויב הנאצי ובעוזריו, ולהציב **שם וזכר להם**, לקהילות, לארגונים ולמוסדות שנחרבו בגלל השתייכותם לעם היהודי. (ספר החוקים מס' 132, י"ט אלול תשי"ג 28.8.53)

פרטי הנספה: נא לרשום את שמו של כל נספה על דף נפרד ולכתוב באותיות דפוס ובנקוד
DETAILS OF VICTIM: INSCRIBE EACH VICTIM ON A SEPARATE PAGE, IN BLOCK LETTERS

תמונת הנספה (דרכון) נא לרשום את שמו של הנספה על הצד השני של התמונה Victim's photo write victim's name on back side please	Family name:	איידליץ — .1 שם משפחה מנוקד:
	First name:	יוסף [illegible] — .2 שם פרטי:
	Previous name: (nee for woman)	.3 שם משפחה קודם: (אישה, לפני נישואים)
	.6 מצב משפחתי Fam. status — .5 מין Sex: זכר	1907 — .4 תאריך לידה/גיל משוער: Birth date or appr. age
	Birth place and country:	[illegible] — .7 מקום לידה וארץ:

Victim's mother - First name: - Maiden name/nee:	.8 אם הניספה - שם פרטי: - שם מתבית:
Victim's father - First name:	.9 אב הניספה - שם פרטי:
Victim's spouse - First name: - Maiden name/nee:	.10 בן-זוגו של הניספה - שם פרטי: - שם מתבית:
Permanent residence place and country:	[illegible] — .11 מקום מגורים קבוע וארץ:
Wartime residence place and country:	[illegible] — .12 מקום מגורים בזמן המלחמה וארץ:
Date/year of death: 1945 — .14 תאריך/שנת המוות:	Victim's profession: [illegible] — .13 מקצוע הניספה:
Death place: Circumstances of death:	[illegible] — .15 מקום המוות: ונסיבות המוות:

Reported by: — פרטי המצהיר
I, the undersigned [illegible] — אני, החיים (שם)
Residing at (address) [illegible] — הגר בכתובת
Relationship to victim (family/other) [illegible] — קירבה לניספה (משפחתית/אחרת)

מצהיר/ה בזה כי העדות שמסרתי על פרטיה היא נכונה ואמתית לפי מיטב ידיעתי והכרתי
HEREBY DECLARE THAT THIS TESTIMONY IS CORRECT TO THE BEST OF MY KNOWLEDGE

Place and date [illegible] — מקום ותאריך רישום — Signature [illegible] — חתימה

During the war I was in: Camp/Ghetto/Resistance: [illegible] — בזמן המלחמה הייתי במחנה/גטו/מחתרת/יערות:

"...ונתתי להם בביתי ובחומותי יד ושם..אשר לא יכרת". ישעיהו נו ה
"...even unto them will I give in mine house and within my walls a place and a name...that shall not be cut off." Isaiah, lvi,5

Krasel Fuchs – FloNo: 59707

31835
2

רשות־זכרון לשואה ולגבורה, ירושלים

יד ושם

דף־עד

להענקת אזרחות־זכרון לחללי השואה

מס. הרישום No. 400477 א

תמונה

שם המשפחה — בעברית	פוקס
שם המשפחה — בשפת ארץ המוצא	FUCHS
שם פרטי — בעברית	קרולה
שם פרטי — בשפת ארץ המוצא	KAROLA
שם כנוי או שם מושאל	
שם האב	[illegible]
שם האם	גלה
מצב משפחתי	~~1906~~ נשואה
תאריך הלידה	~~[illegible]~~ 1906
מקום וארץ הלידה	פולין לודז'
השתייך/ה לקהלה/ות	לודז'
בארץ	פולין
הנתינות בשנת 1939	פולנית
המקצוע	—
המקום והזמן של מותו/ה	1944 בערך (מקום לא נודע)
נסיבות המוות	לא ידוע

שם האשה .... שם משפחתה לפני הנשואין ~~[illegible]~~

שמות הילדים	גיל	המקום והזמן שנספר
—	—	—

הכתובת האחרונה הידועה של הנרשם: לודז' / Stuthof

כתובות ידועות מזמן המלחמה: גטו לודז'

חוק זכרון השואה והגבורה — יד ושם תשי"ג 1953

קובע בסעיף מס' 2

תפקידו של יד־ושם הוא לאסוף אל המו־לדת את זכרם של כל אלה מבני העם היהודי, שנפלו ומסרו את נפשם, נלחמו ומרדו באויב הנאצי ובעוזריו, ולהציב שם וזכר להם לקהילות, לארגונים ולמוסדות שנחרבו בגלל השתייכותם לעם היהודי; ולמטרה זו יהא מוסמך —

...(4) להעניק לבני העם היהודי שהוש־מדו ונפלו בימי השואה והמרי אזרחות־זכרון של מדינת ישראל לאות היאספם אל עמם.

ספר החוקים ספר 132 י"ז אלול תשי"ג 28.8.1953

אני אברהם חיים פוקס הגר ב[illegible] כתובת מלאה [illegible]

קרוב/ה מכר/ה בעל של קרולה פוקס

מצהיר/ה בזה כי העדות שמסרתי כאן על פרטיה היא נכונה ואמיתית, לפי מיטב ידיעתי והכרתי.

אני מבקש/ת להעניק לנ"ל אזרחות־זכרון מטעם מדינת ישראל.

מקום ותאריך ת"א 3.4/56 חתימה פוקס

חתימת הפוקד [signature]

אזרחות־זכרון הוענקה
מספר No.

הערות משרד "יד ושם"

Pinkus Fuchs – FloNo.:38415

רשות־זכרון לשואה ולגבורה. ירושלים

דף־עד

להענקת אזרחות־זכרון לחללי השואה

יד ושם

מס. הרשום No. 400477 ב

שם המשפחה	בעברית	פוקס
	בשפת ארץ המוצא	FUCHS
שם פרטי	בעברית	פנחס
	בשפת ארץ המוצא	PINKUS
שם כנוי או שם מושאל		—
שם האב		יצחק
שם האם		רחל
מצב משפחתי		נשוי
תאריך הלידה		14.5 1904
מקום וארץ הלידה		פולין אפוצ'נה Opoczno
השתייך/ה לקהלה/ות		קילצ
בארץ		פולין
הנתינות בשנת 1939		פולנית
המקצוע		מסגר
המקום והזמן של מותו/ה		1944 גטו לודז' Stutthof
נסיבות המוות		לא ידוע

שם האשה [illegible] שם משפחתה לפני הנשואין הורוביץ

שמות הילדים	גיל	המקום והזמן שנספו
—	—	—

תמונה

חוק זכרון השואה והגבורה — יד ושם תשי"ג 1953

קובע בסעיף מס׳ 2

תפקידו של יד־ושם הוא לאסוף אל המו־לדת את זכרם של כל אלה מבני העם היהודי, שנפלו ומסרו את נפשם, נלחמו ומרדו באויב הנאצי ובעוזריו, ולהציב שם וזכר להם לקהילות, לארגונים ולמוסדות שנחרבו בגלל השתייכותם לעם היהודי; ולמטרה זו יהא מוסמך —

... (4) להעניק לבני העם היהודי שהוש־מדו ונפלו בימי השואה והמרי אזרחות־זכרון של מדינת ישראל לאות היאספם אל עמם.

(ספר החוקים מס׳ 132 י"ח אלול תשי"ג 28.8.1953)

הכתובת האחרונה הידועה של הנרשם גטו לודז'

כתובות ידועות מזמן המלחמה גטו קילצי

אני [illegible] פוקס הגר ב תל אביב כתובת מלאה נוה שאנן 17

קרוב/ה מכר/ה בנו של פנחס פוקס

מצהיר/ה בזה כי העדות שמסרתי כאן על פרטיה היא נכונה ואמיתית, לפי מיטב ידיעתי והכרתי.

אני מבקש/ת להעניק לנ"ל אזרחות־זכרון מטעם מדינת ישראל.

מקום ותאריך 3.4.56 חתימה פוקס

חתימת הפוקד

אזרחות־זכרון הוענקה
No. מספר

הערות משרד „יד ושם"

Pinkus Gerschowski – FloNo.: 38416

YAD VASHEM — **יד ושם**

The Holocaust Martyrs' and Heroes' Remembrance Authority — רשות הזיכרון לשואה ולגבורה

Hall of Names — היכל השמות

Page of Testimony — דף עד

דף עד לרישום והנצחה של הנספים בשואה; נא למלא דף עבור כל נספה בנפרד, בכתב ברור ובאותיות דפוס.

Page of Testimony for commemoration of the Jews who perished during the Holocaust; please fill in a separate form for each victim, in block capitals

The Martyrs' and Heroes' Remembrance Law 5713-1953 determines in section 2 that: "The task of Yad Vashem is to gather into the homeland material regarding all those members of the Jewish people who laid down their lives, who fought and rebelled against the Nazi enemy and his collaborators, and to perpetuate their **names** and those of the communities, organizations and institutions which were destroyed because they were Jewish".

Victim's photo. Please write victim's name on back. Do not glue.

Victim's family name / שם משפחה של הנספה	GERSHOWSKI — גרשובסקי
Maiden name / שם משפחה לפני הנישואין	
First name (also nickname) / שם פרטי (גם שם חיבה/כינוי)	PINCHAS(PINIE) — פנחס(פיניה)
Previous/other family name / שם משפחה קודם/אחר	
Gender / מין	M/F (ז)/נ
Title / תואר	
Approx. age at death / גיל משוער בעת המוות	
Date of birth / תאריך לידה	
Nationality / נתינות	פולנית
Country / ארץ	פולין
Region / מחוז	
Place of birth / מקום לידה	
Victim's father: Family name / First name	
Victim's mother: Maiden name / First name	
Victim's wife/husband: First name / שם פרטי	AMA — אמה
Permanent residence / מקום מגורים קבוע	לודז'
Country / ארץ	פולין
Profession / מקצוע	בעל ביחד לטקסטיל ונדבך
Place of work / מקום העבודה	PIOTRKOWSKA 73
Residence before deportation / מגורים לפני הגירוש	לודז'
Country / ארץ	פולין
Places, events and activities during the war (prison / deportation / ghetto / camp / death march / hiding / escape / resistance / combat)	גטו, מחנה, צעדת מוות (circled)
Place of death / מקום המוות	בדרך לטרזינשטדט
Date of death / תאריך המוות	
Circumstances of death / נסיבות המוות	רעב, בצעדת מוות

אני, הח"מ, מצהיר בזה כי העדות שמסרתי על פרטיה נכונה ואמיתית לפי מיטב ידיעתי והכרתי.

I, the undersigned, hereby declare that this testimony is correct to the best of my knowledge.

First name / שם פרטי	RINA — רנה
Family name / שם משפחה	CHIRURG — חירורג
Previous/maiden name / שם משפחה קודם	
Street / רחוב	יגאל אלון
House no. / מס' בית	3
Apt. / דירה	10
City / עיר	הרצליה
State/Zip code / אזור/מיקוד	46412
Country / מדינה	ישראל
Tel. / מס' טלפון	09-9554260
I am / I am not a survivor	
Relationship to victim / הקרבה לנספה	דוד של אבי

Holocaust survivors may order a special form in which to fill in their details.

During the war I was in a camp / ghetto / forest / the resistance / in hiding / had false papers (circle relevant options)

Date: 3.6.99 — Place: הרצליה — Signature: ר.חירורג

"ונתתי להם בביתי ובחומותי יד ושם...אשר לא יכרת" ישעיהו נ"ו ה

"And I shall give them in My house and within My walls a memorial and a name...that shall not be cut off" Isaiah, 56:5

Betty Idelowicz – FloNo.: 59728

2275217 261697

רשות־זכרון לשואה ולגבורה, ירושלים

דף־עד

לרשום חללי השואה והגבורה

יד ושם

ירושלים, רחוב בן־יהודה 12

מס׳ האישור № 400924/ה

אנא, מלא(י) עד כמה שידוע לך!

1. שם המשפחה — בעברית	אידלוביץ
בשפת ארץ המוצא (באותיות לטיניות)	Idelovici
2. שם פרטי — בעברית	בלי
בשפת ארץ המוצא (באותיות לטיניות)	Betty
3. שם האב	Orenstein
4. שם האם	Charlotte Orenstein
5. תאריך הלידה	24.8.1886
6. מקום וארץ הלידה (גם באותיות לטיניות)	Svetla n/S. Č.S.R. סבטלה צ׳׳ס
7. מקום המגורים הקבוע (גם באותיות לטיניות)	Wien וינה
8. המקצוע	—
9. הנתינות לפני הכבוש הנאצי	Österreich
10. מקומות המגורים במלחמה (גם באותיות לטיניות)	Polen, Deutschland פולין, גרמניה
11. מקום המות, הזמן והנסיבות (המקום גם באותיות לטיניות)	Flossenburg 1944 מחנה הסגר
12. מצב משפחתי	רווק / נשוי / מספר הילדים: 2
13. שם האשה ושם משפחתה לפני הנישואין	גילה ___
שם הבעל	הינריך Heinrich גילו 59

14. שמות הילדים עד גיל 18 שנספו (מעל לגיל זה רושמים "דף־עד" מיוחד)	הגיל	המקום והזמן שנספו

הערה! את הילדים יש לרשום ב„דף־העד" של אחד ההורים אך לא יותר מפעם אחת.

אני בלוך אידלוביץ הגר ב (כתובת מלאה) חדרה ב׳ת אליעזר 203

קרוב/ה מכר/ה בנה של בלי אידלוביץ

מצהיר/ה בזה כי העדות שמסרתי כאן על פרטיה היא נכונה ואמיתית, לפי מיטב ידיעתי והכרתי.

אני מבקש/ת להעניק לנ״ל אזרחות־זכרון מטעם מדינת ישראל.

מקום ותאריך: חדרה 6.4.1956 — חתימה: [signature]

חתימת הפוקד: [signature]

תמונה

חוק זכרון השואה והגבורה — יד ושם תשי״ג 1953 קובע בסעיף מס׳ 2

תפקידו של יד־ושם הוא לאסוף אל המולדת את זכרם של כל אלה מבני העם היהודי, שנפלו ומסרו את נפשם, נלחמו ומרדו באויב הנאצי ובעוזריו, ולהציב שם וזכר להם, לקהילות, לארגונים ולמוסדות שנחרבו בגלל השתייכותם לעם היהודי, ולמטרה זו יהא מוסמך — ...(4) להעניק לבני העם היהודי שהושמדו ונפלו בימי השואה והמרי אזרחות־זכרון של מדינת ישראל לאות היאספם אל עמם.

(ספר החוקים מס׳ 132 י״ז אלול תשי״ג 28.8.53)

אזרחות־זכרון הוענקה

מספר ת״ז

Marie Idelowicz – FloNo.: 59729

2275227 — 33.561

רשות־זכרון לשואה ולגבורה, ירושלים

דף־עד

לרשום חללי השואה והגבורה

יד ושם

ירושלים, רחוב בן־יהודה 12

אנא, מלא(י) עד כמה שידוע לך! — 48.580

מס' האשור 403381 k

תמונה

1. שם המשפחה	בעברית	אידלוביץ'
	בשפת ארץ המוצא (באותיות לטיניות)	Idelovici (geb. Ohrenstein)
2. שם פרטי	בעברית	מריה
	בשפת ארץ המוצא (באותיות לטיניות)	Maria
3. שם האב		/
4. שם האם		Charlotte
5. תאריך הלידה		10.I.1892
6. מקום וארץ הלידה (גם באותיות לטיניות)		Svetla n/Z. C.S.R.
7. מקום המגורים הקבוע (גם באותיות לטיניות)		וינה Wien
8. המקצוע		/
9. הנתינות לפני הכבוש הנאצי		אוסטריה Austria
10. מקומות המגורים במלחמה (גם באותיות לטיניות)		Ausschwitz, Dresden
11. מקום המות, הזמן והנסיבות (המקום גם באותיות לטיניות)		Jan 1945 Dresden
12. מצב משפחתי		רוק / נשוי / מספר הילדים 3
13. שם האשה ושם משפחתה לפני הנישואין		אורנשטיין — גילה
שם הבעל		גילו

14. שמות הילדים עד גיל 18 שנספו (מעל לגיל זה רושמים „דף־עד" מיוחד)	הגיל	המקום והזמן שנספו

חוק זכרון השואה והגבורה — **יד ושם** תשי"ג 1953 קובע בסעיף מס' 2

תפקידו של יד־ושם הוא לאסוף אל המולדת את זכרם של כל אלה מבני העם היהודי, שנפלו ומסרו את נפשם, נלחמו ומרדו באויב הנאצי ובעוזריו, ולהציב שם וזכר להם, לקהילות, לארגונים ולמוסדות שנחרבו בגלל השתייכותם לעם היהודי, ולמטרה זו יהא מוסמך — ...(4)להעניק לבני העם היהודי שהושמדו ונפלו בימי השואה והמרי אזרחות־זכרון של מדינת ישראל לאות היאספם אל עמם.

(ספר החוקים מס' 132 י"ז אלול תשי"ג 28.8.53)

הערה! את הילדים יש לרשום ב„דף־העד" של אחד ההורים אך לא יותר מפעם אחת.

אני רפאל אידלוביץ' הגר ב (כתובת מלאה) אזור בית אליעזר 202

קרוב/ה מכר/ה בן אחותה של מריה אידלוביץ'

מצהיר/ה בזה כי העדות שמסרתי כאן על פרטיה היא נכונה ואמיתית, לפי מיטב ידיעתי והכרתי.

אני מבקש/ת להעניק לנ"ל אזרחות־זכרון מטעם מדינת ישראל.

מקום ותאריך אזור 8.9.56 חתימה רפאל אידלוביץ'

חתימת הפוקד

אזרחות־זכרון הוענקה

מספר

לידיעת „האגף המדעי" בירושלים. רחוב בן־יהודה 12

הייתי בזמן המלחמה במחנה (הסגר, עבודה, ~~השמדה וכו'~~) Ferramonte, Italia בגיטו

במחתרת ביערות וכו' ואני מוכן למסור עדות על כך.

חתימת העד רפאל אידלוביץ' כתובתו אזור בית אליעזר 202

Moses Josipowicz – FloNo.: 38435

770

CANADIAN SOCIETY FOR YAD VASHEM
1111 FINCH AVE. W.
DOWNSVIEW, ONT.
M3J 2E5
(416) 665-0110

דף־עד
עדות־בלאט
A Page of Testimony

יד ושם
אינסטיטוט צום אנדענק
פון אומקום און גבורה

THE MARTYRS' AND HEROES' REMEMBRANCE LAW, 5713 – 1953 determines in article No.2 that — The task of YAD VASHEM is to gather into the homeland material regarding all those members of the Jewish people who laid down their lives, who fought and rebelled against the Nazi enemy and his collaborators, and to perpetuate their memory and that of the communities, organizations, and institutions which were destroyed because they were Jewish.

דאס געזעץ צום אנדענק פון אומקום און גבורה — יד־ושם, תשי״ג 1953
שטעלט פעסט אין פאראגראף נומ׳ 2:
די אויפגאבע פון יד־ושם איז איינזאמלען אין היימלאנד דעם אנדענק פון אלע יידן, וואס זענען געפאלן, האבן זיך מוסר נפש געווען, געקעמפט און זיך אנטקעגנגעשטעלט דעם נאצישן שונא און זיינע ארויסהעלפער, און זיי אלעמען, די קהילות, די ארגאניזאציעס און אינסטיטוציעס, וועלכע זענען חרוב געווארן צוליב זייער אנגעהעריקייט צום יידישן פאלק — שטעלן א דענקמאל.
(געזעץ־בוך נומ׳ 132, י״ח אלול תשי״ג, 28.8.1953)

Family name * — 1. פאמיליע־נאמען *
Josipowicz

First Name (maiden name) — 2. פארנאמען (פאמיליע־נאמען פאר דער חתונה)
Mojzesz

בילד
Photo

Place of birth (town, country) — 4. ארט פון געבורט (שטאט, לאנד)
Lodz, Poland

Date of birth — 3. געבורטס־דאטע
1903 ?

Name of mother — 6. נאמען פון מוטער
Fajga

Name of father — 5. נאמען פון פאטער
Aron

Name of spouse (if a wife, add maiden name) — 7. נאמען פון מאן אדער פון פרוי און איר מיידלשע־פאמיליע
Berger, Marysia

Place of residence before the war — 8. סטאבילער וואוינארט
Lodz, Poland

Places of residence during the war — 9. וואוינערטער בעת דער מלחמה
Lodz, Ghetto

Circumstances of death (place, date, etc.) — 10. ארט, צייט און אומשטענדן פון טויט
Unknown, Somewhere in Germany 1945

I, the undersigned Isaac Josy (Josipowicz) איך, דער אונטערגעשריבענער
residing at (full address) 132 Heddington AvemToronto, Ont. Cahada וואס וואוינט (פולער אדרעס)
relationship to deceased Brother קרובישאפט
hereby declare that this testimony is correct to the best of my knowledge.
דערקלער דערמיט, אז די עדות וואס איך האב דא איבערגעגעבן, מיט אלע פרטים, איז א ריכטיקע לויט מיין בעסטען וויסן.

Place and date Toronto, July 23 91 ארט און דאטע Signature I. Josy אונטערשריפט

״...ונתתי להם בביתי ובחומותי יד ושם...אשר לא יכרת״ ישעיהו נ״ו, ה׳
"...even unto them will I give in mine house and within my walls a place and a name...that shall not be cut off." Isaiah, LVI, 5

• ביטע אנשרייבן יעדן נאמען פון אומגעקומענעם אויף א באזונדער בלאט.
• *Please inscribe the name of each victim of the Holocaust on a separate form.*

Hersch Joskowicz – FloNo.: 38436

YAD VASHEM
Martyrs' and Heroes'
Remembrance
Authority
P.O.B. 3477 Jerusalem, Israel

דף־עד
עדות־בלאט

A Page of Testimony

יד ושם
אינסטיטוט צום אנדענק
פון אומקום און גבורה

THE MARTYRS' AND HEROES' REMEMBRANCE LAW, 5713—1953 determines in article No. 2 that — The task of YAD VASHEM is to gather into the homeland material regarding all those members of the Jewish people who laid down their lives, who fought and rebelled against the Nazi enemy and his collaborators, and to perpetuate their memory and that of the communities, organisations, and institutions which were destroyed because they were Jewish.

דאס געזעץ צום אנדענק פון אומקום און גבורה — יד־ושם, תשי״ג 1953
שטעלט פעסט אין פאראגראף נומ׳ 2:
די אויפגאבע פון יד־ושם איז איינזאמלען אין היימלאנד דעם אנדענק פון אלע יידן, וואס זענען געפאלן, האבן זיך מוסר נפש געווען, געקעמפט און זיך אנטקעגנגעשטעלט דעם נאצישן שונא און זיינע ארויסהעלפער, און זיי אלעמען, די קהילות, די ארגאניזאציעס און אינסטיטוציעס, וועלכע זענען חרוב געווארן צוליב זייער אנגעהעריקייט צום יידישן פאלק — שטעלן א דענקמאל.
(געזעץ־בוך נומ׳ 132, י״ז אלול תשי״ג, 28.8.1953)

1. Family name * — פאמיליע־נאמען *
JOSKOWICZ

2. First Name (maiden name) — פארנאמען (פאמיליע־נאמען פאר דער חתונה)
HERSHEL

4. Place of birth (town, country) — ארט פון געבורט (שטאט, לאנד)
LODZ, POLAND

3. Date of birth — געבורטס־דאטע
1890

6. Name of mother — נאמען פון מוטער
SARA-RIVKA

5. Name of father — נאמען פון פאטער
EPHRAIM-FISHEL

7. Name of spouse (if a wife, add maiden name) — נאמען פון מאן אדער פון פרוי און איר מיידלשע־פאמיליע

8. Place of residence before the war — סטאבילער וואוינארט
KÖLN, GERMANY AND LODZ, POLAND

9. Places of residence during the war — וואוינערטער בעת דער מלחמה
LITMANNSTADT-(LODZ)-GETTO. POLAND

10. Circumstances of death (place, date, etc.) — ארט, צייט און אומשטענדן פון טויט
AUSCHWITZ, JULY, 1944

I, the undersigned — איך, דער אונטערגעשריבענער: DAVID RUBINOWICZ - ROBBINS

residing at (full address) — וואס וואוינט (פולער אדרעס): 9205 LARAMIE Rd. PHILA. PA. 1915. U.S.A

relationship to deceased — קרובישאפט: NEPHEW

hereby declare that this testimony is correct to the best of my knowledge.

דערקלער דערמיט, אז די עדות וואס איך האב דא איבערגעגעבן, מיט אלע פרטים, איז א ריכטיקע לויט מיין בעסטען וויסן.

Place and date — ארט און דאטע: PHILADELPHIA, PA. U.S.A. JULY 20, 1981

Signature — אונטערשריפט: David Robbins

..."ונתתי להם בביתי ובחומותי יד ושם...אשר לא יכרת" ישעיה נ״ו ה

"...even unto them will I give in mine house and within my walls a place and a name...that shall not be cut off." Isaiah LVI 5

* נא לרשום את שמו של כל נספה על דף נפרד.

* Please inscribe the name of each victim of the Holocaust on a separate form.

Freda Kasz – FloNo.: 59743

380791

יד ושם

ירושלים, רחוב בן־יהודה 12

רשות־זכרון לשואה ולגבורה, ירושלים

דף־עד

לרשום חללי השואה והגבורה

אנא, מלא(י) עד כמה שידוע לך!

מס׳ האשור 28215/17

1. שם המשפחה — בעברית	קץ
בשפת ארץ המוצא (באותיות לטיניות)	Kasz
2. שם פרטי — בעברית	פרידה
בשפת ארץ המוצא (באותיות לטיניות)	Fraida
3. שם האב	בנימים
4. שם האם	סרה
5. תאריך הלידה	1923
6. מקום וארץ הלידה (גם באותיות לטיניות)	לודז Lodz
7. מקום המגורים הקבוע (גם באותיות לטיניות)	לודז Lódź
8. המקצוע	תלמידה
9. הנתינות לפני הכבוש הנאצי	פולנית
10. מקומות המגורים במלחמה (גם באותיות לטיניות)	גיטו לודז Lódź Ghetto
11. מקום המות, הזמן והנסיבות (המקום גם באותיות לטיניות)	בדרך לגרמניה 1945 Germany
12. מצב משפחתי	רוק / נשוי / מספר הילדים
13. שם האשה ושם משפחתה לפני הנישואין	גילה
שם הבעל	גילו

תמונה

14. שמות הילדים עד גיל 18 שנספו (מעל לגיל זה רושמים „דף־עד" מיוחד)	הגיל	המקום והזמן שנספו

הערה! את הילדים יש לרשום ב„דף־העד" של אחד ההורים אך לא יותר מפעם אחת.

חוק זכרון השואה והגבורה — יד ושם תשי״ג 1953 קובע בסעיף מס׳ 2

תפקידו של יד־ושם הוא לאסוף אל המולדת את זכרם של כל אלה מבני העם היהודי, שנפלו ומסרו את נפשם, נלחמו ומרדו באויב הנאצי ובעוזריו, ולהציב שם וזכר להם, לקהילות, לארגונים ולמוסדות שנח־רבו בגלל השתייכותם לעם היהודי, ולמסרה זו יהא מוסמך — ...(4)להעניק לבני העם היהודי שהושמדו ונפלו בימי השואה והמרי אזרחות־זכרון של מדינת ישראל לאות היאספם אל עמם.

(ספר החוקים מס׳ 132 י״ז אלול תשי״ג 28.8.53)

אני לבקוביץ משה לייב הגר ב (כתובת מלאה) ת״א הגאון הגר״א 8

קרוב/ה מס׳/ה דוד של הנ״ל

מצהיר/ה בזה כי העדות שמסרתי כאן על פרטיה היא נכונה ואמיתית, לפי מיטב ידיעתי והכרתי.

אני מבקש/ת להעניק לנ״ל אזרחות־זכרון מטעם מדינת ישראל.

מקום ותאריך ת״א 30-VI-56 חתימה לבקוביץ משה

חתימת הפוקד

אזרחות־זכרון הוענקה

מספר

לידיעת „האגף המדעי" בירושלים. רחוב בן־יהודה 12

הייתי בזמן המלחמה במחנה (הסגר, עבודה, השמדה וכו׳) ______ בגיטו ______

במחתרת ______ ביערות ______ וכו׳ ______ ואני מוכן למסור עדות על כך.

חתימת העד ______ כתובתו ______

Israel Kivok – FloNo.: 38441

73923

YAD VASHEM — **יד ושם**

The Holocaust Martyrs' and Heroes' Remembrance Authority — רשות הזיכרון לשואה ולגבורה

Hall of Names — היכל השמות

Page of Testimony דף עד

דף עד לרישום והנצחה של הנספים בשואה; נא למלא דף עבור כל נספה בנפרד, בכתב ברור ובאותיות דפוס.
Page of Testimony for commemoration of the Jews who perished during the Holocaust; please fill in a separate form for each victim, in block capitals

חוק זיכרון השואה והגבורה–תשי"ג 1953 קובע בסעיף מס' 2 כי תפקידו של יד ושם הוא לאסוף אל המולדת את זכרם של כל אלה מבני העם היהודי שנפלו ומסרו את נפשם, נלחמו ומרדו באויב הנאצי ובעוזריו ולהציב שם וזכר להם, לקהילות, לארגונים ולמוסדות שנחרבו בגלל השתייכותם לעם היהודי.
The Martyrs' and Heroes' Remembrance Law 5713-1953 determines in section 2 that "The task of Yad Vashem is to gather into the homeland material regarding all those members of the Jewish people who laid down their lives, who fought and rebelled against the Nazi enemy and his collaborators, and to perpetuate their **names** and those of the communities, organizations and institutions which were destroyed because they were Jewish".

תמונת הנספה (דרכון). נא לרשום את שמו של הנספה בצד האחורי של התמונה. נא לא להדביק.
Victim's photo. Please write victim's name on back. Do not glue.

Victim's family name: שם משפחה של הנספה:	קיווק - קירדק
Maiden name: שם משפחה לפני הנישואין:	–
First name (also nickname): שם פרטי (גם שם חיבה/כינוי):	ישראל - (יצ'יק)
Previous/other family name: שם משפחה קודם/אחר:	–
Title: תואר:	
Gender: מין: M/F ז/נ	ז (circled)
Date of birth: תאריך לידה:	1910
Approx. age at death: גיל משוער בעת המוות:	(?) 34
Place of birth: מקום לידה:	לובה
Region: מחוז:	
Country: ארץ:	פולין
Nationality: נתינות:	פולנית
Victim's father: אבי הנספה: First name: שם פרטי:	אמי: חיה - ליבה
Family name: שם משפחה:	/
Victim's mother: אם הנספה: First name: שם פרטי:	אבי: יצחק - (איציק)
Maiden name: שם לפני הנישואין:	קיווק
Victim's wife/husband: אישה/בעל של הנספה: First name: שם פרטי:	
Maiden name: שם לפני הנישואין:	
Family status: מצב משפחתי:	רווק.
No. of children: מס' ילדים:	–
Permanent residence: מקום מגורים קבוע:	לובה.
Region: מחוז:	
Country: ארץ:	פולין
Address: כתובת:	
Profession: מקצוע:	חשמלאי
Place of work: מקום העבודה:	
Member of org./movement: חבר בארגון/תנועה:	
Residence before deportation: מגורים לפני הגירוש:	לובה,
Region: מחוז:	
Country: ארץ:	פולין
Address: כתובת:	
Places, events and activities during the war (prison / deportation / ghetto / camp / death march / hiding / escape / resistance / combat): אירועים / פעולות ומקומות בזמן המלחמה (מעצר / גירוש / גטו / מחנה / צעדת מוות / מסתור / בריחה / התנגדות / לחימה):	גירוש, גטו (circled)
Place of death: מקום המוות:	?
Region: מחוז:	
Country: ארץ:	
Date of death: תאריך המוות:	
Circumstances of death: נסיבות המוות:	[illegible]

אני, הח"מ, מצהיר בזה כי העדות שמסרתי על פרטיה נכונה ואמיתית לפי מיטב ידיעתי והכרתי.
I, the undersigned, hereby declare that this testimony is correct to the best of my knowledge.

First name: שם פרטי:	מרים
Family name: שם משפחה:	רוזנבליט
Previous/maiden name: שם משפחה קודם:	חיימוביץ
Street: רחוב:	אחד העם
House no.: מס' בית:	20
Entrance: כניסה:	
Apt.: דירה:	18
City: עיר:	חדרה
State/Zip code: אזור/מיקוד:	
Country: מדינה:	ישראל
Tel.: מס' טלפון:	06-6332701
I am / I am not a survivor: הנני ניצול השואה כן/לא	כן (circled)
Relationship to victim (family/other): הקרבה (משפחתית/אחרת) לנספה:	בן דודה

בזמן המלחמה הייתי במחנה / בגטו / ביער / במחתרת / במסתור / בעלי תעודות מזויפות (הקף בעיגול)
During the war I was in a camp / ghetto / forest / the resistance / in hiding / had false papers (circle relevant options)

ניצולי השואה יכולים לציין את פרטיהם ע"ג טופס מיוחד הניתן להזמנה.
Holocaust survivors may order a special form in which to fill in their details.

Date: תאריך: 2.11.99 Place: מקום: חדרה Signature: חתימה: מרים רוזנבליט

"ונתתי להם בביתי ובחומותי יד ושם...אשר לא יכרת" ישעיהו נ"ו ה'
"...And I shall give them in My house and within My walls a memorial and a name...that shall not be cut off" Isaiah, 56:5

Jacheta Korentajer – FloNo.: 59755

דף־עד

להענקת אזרחות־זכרון לחללי השואה

יד ושם, ירושלים רח' בן יהודה 12

No. 72083 מס. הרישום

תמונה

1	שם המשפחה בעברית / בשפת ארץ המוצא	קורנטייר / KORENTAJER
2	שם פרטי בעברית / בשפת ארץ המוצא	יוכבד / Jochewet
3	שם כנוי או שם מושאל	
4	שם האב	מאיר
5	שם האם	גאולה
6	מצב משפחתי	נשואה + 2 ילדים
7	תאריך הלידה	1898
8	מקום וארץ הלידה	לודז' פולין
9	השתייך/ה לקהלה/ות	לודז' פולין
10	בארץ	פולין
11	התיבות בשנת 1939	פולין
12	המקצוע	–
13	המקום והזמן של מותו/ה	במחנה אבבה בברגנבן 1944
14	נסיבות המוות	על ידי הנאצים
15	שם האשה	משה
16	שם משפחתה לפני הנשואין	

17 שמות הילדים	גיל	המקום והזמן שנספו

חוק זכרון השואה והגבורה – יד ושם תשי"ג 1953

18 הכתובת האחרונה הידועה של הנרשם לודז' רח' קילינסקי 143 פולין

19 כתובות ידועות מזמן המלחמה גטו לודז' לוטומירסקי 72

אני חבינסקי לאה הגר בק. מוצקין כתובת מלאה פנטגון רח. ה' 17

קרוב/ה מכר/ה בת של קורנטייר יוכבד ז"ל

מצהיר/ה בזה כי העדות שמסרתי כאן על פרטיה היא נכונה ואמיתית, לפי מיטב ידיעתי והכרתי.

אני מבקש/ת להעניק לנ"ל אזרחות־זכרון מטעם מדינת ישראל.

מקום ותאריך חיפה 25.10.1[illegible] חתימה חבינסקי

חתימת הסוקר

אזרחות־זכרון הוענקה — מספר No.

הערות משרד „יד ושם"

Baruch Kranz – FloNo.: 38453

92001

רשות־זכרון לשואה ולגבורה, ירושלים

דף־עד

לרשום חללי השואה והגבורה

יד ושם

ירושלים, רחוב בן־יהודה 12

אנא, מלא(י) עד כמה שידוע לך!

מס' האשור 2636 מס'

1. שם המשפחה — בעברית	קרנץ
בשפת ארץ המוצא (באותיות לטיניות)	KRANC
2. שם פרטי — בעברית	ברוך
בשפת ארץ המוצא (באותיות לטיניות)	
3. שם האב	זלמן
4. שם האם	רבקה
5. תאריך הלידה	1910
6. מקום וארץ הלידה (גם באותיות לטיניות)	פיוטרקוב טריבונלסקי PIOTRKOW
7. מקום המגורים הקבוע (גם באותיות לטיניות)	לודז' LODZ
8. המקצוע	סוחר
9. הנתינות לפני הכבוש הנאצי	פולניה POLSKA
10. מקומות המגורים במלחמה (גם באותיות לטיניות)	" " לודז
11. מקום המות, הזמן והנסיבות (המקום גם באותיות לטיניות)	" גטו "
12. מצב משפחתי	רוק / נשוי / מספר ילדים
13. שם האשה ושם משפחתה לפני הנישואין	גילה
שם הבעל	גילו

14. שמות הילדים עד גיל 18 שנספו (מעל לגיל זה רושמים "דף־עד" מיוחד)	הגיל	המקום והזמן שנספו

הערה! את הילדים יש לרשום ב"דף־העד" של אחד ההורים אך לא יותר מפעם אחת.

אני [illegible] הגר ב (כתובת מלאה) [illegible] 84

קרוב/ה מכר/ה של קרנץ ברוך

מצהיר/ה בזה כי העדות שמסרתי כאן על פרטיה היא נכונה ואמיתית, לפי מיטב ידיעתי והכרתי.

אני מבקש/ת להעניק לנ"ל אזרחות־זכרון מטעם מדינת ישראל.

מקום ותאריך ק. ת"א 15.10.56 חתימה [signature]

חתימת המוקד

תמונה

חוק זכרון השואה והגבורה — יד ושם תשי"ג 1953 קובע בסעיף מס' 2

תפקידו של יד־ושם הוא לאסוף אל המולדת את זכרם של כל אלה מבני העם היהודי, שנפלו ומסרו את נפשם, נלחמו ומרדו באויב הנאצי ובעוזריו, ולהציב שם וזכר להם, לקהילות, לארגונים ולמוסדות שנחרבו בגלל השתייכותם לעם היהודי, ולמטרה זו יהא מוסמך — ...(4) להעניק לבני העם היהודי שהושמדו ונפלו בימי השואה והמרי אזרחות־זכרון של מדינת ישראל לאות היאספם אל עמם.

(ספר החוקים מס' 132 י"ז אלול תשי"ג 28.8.53)

אזרחות־זכרון הוענקה

מספר

לידיעת "האגף המדעי" בירושלים, רחוב בן־יהודה 12

הייתי בזמן המלחמה במחנה (הסגר, עבודה, השמדה וכו') ______ בגיטו ______

במחתרת ______ ביערות ______ וכו' ______ ואני מוכן למסור עדות על כך.

חתימת העד ______ כתובתו ______

Nacha Lasker – FloNo.: 59773

YAD VASHEM
The Holocaust Martyrs' and Heroes' Remembrance Authority
Hall of Names - P.O.B. 3477, Jerusalem 91034

יד ושם
רשות הזיכרון לשואה ולגבורה
היכל השמות - ת.ד. 3477, ירושלים 91034

Page of Testimony דף עד

13452

Page of Testimony for commemoration of the Jews who perished during the Holocaust;
please fill in a separate form for each victim, in block capitals

Victim's photo

The Martyrs' and Heroes' Remembrance Law 5713-1953 determines in section 2 that "The task of Yad Vashem is to gather into the homeland material regarding all those members of the Jewish people who laid down their lives, who fought and rebelled against the Nazi enemy and his collaborators, and to perpetuate their names and those of the communities, organizations and institutions which were destroyed because they were Jewish."

Victim's family name	Lasker
Maiden name	Ulman
Victim's first name (also nickname)	Nacha-Hendla
Previous/other family name	
Title	
Gender	FEMALE
Date of birth	1882
Approx. age at death	63
Town of birth	
Region	
Country	POLAND
Nationality	POLAND
Victim's father – First name	
Victim's father – Family name	Ulman
Victim's mother – First name	Miriam
Victim's mother – Maiden name	
Victim's wife/husband – First name	Joseph
Victim's wife/husband – Maiden name	
Victim's family status	MARRIED
Number of children	4
Town of permanent residence	Lodz
Region	
Country	POLAND
Street	Dowborczykow 28
Profession	HOUSEWIFE
Place of work	
Member of organization/movement	
Place of residence during the war	Lodz
Region	
Country	POLAND
Street	
Places, events and activities during the war (prison/deportation/ghetto/camp/ death march/hiding/escape/resistance/combat)	Ghetto
Place of death	Auschwitz
Region	
Country	POLAND
Date of death	May 1945 6
Circumstances of death	Deportation

I, the undersigned, hereby declare that this testimony is correct to the best of my knowledge.
I understand that this Page of Testimony and all the information on it will be publicly accessible.

First name	Majer
Family name	Lasker
Previous/maiden name	
Street	Orrong Rd Toorak 14/703
City	Melbourne
State/Zip code	Victoria 3142
Country	AUSTRALIA
Shoah survivor	Yes
Relationship to victim (family/other)	SON

Date: 16-02-2005 Place: Melbourne Signature: 18-2-05.

"ונתתי להם בביתי ובחומותי יד ושם...אשר לא יכרת" ישעיהו נ״ו ה
And I shall give them in My house and within My walls a memorial and a name... that shall not be cut off. Is. 56:5

Jakub Lewkowitz – FloNo.: 38467

197.048

398

רשות־זכרון לשואה ולגבורה, ירושלים

יד ושם

דף־עד

להענקת אזרחות־זכרון לחללי השואה

מס. הרישום No. 27292

תמונה

חוק זכרון השואה והגבורה — יד ושם 1953 תשי״ג
קטע בסעיף מס׳ 2

תפקידו של יד־ושם הוא לאסוף אל המו־לדת את זכרם של כל אלה מבני העם היהודי, שנפלו ומסרו את נפשם, נלחמו ומרדו באויב הנאצי ובעוזריו, ולהציב שם וזכר להם, לקהילות, לארגונים ולמוסדות שנחרבו בגלל השתייכותם לעם היהודי; ולמטרה זו יהא מוסמך —

...(4) להעניק לבני העם היהודי שהושמדו ונפלו בימי השואה והמרי אזרחות־זכרון של מדינת ישראל לאות היאספם אל עמם.

(נספר החוקים מס׳ 132 ...)

שם המשפחה — בעברית	לבקוויטש
שם המשפחה — בשפת ארץ המוצא	LEWKOWICZ
שם פרטי — בעברית	יעקב מנחם
שם פרטי — בשפת ארץ המוצא	JAKUB MENACHEM
שם כנוי או שם מושאל	
שם האב	מאיר יחיאל
שם האם	מינדל
מצב משפחתי	נשוי
תאריך הלידה	1886
מקום וארץ הלידה	גורי קלעסקי
השתייך/ה לקהלה/ות	לודז׳
בארץ	פולין
הנתינות בשנת 1939	פולנית
המקצוע	חרשתן
המקום והזמן של מותו/ה	טרזינשטט Terezin 1945
נסיבות המוות	מחלה [illegible]

שם האשה: חנה — שם משפחתה לפני הנשואין:

שמות הילדים	גיל	המקום והזמן שנספו

הכתובת האחרונה הידועה של הנרשם: לודז׳ פולין רח׳ פטריקובסקה מס׳ 120

כתובות ידועות מזמן המלחמה:

אני שושנה ווידיסלבסקי הגר ב עכו כתובת מלאה שיכון ממשלתי ת׳ עכו 11

קרוב/ה מכר/ה בתו של יעקב מנחם לבקוויטש

מצהיר/ה בזה כי העדות שמסרתי כאן על פרטיה היא נכונה ואמיתית, לפי מיטב ידיעתי והכרתי.

אני מבקש/ת להעניק לנ״ל אזרחות־זכרון מטעם מדינת ישראל.

מקום ותאריך: עכו שיכון ממשלתי ת׳ 29/V — חתימה: שושנה ווידיסלבסקי

חתימת המפקד:

אזרחות־זכרון הוענקה — מספר No.

הערות משרד "יד ושם"

Anna Lefkowicz – FloNo.: 59780

197.050

398 רשות־זכרון לשואה ולגבורה, ירושלים

יד ושם

דף־עד

להענקת אזרחות־זכרון לחללי השואה

No. 222Qu מס׳ הרישום

תמונה

חוק זכרון השואה והגבורה —
יד ושם
תשי״ג 1953
קובע בסעיף מס׳ 2

תפקידו של יד־ושם הוא לאסוף אל המולדת את זכרם של כל אלה מבני העם היהודי, שנפלו ומסרו את נפשם, נלחמו ומרדו באויב הנאצי ובעוזריו, ולהציב שם וזכר להם, לקהילות, לארגונים ולמוסדות שנחרבו בגלל השתייכותם לעם היהודי; ולמטרה זו יהא מוסמך —

... (4) להעניק לבני העם היהודי שהושמדו ונפלו בימי השואה והמרי אזרחות־זכרון של מדינת ישראל לאות היאספם אל עמם.

(ספר החוקים מס׳ 132 י״ט אלול תשי״ג 28.8.53)

שם המשפחה — בעברית	לבקוביץ
שם המשפחה — בשפת ארץ המוצא	LEWKOWICZ
שם פרטי — בעברית	חנה
שם פרטי — בשפת ארץ המוצא	ANNA
שם כנוי או שם מושאל	
שם האב	ושפול-משה
שם האם	דינה
מצב משפחתי	נשואה
תאריך הלידה	1888
מקום וארץ הלידה	לודז
השתייך/ה לקהלה/ות	לודז
בארץ	פולין
הנתינות בשנת 1939	פולנית
המקצוע	בעלת הבית
המקום והזמן של מותו/ה	דרזדן 1944
נסיבות המות	מרעב

שם האשה............ שם משפחתה לפני הנשואין............

שמות הילדים	גיל	המקום והזמן שנספו

הכתובת האחרונה הידועה של הנרשם: לודז פולין פיוטריקובר 120

כתובות ידועות מזמן המלחמה ....

אני שלמה ווידיסלבסקי הגר ב [illegible] כתובת מלאה [illegible]
קרוב/ה מכר/ה בתה של חנה לבקוביץ
מצהיר/ה בזה כי העדות שמסרתי כאן על פרטיה היא נכונה ואמיתית, לפי מיטב ידיעתי והכרתי.
אני מבקש/ת להעניק לנ״ל אזרחות־זכרון מטעם מדינת ישראל.

מקום ותאריך [illegible] 29/V 1955 החתימה שלמה ווידיסלבסקי

התימת הפוקד ....

אזרחות־זכרון הוענקה
No. מספר

הערות משרד „יד ושם"

Ida Lowi – FloNo.: 59784

רשות-זכרון לשואה ולגבורה, ירושלים

דף-עד

לרשום חללי השואה והגבורה

יד ושם

ירושלים, רחוב בן-יהודה 12

אנא, מלא(י) עד כמה שידוע לך!

1. שם המשפחה — בעברית: לוי — בשפת ארץ המוצא (באותיות לטיניות): Lewy
2. שם פרטי — בעברית: אידה — בשפת ארץ המוצא (באותיות לטיניות): Ida
3. שם האב
4. שם האם
5. תאריך הלידה
6. מקום וארץ הלידה (גם באותיות לטיניות): Turek-Polska
7. מקום המגורים הקבוע (גם באותיות לטיניות)
8. המקצוע
9. הנתינות לפני הכבוש הנאצי: פולין
10. מקומות המגורים במלחמה (גם באותיות לטיניות): Turek
11. מקום המות, הזמן והנסיבות (המקום גם באותיות לטיניות)
12. מצב משפחתי: רוק / נשוי / מספר הילדים
13. שם האשה ושם משפחתה לפני הנישואין — גילה

שם הבעל — גילו

1. שמות הילדים עד גיל 18 שנספו (מעל לגיל זה רושמים "דף-עד" מיוחד) | הגיל | המקום והזמן שנספו

ספר האשור № 3628/13

תמונה

חוק זכרון השואה והגבורה — יד ושם תשי"ג 1953 קובע בסעיף מס' 2: תפקידו של יד-ושם הוא לאסוף אל המולדת את זכרם של כל אלה מבני העם היהודי, שנפלו ומסרו את נפשם, נלחמו ומרדו באויב הנאצי ובעוזריו, ולהציב שם וזכר להם, לקהילות, לארגונים ולמוסדות שנחרבו בגלל השתייכותם לעם היהודי, ולמטרה זו יהא מוסמך — ...(4) להעניק לבני העם היהודי שהושמדו ונפלו בימי השואה והמרי אזרחות-זכרון של מדינת ישראל לאות היאספם אל עמם.

(רשומות ילקוט הפרסומים מס' 132 י"ז אלול תשי"ג 28.8.53)

הערה! את הילדים יש לרשום ב"דף-עד" של אחד ההורים אך לא יותר מפעם אחת.

אני ווינבאום יצחק הגר ב (כתובת מלאה) ... קרובה/ת מכר/ה ... של לוי אידה

מצהיר/ה בזה כי העדות שמסרתי כאן על פרטיה היא נכונה ואמיתית, לפי מיטב ידיעתי והכרתי.

אני מבקש/ת להעניק לנ"ל אזרחות-זכרון מטעם מדינת ישראל.

מקום ותאריך ... חתימה: Weinbaum

חתימת הפוקד

אזרחות-זכרון הוענקה — מספר №

לידיעת "האגף המרעי" בירושלים, רחוב בן-יהודה 12

הייתי בזמן המלחמה במחנה (הסגר, עבודה, השמדה וכו') ____ בגיטו ____ במחתרת ____ ביערות ____ וכו' ____ ואני מוכן למסור עדות על כך.

חתימת העד ____ כתובתו ____

Josef Lowi – FloNo.: 38465

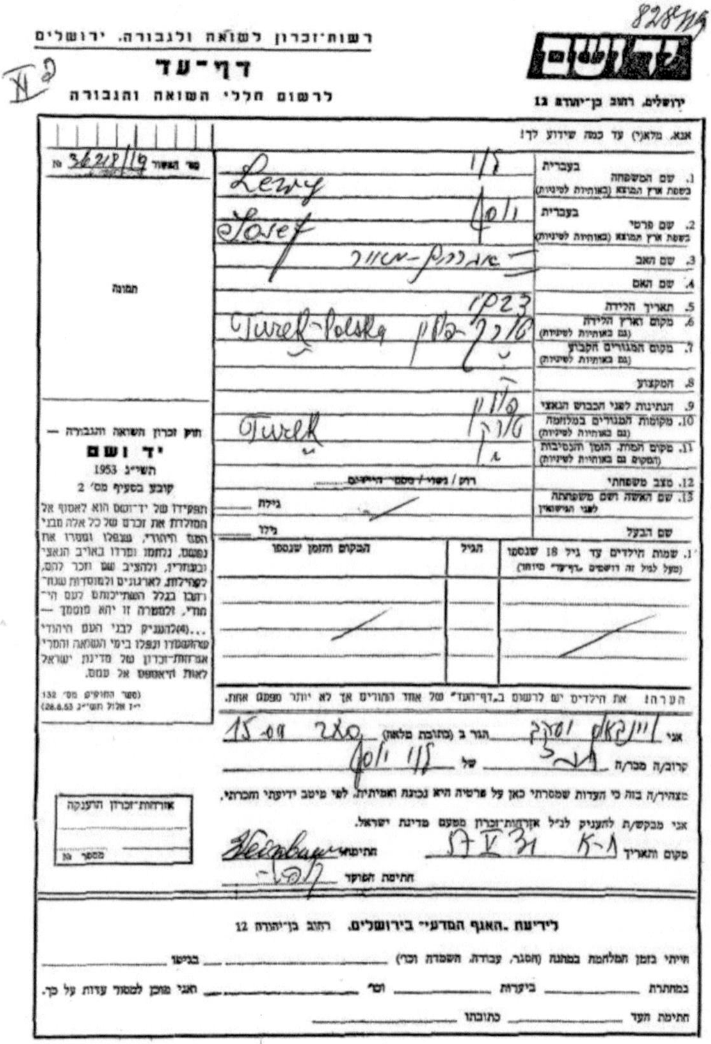

828879

רשות־זכרון לשואה ולגבורה, ירושלים

דף־עד

לרשום חללי השואה והגבורה

יד ושם

ירושלים, רחוב בן־יהודה 12

אנא, מלא(י) עד כמה שידוע לך!

מס׳ הרשום 36218/19

1. שם המשפחה — בעברית / בשפת ארץ המוצא (באותיות לטיניות)	לוי / Lewy
2. שם פרטי — בעברית / בשפת ארץ המוצא (באותיות לטיניות)	יוסף / Josef
3. שם האב	אברהם־מאיר
4. שם האם	
5. תאריך הלידה	1923
6. מקום וארץ הלידה (גם באותיות לטיניות)	טורק־פולין Turek-Polska
7. מקום המגורים הקבוע (גם באותיות לטיניות)	
8. המקצוע	
9. הנתינות לפני הכבוש הנאצי	פולין
10. מקומות המגורים במלחמה (גם באותיות לטיניות)	טורק Turek
11. מקום המות, הזמן והנסיבות (המקום גם באותיות לטיניות)	
12. מצב משפחתי	רוק / נשוי / מספר הילדים
13. שם האשה ושם משפחתה לפני הנישואין	גילה /
שם הבעל	גילו

1. שמות הילדים עד גיל 18 שנספו (מעל למיל זה רושמים „דף־עד" מיוחד)	הגיל	המקום והזמן שנספו
/		/

הערה: את הילדים יש לרשום ב„דף־עד" של אחד ההורים אך לא יותר מפעם אחת.

אני ויינבאום יצחק הגר ב (כתובת מלאה) פארק 15

קרוב/ה מכר/ה ... של לוי יוסף

מצהיר/ה בזה כי העדות שמסרתי כאן על פרטיה היא נכונה ואמיתית, לפי מיטב ידיעתי והכרתי.

אני מבקש/ת להעניק לניל אזרחות־זכרון מטעם מדינת ישראל.

מקום והתאריך ... 31 V 17   חתימה Weinbaum

חתימת הסוקר

חוק זכרון השואה והגבורה — יד ושם תשי״ג 1953

קובע בסעיף מס׳ 2

תפקידו של יד־ושם הוא לאסוף אל המולדת את זכרם של כל אלה מבני העם היהודי, שנפלו ומסרו את נפשם, נלחמו ומרדו באויב הנאצי ובעוזריו, ולהציב שם וזכר להם, לקהילות, לארגונים ולמוסדות שנחרבו בגלל השתייכותם לעם היהודי, ולמטרה זו יהא מוסמך — ...(4)להעניק לבני העם היהודי שהושמדו ונפלו בימי השואה והמרי אזרחות־זכרון של מדינת ישראל לאות היאספם אל עמם.

(ספר החוקים מס׳ 132 י״ז אלול תשי״ג 28.8.53)

אזרחות־זכרון הוענקה

מספר

לידיעת „האגף המדעי" בירושלים, רחוב בן־יהודה 12

הייתי בזמן המלחמה במחנה (הסגר, עבודה, השמדה וכו׳) ______ בגיטו ______

במחתרת ______ ביערות ______ וכו׳ ______ ואני מוכן למסור עדות על כך.

חתימת העד ______ כתובתו ______

Beral Naiberg – FloNo.: 38478

690034

רשות־זכרון לשואה ולגבורה, ירושלים

דף־עד

לרשום חללי השואה והגבורה

יד ושם

ירושלים, רחוב בן־יהודה 12

אנא, מלא(י) עד כמה שידוע לך!

1. שם המשפחה — בעברית / בשפת ארץ המוצא (באותיות לטיניות)	ניברג / Najberg
2. שם פרטי — בעברית / בשפת ארץ המוצא (באותיות לטיניות)	בערל / Berl
3. שם האב	מרדכי
4. שם האם	
5. תאריך הלידה	1880
6. מקום וארץ הלידה (גם באותיות לטיניות)	פולין / Ozerica
7. מקום המגורים הקבוע (גם באותיות לטיניות)	לודז׳ / Lodzi
8. המקצוע	
9. הנתינות לפני הכבוש הנאצי	פולין
10. מקומות המגורים במלחמה (גם באותיות לטיניות)	
11. מקום המות, הזמן והנסיבות (המקום גם באותיות לטיניות)	1945 / Drezdno
12. מצב משפחתי — רוק / נשוי / מספר הילדים	
13. שם האשה ושם משפחתה לפני הנישואין — גילה	
שם הבעל — גילו	

מס׳ האישור №

תמונה

חוק זכרון השואה והגבורה — **יד ושם** תשי״ג 1953 קובע בסעיף מס׳ 2

תפקידו של יד־ושם הוא לאסוף אל המולדת את זכרם של כל אלה מבני העם היהודי, שנפלו ומסרו את נפשם, נלחמו ומרדו באויב הנאצי ובעוזריו, ולהציב שם וזכר להם, לקהילות, לארגונים ולמוסדות שנחרבו בגלל השתייכותם לעם היהודי, ולמטרה זו יהא מוסמך — ...(4)להעניק לבני העם היהודי שהושמדו ונפלו בימי השואה והמרי אזרחות־זכרון של מדינת ישראל לאות היאספם אל עמם.

(ספר החוקים מס׳ 132 י״ו אלול תשי״ג 28.8.53)

14. שמות הילדים עד גיל 18 שנספו (מעל לגיל זה רושמים „דף־עד״ מיוחד)	הגיל	המקום והזמן שנספו

הערה! את הילדים יש לרשום ב„דף־העד״ של אחד ההורים אך לא יותר מפעם אחת.

אני ________ הגר ב (כתובת מלאה) ________ קרוב/ה מכר/ה ________ של ________

35

מצהיר/ה בזה כי העדות שמסרתי כאן על פרטיה היא נכונה ואמיתית, לפי מיטב ידיעתי והכרתי.

אני מבקש/ת להעניק לניל אזרחות־זכרון מטעם מדינת ישראל.

מקום ותאריך 3/VI/57 ________ חתימה ________

חתימת הפוקד ________

אזרחות־זכרון הוענקה — מספר №

לידיעת „האגף המדעי״ בירושלים, רחוב בן־יהודה 12

הייתי בזמן המלחמה במחנה (הסגר, עבודה, השמדה וכו׳) ________ בגיטו ________

במחתרת ________ ביערות ________ וכו׳ ________ ואני מוכן למסור עדות על כך.

חתימת העד ________ כתובתו ________

Hinda Estera Radzyner – FloNo.: 59830

2989

YAD-VASHEM
Jerusalem, 12, Ben-Yehuda St.

Martyrs' and Heroes' Remembrance Authority
DAF-ED
For the registration of the victims of the Disaster.

רשות הזכרון לשואה ולגבורה
דף־עד
לרישום חללי השואה

יד ושם
ירושלים, רח' בן יהודה 12

Registr. No. ______ מס. הרישום

תמונה
Photo

1. Surname / שם המשפחה: RADZYNER (כסציער) — 4289
2. First name / השם פרטי: Hinda Esther (הינדה)
3. Name of Father / שם האב: Jehuda Leib Mincberg
4. Name of Mother / שם האם: Regina Kon
5. Date of birth / תאריך הלידה: 1903
6. Place and country of birth / מקום וארץ הלידה: Lodz, Poland
7. Permanent residence / מקום המגורים הקבוע: Lodz, Poland
8. Occupation / המקצוע: Housewife,
9. Nationality before German occupation / הנתינות לפני הכבוש הנאצי: Polish
10. Places of residence during the war / מקומות המגורים במלחמה: German Concentration Camps
11. Place, date and circumstances of death / מקום המות, הזמן והנסיבות: Dresden, Germany, 23k'0 1945 Killed by Nazis
12. Family status: Bachelor / Married / Number of children / מצב משפחתי רוק/נשוי/מספר הילדים: Married, 2children
13. Name of wife and maiden name / Age / שם האשה ושם משפחתה לפני הנשואין / גילה:

Name of Husband / Age / שם הבעל / גילו: Nusen Moses Radzyner 52

14. Names of deceased children up to the age of 18 (over the age of 18 fill out another form) / שמות הילדים עד גיל 18 שנספו (מעל לגיל זה רושמים "דף־עד" מיוחד)

Names of deceased children	Age / הגיל	Place and date of death / המקום והזמן שניספו

חוק זכרון השואה והגבורה – יד ושם תשי"ג 1953
קובע בסעיף מס' 2
תפקידו של "יד ושם" הוא לאסוף אל המולדת את זכרם של כל אלה מבני העם היהודי, שנפלו ומסרו את נפשם, נלחמו ומרדו באויב הנאצי ובעוזריו, ולהציב שם וזכר להם, לקהילות, לארגונים ולמוסדות שנחרבו בגלל השתייכותם לעם היהודי.
(ספר החוקים מס' 132 י"ז אלול תשי"ג 28.8.1953)

The Martyrs' and Heroes' Remembrance (Yad-Vashem) Law, 5713-1953
determines in Art. No. 2 that
The task of Yad Va-Shem is to gather in to the homeland material regarding all those members of the Jewish people who laid down their lives, who fought and rebelled against the Nazi enemy and his collaborators, and to perpetuate their memory and that of the communities, organisations and institutions which were destroyed because they were Jewish.

Note: Children must be registered on the form of one of the parents only.
הערה: את הילדים יש לרשום ב"דף־העד" של אחד ההורים אך לא יותר מפעם אחת.

I, the undersigned / אני: Harry L. Radzyner
Resident at (full address) / הגר ב (כתובת מלאה): 99-31 64th Ave Forest Hills, N.Y. U.S.A
Relative / Aquaintance of / קרוב/ה מכר/ה של: Son
Hereby declare that the details of my testimony are true and correct to the best of my knowledge and belief.
מצהיר/ה בזה כי העדות שמסרתי כאן על פרטיה היא נכונה ואמיתית, לפי מיטב ידיעתי והכרתי.

Signature / חתימה: Harry L. Radzyner
Place and date / מקום ותאריך: New York Aug. 10, 1956

Signature of Office Clerk ______ חתימת הפקיד

Rachela Radzyner – FloNo.: 59834

2195716

רשות-הזיכרון לשואה ולגבורה, ירושלים

דף-עד

לרשום חללי השואה והגבורה

יד ושם

ירושלים, הר הזיכרון
ת. ד. 3477

1. שם המשפחה — באותיות עבריות: רדזינר — באותיות לטיניות: RADZYNER	תמונת הנספה: 1) רצוי תמונת פספורט / דרכון 2) נא לא להדביק את התמונה אלא לרשום את שם הנספה בצידה השני.
2. שם פרטי: רחלה Rachela	
2א. שם משפחה לפני הנישואים: Alberstein	
3. תאריך לידה או גיל משוער: 1891	
4. מקום לידה (עיר ארץ) גם באותיות לטיניות: RADOM - POLAND	
5. שם אם הנספה: Rivka רבקה — 6. שם אב הנספה: Gecel גצל	חוק זכרון השואה והגבורה — יד ושם תשי"ג 1953 קובע בסעיף מס' 2: תפקידו של יד-ושם הוא לאסוף אל המולדת את זכרם של כל אלה מבני העם היהודי, שנפלו ומסרו את נפשם, נלחמו ומרדו באויב הנאצי ובעוזריו, ולהציב שם וזכר להם, לקהילות, לארגונים ולמוסדות שנחרבו בגלל השתייכותם לעם היהודי. (ספר החוקים מס' 132, י"ז אלול תשי"ג 28.8.53)
7. שם אשת או בעל הנספה: David Ber דוד בר — 8. מקצוע:	
9. מקום המגורים הקבוע (גם באותיות לטיניות): Łodz, Kilinskiego 49	
10. מקומות המגורים במלחמה (גם באותיות לטיניות): Getto, Lodz	
11. נסיבות המוות (זמן, מקום, וכו') (המקום גם באותיות לטיניות): 8.II.1945 Dresden - Arbeitslager	

אני, הח"מ Rebecca Renie Winer קירבה משפחתית או אחרת בת daughter
הגר בכתובת Ramat-Gan, Lean 9, 52-492

מצהיר/ה בזה כי העדות שמסרתי כאן על פרטיה היא נכונה ואמיתית, לפי מיטב ידיעתי והכרתי.

מקום ותאריך הרישום רמת-גן 28.I.91 חתימה Winer Rebecca Renie

"...ונתתי להם בביתי ובחומותי יד ושם...אשר לא יכרת" ישעיהו נ"ו, ה'

בסעיפים 1 עד 12 יש לרשום את פרטי הנספה בלבד.

2020419

• נא לרשום את שמו של כל נספה על דף נפרד

Chaim Radzyner – FloNo.: 38497

2195704

יד ושם

ירושלים, הר הזיכרון
ת.ד. 3477

רשות־הזיכרון לשואה ולגבורה, ירושלים

דף-עד

לרשום חללי השואה והגבורה

1. שם המשפחה — באותיות עבריות: רדזינר — באותיות לטיניות: RADZYNER	תמונת הנספה: 1) רצוי תמונת פספורט / דרכון 2) נא לא להדביק את התמונה אלא לרשום את שם הנספה בצידה השני.
2. שם פרטי: חיים	
2א. שם משפחה לפני הנישואים:	
3. תאריך לידה או גיל משוער: 1908	
4. מקום לידה (עיר ארץ): רדום, פולניה — גם באותיות לטיניות: RADOM, POLAND	חוק זכרון השואה והגבורה — יד ושם תשי״ג 1953 קובע בסעיף מס׳ 2: תפקידו של יד־ושם הוא לאסוף אל המולדת את זכרם של כל אלה מבני העם היהודי, שנפלו ומסרו את נפשם, נלחמו ומרדו באויב הנאצי ובעוזריו, ולהציב שם וזכר להם, לקהילות, לארגונים ולמוסדות שנחרבו בגלל השתייכותם לעם היהודי. (ספר החוקים מס׳ 132, י״ז אלול תשי״ג 28.8.53)
5. שם אם הנספה: רחל Rachel — 6. שם אב הנספה: דוד בער David-Ber	
7. שם אשת או בעל הנספה: — 8. מקצוע:	
9. מקום המגורים הקבוע (גם באותיות לטיניות): Łódź, Kilinskiego 49	
10. מקומות המגורים במלחמה (גם באותיות לטיניות): Getto, Lodz	
11. נסיבות המוות (זמן, מקום, וכו׳) (המקום גם באותיות לטיניות): April 1945 im Marsch von Dresden nach Theresienstadt	

אני, הח״מ Rebecca Renée Winer קירבה משפחתית או אחרת אחות ~~brother~~ sister

הגר בכתובת Ramat-Gan, Leah 9, 52-492

מצהיר/ה בזה כי העדות שמסרתי כאן על פרטיה היא נכונה ואמיתית, לפי מיטב ידיעתי והכרתי.

מקום ותאריך הרישום רמת-גן 28.I.91 חתימה Winer Rebecca Renée

בסעיפים 1 עד 12 יש לרשום את פרטי הנספה בלבד.

״...ונתתי להם בביתי ובחומותי יד ושם...אשר לא יכרת״ ישעיהו נ״ו, ה׳

202620

• נא לרשום את שמו של כל נספה על דף נפרד

Jakob Reder – FloNo.: 38501

5?9.957

רשות־זכרון לשואה ולגבורה, ירושלים

דף־עד

לרשום חללי השואה והגבורה

יד ושם

ירושלים, רחוב בן־יהודה 12

אנא, מלא(י) עד כמה שידוע לך!

1. שם המשפחה — בעברית / בשפת ארץ המוצא (באותיות לטיניות)	רדר / Reder
2. שם פרטי — בעברית / בשפת ארץ המוצא (באותיות לטיניות)	יעקב / Jakob
3. שם האב	חיים
4. שם האם	שבע
5. תאריך הלידה	1905
6. מקום וארץ הלידה (גם באותיות לטיניות)	לודז' Lódź Polska
7. מקום המגורים הקבוע (גם באותיות לטיניות)	" "
8. המקצוע	אורג מסחר
9. הנתינות לפני הכבוש הנאצי	פולנית
10. מקומות המגורים במלחמה (גם באותיות לטיניות)	לודז' Lódź
11. מקום המות, הזמן והנסיבות (המקום גם באותיות לטיניות)	" "
12. מצב משפחתי	רווק / נשוי / מספר הילדים
13. שם האשה ושם משפחתה לפני הנישואין	גילה
שם הבעל	גילו

14. שמות הילדים עד גיל 18 שנספו (מעל לגיל זה רושמים „דף־עד" מיוחד)	הגיל	המקום והזמן שנספו

הערה! את הילדים יש לרשום ב„דף־עד" של אחד ההורים אך לא יותר מפעם אחת.

אני ארליך שרה גר ב (כתובת מלאה) תל אביב הרצל 67

קרוב/ה מכר/ה בת דודה של יעקב

מצהיר/ה בזה כי העדות שמסרתי כאן על פרטיה היא נכונה ואמיתית, לפי מיטב ידיעתי והכרתי.

אני מבקש/ת להעניק לנ״ל אזרחות־זכרון מטעם מדינת ישראל.

מקום ותאריך ת"א 24/VI 57 חתימה ארליך

חתימת הפוקד

חוק זכרון השואה והגבורה —

יד ושם

תשי״ג 1953

קובע בסעיף מס׳ 2

תפקידו של „יד־ושם" הוא לאסוף אל המולדת את זכרם של כל אלה מבני העם היהודי, שנפלו ומסרו את נפשם, נלחמו ומרדו באויב הנאצי ובעוזריו, ולהציב שם וזכר להם, לקהילות, לארגונים ולמוסדות שנחרבו בגלל השתייכותם לעם היהודי, ולמטרה זו יהא מוסמך —

...(4)להעניק לבני העם היהודי שהושמדו ונפלו בימי השואה והמרי אזרחות־זכרון של מדינת ישראל לאות היאספם אל עמם.

(ספר החוקים מס׳ 132 י״ד אלול תשי״ג 25.8.53)

אזרחות־זכרון הוענקה

מספר Nr

לידיעת „האגף המדעי" בירושלים, רחוב בן־יהודה 12

הייתי בזמן המלחמה במחנה (הסגר, עבודה, השמדה וכו׳) ______ בגיטו ______

במחתרת ______ ביערות ______ וכו׳ ______ ואני מוכן למסור עדות על כך.

חתימת העד ______ כתובתו ______

Faiwel Reingold – FloNo.: 38503

73 — 808247

רשות־זכרון לשואה ולגבורה, ירושלים

יד ושם

ירושלים, רחוב בן־יהודה 12

דף־עד

לרשום חללי השואה והגבורה

1. שם המשפחה (בעברית / בשפת ארץ המוצא באותיות לטיניות)	ריינגולד	Reingold
2. שם פרטי (בעברית / בשפת ארץ המוצא באותיות לטיניות)	פייביש	Faibus
3. שם האב	הערשל־וואלף	
4. שם האם	פערל	
5. תאריך הלידה	1904	
6. מקום וארץ הלידה	לאדזש־פולין	Lodz
7. מקום המגורים הקבוע	לאדזש	Lodz
8. המקצוע	סוחר	
9. הנתינות לפני הכיבוש הנאצי	פולין	
10. מקומות המגורים במלחמה	לאדזש	Lodz
11. מקום המות, הזמן והנסיבות	פירנו 1945	Pirna
12. מצב משפחתי	רווק / נשוי / מספר הילדים	
13. שם האשה ושם משפחתה לפני הנישואין / שם הבעל	גילה / גילו	

14. שמות הילדים עד גיל 18 שנספו — הגיל — המקום והזמן שנספו

הערה: את הילדים יש לרשום ב"דף־העד" של צחד ההורים עד לא יותר מפעם אחת.

תמונה

חוק זכרון השואה והגבורה — יד ושם תשי"ג 1953 קובע בסעיף מס' 2

אני אלפבסקה שרה הגר ב (כתובת מלאה) כפר־סבא חלקה 26 ב

קרוב/ת משפחה / המנוח של הנ"ל

מצהיר/ה בזה כי העדות שמסרתי כאן על פרטיה היא נכונה ואמיתית, לפי מיטב ידיעתי והכרתי.

אני מבקש/ת להעניק לנ"ל אזרחות־זכרון מטעם מדינת ישראל.

מקום ותאריך כפר־סבא 3-7-57 החתימה S. Klecowska

אזרחות־זכרון הוענקה

לידיעת האגף הפרטי ביד־ושם

הייתי בזמן המלחמה במחנה (הסגר, עבודה, השמדה וכו') לאדזש בגיטו

ואני מוכן למסור עדות על כך.

חתימת העד S. Klecowska כתובתו

Motel Rosenblum – FloNo.: 38508

2197651

יד ושם
ירושלים, הר הזיכרון
ת. ד. 3477

רשות־הזיכרון לשואה ולגבורה, ירושלים

דף-עד

לרשום חללי השואה והגבורה

תמונת הנספה:
1) רצוי תמונת פספורט / דרכון
2) נא לא להדביק את התמונה אלא לרשום את שם הנספה בצידה השני.

1. שם המשפחה — באותיות עבריות: רוזנבלום — באותיות לטיניות: Rozenblum

2. שם פרטי: מוטל (מורדכי) — Motel

2א. שם משפחה לפני הנישואים:

3. תאריך לידה או גיל משוער: בערך 1898

4. מקום לידה (עיר ארץ): לודז׳, פולין — גם באותיות לטיניות: Łódź, Poland

5. שם אם הנספה: חיה-נחמה

6. שם אב הנספה: וולף — Wolf

7. שם אשת או בעל הנספה: לא ידוע

8. מקצוע: סוחר

9. מקום המגורים הקבוע (גם באותיות לטיניות): כנראה לודז׳, פולין — Poland probably Łódź

10. מקומות המגורים במלחמה (גם באותיות לטיניות): לא ידועות

11. נסיבות המוות (זמן, מקום, וכו׳) (המקום גם באותיות לטיניות): לא ידועות

חוק זכרון השואה והגבורה — יד ושם תשי״ג 1953 קובע בסעיף מס׳ 2:
תפקידו של יד־ושם הוא לאסוף אל המולדת את זכרם של כל אלה מבני העם היהודי, שנפלו ומסרו את נפשם, נלחמו ומרדו באויב הנאצי ובעוזריו, ולהציב שם וזכר להם, לקהילות, לארגונים ולמוסדות שנחרבו בגלל השתייכותם לעם היהודי.
(ספר החוקים מס׳ 132, י״ז אלול תשי״ג 28.8.53)

אני, הח״מ אלפרשטין גולדה קירבה משפחתית או אחרת אחות של אבי
הגר בכתובת רח׳ ה. סילבר 15/59, חיפה 32696

מצהיר/ה בזה כי העדות שמסרתי כאן על פרטיה היא נכונה ואמיתית, לפי מיטב ידיעתי והכרתי.

מקום ותאריך הרישום 07.11.90 — חתימה

״...ונתתי להם בביתי ובחומותי יד ושם...אשר לא יכרת״ ישעיהו נו, ה

בסעיפים 1 עד 12 יש לרשום את פרטי הנספה בלבד.

126977

• נא לרשום את שמו של כל נספה על דף נפרד

Harry Rosenzweig – FloNo.: 38509

יד ושם

ירושלים, רחוב בן־יהודה 12

רשות־זכרון לשואה ולגבורה, ירושלים

דף־עד

לרשום חללי השואה והגבורה

אנא, מלא(י) עד כמה שידוע לך!

מס' האישור Nr. ______

1. שם המשפחה — בעברית: רוזנצוויג; בשפת ארץ המוצא (באותיות לטיניות): ROSENZWEIG
2. שם פרטי — בעברית: הרי אפרים; בשפת ארץ המוצא (באותיות לטיניות): HARRY, EFRAIM
3. שם האב: ריכרד
4. שם האם: אורמה
5. תאריך הלידה: 19.I.1909
6. מקום וארץ הלידה (גם באותיות לטיניות): BERLIN, GERMANY, ברלין, גרמניה
7. מקום המגורים הקבוע (גם באותיות לטיניות): " " " "
8. המקצוע: סוחר
9. הנתינות לפני הכבוש הנאצי: גרמנית
10. מקומות המגורים במלחמה (גם באותיות לטיניות): PRAHA, C.S.R. פראג, צ'כוסלובקיה
11. מקום המוות, הזמן והנסיבות (המקום גם באותיות לטיניות): THERESIENSTADT 1945 טרזין
12. מצב משפחתי: נשוי / מספר הילדים
13. שם האשה ושם משפחתה לפני הנישואין: אלה לבית רולנדר — גילה ______
    שם הבעל — גילו: 38
14. שמות הילדים עד גיל 18 שנספו (מעל לגיל זה רושמים "דף־עד" מיוחד)

שמות הילדים	הגיל	המקום והזמן שנספו

הערה: את הילדים יש לרשום ב"דף־העד" של אחד ההורים אך לא יותר מפעם אחת.

אני ברקוביץ יהודה הגר ב (כתובת מלאה) רח' ויצמן 122 כפר־סבא

קרוב/ה מכר/ה אלמנתו של רוזנצוויג הרי

מצהיר/ה בזה כי העדות שמסרתי כאן על פרטיה היא נכונה ואמיתית, לפי מיטב ידיעתי והכרתי.

אני מבקש/ת להעניק לנ"ל אזרחות־זכרון מטעם מדינת ישראל.

מקום ותאריך: כפר סבא, 23.XII.57 — חתימה: ברקוביץ יהודה

חתימת הפוקד ______

חוק זכרון השואה והגבורה — יד ושם
תשי"ג 1953
קובע בסעיף מס' 2

תפקידו של יד־ושם הוא לאסוף אל המולדת את זכרם של כל אלה מבני העם היהודי, שנפלו ומסרו את נפשם, נלחמו ומרדו באויב הנאצי ובעוזריו, ולהציב שם וזכר להם, לקהילות, לארגונים ולמוסדות שנחרבו בגלל השתייכותם לעם היהודי, ולמסרה זו יהא מוסמך — ...(4) להעניק לבני העם היהודי שהושמדו ונפלו בימי השואה והמרי אזרחות־זכרון של מדינת ישראל לאות היאספם אל עמם.

(ספר החוקים מס' 132 י"ד אלול תשי"ג 26.8.53)

אזרחות־זכרון הוענקה
מספר Nr. ______

לידיעת "האגף המרעי" בירושלים. רחוב בן־יהודה 12

הייתי בזמן המלחמה במחנה (הסגר, עבודה, השמדה וכו') [illegible] בגיטו לודז'

במחתרת ______ ביערות ______ וכו' ______ ואני מוכן למסור עדות על כך.

חתימת העד ברקוביץ יהודה כתובתו רח' ויצמן 122, כפר־סבא

Hersch Rosenzweig – FloNo.: 38510

774917

רשות הזכרון לשואה ולגבורה ירושלים

דף־עד

לרשום חללי השואה והגבורה

יד ושם — ירושלים, רחוב בן־יהודה 12 — 277 I

מס. האשור № 31044 / 1

תמונה

1. שם המשפחה	בעברית	רוזנצוויג
בשפת ארץ המוצא (באותיות לטיניות)		ROZENCWAJG
2. שם פרטי	בעברית	צבי אריה
בשפת ארץ המוצא (באותיות לטיניות)		HERSZ LAJB
3. שם האב		שלמה
4. שם האם		
5. תאריך הלידה		1884
6. מקום וארץ הלידה (גם באותיות לטיניות)		ראדום פולין Radom, Polska
7. מקום המגורים הקבוע (גם באותיות לטיניות)		לודז' Łódź
8. המקצוע		מסגר
9. הנתינות לפני הכבוש הנאצי		פולנית
10. מקומות המגורים במלחמה (גם באותיות לטיניות)		לודז' Łódź
11. מקום המות, הזמן והנסיבות (המקום גם באותיות לטיניות)		דרזדן גרמניה DRESDEN, Germanya
12. מצב משפחתי		רווק/נשוי/מספר הילדים 6
13. שם האשה ושם משפחתה לפני הנישואין		לאה ווינש Lea Wünsch — גילה 55
שם הבעל		רוזנצוויג צבי אריה — גילו 58

14. שמות הילדים עד גיל 18 שנספו (מעל לגיל זה רושמים "דף־עד" מיוחד)	הגיל	המקום והזמן שנספו
~~[illegible]~~	~~18~~	

הערה: את הילדים יש לרשום ב"דף־העד" של אחד ההורים אך לא יותר מפעם אחת.

אני שמואל מנחם רוזנצוויג הגר ב (כתובת מלאה) קרית־חיים [illegible] 4

קרוב/ה משפחה בן של רוזנצוויג צבי אריה

מצהיר/ה בזה כי העדות שמסרתי כאן על פרטיה היא נכונה ואמיתית. לפי מיטב ידיעתי והכרתי

אני מבקש/ת להעניק לנ"ל אזרחות־זכרון מטעם מדינת ישראל.

מקום ותאריך קרית־חיים 19-XII-56 חתימה [signature]

חתימת המוקד [signature]

חוק זכרון השואה והגבורה — יד ושם תשי"ג 1953

קובע בסעיף מס' 2

תפקידו של יד־ושם הוא לאסוף אל המולדת את זכרם של כל אלה מבני העם היהודי, שנפלו ומסרו את נפשם, נלחמו ומרדו באויב הנאצי ובעוזריו, ולהציב שם וזכר להם, לקהילות, לארגונים ולמוסדות שנחרבו בגלל השתייכותם לעם היהודי, ולמטרה זו יהא מוסמך —

...(4) להעניק לבני העם היהודי שהושמדו ונפלו בימי השואה והמרי אזרחות־זכרון של מדינת ישראל לאות היאספם אל עמם.

(ספר החוקים מס' 132 י"ז אלול תשי"ג 28.8.53)

אזרחות־זכרון הוענקה

מספר №

לידיעת "האגף המדעי" בירושלים. רחוב בן־יהודה 12

הייתי בזמן המלחמה במחנה (הסגר, עבודה, השמדה וכו') Biała Podlaska, [illegible], Pilice, DRESDEN בגיטו לודז'

במחתרת ______ ביערות ______ וכו' ______ ואני מוכן למסור עדות על כך.

חתימת העד [signature] כתבתו קרית־חיים [illegible] 4

Schmuel Skura – FloNo.: 38525

7432411

רשות־זכרון לשואה ולגבורה, ירושלים

דף־עד

לרשום חללי השואה והגבורה

יד ושם

ירושלים, רחוב בן־יהודה 12

מס' הרשום 26/13/11

אנא, מלא(י) עד כמה שידוע לך!

1. שם המשפחה (בעברית) / בשפת ארץ המוצא (באותיות לטיניות)	סקורה / Skura
2. שם פרטי (בעברית) / בשפת ארץ המוצא (באותיות לטיניות)	שמואל / Schmuel
3. שם האב	משה
4. שם האם	צירה
5. תאריך הלידה	1908
6. מקום וארץ הלידה (גם באותיות לטיניות)	לודז פולין Lodz
7. מקום המגורים הקבוע (גם באותיות לטיניות)	לודז Lodz Polin
8. המקצוע	
9. הנתינות לפני הכבוש הנאצי	פולניה
10. מקומות המגורים במלחמה (גם באותיות לטיניות)	לודז פולין Lodz
11. מקום המות, הזמן והנסיבות (המקום גם באותיות לטיניות)	במחנה Lodz
12. מצב משפחתי	רווק / נשוי / מספר הילדים 5
13. שם האשה ושם משפחתה לפני הנישואין / שם הבעל	גילה 44

14. שמות הילדים עד גיל 18 שנספו (מעל לגיל זה רושמים ב"דף־עד" מיוחד)	הגיל	המקום והזמן שנספו

הערה: את הילדים יש לרשום ב"דף־עד" של אחד ההורים אך לא יותר מפעם אחת.

תמונה

חוק זכרון השואה והגבורה — יד ושם התשי"ג 1953 קובע בסעיף מס' 2

תפקידו של יד־ושם הוא לאסוף אל המולדת את זכרם של כל אלה מבני העם היהודי, שנפלו ומסרו את נפשם, נלחמו ומרדו באויב הנאצי ובעוזריו, ולהציב שם וזכר להם, לקהילות, לארגונים ולמוסדות שנחרבו בגלל השתייכותם לעם היהודי, ולמסרה זו יהא מוסמך — (4)... להעניק לבני העם היהודי שהושמדו ונפלו בימי השואה והמרי אזרחות־זכרון של מדינת ישראל לאות היאספם אל עמם.

(ספר החוקים מס' 132 י"ד אלול תשי"ג 28.8.53)

אני סקורה ושבעיה הגר ב (כתובת מלאה) [illegible]

קרוב/ה משפח/ה 3/3 [illegible] של [illegible]

מצהיר/ה בזה כי העדות שמסרתי כאן על פרטיה היא נכונה ואמיתית, לפי מיטב ידיעתי והכרתי.

אני מבקש/ת להעניק לנ"ל אזרחות־זכרון מטעם מדינת ישראל.

מקום והתאריך 6/III 1957 חתימה [illegible]

חתימת החוקר [illegible]

אזרחות־זכרון הוענקה

מספר

לידיעת "האגף המרעי" בירושלים, רחוב בן־יהודה 12

הייתי בזמן המלחמה במחנה (הסגר, עבודה, השמדה וכו') ________ בגיטו ________

במחתרת ________ ביערות ________ וכו' ________ ואני מוכן למסור עדות על כך.

חתימת העד ________ כתובתו ________

Estera Lola Tabakschmeker – FloNo.: 59901

YAD VASHEM
Martyrs' and Heroes' Remembrance Authority
P.O.B. 3477 Jerusalem, Israel

דף-עד
עדות-בלאט
A Page of Testimony

יד ושם
אינסטיטוט צום אנדענק
פון אומקום און גבורה

THE MARTYRS' AND HEROES' REMEMBRANCE LAW, 5713–1953 determines in article No. 2 that –
The task of YAD VASHEM is to gather into the homeland material regarding all those members of the Jewish people who laid down their lives, who fought and rebelled against the Nazi enemy and his collaborators, and to perpetuate their NAMES and those of the communities, organisations, and institutions which were destroyed because they were Jewish.

דאס געזעץ אנדענק פון אומקום און גבורה - יד-ושם, תשי״ג 1953
שטעלט פעסט אין פאראגראף נומ׳ 2 :
די אויפגאבע פון יד-ושם איז איינזאמלען אין היימלאנד דעם אנדענק פון אלע יידן, וואס זענען געפאלן, האבן זיך מוסר נפש געווען, געקעמפט און זיך אנטקעגנגעשטעלט דעם נאצישן שונא און זיינע ארויסהעלפער, און זיי אלעמען, די קהילות, די ארגאניזאציעס און אינסטיטוציעס, וועלכע זענען חרוב געווארן צוליב זייער אנגעהעריקייט צום יידישן פאלק — שטעלן א דענקמאל.
(געזעץ-בוך נומ׳ 231, י״ז אלול תשי״ג, 82.8.3591)

דאטען וועגן אומגעקומענעם: יעדן נאמען אויף א באזונדער בלאט, מיט קלארער שריפט
DETAILS OF VICTIM: INSCRIBE EACH VICTIM ON A SEPARATE PAGE, IN BLOCK LETTERS

בילד פון דעם אומגעקומענעם שרייבט אן דעם נאמען אויף דער ריקזייט פון דעם בילד
Victim's photo write victim's name on back side please
have no pictures

Family name: *Tabakszmeker*	1. פאמיליע-נאמען:
First name: *Lola*	2. פארנאמען:
Previous name: (nee for woman)	3. פאמיליע-נאמען פאר דער חתונה (פאר א פרוי):
6. פאמיליע-שטאנד / Fam. status — 5. מין / Sex: *F*	4. געבורטס-דאטע (ווי אלט) / Birth date or appr. age: *7-1923*
Birth place and country: *Lodz, Poland*	7. ארט פון געבורט (שטאט, לאנד):
Victim's mother - First name: *Rynka* - Maiden name/nee: *Solarz*	8. מוטער פון דעם אומגעקומענעם - פארנאמען: - מיידלשע-פאמיליע:
Victim's father - First name: *Samul*	9. פאטער פון דעם אומגעקומענעם - פארנאמען:
Victim's spouse - First name: *Lola* - Maiden name/nee:	10. מאן/פרוי פון דעם אומגעקומענעם - פארנאמען: - מיידלשע-פאמיליע:
Permanent residence place and country: *Lodz, Poland*	11. סטאבילער וואוינארט (שטאט, לאנד):
Wartime residence place and country: *same*	12. וואוינערטער בעת דער מלחמה (שטאט, לאנד):
Date/year of death: *April, 1945* — 14. צייט פון טויט:	Victim's profession: — 13. בערוף אדער פאך:
Death place: Circumstances of death: *On a march, somewhere in Germ.*	15. ארט און אומשטענדן פון טויט:

73708

Reported by: / געשריבן פון:
I, the undersigned *Jenny Zavatsky* / איך, דער אונטערגעשריבענער
Residing at (address) *2803 Monogram Ave. Long Beach, Ca. 90815* / וואס וואוינט (אדרעס)
Relationship to victim (family/other) *sister* / קרובעשאפט
דערקלער דערמיט, אז די עדות מיט אלע פרטים איז א ריכטיקע לויט מיין בעסטען וויסן
HEREBY DECLARE THAT THIS TESTIMONY IS CORRECT TO THE BEST OF MY KNOWLEDGE
Place and date *12/11/99* ארט און דאטע — Signature *Jenny Zavatsky* אונטערשריפט
During the war I was in: Camp/Ghetto/Resistance: *Ghetto* / ווערנד דער מלחמה בין איך געווען אין: לאגער/געטא/פארטיזאנער

"...ונתתי להם בביתי ובחומותי יד ושם...אשר לא יכרת". ישעיהו נו ה
"...even unto them will I give in mine house and within my walls a place and a name...that shall not be cut off." isaiah, lvi,5

Schmul Tabakschmeker – FloNo.: 38545

YAD VASHEM

יד ושם

The Holocaust Martyrs' and Heroes' Remembrance Authority

רשות הזיכרון לשואה ולגבורה

Hall of Names

היכל השמות

Page of Testimony דף עד

Page of Testimony for commemoration of the Jews who perished during the Holocaust; please fill in a separate form for each victim, in block letters.

The Martyrs' and Heroes' Remembrance Law 5713-1953 determines in section 2 that: "The task of Yad Vashem is to gather into the homeland material regarding all those members of the Jewish people who laid down their lives, who fought and rebelled against the Nazi enemy and his collaborators, and to perpetuate their names and those of the communities, organizations and institutions which were destroyed because they were Jewish."

Victim's photo
Please write victim's name on back.
Do not glue

Victim's family name: Szmul Tabakszmeker
Maiden name:
First name (also nickname): Szmulek
Previous/other family name:
Title: Father
Gender: (M) F
Date of birth: 1899
Approx. age at death: 41
Place of birth: Lodz, Poland
Region:
Country: Poland
Nationality: Jewish
Permanent residence:
Region:
Country:
Residence before deportation: Lodz
Region:
Country: Poland
Victim's father's family name: Tabakszmeker
First name: don't know
Victim's mother's name: Pesa Tabakszmeker
Maiden name: don't know
Victim's spouse: Rywka "
Maiden name: Solarz
Family status: married
No. of children: 3
Member of org./movement:
Place of work: Owned factory
Profession: metal craftsman
Places, events and activities during the war (prison / deportation / (ghetto) / (camp) / death march / hiding / escape / resistance / combat): Lodz, Ghetto, Aushwitz, Stutthof, Dresden
Date of death: Dec. 1944
Country: Germany
Region:
Place of death: Dresden
Circumstances of death:

I, the undersigned, hereby declare that this testimony is correct to the best of my knowledge.

73708

First name: Jenny ~~Zavatsky~~
Family name: Zavatsky
Previous/other family name: Tabakszmeker
Street: 2803 Monogram Ave.
House no.:
City: Long Beach, Ca
State/zip code: Ca. 90815
Country: U.S.A
Tel.: 562-4296980
(I am) / am not a survivor:
Relationship to the victim (family/other): Father

During the war I was in a (camp) / (ghetto) / forest / the resistance / in hiding / had false papers (circle relevant options)

Date: 7/22/99
Place: Long Beach, Ca. 90815
Signature: Jenny Zavatsky

Submit completed form to one of the following locations:

AMERICAN GATHERING OF JEWISH HOLOCAUST SURVIVORS
122 West 30th Street, Suite 205
New York, N.Y. 10001

or

HALL OF NAMES
Yad Vashem
P.O. Box 98102

302313

רשות־זכרון לשואה ולגבורה, ירושלים

יד ושם

ירושלים, רחוב בן־יהודה 12

דף־עד

לרשום חללי השואה והגבורה

אנא, מלא(י) עד כמה שידוע לך!

מס' האישור 2004/13

1. שם המשפחה — בעברית	טפלביץ
בשפת ארץ המוצא (באותיות לטיניות)	Taflowicz
2. שם פרטי — בעברית	מרים
בשפת ארץ המוצא (באותיות לטיניות)	Mirka
3. שם האב	ברוך
4. שם האם	שרה
5. תאריך הלידה	1920
6. מקום וארץ הלידה (גם באותיות לטיניות)	לודז' - פולין Lódź-Polska
7. מקום המגורים הקבוע (גם באותיות לטיניות)	לודז' Lódź
8. המקצוע	
9. הנתינות לפני הכבוש הנאצי	פולין
10. מקומות המגורים במלחמה (גם באותיות לטיניות)	לודז' - גטו Lódź-Getto
11. מקום המות, הזמן והנסיבות (המקום גם באותיות לטיניות)	השמדה באושויץ Auschwitz-1944
12. מצב משפחתי	רוק / נשוי / מספר הילדים........
13. שם האשה ושם משפחתה לפני הנישואין	גילה
שם הבעל	גילו

14. שמות הילדים עד גיל 18 שנספו (מעל לגיל זה רושמים "דף־עד" מיוחד)	הגיל	המקום והזמן שנספו

הערה! את הילדים יש לרשום ב"דף־העד" של אחד ההורים אך לא יותר מפעם אחת.

התמונה

חוק זכרון השואה והגבורה — יד ושם תשי"ג 1953

קובע בסעיף מס' 2

תפקידו של יד־ושם הוא להסוף אל המולדת את זכרם של כל אלה מבני העם היהודי, שנפלו ומסרו את נפשם, נלחמו ומרדו באויב הנאצי ובעוזריו, ולהציב שם וזכר להם, לקהילות, לארגונים ולמוסדות שנח־רבו בגלל השתייכותם לעם היהודי, ולמטרה זו יהא מוסמך — ...(4)להעניק לבני העם היהודי שהושמדו ונפלו בימי השואה והמרי אזרחות־זכרון של מדינת ישראל לאות היאספם אל עמם.

(ספר החוקים מס' 132 י"ז אלול תשי"ג 28.8.53)

אני ביוזר לאה הגר ב (כתובת מלאה) רמת־יצחק שכון פרחי רסיבים 12

קרוב/ה מכר/ה בת דודה של טפלביץ מרים

מצהיר/ה בזה כי העדות שמסרתי כאן על פרטיה היא נכונה ואמיתית, לפי מיטב ידיעתי והכרתי.

אני מבקש/ת להעניק לנ"ל אזרחות־זכרון מטעם מדינת ישראל.

מקום ותאריך רמת־יצחק 24/III/56 חתימה ביוזר לאה

חתימת הפוקד [illegible]

אזרחות־זכרון הוענקה

הספר מס'

לידיעת "האגף המדעי" בירושלים, רחוב בן־יהודה 12

הייתי בזמן המלחמה במחנות (הסגר, עבודה, השמדה וכו') ______________ בגיטו ______________

במחתרת ______________ ביערות ______________ וכו' ______________ ואני מוכן למסור עדות על כך.

חתימת העד ______________ כתובתו ______________

Beniamin Werebejczyk – FloNo.: 38557

רשות־הזיכרון לשואה ולגבורה, ירושלים

דף-עד

לדרשום חללי השואה והגבורה

יד ושם

ירושלים, הר הזיכרון

ת. ד. 3477

1. שם המשפחה * (באותיות עבריות) ורביצ'יק
(באותיות לטיניות) Werebejczyk

2. שם פרטי (שם משפחה לפני הנישואין) (באותיות עבריות) בנימין
(באותיות לטיניות) Beniamin

3. תאריך הלידה: ינואר 1900

4. מקום וארץ הלידה (גם באותיות לטיניות): לודז' - פולין
Łódź – Polska

5. שם האב: חנן

6. שם האם: מינה

7. שם בן או בת הזוג (אם בת זוג נא להוסיף שם משפחתה לפני הנישואין): צפורה לבית לסמן
Lasman

8. מקום המגורים הקבוע (גם באותיות לטיניות): לודז'
Łódź ul. Południowa 58

9. מקומות המגורים במלחמה (גם באותיות לטיניות): גטו לודז', מחנות ריכוז אושוויץ
Geto Łódź – Zaciszy 9 [illegible]
Obozy: Oświęcim, Stutthof, Drezden

10. נסיבות המוות (זמן, מקום, וכו') (המקום גם באותיות לטיניות): דרזדן - גרמניה 12-2-45
מחלה - [illegible] Dresden

תפקידו של יד־ושם הוא לאסוף אל המולדת את זכרם של כל אלה מבני העם היהודי, שנפלו ומסרו את נפשם, נלחמו ומרדו באויב הנאצי ובעוזריו, ולהציב שם וזכר להם, לקהילות, לארגונים ולמוסדות שנחרבו בגלל השתייכותם לעם היהודי.

(ספר החוקים מס' 132, י"ז אלול תשי"ג 28.8.53)

אני, הח"מ חנן ורביצ'יק הגר ב (כתובת מלאה) חולון רח' ברקת 32

קירבה (משפחתית או אחרת) בן

מצהיר/ה בזה כי העדות שמסרתי כאן על פרטיה היא נכונה ואמיתית, לפי מיטב ידיעתי והכרתי.

מקום ותאריך חולון 25.7.82 חתימה [illegible]

"...ונתתי להם בביתי ובחומותי יד ושם... אשר לא יכרת" ישעיהו נ"ו ה

* נא לרשום את שמו של כל נספה על דף נפרד

Zviya Werebejczyk – FloNo.: 59914

יד ושם
ירושלים, הר הזיכרון
ת. ד. 3477

רשות־הזיכרון לשואה ולגבורה, ירושלים

דף-עד

לרשום חללי השואה והגבורה

יד ושם
תשי"ג 1953
קובע בסעיף מס׳ 2:

תפקידו של יד־ושם הוא לאסוף אל המולדת את זכרם של כל אלה מבני העם היהודי, שנפלו ומסרו את נפשם, נלחמו ומרדו באויב הנאצי ובעוזריו, ולהציב שם וזכר להם, לקהילות, לארגונים ולמוסדות שנחרבו בגלל השתייכותם לעם היהודי.

(ספר החוקים מס׳ 132,
י"ז אלול תשי"ג 28.8.53)

1. שם המשפחה * (באותיות עבריות) ורבייצ'יק
(באותיות לטיניות) Werebejczyk
2. שם פרטי (שם משפחה לפני הנישואין) (באותיות עבריות) צביה לבית לסמן
(באותיות לטיניות) Cwija Lasman
3. תאריך הלידה 1898
4. מקום וארץ הלידה (גם באותיות לטיניות) לודז' - פולין
Łódź - Polska
5. שם האב משה
6. שם האם תמר
7. שם בן או בת הזוג (אם בת זוג נא להוסיף שם משפחתה לפני הנישואין) בנימין ורבייצ'יק Werebejczyk
8. מקום המגורים הקבוע (גם באותיות לטיניות) לודז' - פולין
Łódź - Południowa 58
9. מקומות המגורים במלחמה (גם באותיות לטיניות) Getto Łódź - Zawiszy 9
Obozy: Oświęcim, Studthof, Dresden
10. נסיבות המוות (זמן, מקום, וכו׳) (המקום גם באותיות לטיניות) Dresden - 20.3.45
רצח והשמדה

אני, הח"מ חנן ורבייצ'יק הגר ב (כתובת מלאה) חולון רח. פרקת 32
קירבה (משפחתית או אחרת) בן

מצהיר/ה בזה כי העדות שמסרתי כאן על פרטיה היא נכונה ואמיתית, לפי מיטב ידיעתי והכרתי.

מקום ותאריך 25.7.82 חתימה [signature]

"...ונתתי להם בביתי ובחומותי יד ושם...אשר לא יכרת" ישעיהו נ"ו ה

* נא לרשום את שמו של כל נספה על דף נפרד

Zibora Wengrodzka – FloNo.: 59922

רשות־זכרון לשואה ולגבורה, ירושלים

יד ושם

ירושלים, רחוב בן־יהודה 12

דף־עד

לרשום חללי השואה והגבורה

אנא, מלא(י) עד כמה שידוע לך!

1. שם המשפחה — בעברית / בשפת ארץ המוצא (באותיות לטיניות)	Wengrodzka
2. שם פרטי — בעברית / בשפת ארץ המוצא (באותיות לטיניות)	
3. שם האב	
4. שם האם	
5. תאריך הלידה	1929
6. מקום וארץ הלידה (גם באותיות לטיניות)	Lodz
7. מקום המגורים הקבוע (גם באותיות לטיניות)	
8. המקצוע	
9. הנתינות לפני הכבוש הנאצי	
10. מקומות המגורים במלחמה (גם באותיות לטיניות)	
11. מקום המות, הזמן והנסיבות (המקום גם באותיות לטיניות)	1945
12. מצב משפחתי	רוק / נשוי / מספר הילדים ....
13. שם האשה ושם משפחתה לפני הנישואין	גילה ....
שם הבעל	גילו ....

14. שמות הילדים עד גיל 18 שנספו (מעל לגיל זה רושמים „דף־עד" מיוחד)	הגיל	המקום והזמן שנספו

הערה: את הילדים יש לרשום ב„דף־העד" של אחד ההורים, אך לא יותר מפעם אחת.

אני .... הגר ב (כתובת מלאה) ....

קרוב/ת מכר/ת .... של ....

מצהיר/ה בזה כי העדות שמסרתי כאן על פרטיה היא נכונה ואמיתית, לפי מיטב ידיעתי והכרתי.

אני מבקש/ת להעניק לנ״ל אזרחות־זכרון מטעם מדינת ישראל.

מקום ותאריך .... חתימה ....

חתימת הפוקד ....

חוק זכרון השואה והגבורה — יד ושם

תשי״ג 1953

קובע בסעיף מס׳ 2

תפקידו של יד־ושם הוא לאסוף אל המולדת את זכרם של כל אלה מבני העם היהודי, שנפלו ומסרו את נפשם, נלחמו ומרדו באויב הנאצי ובעוזריו, ולהציב שם וזכר להם, לקהילות, לארגונים ולמוסדות שנח־רבו בגלל השתייכותם לעם היה־ודי, ולמטרה זו יהא מוסמך — ...(4)להעניק לבני העם היהודי שהושמדו ונפלו בימי השואה והמרי אזרחות־זכרון של מדינת ישראל לאות היאספם אל עמם.

(ספר החוקים מס׳ 132 י״ד אלול תשי״ג 28.8.53)

מס׳ האישור .... №

אזרחות־זכרון הוענקה

מספר №

לידיעת „האגף המדעי" בירושלים, רחוב בן־יהודה 12

הייתי בזמן המלחמה במחנה (הסגר, עבודה, תשמרה וכו׳) .... בגיטו ....

במחתרת .... ביערות .... וכו׳ .... ואני מוכן למסור עדות על כך.

חתימת העד .... כתובתו ....

Artur Wolf – FloNo.: 38559

YAD VASHEM **DAF-ED** **דף־עד** **יד ושם**

Forschungs-und
Gedenkstätte
Jerusalem, Israel
P.O.B. 3477

ירושלים, הר הזיכרון
ת.ד. 3477

GEDENKBLATT

חוק זכרון השואה והגבורה —
תשי"ג 1953
קובע בסעיף מס׳ 2:
תפקידו של יד־ושם הוא לאסוף
אל המולדת את זכרם של כל
אלה מבני העם היהודי, שנפלו
ומסרו את נפשם, נלחמו ומרדו
באויב הנאצי ובעוזריו, ולהציב
שם וזכר להם, לקהילות,
לארגונים ולמוסדות שנחרבו בגלל
השתייכותם לעם היהודי.
(ספר החוקים מס׳ 132,
י"ז אלול תשי"ג 28.8.53)

DAS GESETZ ZUM ANDENKEN AN DIE MÄRTYRER UND HELDEN YAD VASHEM, 5713 — 1953 — ARTIKEL NR. 2 LEGT FEST:

Es ist die Aufgabe von Yad Vashem, dokumentarisches Material in Israel über all die Juden zu sammeln, die ihr Leben im Kampf und im Aufstand gegen die Nazis und deren Helfer hingaben, und das Andenken an die Opfer zu bewahren, wie auch das der Gemeinden und Institutionen, die wegen ihrer Angehörigkeit zum jüdischen Volk vernichtet wurden.

תמונה
Fotografie

Familienname * W O L F	1. שם המשפחה *
Vorname (bei Frauen auch Mädchenname) Arthur	2. השם הפרטי (שם לפני הנישואין)
Geburtsort (Stadt, Land) Essen-Deutschland — 4. מקום הלידה (עיר, ארץ)	Geburtsdatum 6.7.1904 — 3. תאריך הלידה
Name der Mutter Lina, geb. Baum — 6. שם האם	Name des Vaters Julius — 5. שם האב
Name des Ehegatten (bei Frauen auch Mädchenname) Rita Wolf, geb. Meyer	7. שם בן או בת הזוג (אם בת זוג נא להוסיף שם משפחה לפני הנישואין)
Wohnort vor dem Kriege Köln	8. מקום המגורים לפני המלחמה
Wohnorte während des Krieges Köln	9. מקומות המגורים במלחמה
Umstände des Todes (Ort, Datum, etc.) deportiert	10. נסיבות המוות (זמן, מקום, וכו׳)

Ich, der/die Unterzeichnete Frau Thea Levinsohn, geb. Wolf, — אני, הח"מ
wohnhaft in (volle Adresse) 7 Shderoth Ben-Maimon, Jerusalem — הגר/ה ב (כתובת מלאה)
Verwandtschaftsgrad/Freundschaft zum Verstorbenen ~~xxxxxxxxxxxxxxxxx~~ Vetter — קירבה (משפחתית או אחרת)

erkläre hiermit, dass ich diese Aussage wahrheitsgetreu und nach bestem Wissen erstattet habe.

מצהיר/ה בזה כי עדות זו נכונה לפי מיטב ידיעותי.

Unterschrift Thea Levinsohn geb. Wolf — חתימה

Ort, Datum Jerusalem, 23. September 1978 — מקום ותאריך

"...ונתתי להם בביתי ובחומותי יד ושם...אשר לא יכרת" ישעיהו נו ה
"...ihnen will ich in meinem Haus, in meinen Mauern Denkmal und Namen geben...der nicht soll getilgt werden." Jesaja 56/5

* נא לרשום את שמו של כל נספה על דף נפרד.
* *Bitte den Namen eines jeden Umgekommenen auf einem separaten Gedenkblatt aufzuschreiben.*

Josef Zelmanowicz FloNo.: 38566

372179

יד ושם

ירושלים, רחוב בן־יהודה 12

רשות־זכרון לשואה ולגבורה, ירושלים

דף־עד

לרשום חללי השואה והגבורה

מס׳ האישור № 015746

תמונה

אנא, מלא(י) עד כמה שידוע לך!

1. שם המשפחה — בעברית / בשפת ארץ המוצא (באותיות לטיניות)	זלמנוביץ
2. שם פרטי — בעברית / בשפת ארץ המוצא (באותיות לטיניות)	יוסף
3. שם האב	פרץ
4. שם האם	חנה
5. תאריך הלידה	1916
6. מקום וארץ הלידה (גם באותיות לטיניות)	פולין לדז
7. מקום המגורים הקבוע (גם באותיות לטיניות)	לדז
8. המקצוע	סנדלר
9. הנתינות לפני הכבוש הנאצי	פולנית
10. מקומות המגורים במלחמה (גם באותיות לטיניות)	לדז
11. מקום המות, הזמן והנסיבות (המקום גם באותיות לטיניות)	בגיטו לדז
12. מצב משפחתי	רוק / נשוי / מספר הילדים .....
13. שם האשה ושם משפחתה לפני הנישואין	גילה
שם הבעל	גילו

14. שמות הילדים עד גיל 18 שנספו (מעל לגיל זה רושמים „דף־עד" מיוחד)	הגיל	המקום והזמן שנספו

הערה! את הילדים יש לרשום ב„דף־העד" של אחד ההורים אך לא יותר מפעם אחת.

חוק זכרון השואה והגבורה — יד ושם תשי״ג 1953 קובע בסעיף מס׳ 2

תפקידו של יד־ושם הוא לאסוף אל המולדת את זכרם של כל אלה מבני העם היהודי, שנפלו ומסרו את נפשם, נלחמו ומרדו באויב הנאצי ובעוזריו, ולהציב שם וזכר להם, לקהילות, לארגונים ולמוסדות שנחרבו בגלל השתייכותם לעם היהודי, ולמטרה זו יהא מוסמך — ...(4)להעניק לבני העם היהודי שהושמדו ונפלו בימי השואה והמרי אזרחות־זכרון של מדינת ישראל לאות היאספם אל עמם.

(ספר החוקים מס׳ 132 י״ז אלול תשי״ג 28.8.53)

אני קולטון פוסל הגר ב (כתובת מלאה) חורה האבירים של

קרוב/ת מכר/ה חושה של .....

מצהיר/ה בזה כי העדות שמסרתי כאן על פרטיה היא נכונה ואמיתית, לפי מיטב ידיעתי והכרתי.

אני מבקש/ת להעניק לנ״ל אזרחות־זכרון מטעם מדינת ישראל.

מקום ותאריך רט 19/6 חתימה קולטון צ.ל.

חתימת הפוקד .....

אזרחות־זכרון הוענקה ..... מספר №

לידיעת „האגף המרעי" בירושלים. רחוב בן־יהודה 12

הייתי בזמן המלחמה במחנה (הסגר, עבודה, השמדה וכו׳) ..... בגיטו .....

במחתרת ..... ביערות ..... וכו׳ ..... ואני מוכן למסור עדות על כך.

חתימת העד ..... כתובתו .....

4.6 Literatur- und Archivalienverzeichnis

Aas, Norbert. Sinti und Roma im KZ Flossenbürg und in seinen Außenlagern Wolkenburg und Zwodau. Bumerang Verlag. Bayreuth. 2001

Adelson, Alan. Lapides, Robert. Web, Marek. Lodz ghetto: inside a community under siege. Viking. New York. 1989

Alberti, Michael. Die Verfolgung und Vernichtung der Juden im Reichsgau Wartheland 1939-1945. Harrassowitz Verlag. Wiesbaden. 2006

Alton, Ruth. Deportiert von den Nazis. Seattle 1961. Lorbeer Verlag. Bielefeld. 2016

Benz, Wolfgang und Barbara Distel (Hg.). Der Ort des Terrors. Band 4. Flossenbürg Mauthausen Ravensbrück. C.H.Beck München. 2006

Czech, Danuta. Kalendarium der Ereignisse im KZ Auschwitz-Birkenau 1939-1945. Rowohlt Verlag. Hamburg. 1989

Cziborra, Pascal. Frauen im KZ. Möglichkeiten und Grenzen der historischen Forschung am Beispiel des KZ Flossenbürg und seiner Außenlager. Lorbeer Verlag. Bielefeld. 2010

Cziborra, Pascal. KZ-Autobiografien. Geschichtsfälschungen zwischen Erinnerungsversagen, Selbstinszenierung und Holocaust-Propaganda. Lorbeer Verlag. Bielefeld. 2012

Cziborra, Pascal. KZ Flossenbürg. Gedenkbuch der Frauen. Lorbeer Verlag. Bielefeld. 2015

Cziborra, Pascal. KZ Mockethal-Zatzschke. Lorbeer Verlag. Bielefeld. 2013

Cziborra, Pascal. KZ Wilischthal. Unter Hitlerauges Aufsicht. Lorbeer Verlag. Bielefeld. 2015

Drywa, Danuta. The Extermination of Jews in Stutthof Concentration Camp 1939-1945. Wydawn. Gdanskie. Gdansk. 2004

Feuchert, Sascha. Leibfried, Erwin. Riecke, Jörg. Die Chronik des Gettos Lodz – Litzmannstadt 1941. Wallstein. Göttingen. 2007

Füßl, Bernhard. Seifert, Sylvia. Simon-Pelanda, Hans. (Hg.) Ihrer Stimme Gehör geben. Zwangsarbeit. Überlebendenberichte ehemaliger Häftlinge des KZ Flossenbürg. Pahl-Rugenstein. Bonn. 2001

Friang, Brigitte. Regarde-Toi Qui Meurs. une femme dans la guerre
Editions Robert Lafont. Paris 1970

Gutman, Israel (Hg.). Lexikon der Gerechten unter den Völkern:
Deutsche und Österreicher. Wallstein. Göttingen 2005

Greiver, Chana. „Dziewczynka z łódzkiego getta".

Haft, Alan Scott. Eines Tages werde ich alles erzählen:
Die Überlebensgeschichte des jüdischen Boxers Hertzko Haft.
Verlag Die Werkstatt. Göttingen. 2009

Halter, Roman. Romans Reise durch die Nacht. Bericht eines Überlebenden.
Edition Tiamat. Berlin. 2007
[Roman's Journey. An Extraordinary Odyssey of Holocaust Survival.
Portobello Books Ltd. 2007]

Karny, Miroslav. Terezinska Pametni Kniha. Zidovske Obeti Nacistickych Deportaci Z Cech A Moravy. 1941-1945.
Theresienstädter Initiative. Melantrich. 2005

Lindner, Erik. Die Reemtsmas. Geschichte einer deutschen Unternehmerfamilie. Hoffmann und Campe. Hamburg. 2007

Machtinger, Sophie. Memoirs from My Life's Experiences
Brooklyn. New York. 1989 [unveröffentlichtes Manuskript]

Machtinger, Sophie. Recollections from my Life's Experiences
Morton Faller. 1987/88 [USHMM-RG-02.012]

Neander, Joachim. "Seife aus Judenfett" –
Wirkungsgeschichte einer *urban legend*. Onlineveröffentlichung 09.01.2010

Neutzner, Matthias. Abschlussbericht der Historikerkommission zu den Luftangriffen auf Dresden zwischen dem 13. und 15. Februar 1945. 2010

Peck, Abraham J.. Wagner, Gottfried. Unsere Stunde Null.
Deutsche und Juden nach 1945
Familiengeschichte, Holocaust und Neubeginn. Böhlau. Wien. 2006

Rabinovich, Geny. Tauba Weiss. When G-d Was on Vacation.
Schülerarbeit der George Washington High School. San Francisco. 2010

Radzyner, Tamar. Nichts will ich dir sagen. Gedichte und Chansons.
Theodor Kramer Gesellschaft. Wien. 2016

Raskin, Rosa. Walk forward.
Rosa S. Raskin & Associates, LLC. 2012

Sonnenschein, Bronia. Victory Over Nazism. A Holocaust Survivor's Journey. Memory Press. Vancouver. 1999

Strzelecki, Andrzej. The Deportation of Jews from the Lódz Ghetto to KL Auschwitz and Their Extermination.
Panstwowe Muzeum Oswiecim-Brzezinka. Oswiecim. 2006

Stuhlpfarrer, Karl. Das Ghetto in Lodz. Geschichte und Erinnerung.
In: Spiegel der Forschung 25.Jg/Nr. 1 – Juli 2008
(Wissenschaftsmagazin der Justus-Liebig-Universität Gießen)

Tzani, Fotini. Zwischen Karrierismus und Widerspenstigkeit – SS-Aufseherinnen im KZ-Alltag. Lorbeer Verlag. Bielefeld. 2011

Weber, Holger. „Überleben war reines Glücksspiel: Harry Radzyner entkam als Kind den Gaskammern der Nazis. www.mallorcazeitung.es 06.03.2008

Weinmann, Martin (Hg.). Das nationalsozialistische Lagersystem. Zweitausendeins. Frankfurt am Main. 2001

Werebejczyk, Chanan. „A jednak żyję! Wspomnienia ocalałego".
Muzeum Stutthof w Sztutowie. Warszawa. 2012

KZ-Gedenkstätte Flossenbürg (Hg.)
Konzentrationslager Flossenbürg 1938-1945.
Katalog zur ständigen Austellung.
Wallstein-Verlag. Braunschweig. 2008

Fotos:

Adornix: Titelfoto Panorama [GNU Free Documentation License]
Kolossos: Cigarettenfabrik Dresden [GNU Free Documentation License]
Privatarchiv Dr. Harry Radzyner: F3, F4, F6, F8, F10
Photoarchiv der Gedenkstätte Auschwitz: F7

Archiv der Gedenkstätte Flossenbürg:
AGF - Flossenbürger Nummernbücher

Archiv der Gedenkstätte Stutthof:
Transportliste vom 24.11.1944

Archiv der Gedenkstätte Theresienstadt:
Auszüge aus der Häftlingsdatenbank

Bundesarchiv Berlin:
Barch NS4FL / 393 Bd.2
[Forderungsnachweise Nr. Flo.773, 773a, 774, 775, 793, 794]
Barch B 162 / 8328, Barch B 162 / 8329, Barch B 162 / 8330,
B 162 / 16166, B 162 / 16167 [Ludwigsburger Stelle]

Fortunoff-Videoarchiv – Yale University (New Haven):
Holocaust-Video-Testimony HVT-1392, HVT-3089

ITS – International Tracing Service (Internationaler Suchdienst)
Doc. No 5177819#1 (1.1.47.1/0001-0181/0171/002) bis
Doc. No 5177830#1 (1.1.47.1/0001-0181/0171/013); Diverse TDs

Shoah Visual History Foundation – University of Southern California (Los Angeles): SVHF-Videointerviews:
504, 1587, 2445, 3311, 3785, 4783, 5369, 5635, 6088, 8198, 8578, 8679, 10004, 10435, 10921, 13915, 15175, 17771, 21597, 22085, 22094, 24529, 25427, 25429, 25722, 26789, 28644, 28994, 30211, 32467, 33694, 37160, 40298, 40370, 40967, 44987, 45705, 45982, 47320, 47683, 48341

Staatsarchiv Lodz Archiwum Panstwowe w Lodzi - GVL 113, fol.49

Stadtarchiv Dresden
Liste der auf dem Johannisfriedhof beerdigten Widerstandskämpfer

***United States Holocaust Memorial Museum (Washington)*:**
USHMM Photoarchives; Namesearch-Onlinetool
USHMM-RG-02.012

University of Michigan-Dearborn:
Zeitzeugeninterview Nancy Fordonski 29.05.1982

Yad Vashem Archiv (Jerusalem):
YV – Gedenkblätter/Pages of Testimony
Ghetto-Adressen Lodz

Zidowski Instytut Historyczny (Warschau):
ZIH – 301/532, 301/3027, 301/3760, 301/3761, 301/3762, 301/3780 301/3811, 301/3981, 301/3996, 301/4006